TERRE HUMAINE
COLLECTION D'ÉTUDES ET DE TÉMOIGNAGES FONDÉE ET DIRIGÉE PAR JEAN MALAURIE

Le village métamorphosé

Révolution dans la France profonde

par
Pascal Dibie

Chichery, Bourgogne nord

Avec 32 illustrations hors texte
72 illustrations in texte
5 cartes
3 index

PLON

ISBN édition : 2-259-19320-X
ISSN : 0492-7915

A la mémoire de Jacques Meunier,
ami et compagnon indéfectible de mes ethnologies.

Aux habitants de Chichery-la-Ville
et à ceux de tous les villages du monde.

Le crime par la pensée n'était pas de ceux que l'on peut éternellement dissimuler.

On pouvait ruser avec succès pendant un certain temps, même pendant des années, mais tôt ou tard, c'était forcé, ils vous avaient.

George ORWELL, *1984*.

L'homme est toujours en retard sur son temps et, quand il le rattrape,
il est tout étonné de découvrir qu'il ne correspond pas ou plus
à ce qu'il avait imaginé.

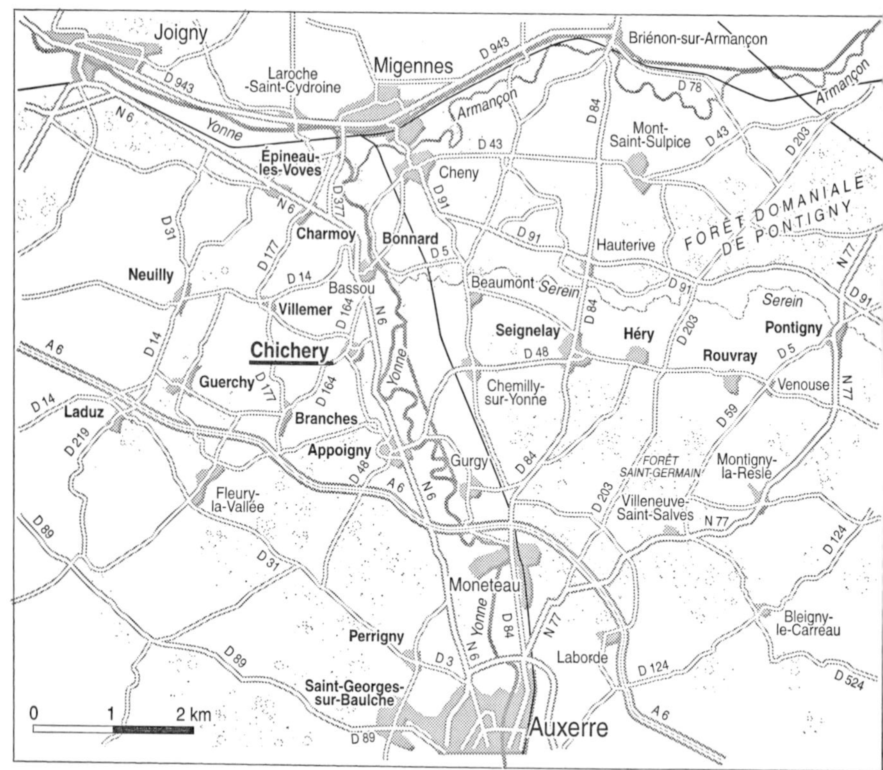

Joigny
Laroche
-Saint-Cydroine
Migennes
Brienon-sur-Armançon
Armançon
Yonne
Épineau-
les-Voves
Cheny
Mont-
Saint-Sulpice
FORÊT DOMANIALE
DE PONTIGNY
Charmoy
Bonnard
Hauterive
Neuilly
Bassou
Beaumont
Serein
Villemer
Seignelay
Héry
Pontigny
Chichery
Rouvray
Guerchy
Chemilly-
sur-Yonne
Venouse
Laduz
Branches
Appoigny
Gurgy
FORÊT
SAINT-GERMAIN
Montigny-
la-Resle
Fleury-
la-Vallée
Villeneuve-
Saint-Salves
Moneteau
Bleigny-
le-Carreau
Perrigny
Laborde
Saint-Georges-
sur-Baulche
Auxerre
0
1
2 km

Pont-sur-Yonne
SÉNONNAIS
Villeneuve-l'Archevêque
Chéroy
Sens
Yonne
PAYS D'OTHE
Villeneuve-sur-Yonne
Courtenay
Montargis
Joigny
Saint-Florentin
Migennes
Chichery
Charny
Armançon
Tonnerre
Auxerre
Chablis
Laignes
Châtillon-sur-Seine
Seine
PLATEAU DE LANGRES
Ancy-le-Franc
Toucy
AUXERROIS
YONNE
Nitry
Loing
Montbard
Abbaye de Fontenay
Selongey
St-Fargeau
Vermenton
Canal de la Marne à la Saône
Coulanges-sur-Yonne
Mont-Auxois
Is-sur-Tille
PUISAYE
Site d'Alésia
Basilique
Semur-en-Auxois
Vézelay
Avallon
St-Seine-l'Abbaye
Clamecy
Cure
Vitteaux
CÔTE-D'OR
Canal Latéral
Cosne-Cours-sur-Loire
Précy-sous-Thil
Cl de Bourgogne
Sombernon
Dijon
Ognon
Sancerre
Varzy
Saulieu
Pouilly-sur-Loire
Lormes
PARC DU MORVAN
Pouilly-en-Auxois
Auxonne
NIÈVRE
Corbigny
Canal du Nivernais
Prémery
Nuits-St-Georges
CÔTE D'OR
La Charité-sur-Loire
Arnay-le-Duc
Saône
Château-Chinon
Beaune
NIVERNAIS
Nevers
BAZOIS
Mont Beuvray
Autun
Seurre
Doubs
Moulins-Engilbert
AUTUNOIS
Pierre-en-Bresse
Imphy
St-Honoré-les-Bains
SAÔNE-ET-LOIRE
SOLOGNE
Le Creusot
Chalon-sur-Saône
St-Pierre-le-Moûtier
Decize
Fours
Luzy
Montchanin
Givry
BRESSE
BOURBONNAISE
MONTS DU CHAROLAIS
Buxy
Allier
Bourbon-Lancy
Gueugnon
Montceau-les-Mines
Sennecey-le-Grand
Louhans
Canal du Centre
Tournus
Taizé
Cuiseaux
Canal Latéral de la Loire
Digoin
Abbaye
Charolles
Cluny
Paray-le-Monial
MONTS DU MÂCONNAIS
CHAROLAIS
Solutré
La Clayette
Mâcon
Marcigny
Bourg-en-Bresse
Chauffailles
0
50 km

J'ai commencé à tenir des cahiers à partir du 11 novembre 1980 lors de ma rencontre à New York avec Richard Sennet, Michel Foucault et Claude Lefort. Depuis lors, je continue ce genre de « journal de recherche » que je tiens de façon très irrégulière, mais qui toujours s'inscrit dans une vraie nécessité de réfléchir à ce que je suis en train de vivre et de fabriquer. Rencontres, portraits, pensées, amitiés, lectures s'entrecroisent, se font écho et ont fini, à mon grand étonnement, par donner un reflet hachuré de mon itinéraire intellectuel et de mes réflexions « brutes » qui ont accompagné ce livre. Ces cahiers au style malhabile et parfois emporté, dont j'avais occulté l'importance dans ma construction et que Jean Malaurie, dans nos dialogues fraternels, me questionnant sur ma façon de travailler, m'a fait redécouvrir, sont très différents des « carnets de terrain » dont on trouvera également ici, en alternance et en liaison avec les chapitres plutôt que par ordre chronologique, des extraits et des reproductions de ceux concernant spécifiquement mon enquête à Chichery et dans la région pour la réalisation de cet ouvrage.

INTRODUCTION

Nous sommes montés dans le train à grande vitesse de la modernité sans trop nous en apercevoir et, lorsque nous regardons par la fenêtre, le paysage défile si vite que nous n'arrivons plus ni à le lire ni à le retenir. J'ai l'impression que nous sommes devenus des spécialistes de l'oubli, que notre société a été anesthésiée et que chaque jour qui passe est une pierre de plus au monument de l'amnésie généralisée. Mais plus qu'une disparition, c'est un télescopage qui s'est produit, c'est une échelle du monde qui a bougé. L'espace, notre espace villageois ne correspond plus avec le temps pour lequel il avait été bâti. Nous ne savons plus très bien à quelles distances nous nous trouvons et de nous et d'un ailleurs qu'on a longtemps cru lointain, jusqu'à ce que l'on découvre qu'il est là, que nous sommes déjà dedans mais que nous ne savons pas encore très bien le nommer ni le voir.

Nous en sommes rendus à ce point où la relation fiduciaire, les rapports de confiance sont rompus dans tous les domaines. Notre monde que je croyais ouvert, disponible, curieux de lui, a succombé à un irrésistible repli ; retrait qui ne fait sens en rien, puisque nous n'avons pas d'ennemis déclarés et que personne ne nous en veut. Nous nous trouvons aujourd'hui dans ce paradoxe où nous montrons, nous voyons, nous disons tout de nous, à condition que ce ne soit pas nous... On comprendra que, dans ces conditions, faire de l'ethnologie devient difficile. Mais peut-être que je me trompe, que l'impossible ethnographie tient au fait que notre société est désorganisée, cassée, laminée. A nous regarder, je pense parfois aux Iks, cette société de chasseurs nomades du Nord Ouganda qu'a décrite l'anthropologue Colin Turnbull, victime en même temps que responsable de son malheur, une société si malmenée qu'elle s'est effondrée, s'est détruite de l'intérieur jusqu'à devenir insupportable à elle-même, où l'on voit chacun dans son coin quérir de quoi survivre, se pousser, se chasser, s'ignorer, développer une incroyable cruauté jusqu'au point que des vieillards poussent des enfants dans le feu, il est vrai venus leur arracher une bouchée de pitance jusque dans leur bouche... Nous n'en sommes pas encore là, mais on s'y entraîne, l'abandon de nos animaux de compagnie au moment des vacances ou celui de nos vieillards commencent à y ressembler...

Bien sûr que j'exagère ou plutôt non, j'accentue les ondulations paranoïdes de notre époque. Ce n'est pas tant que nous disparaissons : nous nous transformons radicalement. Tous les ethnologues du monde peuvent essayer d'y voir clair, ils ne verront rien. La question est justement là : comment décrire une société qui est en train d'advenir et qui présente pour cela tous les signes d'une désorganisation ou plutôt d'une réorganisation, d'un réajustement, d'une façon nouvelle de fonctionner ? Comment restituer un monde en invention constante ?

Notre époque est à un moment charnière qui ne peut qu'enthousiamer les ethnologues, un de ces rares moments dans l'histoire de l'humanité où les choses ne sont pas tout à fait finies, en même temps qu'elles ne sont pas non plus installées. Nous voici dans une basse époque, dans un de ces moments rares dans notre histoire où les choses, la société se désorganisent en même temps qu'elles se réorganisent. Ce temps n'a de rapport avec le Moyen Age que parce qu'il s'inscrit dans un âge de transition, un âge entre les âges, non définissable, non descriptible, un temps où les changements sont tels qu'on ne sait plus exactement la mesure du seuil, ni quand vont rompre les choses.

Cette basse époque dans laquelle nous sommes entrés il y a peu au regard de l'histoire humaine dans la nature s'exprime à la fois par la disparition de ce que nous connaissions et la non-apparition de ce que nous imaginions – mais qu'imaginions-nous ? La technique depuis le XIXe nous a bouché les yeux, Jules Verne que l'on fête aujourd'hui nous a égarés dans cette croyance en l'accomplissement de la science et les nouveaux docteurs qui proclament notre avenir ne savent plus grand-chose de l'homme et de sa vie. Notre vision spéculaire nous a fait décrire les intérieurs mécaniques de nos pores, nous a montré la voie de l'immortalité, et promis des lendemains vieillissants en même temps que nous nous empoisonnons logiquement, méthodiquement, animés du fol espoir d'une immortalité presque acquise. Tout est là ; tout est là mais nous n'avons pas encore bien compris de quoi il s'agissait et nous sommes encore incapables de le voir. Lorsque je nous regarde, je pense à ces longs moments de l'invention de l'Europe, à ces temps de la naissance de la conscience européenne, ce moment où la Grèce s'identifiait à une Europe qui s'inventait en triomphant contre la barbarie, en imaginant la démocratie, la loi et la raison, pour s'opposer à la violence de l'autre. De ce rempart contre la violence on passa à l'aspiration intérieure vers un monde plus humain où la concorde faisait système de vie. Les Grecs transmirent leur idéal à Rome qui, avec des retouches, allait le préciser et le répandre dans tout le « monde habitable ». En nous apercevant ainsi chancelants, je m'imagine la vie sur le « limes » qui séparait le monde romain des barbares où, dans des explosions de défiance et d'échanges, se construisaient les cultures, notre culture. Huns, Goths, Vandales, Suèves, Hérules, Burgondes, Avars, Slaves, Celtes, Germains, toutes ces grandes migrations qui s'échelonnèrent de la fin du IVe siècle à la deuxième moitié du VIIe ; ces univers qui se bousculèrent, se mesurèrent, s'interpénétrèrent, du nord au sud, d'une rive à l'autre jusqu'à déborder Rome, en même temps que montait en Orient un empire christianisé et hellénisé, continuèrent, mais dans quels troubles, de nous inventer. Voici Byzance, empire multiethnique avec son *solidus*, sa monnaie d'or, nos sous, et son Dieu unique dans le ciel qui continue de façonner l'Européen que nous sommes encore un peu. Un lieu où, venues de partout, convergent toutes les aspirations d'un homme nouveau qui prêche l'amour pour son prochain, un homme de qui notre silhouette va émerger. André Malraux écrivait très justement que « les Byzantins ont mis autant de siècles pour oublier le corps humain, que les Grecs avaient passé pour le découvrir ». C'est de là en effet que nous fûmes contraints à la culpabilité, que nos corps, divinisés en un seul, commencèrent d'être ligotés, que la morale conjugale s'imposa face au multiple ou à l'unicité d'un au-delà sans tache qui se dessinait et vers lequel on nous avait détournés. Renoncement et chasteté devinrent notre vertu majeure ou du moins le chemin par où passait le salut. Ne prenons pas à la légère ces temps d'invention qui bouleversèrent l'homme et la femme que nous n'étions pas encore, car c'est d'eux que l'on sort, c'est depuis ces « Européens »-là que nous nous déchirons aujourd'hui sans bien savoir ce que nous construisons. Rien ne dit que cette Europe dont on parle tant et si mal va nous survivre, les Américains ont pris la relève des Romains, le « monde habitable » a pris de l'ampleur et fait le tour de la terre. Même Satan, qui y était entré en force au Moyen Age et fut un des grands moteurs de l'Europe, passé outre-Atlantique, est largement réactivé. Le diable, notre diable nécessaire, face cachée d'une prodigieuse dynamique, a longtemps entraîné l'Europe face à l'autre. Evidemment que ce n'est pas ce démon inventé qui mène la danse, mais les hommes créateurs de son image avaient en même temps inventé un Occident différent du passé, façonnant avec son aide symbolique des traits d'union culturels destinés à renforcer considérablement notre entité européenne dans les siècles qui suivirent. Avec les Républiques, le diable nous a quittés mais, en changeant de rive, il a été ravivé sous la forme d'un « Grand Satan » et sert encore de moteur à l'idéologie conquérante d'un autre camp...

En ce XXIe siècle commençant qui essaie de couper d'avec un XXe incroyablement violent, nous vivons comme jamais encore nous n'avons vécu, à des allures et sous des formes entièrement nouvelles. Nos êtres et nos comportements connaissent des transformations profondes, éminentes.

Evidences, me dira-t-on. Evidences, en effet, mais dans lesquelles la vie s'articule avec nos folklores de demain, et c'est là justement que mon regard se pose ; c'est à partir de nos vies communes que j'ai opéré ce long descriptif.

Si nous regardons en détail ce que nous vivons, nous commençons par nous reconnaître, puis l'image que nous avons de nous-même commence à se brouiller, enfin, à force de trop nous voir, comme si nous étions témoins de notre propre indécence, nous ne comprenons plus très bien qui nous sommes et comment nous fonctionnons. Nous constatons – ce que nous savons mais n'aimons pas nous dire – que le monde d'aujourd'hui nous agit plus que nous ne l'agissons.

C'est vrai, et c'est souvent dit, que l'on assiste à une fin : fin des habitudes, fin de la religion, fin des paysans, fin du rural, tout concourt, en apparence, à dire que nous serions contemporains de la fin d'un temps, et cela ne fait aucun doute. Mais, nous le savons maintenant, les sociétés n'ont pas plus de fin qu'elles n'ont de commencement ; elles s'inscrivent dans un continuum qui ne sera rompu que par un « accident » planétaire. Nous qui ne prenons plus le temps de prendre notre temps, qui n'avons plus de temps singulier, sommes agis par des impératifs de temps fragmentés et personnels, comment pourrions-nous avoir l'exacte conscience de cette césure, de ce passage dans un autre type de culture ? Nous avons pris et soumis l'espace de la terre à notre seule mesure, l'ennui est que nous ne connaissons pas encore l'étalon qui nous permettra d'arpenter notre nouveau paysage, et qu'il n'y a plus un étalon mais plusieurs. Nous vivons à des temps pluriels et assistons sans plus pouvoir résister à une mise en œuvre d'un temps sans rapport avec le temps historique que nous connaissions et que nous avons décrit. Il y a un temps majoritaire, un temps paradigmatique qu'on voudrait nous faire intégrer afin de nous sortir de nos temps locaux.

Face au temps mondial qui se met irrémédiablement en place, le sentiment général est bien qu'on nous y conduit, plus qu'on ne nous le demande. Et la clé de la mise en œuvre de ce temps unique, nous le ressentons tous, passe par la vitesse. Paul Virilio a raison de dire que nous avons définitivement coupé d'avec les sociétés lentes pour rejoindre une société dromocratique, une société de course folle, qui clame haut et fort que la démocratisation passe désormais par la vitesse. Ce n'est pas moi, même si certains de ma génération y ont mordu, qui me lancerais dans l'expérience vertigineuse de la vitesse sur place, c'est mon fils, ce sont nos enfants qui sont entrés sans nous dans la nature cybernétique inventée et annoncée par Norbert Wiener il y a plus de soixante ans.

Fait troublant pour l'ethnologue que je suis et qui écrit ces phrases aujourd'hui en forme de constat, Claude Lévi-Strauss, à cette époque qui n'est pas si lointaine, habitait à New York, sur la 11e Rue, un immeuble où habitait aussi Claude Shannon, un des fondateurs de la cybernétique[1]. Je ne peux m'empêcher d'imaginer

1. Claude Lévi-Strauss, Didier Eribon, *De près et de loin*, p. 46.

que, dans le même temps où le philosophe anthropologue – influencé par Wittgenstein et la linguistique structurale, afin de désenclaver l'anthropologie de sa gangue coloniale et de ses impasses théoriques, cherchait une expression scientifique pour l'ethnologie, qu'à ce moment où Lévi-Strauss écrivait *Les Structures élémentaires de la parenté*, Wiener et Shannon pensaient et inventaient la cybernétique, cette science des processus de commande et de communication entre les hommes et les machines. D'une certaine façon, aujourd'hui nous quittons l'une pour rentrer dans l'autre.

Dans le grand chaos provoqué par la dernière guerre mondiale, Wiener, craignant, à juste titre, pour la démocratie, constatait que l'on vivait « dans un monde où quelques îlots organisés subsistent au milieu d'un océan de désordre et [que] l'homme ne doit sa survie qu'à sa capacité à organiser et à faire circuler l'information dont il dispose »[1]. Une obligation à l'ordre s'imposait, les « ordinateurs » devaient pallier l'incertitude des hommes et les aider à prendre le plus rapidement possible les bonnes décisions. Wiener passait le pas de la machine à calculer complexe et inventait, par nécessité, l'intelligence artificielle. Il était conscient qu'« un contrôle totalitaire des populations en utilisant l'informatique et la robotique sans la garantie politique qui s'impose » était un risque réel... Et nous voici au XXIe siècle où, à partir d'une pratique qui se généralise, se confirme la crainte émise à ses débuts : les nouvelles technologies de l'information sont des techniques de la mise en réseaux des relations et de l'information qui entraînent avec elles l'idée d'une humanité unie, réunie, mais aussi réduite à une uniformité. Voilà que la pratique a déteint sur l'homme, que le traitement hyperrationnel que cela implique est présenté et considéré comme une modalité essentielle de la vie en société, comme de la vie tout court. Il traîne ou plutôt pousse devant lui cette étrange philosophie de la recherche permanente de « maîtrise » et de « puissance » qui s'impose à nous comme une obsession. S'impose alors une nouvelle rigueur qui n'a rien à voir avec une morale, mais avec une tournure d'esprit plus qu'une idéologie, conditionnée et façonnée par des protocoles nouveaux – les machines que nous fréquentons quotidiennement ne fonctionnent et ne dialoguent que si nous res-

1. Philippe Breton, *La Tribu informatique*, pp. 46-47.

pectons leurs protocoles. La proposition apparente de réseaux sans fin, de monde sans limites, présente une face aussi positive que le côté négatif d'un monde totalement fragilisé où les accidents mettent en cause immédiatement la totalité du monde. Souvenons-nous de l'arrivée de l'an 2000 et de la crainte d'un bug général, du virus I love You, ou d'un cheval de Troie – aussi vite oubliés qu'ils se sont produits. Nous avons à cet effet (incontrôlables en réalité et en extension perpétuelle) mis sur pied des polices des machines qui œuvrent jour et nuit... Orwell n'est pas loin !

Si j'insiste quelque peu sur la cybernétique, c'est que désormais presque toutes nos « relations » interhumaines passent par elle et que l'ensemble des démocraties industrielles ont dû se soumettre à ses prescriptions, répétant à l'envi les idéologies que ses organes de propagande diffusent sur la planète comme autant de leurres. Sous l'influence de l'hypermédiatisation et des nouvelles technologies, avec leur flux continu d'information surabondante, la collectivité et ses dirigeants, obnubilés par le court terme, perdent l'habitude de raisonner à longue échéance. Les nouvelles industries, dites hyperindustries, intégrées à ces systèmes computationnel planétaires l'ont bien compris et constituent à notre insu une distribution au plus juste, à flux tendus et en temps réel, pour les « cibles » repérées par leur marketing de guerre, visant et ajustant les consommateurs hypersegmentés que nous sommes devenus avec une précision chirurgicale[1]... C'est comme cela que, dans la gerbe des désordres de nos sociétés archipellisées, se met en place un ordre souple et circulant apte à penser l'inconnaissable et le différent en son sein[2], mais aussi implacable et de plus en plus intolérant en ce qu'il n'admet plus d'autre mouvement social que la compétition. Un ordre économique qui au nom de l'efficacité est en train de devenir totalitaire et qui par exclusion des autres sensibilités fait de l'espace dans lequel nous vivons celui de la solitude.

1. Dans le contexte des bouleversements induits par la numérisation, le système numérique permet, du côté de la conception, la mobilisation systématique de tous les savoirs au service de l'innovation, dont le fait déclencheur d'après Bernard Stiegler est l'adoption de la norme TCP-IP, c'est-à-dire la création par les Etats-Unis d'un réseau numérique mondial, internet. Ce qui signifie en clair que l'ensemble des pays européens ont dû s'adapter tant bien que mal à ce « modèle américain » (Steigler, *Mécréance et discrédit...*, p. 21).

2. Viard, 1994.

On ne s'étonnera pas que notre monde actuel, ce monde dans lequel nous nous cachons et nous perdons un peu, soit devenu haché, séquencé, séparé, localisé et, dans le même temps, globalisé, mondialisé dans une sorte de grand Tout dont nous ne maîtrisons pas bien les explications ni la clé.

En inscrivant mon témoignage en et dans Terre Humaine, me voici partie prenante dans l'histoire de la campagne française, en apparent compagnonnage avec un Gaston Roupnel ou un Toinou, à la différence près que le ruralisme dépassé de l'un et le contexte social de l'autre ne sont plus et ne pourront plus être inscrits, comme ils l'étaient, dans cette épaisseur historique qui fournissait le terreau d'une humanité n'ayant guère changé depuis ses origines. Terre, espace et société, suis-je tenté d'ajouter, s'arpentaient au même pas que nos très lointains ancêtres. Avec Pierre Jakez Hélias, l'entrée dans la « civilisation seconde » d'une Bretagne qui relevait le front commençait de fissurer l'idée même d'un homme en unique pays. Il commençait de poser la question à laquelle je réponds en partie ici, à savoir s'il existe encore sur notre sol des paysans, des êtres de quelque part. Les hommes des années 1980 que je décrivais dans *Le Village retrouvé* commençaient de gommer leur faconde et lisser leur caractère. Ce qui faisait notre individualité, notre personnalité, nos noms, nos prénoms, nos surnoms, s'effaçait au profit d'un égalitarisme respectueux ; les personnages, ces indomptables qui peuplaient et animaient le quotidien de nos villages, n'ont désormais plus leur place dans un univers de plus en plus plat et atone, réglé par des codes extérieurs à la communauté auxquels lentement mais avec certitude nous nous soumettons sans résister.

A vivre quotidiennement à Chichery, j'ai l'impression que le village est dans l'attente... L'attente de quoi, l'attente de qui ? Je ne le sais pas plus que vous. Pourtant, derrière cette fermeture, je sens passer un courant d'air si nouveau que je suis incapable de le maîtriser. Un jour, il nous entraîne dans un sens, le lendemain il se contredit, s'annule, nous pousse ailleurs, tant qu'à la fin nous ne savons plus très bien d'où nous nous sommes envolés ni même si nous y reviendrons un jour. Dans le même temps, à un tout autre niveau, celui de nos petites personnes, comme chacun, je constate que nous ne partageons plus grand-chose entre nous.

J'aurais aimé raconter de belles histoires pleines de rebondissements, de personnages hauts en couleur, vous emmener à ma suite dans des aventures champêtres ou citadines aussi passionnantes et vraies que jadis, mais force est de constater que ce monde-là est mort. Ce n'est pas que les gens n'existent plus, ni même les histoires d'ailleurs, ni que nous soyons moins intéressants ou moins intelligents qu'hier, non, l'humain est toujours là. Mais, dans les faits, nos activités sont cloisonnées les unes par rapport aux autres, la solidarité n'a presque plus cours, les femmes n'aiment plus guère les hommes, les hommes sont isolés, mal dans leur peau, les vieux trop nombreux et fatigués, les enfants rois dans leur univers et le reste en exil...

De tout cela, la construction de cet ouvrage ne peut que s'en ressentir : pas d'histoire linéaire, peu de chaleur humaine ou animale, pas d'aventures mirobolantes, ni de philosophie transcendantale. Dans ce voyage au cœur d'un rurbain naissant qui n'a pas de centre et pas encore de cœur, je vous parlerai d'un univers complexe que nous ne maîtrisons plus, d'une campagne faite de « champs de production » où les vaches ne sont plus les filles de leur mère mais des unités industrielles, où les agriculteurs sont des techniciens. Je vous décrirai par le menu la campagne désertée où machines et tracteurs s'autodirigent, où les activités dites paysannes n'ont plus aucun rapport avec ce pays que je décrivais, il est vrai, au siècle dernier. Je vous décrirai les bricoleurs en action et la solitude de beaucoup, engoncés dans le confort, la joie fugace des fuites en voiture et des voyages aux confins du monde, la disparition des curés, la fin d'une croyance, le début d'autres, et, comme valeurs, le règne montant de l'ordre économique et de l'argent.

Mon livre s'est construit sur de la disparition et sur l'impossibilité désormais de relier les choses entre elles. Ce n'est pas moi le spécialiste, c'est nous tous, c'est notre monde. Nos activités se sont spécialisées d'elles-mêmes, nos vies sont devenues des additions de moments individuels et nos femmes, nos enfants, des partenaires ou non de ces moments. La structure même du livre reflète ces évidences de vie : voiture, travail, courses, déplacements, cybertchats, nous vivons notre vie en flashes ; flashes dans lesquels il n'y a plus guère d'échanges possibles tant nos occupations sont devenues solitaires et individualistes. Avons-nous encore seulement une mémoire de ce que nous faisons ? Comment se souvenir du jour que nous venons de passer tant il y a eu de moments différents, d'occupations sans rapports entre elles dans la même journée ? On s'est construit des temps personnels qui nous permettent de nous recroqueviller, de nous abriter au fond d'univers hermétiques : ce peut être le sport, la télé, les jeux vidéo, la Toile, les MSN, que sais-je encore, où le plaisir tient non pas au secret mais au non-partage, à l'activité onanistique que provoque un monde virtuel où, dans la certitude ou presque de ne pas être vu et de ne rencontrer personne du village, nous osons jusqu'au bout nous dire et nous montrer à des sourds et des aveugles à distance. Voilà pourquoi ces chapitres distincts sont fait d'espaces qui se superposent en se chevauchant à peine mais s'additionnent comme autant de moments qui maillent notre vie d'aujourd'hui.

Nous sommes devenus tous la même personne, nous pensons à peu près tous pareil – du moins on nous le fait croire –, nous achetons, vivons de la même façon sans être ensemble. Comme les objets, nos vies sont devenues additives, en un mot toutes semblables, dépassionnées, désinscrites du communautaire, ce qui ne veut pas dire qu'on ne s'y intéresse pas, bien au contraire, mais la « prise » sur la réalité ne passe plus que par des intermédiaires matériels et techniques. Pour dire cela, pour nous dire, il me restait la description, sachant comme le dit Wittgenstein que « nous attendons à tort une explication alors que c'est une description qui est la solution de la difficulté ». Soit, mais comment et quoi décrire d'un monde désormais indescriptible tant il est mouvant et flou ?

Pourtant, tout le monde à Chichery, et moi avec, vous dira qu'ici on vit bien, que la vie est tranquille et douce, l'air respirable, mais qu'effectivement on ne se connaît plus comme on se connaissait avant et qu'on n'y comprend plus grand-chose. Trop de nouveaux, trop de partants, de gens qui passent. Tout cela dit sans regret, sans passion, comme si on était entré dans une indifférence générale au monde qui nous entoure.

1

VOYAGE EN RURBANITÉ

Il semble que rien ne devrait nous intéresser davantage que de savoir comment est fait ce monde que nous habitons.

FONTENELLE,
Entretiens sur la pluralité des mondes.

« Le village s'est ouvert mais du même coup il s'est rétréci ; il a perdu de son originalité, il s'est décivilisé devant les assauts de la cité qui lentement se rapproche », écrivais-je il y a vingt-cinq ans de cela dans *Le Village retrouvé*. J'ajoutais : « Chacun continue à peu près à savoir qui est qui, mais les fonctions spécifiques de ces différents "qui" se sont amenuisées avec le temps », prédisant sans le savoir que nous allions tellement changer qu'aujourd'hui je ne nous reconnais plus. Pourtant j'ai toujours ce sentiment lorsque j'arrive à Chichery d'être encore à la campagne. A peine suis-je dans le village que me reviennent les souvenirs des courbes et des inclinaisons, des faux plats et des vraies montées, des descentes et des trottoirs. J'avoue que, comme beaucoup d'entre nous, je n'arpente plus guère le village quoique je le sillonne encore. Pour être exact, je le traverse mais je ne connais plus guère l'aspérité du sol, mes roues rectifiant et absorbant dévers, bosses, nids-de-poule et autres croûtes de goudron qui jadis me servaient d'amer. Je me suis inventé des « quartiers », dépassés deux cents mètres ils me paraissent des bouts du monde, ils sont suffisamment loin en tout cas pour que je m'y rende en voiture. Ainsi donc, je n'ai plus senti le village sous mes pieds depuis longtemps. La topographie n'a pourtant guère changé depuis le temps conté dans *Le Village retrouvé* où nous nous poursuivions dans les dédales des ruelles et des sentines qui veinaient le village.

Bien sûr que Chichery s'est métamorphosé de tout ce qui transforme la campagne, qu'il a subi les mutations correspondant aux modifications que subissaient la terre et ses villageois et qu'à chaque époque il s'est enorgueilli des nouveautés qui l'atteignaient : eau, électricité, goudronnage, tout-à-l'égout, éclairage nocturne, ADSL depuis quelques mois et bientôt le gaz de ville...

Cela n'empêche pas Chichery de participer ou plutôt de bénéficier, dans la disposition même du village, d'un cachet rural et de correspondre encore assez bien à la description que Gaston Roupnel donnait des villages de la Bourgogne Nord dans son *Histoire de la campagne française* : « Le village vigneron se resserre et comprime ses bâtisses comme pour les faire jaillir plus haut et se creuser de puits d'ombre. De toutes les agglomérations rurales, c'est celle qui affirme le plus un caractère urbain (...), ses bâtiments sont à la proportion de son territoire ; leurs dimensions et leur physionomie répondent à des étendues dans les champs et à des aspects dans le paysage [1]. » J'ajouterais volontiers à ce descriptif le constat énigmatique du poète Yves Bonnefoy qui cadre si bien avec ma vision de l'ethnologie et du pays : « Le paysage commence quand on s'inquiète de l'ombre qui bouge sous les choses [2]... »

A égale distance de Joigny et d'Auxerre, un peu à l'écart de la nationale 6, Chichery-la-Ville, avec son centre décentré, s'organise comme la goutte d'un essaim d'abeilles réunie autour du clocher étrangement fixé avec le cimetière à sa périphérie – ce qui ne l'a pas empêché de s'inventer en cercle. Je compte aujourd'hui cinq rues neuves qui, par leur seul avènement, constituent des quartiers et que l'intelligence urbaine du village et de ses édiles successifs a obligées à suivre l'arc structurel, prolongeant ainsi la rondeur de notre univers. « Etre vivant, comme le note encore Roupnel dans une de ses conférences prononcée à quelques kilomètres au sud-est de Chichery, le village a pris forme de son chantier et s'est

1. Gaston Roupnel, *Histoire de la campagne française*, p. 193.

2. Yves Bonnefoy, « La poésie dans le temps présent », Université de tous les savoirs, 17 novembre 2000, in *Le Monde*, mardi 12 décembre 2000.

façonné, comme les hommes, de ses œuvres. Il se dilate ou se contracte ; s'amplifie ou se rétrécit du mouvement qui recule ses frontières. » Il est évident que les aptitudes du sol ont donné aux maisons et aux rues leur dispositif et leur physionomie, tout comme il ne fait aucun doute que l'homme en symbiose avec le village a bâti ses granges et ses étables à la mesure de son territoire et de ses occupations. Mais le village, l'idée de village que cet auteur estimait être « la fonction mise en compte humain de toutes les valeurs et de toutes les figures inscrites par le sol et les lieux [1] » n'est plus et ce depuis relativement peu de temps. J'ai souvenir, il y a vingt-cinq ans à peine, que les pères de mes compagnons de jeux et nous derrière vivions et procédions comme les futurs héritiers d'un univers attaché à son sol et à son paysage aussi jalousement qu'à une mère [2]... Qu'on ne se méprenne pas, je ne suis pas un géographe et le paysage, ou plutôt sa longue histoire, ne m'intéresse pas à proprement parler, non, ce qui m'intéresse c'est nos façons d'appréhender et de voir l'espace dans lequel nous évoluons aujourd'hui encore. Alors je regarde, je regarde et je ne vois déjà plus ce que je voyais il y a quelques années encore, à moins que je ne regarde trop. Il n'y a pas si longtemps le village était caché de la N 6 par un épais rideau d'arbres, on ne pouvait l'apercevoir qu'en un seul endroit et encore ce n'était que la pointe du clocher. Il y a eu la tempête de Noël 1999, les bois en ont pris un coup, on dirait même qu'elle a donné le signal d'une coupe systématique des bosquets, que leur désordre a sonné l'heure de la mise en ordre, et en très peu de temps le village a d'abord découvert ses épaules, quelques toits de maisons, puis a montré ses bras et enfin, presque entièrement dérobé, s'est offert au regard des passants pressés qui filent sur la N 6 en direction du sud. Le *la* était donné, certains en ont profité pour déboiser des endroits qui n'avaient jamais été touchés ; les agriculteurs ont gagné trois arpents là, deux ares ici, on a grignoté, grignoté. Le remembrement

1. Ces conférences ont été données à l'abbaye de Pontigny, « toute baignée alors du flot des blés murs, sous la présidence et par l'initiative de M. Paul Desjardins (...) lors de cette "semaine de la terre" », écrit Gaston Roupnel dans la préface à son *Histoire de la campagne française*, p. 3, paru en 1932, réédité dans la collection Terre Humaine. Son ruralisme est sans doute dépassé mais ses intuitions inspirées sur la formation des rues et des villages méritent d'être reprises.

2. Pascal Dibie, *Le Village retrouvé*.

récent aidant, on a planté du blé, du maïs, des betteraves... Mais on ne cache pas un village derrière une betterave. Et j'étais là, je regardais le trou se faire, la plèvre se déchirer jour après jour, maudissant je ne sais qui de ne pas comprendre que plus le village serait vu, plus il se fragiliserait.

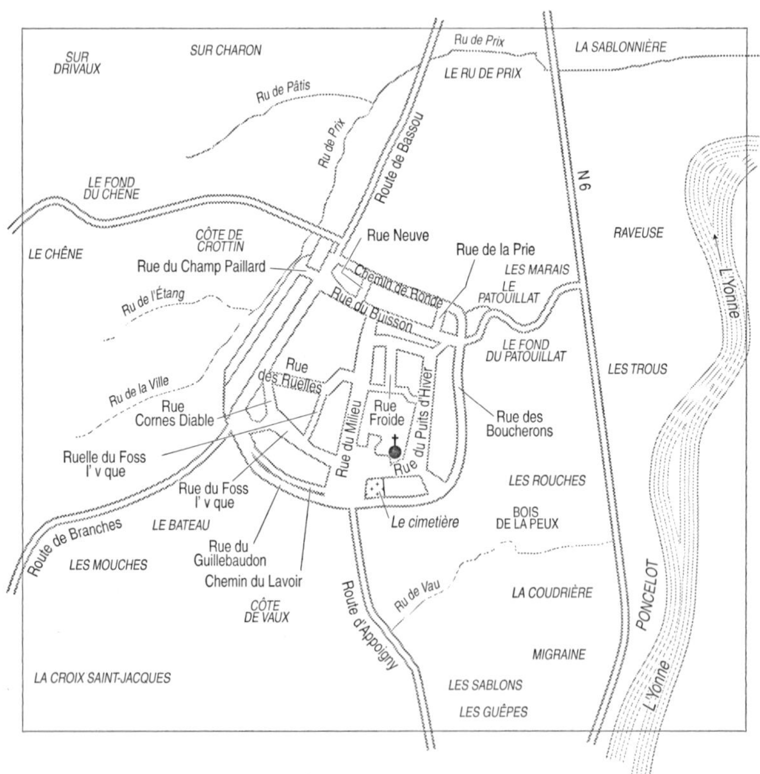

A l'intérieur, les petits raccourcis par l'effet des cessions, des constructions et des aménagements modernes ont été bousculés, élargis, bouchés et, voitures obligent, remplacés par des ruelles en passe de devenir de véritables rues. Ces dernières d'ailleurs en perdant leurs fermes, leurs animaux et leurs odeurs ont aussi perdu de leur charme, même si notre modernité estime qu'en expulsant ses vaches et ses fermes, Chichery s'est refait une beauté. C'est vrai que maisons, façades et volets remis à neuf ont redonné de l'air à la rue et un semblant d'espace. Pourtant une maison vide, aussi belle qu'elle soit, reste muette. Je ne parle pas des résidences secondaires qui par chance sont très peu nombreuses à Chichery [1], je parle des maisons habitées, de ces maisons qui, le jour durant, sont comme en ville, fermées à double tour et abandonnées jusqu'au soir, de ces maisons désertées à rythmes réguliers qui transforment petit à petit la vie du village en celle d'un immeuble à plat. Poussés par l'exemple et par les lois à imiter et à nous soumettre au monde urbain tout proche, nous nous prêtons désormais sans sourciller aux règles urbaines appliquées à l'univers rural et nous soumettons à la double croyance très contemporaine en la concentration et en la patrimonalisation du monde. Cela a eu pour effet pervers non pas tant d'ouvrir que de confiner la rue à sa seule fonction de passage dégagé ; de faire un village évanoui le jour, enfermé le soir et surtout de révéler par l'absence de monde qu'ici, dans ces rues qu'on essaye de rendre propres et accueillantes mais qui ne peuvent mener qu'à d'autres rues ou à un ailleurs géographique inévitable, nous ne sommes effectivement pas en ville.

Par un trop de rangement, d'arrangement, de domestication, l'expression de chemin un peu solennel qu'avaient les larges rues du village a de fait été gommée. Elles expriment une certaine prospérité et donnent quelques signes manifestes d'urbanisation qui me font froid dans le dos. Heureusement, il manque encore à nos rues, mais pour combien de temps, beaucoup de ce « mobilier urbain » qui me fait tant haïr des villages voisins déjà contaminés et phagocytés par la ville qui s'approche. Cela dit pour le décor, car la réalité a fait qu'ici aussi les rues se sont, depuis une bonne vingtaine d'années maintenant, transformées. Si, à heures régulières et en semaine, j'entends quelques cavalcades d'enfants soutenues par les piaillements des mères et des nourrices, qui désormais ne les lâchent plus, résonner contre mes murs, l'écho du vacher et de ses

1. La France compte le plus grand nombre de résidences secondaires en Europe, 3 millions, dont 60 % dans l'espace dit rural. Chichery n'en compte qu'une petite dizaine. De nombreuses études sociologiques ont été récemment menées sur la question *via* le CNRS et la DATAR, dont l'ouvrage éclairant de Jean-Didier Urbain, *Paradis vert...*, rend compte avec brio.

belles aux pieds feutrés en route vers les prés n'est plus, ni le tintement des laitières des familles qui s'en abreuvaient. Dans la rue, un peu garage le jour, on n'y voit plus que des voitures, beaucoup de voitures à l'heure des repas. Elle a cessé d'être un lieu public, un lieu de rencontre, de discussion, de promenade, pour devenir essentiellement un vecteur d'échappement pour des villageois, surtout pour les jeunes qui ne peuvent plus vivre qu'à travers l'idée et la pratique d'un ailleurs immédiatement atteignable et y aspirent.

Carte postale des années 1960, vue aérienne de Chichery.

J'ai l'impression, jusque dans ma chair, que l'accélération générale de notre vie et de ce qui s'y rapporte devance l'espace et que notre temps se termine, je crois même que c'est là l'expression la plus forte parce que la plus impalpable de notre « modernité ». Même retiré volontaire au fond de mon village, quelque chose s'est emballé qui n'a pas de nom. C'est le rythme, notre rythme de vie, qui s'est profondément modifié, et, par contagion, notre mode de vie lui-même. N'attendez pas que je décrive ici les riches heures bucoliques, les repas champêtres ou nos folklores éteints ; non, je voudrais essayer, à défaut de comprendre, du moins de décrire ce que nous sommes devenus, en attendant de « devenir » encore.

Sans plus de certitudes ni de permanences, on assiste, impuissant et consentant, à notre transformation perpétuelle. Le rythme de ce changement est tel qu'il n'est plus possible aujourd'hui pour quiconque d'observer et d'appliquer les mêmes modèles durant tout le cours de son existence. Pour être plus clair, j'ai le sentiment que nous n'avons plus de présent, que le futur s'est désormais installé comme la philosophie du temps. Oui, on fait comme si on avait enfin réussi à s'approprier le temps, comme si la dimension temporelle se développait en un continuum ininterrompu où le futur, contre le passé, était sans cesse valorisé.

Pour la majorité des habitants, l'histoire individuelle ne se construit plus au village. La vie villageoise des campagnes, de centrifuge qu'elle était est devenue centripète et, dans ce mouvement qui nous extériorise quotidiennement, la mémoire du lieu s'éparpille elle aussi.

Vendredi 11 juin 1999 (Paris)

Rendez-vous avec Jean Malaurie au Régina. De là, il m'emmène déjeuner au pub Normandy. Nous sommes seuls dans cette salle très british. Malaurie m'interroge sur mes projets. Je lui parle de mon voyage sur les traces de Lévi-Strauss des années 1990, d'un projet que j'ai sur les ouvriers européens aujourd'hui en rapport avec l'œuvre de Frédéric Le Play, et bien sûr de mon travail à et autour de Chichery, que j'aimerais faire à la suite du Village retrouvé. *Ce serait une Histoire de notre campagne française aujourd'hui, de l'incroyable révolution des mentalités et du style de vie... C'est ce dernier projet qui le séduit. J'imagine un titre : « Le village évanoui »...*

Malaurie m'invite dans la collection Terre Humaine.

Retour obligé au laboratoire !

Une visite à la mairie

En remontant chez moi – je l'ai déjà dit, monter ou descendre n'est plus un sentiment puisqu'on ne ressent plus l'inclinaison depuis longtemps, ce n'est qu'une direction, que dis-je, une indication selon des repères très personnels de la géographie locale dont il est difficile de partager une explication rationnelle avec quelque étranger au village que ce soit... – remontant donc, je croise la Berlingo verte du maire. Cela me rappelle que nous avions rendez-vous à 6 heures pour « discuter un peu... », ainsi que je le lui avais demandé dans la salle des fêtes lors des vœux à la commune pour l'année 2005, date futuriste que nous avons fini par atteindre, il y a quelques jours...

A la vérité je me sens un peu perdu, le terme serait plutôt « dépassé ». Une fois de plus, comme nous tous, je ne sais plus très bien ce que nous sommes, non pas « nous » en tant qu'individus mais en tant qu'administrés, et je suis persuadé qu'une grande part de nos inquiétudes tient justement à cette méconnaissance, cette ignorance d'un futur qui semble se construire sans nous. Nous sommes déjà autres, nous le sentons tous, mais nous ne savons ni qui, ni quoi.

Il y a longtemps que je n'étais pas entré dans la mairie.

Dans l'entrée fraîchement repeinte d'un joli blanc cassé et brillant, à droite de l'escalier qui mène à l'étage où jadis se tenaient le bureau du maire et la salle du Conseil, un grand panneau en bois est tapissé d'avis divers. Je découvre à cette occasion les règlements draconiens qui encadrent désormais la chasse et la pêche dans nos contrées, un peu éreintées il est vrai. Mesures essentiellement « écologiques » qui viennent rappeler que nous avons bel et bien décroché du bon sens de nos aïeux qui savaient doser leurs prélèvements dans la nature, leur subsistance en dépendant pour une bonne part. Faisan commun ou vénéré, perdrix grise et rouge pour les volatiles, avec avertissement aux chasseurs que « le pigeon voyageur n'est pas un gibier, il est protégé par la loi », auxquels s'ajoute le grand gibier : chevreuil, cerf, daim et sanglier ; chasse qui « ne peut être réalisée que par tir à balle » ou, signe de notre modernité qui se ressource sans cesse de nos archaïsmes, par « tir à l'arc ». C'est ainsi que j'apprends, le temps de lire le recensement officiel, le contenu encore abordable de l'univers chassable. L'affiche jumelle frappée du même sceau préfectoral concerne la « Pêche en eau douce ». Cela me rappelle que lors de nos baignades dans l'Yonne, à partir de juin, outre les goujons et autres fritures,

Une vieille carte postale représentant la mairie-école communale de Chichery, dans la rue du Puits-d'Hiver.

on peut taquiner la truite fario, l'omble chevalier, le cristivomer, l'ombre commun, le brochet black-bass, la perche arc-en-ciel, le sandre et même, semble-t-il, l'anguille et l'écrevisse, ce, à des heures précises. La pêche avec des « esches végétales » recommandées, à la différence de la chasse se pratique sur une portion de l'Yonne à des endroits strictement définis pour les communes ayant un accès direct au fleuve. Pour la commune de Chichery, ce sera : « rive gauche, 50 mètres en aval de l'écluse de Bassou à la borne kilométrique 19, soit 1 975 mètres ». Ainsi pas de discussions inutiles, après, les « bons » ou « mauvais » emplacements, c'est une affaire de flair, quant au garde-pêche assermenté dont j'ai souvenir qu'il surgissait à l'improviste pour vérifier le « permis » et qu'il était incorruptible, refusant même le petit blanc du matin, je n'ai comme souvenir qu'une petite plaque en cuivre qui traîne dans mon grenier. Pour en finir avec la faune icaunaise, sur une troisième affiche d'un format moindre sont nommés les « Animaux classés nuisibles » à ce jour : belette, fouine, martre, putois, ragondin, rat musqué, renard, sanglier, corbeau freux, corneille noire, étourneau sansonnet, pie bavarde, pigeon ramier et lapin de garenne[1]. Une liste digne des personnages de nos contes populaires qui me rappelle qu'il reste encore, tapi à l'orée de nos bois et de nos mémoires, une part sauvage qui veille. A côté de cette dernière annonce sont punaisées trois « déclarations de piégeage » remplies à la main. Ce sont trois chasseurs connus et actifs du village, dont le rôle se veut de maintenir un quota supportable de prédateurs sur la commune, dans le cadre du respect de ce qui serait un équilibre. Cette fameuse expression de la recherche d'un équilibre est en fait une activité qui se pratique sur la corde raide et peu défendable du plaisir et de la nécessité, sachant que les seuls traitements répandus dans les champs auxquels survivent les plus chanceux des chassés et des piégés ont déjà rendu le jugement par ordalie chimique...

Le maire, un ami d'enfance, s'amuse de ma curiosité et de mes penchants connus depuis longtemps pour l'écologie. Je dois avouer que les chasseurs sont de meilleurs alliés que les agriculteurs et qu'aujourd'hui c'est finalement avec eux que l'on peut imaginer protéger les équilibres dans et avec la nature. Bien sûr que je me souviens des traques au renard, plus imaginaires que réelles, là-haut vers « le bateau », ce dévers crayeux qu'à force de cultiver les tracteurs ont fini par araser et domestiquer, au point de faire disparaître les trous où nous posions nos innocents collets pour tenter d'attraper quelque lapin de garenne, dont nous n'avons jamais vu que le bout des oreilles ou le pompon blanc de la queue... Mais cela résume en une ellipse la longue histoire dans laquelle, il y a quarante ans à peine, nous inscrivions encore nos gestes.

Partant de la vie de ces joyeux compères que, adolescents, nous descendions, les soirs de pleine lune, observer en bande dansant devant leurs terriers sur les bords de l'Yonne, nous remontons nos souvenirs communs avec cet incroyable sentiment de n'avoir pas vieilli d'un poil. « Monsieur le Maire » a les cheveux blancs, « Monsieur le Maire » n'est guère plus vieux que moi mais est à

1. Martre, belette et putois furent « déclassés » nuisibles nationaux le 21 mars 2002 par le ministre de l'Ecologie, Yves Cochet, des Verts, puis réinjectés dans la liste des indésirables par son successeur UMP Roselyne Bachelot le 6 novembre de la même année, alors que « biologiquement, comme le note *La Dépêche vétérinaire*, aucune connaissance nouvelle n'est apparue entre avril et novembre 2002 », concluant que cette mesure correspond à « une des promesses électorales qu'il aura été le plus facile de tenir... ». Cf. Catherine Vincent, *Le Monde*, 15-16 décembre 2002.

la retraite depuis quelques petites années, ayant commencé très tôt sa carrière au Gaz de France. Nous nous amusons de nos titres : retraité, maire, professeur, de ces « messieurs » qu'on nous accole volontiers, ne sentant nulle part quelque trace de vieillissement ni de rigidification sociale. Nous voilà heureux même d'avoir pris un peu d'épaisseur sur le terreau de nos vies. L'amitié sauvegardée vaut tous les viatiques pour continuer sa petite route, elle recèle les fragments de notre humanité inscrite dans des bases communes et ajoute à nos vies qui s'avancent ce sentiment fort de voyage partagé. Qu'importent les chemins, nos artères nous ont portés jusque-là et la fragilité qui s'annonce à travers mille petits signes nous paraît moins dangereuse quand on voit l'autre « aller ».

« Oui, on peut dire en cette fin d'après-midi que ça va plutôt bien », conclut Bernard, me rebranchant sur ce qui en réalité m'amène à la mairie.

Mercredi 4 octobre 2000 (Chichery)

Je tournicote, je tournicote. Je fais les cent pas, j'arpente ma tête qui est bien vide. J'ai tant à faire que je ne sais plus quoi faire ? Ou plutôt non, je ne sais pas où ni comment commencer, je devrais dire finir, tant il y a de chantiers ouverts.

Retour de chez Jean-Marc Brocard où j'ai goûté, senti, mâché du chablis. Le moût, délice absolu au sucre d'or, puis le bourru de Chiché, les vieilles vignes et autres... dans ces immenses cuves étincelantes qui recèlent ce nectar total. Et Jean-Marc, le maître, qui goûte, écoute, palpe ce vin futur. Une très belle et grande émotion, une remise en bouche qui me fait recoller à l'univers végétal qui me tient ici, à Chichery, où je me suis greffé et me donne ce sentiment si fort d'exister quelque part. L'aventure des papilles est une aventure au sens plein...

« Je voulais te voir sérieusement parce que j'y comprends plus grand-chose, lui dis-je. Je ne comprends plus très bien comment ça marche, si la commune existe toujours, de quoi et de qui on relève, ce que sont tous ces changements, toutes ces transformations institutionnelles dont on entend et lit des bribes à la télé ou dans les journaux mais dont tu sembles être un des seuls au village à maîtriser à peu près les tenants et les aboutissants...

— Pour les aboutissants, c'est une autre histoire, on verra ça plus tard et on sera sans doute plus là..., me répond-il. Mais pour ce qu'est de la marche de la commune, oui, là y a du nouveau, sacrément même. Viens donc t'asseoir. »

On quitte le couloir d'entrée pour traverser un morceau de l'ancien logement des instituteurs, un bel espace carré avec en son centre des tables et des chaises disposées en rectangle pour les réunions du conseil municipal. Sur le mur de gauche sont punaisés les diplômes obtenus par la commune lors du jumelage ainsi que les prix qui depuis des années se succèdent au concours du « village fleuri ». Une étagère bien sûr avec des coupes où se mêlent celles des Inter-villages et des compétitions sportives de tous ordres. Le mur du fond a sa photo du chef de l'Etat actuel et un buste d'une Marianne inconnue de style encore républicain. Le mur de droite porte les photos du village vu du ciel réalisées par *L'Yonne républicaine* ainsi que celle du finage, photographié par le satellite qui nous sert (et parfois même nous dessert, comme s'en plaignent les agriculteurs). La secrétaire de mairie étant absente, on s'installe dans la petite pièce du fond que Bernard semble affectionner quand il est seul. Etroit, clair et profond, un bureau de fer faisant face à la fenêtre donnant sur la rue, le secrétariat est une pièce accueillante – sans doute est-ce sa clarté, une fenêtre à chaque bout, qui rend ainsi cette pièce-couloir presque chaleureuse, à moins que ce ne soit le radiateur... Bernard s'installe au bureau, me désigne la chaise tubulaire grise et bien rembourrée qui lui fait face.

Derrière lui, les meubles-classeurs habillant les murs de chaque côté lui dessinent par réverbération une sorte d'aura. Repoussant légèrement l'écran plat qui entame à peine le bureau raccordé à une batterie bureautique du dernier cri, Bernard fait le point :

« Bien sûr que la commune existe encore mais il faut admettre qu'on est entré dans un autre temps ; on n'existe plus tout seul, on est un peu le dernier étage dans un système qu'a sa cohérence, mais qu'est pas simple effectivement à comprendre. Déjà, faut savoir que Chichery est dans l'aire urbaine d'Auxerre. Bon, maintenant y a la loi SRU, Solidarité Renouvellement Urbain. C'est la loi qui redéfinit les principes d'urbanisme, de transport, de gestion des rivières, des forêts, de la construction de lotissements, d'agrandissement des villes, bref tout ce qui a trait à l'urbanisme. Là-dedans y a des choses qui nous concernent, d'autres moins ou pas du tout, mais on y est ou on va pas tarder à y être...

« Après, t'as les SCOT, les Schémas de Cohérence Territoriale, qui doivent être mis en place et qui eux concernent un peu plus précisément des groupements de commune, les SIVOM (Syndicats Intercommunaux à Vocation Multiple), communautés urbaines, etc., ça touche encore de plus près à l'urbanisme. Ça fait trois ans et demi que c'est en place. T'inquiète, rien ne bouge... Après les SCOT, ce qui vient c'est plus le POS, Plan d'Occupation des Sols, c'est terminé, c'est le PLU, le Plan Local d'Urbanisme. Je te mets un peu tout ça en vrac, mais je comprends que t'aies du mal à saisir les changements ; moi-même qui suis dedans c'est pas évident à suivre. C'est l'Europe qu'est en perspective, on peut plus rester dans le petit, dans le local à tout prix. Y a pas d'autre solution que de s'unir, de s'arranger avec les voisins si on veut encore maîtriser un peu la question... Je crois qu'on connaît un bouleversement qui doit être du même ordre de grandeur que ce que le père Chiot raconte dans son bouquin sur Chichery au moment de la Révolution française. Les changements qu'ont été opérés à l'époque ont été tels qu'on est encore dedans : les départements, les districts, les communes, les maires... C'est de là qu'on est en train de sortir, j'sais pas si t'imagines bien. »

Le père Chiot historiographe d'*Une terre du chapitre d'Auxerre, Chichery*[1], raconte en effet comment, en 1787, le roi organisa dans le pays des élections des administrations civiles auxquelles devaient prendre part les principaux citoyens. On divisa à cet effet l'Ile-de-France en douze départements, ces derniers en six arrondissements, et on dota chaque paroisse d'une municipalité. Chichery fut inscrit dans l'arrondissement d'Irancy du département de Tonnerre-et-Vézelay. Chaque département avait une assemblée élue par les députés des municipalités. Cette assemblée déléguait une commission exécutive, dite « Bureau de la Commission intermédiaire », qui avait pour tâche d'administrer le département. Les attributions de cette commission intermédiaire comportaient

1. René Chiot, *Une terre du chapitre d'Auxerre, Chichery, notes d'histoire.*

notamment la formation des municipalités, le rassemblement des tableaux de paroisse, les impôts, le commerce et l'industrie, les ponts-et-chaussées, les cultes, l'établissement d'état de la population, l'agriculture, la révision du cadastre et le classement des terres – Chichery, avec Chablis, Héry, Pontigny et Rouvray, fut classé dans la première classe, ses terres étaient déjà reconnues de qualité supérieure.

Cette commission intermédiaire exista et fonctionna jusqu'en mai 1790, au moment de la création du département de l'Yonne. Une nouvelle administration territoriale en départements et districts créée par l'Assemblée constituante fut alors mise en place. Chichery et ses voisins Branches et Bassou ressortirent au district de Joigny qui fut d'abord rattaché au canton de Neuilly avant de l'être au chef-lieu qu'était Villemer depuis novembre 1790. En janvier 1790, un « bureau municipal » ou conseil général de la commune, avec un maire à sa tête, fut élu. Assisté de quatre officiers municipaux, quatre notables et un agent national, le bureau devait assumer toutes les charges de gestion administrative qui, sans cesse modifiées par des décrets, semblaient tout aussi lourdes et compliquées qu'elles le sont aujourd'hui.

« Je te donne un exemple de comment nos histoires deviennent compliquées, reprit Bernard. Bon, on va mettre en place la petite zone artisanale en bas, le long de la nationale. J'ai demandé au conseil municipal qu'on révise la totalité du POS – qui devient PLU –, de façon à pouvoir dégager quelques terrains constructibles, vu qu'on a de la demande sur Chichery – tu penses, avec la proximité d'Auxerre, Migennes, l'autoroute, etc. Bon, moi, comme mes prédécesseurs, je ne veux pas de lotissement, peut-être quelques constructions sur la périphérie du pays, mais faut veiller à pas faire comme les communes voisines. On est rond, petit, c'est préférable de le rester, faut au moins préserver ça. Tu connais Billot à Bassou, l'usine à escargots comme on dit, c'est la Française de gastronomie qu'a racheté. Ils envisagent de réaménager partiellement les anciens locaux et même de les déplacer, de construire en bas, sur le territoire de Chichery. Avec le SIVOM « Yonne-Serein » regroupent Bonnard-Bassou-Chichery qu'on a créé en 1992, on avait ces 4, 43 hectares du côté de l'ancien garage : 1,28 hectare, à Bassou, le reste sur Chichery étaient cultivés par le GAEC (Grou-

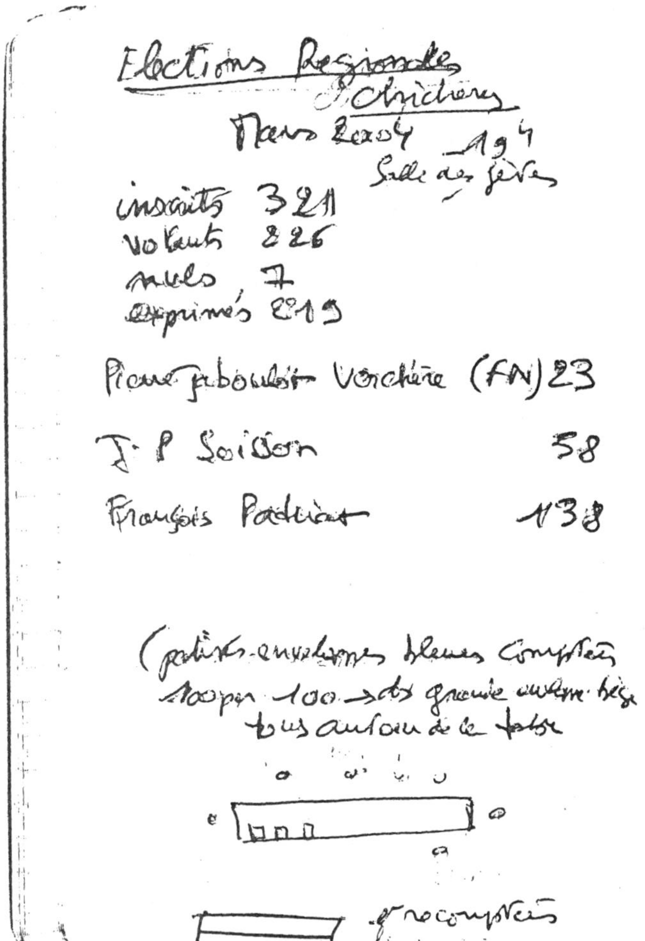

Elections Regionales
Chichery
Mars 2004 19h
Salle des fêtes

inscrits 321
votants 226
nuls 7
exprimés 219

Pierre Jaboulet Verchère (FN) 23

J.P Soisson 58

François Patriat 138

(petites enveloppes bleues comptées
100 par 100 → ds grande envelop. beige
tous autour de la table

recompteurs

Election régionale
Chichery, mars 2004. Inscrits 321, votants 226, nuls 7, exprimés 219.
Pierre Jaboulet-Verchère (FN) 23 ; J.-P. Soisson 58 ; François Patriat 138.
Petites enveloppes bleues comptées 100 par 100 (dans grandes enveloppes beiges) tous autour de la table. Dessin table.
NB : Dans « Jours tranquilles en 89, Ethnologie politique d'un département français », l'ethnologue Marc Abélès a montré, à partir d'exemples pris dans le département de l'Yonne, par quels chemins une communauté en vient à accorder (ou pas) à quelqu'un, le pouvoir de le représenter dans une assemblée.

pement Agricole d'exploitation en Commun) en attendant, et on se prépare donc à leur vendre. Mais attention, maintenant, on est chargé de tout préparer : amener l'électricité, l'éclairage public, le téléphone, aménager la voirie, etc. Donc, en perspective, on a vendu ces terres à la Communauté de Communes de Migennes, en faisant un petit bénéfice. On se dit : maintenant c'est la CCM qui va gérer toute cette affaire. On touchera pas les taxes directement mais on voit quand même l'emploi pour des gens, c'est important. On pensait donc qu'ils allaient construire. Or maintenant l'Etat oblige à des fouilles archéologiques. Dès qu'on touche au bord de l'Yonne, comme on y a déjà trouvé pas mal de choses gallo-romaines, t'as qu'à voir au musée Saint-Germain à Auxerre[1], on y passe. Bon, on a fait faire un diagnostic par la DRAC (Direction Régionale de l'Action Artistique). Ça a duré deux jours exactement, ils ont pris une pelleteuse, fait une tranchée tous les trente mètres, ça nous a coûté dix-huit mille euros. C'est le SIVOM qu'a payé.

« Résultat : on a appris que la Française de gastronomie délocalisait le plus gros de la production à Brioude, dans le Massif central, sous Clermont-Ferrand. A Bassou ils ont pas fermé chez Billot, mais au lieu d'être trois cents quatre-vingts à l'époque de Noël, ils sont plus d'une centaine. Voilà, on a espéré que ça se ferait. Ça s'est pas fait... Aujourd'hui les entreprises, ça ouvre, ça ferme, c'est fragile, très fragile...

« T'as compris que notre syndicat Chichery-Bonnard-Bassou, le SIVOM, il pouvait plus supporter seul tous les coûts. On fait donc partie maintenant de la CCAM, la Communauté de Commune de l'Agglomération Migennoise. C'est un établissement public de coopération intercommunale. Ça a ses "pour" et ses "contre", de

1. Avec la néolithisation, la relative fixation des populations engendre un type d'habitat qui sera une constante de la colonisation danubienne bien connue à travers l'Europe à laquelle n'échapperont pas les bords de l'Yonne. Le musée de Saint-Germain d'Auxerre expose un certain nombres d'objets du néolithique moyen comme une magnifique meule avec son broyon ou encore une parure faite de 143 perles de calcaire d'os et de coquilles tirée d'une nécropole danubienne sur le lieudit l'étang David (sépulture n° 7) en bas de Chichery. On y a également retrouvé des vases à incinération datant de l'âge du bronze ainsi que des épées ou des restes mérovingiens, témoins des cultures passées qu'à chaque labour des agriculteurs mettent au jour. Les fouilles sont aujourd'hui menées par l'Institut national de recherches archéologiques préventives, INRAP de Dijon.

L'ancienne mare et la place du village de Chichery.

toute façon on peut plus rester tout seul dans son coin, plus aujourd'hui, allons. C'est sûr qu'au niveau de la fiscalité ça va se ressentir, mais au regard des services que ça va nous amener et des projets qu'on peut faire en partageant c'est payant à long terme. De toute façon y a l'Europe qui se fait et on pourra plus échapper à l'aménagement de l'espace, à tout ce qui concerne l'environnement, le patrimoine et puis des équipements qui nous concernent, même si c'est pas directement sur la commune. Les gens réclament les mêmes choses qu'en ville, faut voir comment ils deviennent difficiles. Ça a peut-être pas l'air quand on passe comme ça, mais là c'est bien fini la campagne, c'est surtout la mentalité qu'est finie, si tu savais ce que les gens font et réclament aujourd'hui, et les charges qu'on a, c'est impensable. »

MICHELET FAIT L'ÉCOLE BUISSONNIÈRE

Du temps de ma thèse, en 1975, je m'étais penché sur l'œuvre de Jules Michelet (1798-1874) pour réfléchir à la proximité de l'histoire et de l'ethnologie. A l'époque nous osions tout, aussi ai-je envie, sans rien modifier, de retranscrire ici ce que j'avais écrit :

« Michelet se nourrit de lui-même sur le chemin des enfers chauds où matière et histoire s'enfantent du même ventre. Le cartable toujours sur le dos il fait école buissonnière, une autre politique/une autre imagination/une autre sensibilité/une autre histoire que ses contemporains, ignorant les bornes, il se sert du balai de la sorcière pour aller au-delà des textes, pour chercher une histoire de l'autre côté du miroir. Au-delà de la réflexion, les silencieux se mettent à parler des silences de la théorie, par contre les novices, les bavards, dit Michelet, ceux qui n'ont pas longuement brossé la nature humaine croient que rien n'est plus simple, qu'il suffit d'expliquer tout par les causes élémentaires : mécanique, chimie, physique. Michelet qui a le sentiment d'être simple, assez grossier et barbare, retomba à quatre pattes, se fit simple avec les simples. Au lieu de l'église exclusive, il ouvrit les cinq mille portes de la cathédrale de Dieu, si large que toute nature, ignorants, femmes et enfants, barbares et sauvages et bêtes (moi aussi, dit-il), nous entrions tous, parlant, chantant ou bêlant avec notre droit de cité. Michelet devant tout le monde se refit la belle fête des simples. On suspendit son cours, il bloqua celui de l'histoire à 1848...

Insupportable Jules Michelet qui, au moment où l'histoire naturelle quitte les rivages du pittoresque pour entrer dans les rigueurs de la science, choisit de réinventer le corps dans sa vérité poétique : « J'entrepris de refaire moi seul la tradition du genre humain. Ce que Vico recommande, je l'avais d'instinct en moi. » Dégageant une chaleur extraordinaire autour de lui, Michelet fit transpirer quelques-uns des historiens à mode d'emploi... « J'appelle ainsi le principe héroïque : l'humanité se fait et se crée elle-même. La force vive qui est l'homme se crée en actes, en œuvres, en cités et en dieux, qui sont œuvres aussi. La philosophie donne en puissance cette forme vivante, l'histoire la donne en action. »

Roland Barthes trouva dans Michelet l'envie de réécrire, ce sont les thèmes charnels, le café, le sang, l'agave, le thé, le blé... Mais Barthes cherchait à parler de lui par l'autre : « En ne lisant pas Michelet, c'est notre désir que nous censurons. » Brouillant la loi discriminatoire des « genres », Michelet manque une première fois sa place, les gens « sérieux », conformistes, le boycottèrent. Mais par un second déplacement, ce prince du signifiant (aucune avant-garde du pathos ne le reconnaît et il nous faut nous aider de l'histoire pour retrouver quel était l'enjeu du langage du temps de Jules Michelet) a fait mouche, double mouche : Michelet a fait rentrer l'histoire dans la modernité, il l'a fait rejoindre l'anthropologie avant même son invention. »

Michelet fut privé de sa chaire au collège de France après le coup d'Etat du 2 décembre 1851. Il est l'auteur de : *Histoire de France* (1833-1846), *Histoire de la Révolution française* (1847-1853), *L'Insecte* (1857) et *La Sorcière* (1862).

Je me risque à demander à Bernard si la commune existe encore, si être maire ça a encore un sens, s'il lui reste quelque pouvoir, ce qu'est devenu le garde champêtre...

Il s'esclaffe :

« Le garde champêtre ? Non, c'est fini depuis un moment. Quel folklore, tu te souviens des histoires [1]... Non, Le pouvoir de police c'est le maire. Faut voir, là aussi ça s'est rudement compliqué. C'est pas à toi que je vais rappeler comment on réglait les choses avant quand y avait des problèmes dans le village. Sauf exception ça se réglait entre nous. Faut dire qui y avait du monde dehors, dans les champs, dans le village, on savait tout. Maintenant, attention, Chichery le jour, c'est le désert. Chacun chez soi et puis la mentalité... Tiens, l'histoire des camionneurs, encore un bel exemple. Là, c'est mon pouvoir de maire justement qu'est intervenu, de police en quelque sorte. Ça a pas été simple. Ça a duré plus de deux ans comme tu le sais. »

L'histoire à laquelle j'ai assisté aux premières loges n'a en effet pas été simple, mais ô combien révélatrice du changement des mentalités et surtout de la disparition de l'esprit de village – à moins qu'elle n'en fût l'ultime expression ? La profession de camionneur fut un temps considérée comme profession intermédiaire par des jeunes du village qui, en attendant de trouver leur

1. Voir *Le Village retrouvé*, *op. cit.*

voie, prenaient le volant de gros transporteurs équipés pour le transport international. Des sociétés importantes sont basées dans le village voisin et dans les environs d'Auxerre, ce qui facilitait le recrutement local. Mais ce travail alors harassant, mal réglé, laissait peu de place pour une vie de famille et finalement tous abandonnèrent, préférant travailler à la DDE (Direction Départementale de l'Equipement) ou dans les services municipaux des villes avoisinantes. Le temps aidant, on a vu l'arrivée au village d'une nouvelle population périphérisée, dont trois camionneurs. La chose serait passée inaperçue, ou à peu près, s'ils ne nous avaient pas imposé la présence quasi quotidienne de ces énormes engins dans les rues mêmes du village. L'un prenant un trottoir pour parking, l'autre garant son camion en pleine rue près d'un tournant et ainsi de suite, chacun habité d'une « mentalité de camionneur » et envoyant se faire voir ceux qui, à juste titre, émettaient une observation, à commencer par les riverains directs. Les « nuisances » devinrent très vite réelles : encombrement, démarrage et chauffage du camion à quatre heures du matin, arrivée à pas d'heure, circulation sans visibilité, enfants et personnes obligés de descendre du trottoir pour contourner le camion sur la chaussée, etc. La mairie s'en mêla, des conciliations furent proposées, on tenta de leur expliquer que la vie dans un village passait aussi par le respect des autres, que personne ou presque ne restait garé dans la rue, qu'aucun tracteur des exploitations n'avait jamais stationné ainsi, bref que la mentalité de la vie d'une petite communauté passait par les petits arrangements pour éviter les grands dérangements... Rien n'y fit, les camionneurs, nullement ligués d'ailleurs, n'en avaient que faire : l'un expliquait que c'était sa voiture de fonction – il parlait du seul tracteur –, et que s'il le garait sur le trottoir contre le mur c'était avant tout pour éviter que les manouches ne lui volent son fuel..., les autres qu'ils voulaient leur camion à proximité pour ne pas perdre de temps au démarrage – en réalité toute chose qu'ils n'auraient pu faire en ville. Bref, ils tinrent bon, longtemps et sans grande amabilité face aux injonctions du maire qui se faisait le porte-parole logique des villageois. La question fut envisagée au conseil municipal, on accepta l'idée qu'il leur fallait un emplacement pour garer les gros engins. Une décision fut prise, et très vite réalisée, d'aménager un môle en dehors du village, à proximité du tennis. Construction qui avait un coût à supporter par tous.

Malgré cela, ils rechignèrent. Connaissant leurs droits, ils savaient qu'ils n'étaient pas obligés d'obtempérer tant qu'une décision préfectorale ne leur interdirait pas le stationnement intra-muros. La phase de tractation avait duré assez longtemps. Le maire proposa qu'une ultime phase de négociation soit menée par les gendarmes : ils allaient venir voir chacun des conducteurs de poids lourds impliqués, leur expliquant que s'ils ne voulaient pas comprendre, ça serait la répression. Ainsi arriva-t-on à cette extrémité : un arrêté fut pris, des panneaux d'interdiction achetés, fixés aux entrées du village afin que, enfin, la maréchaussée puisse avoir le droit de verbaliser les récalcitrants. La potion fut loin d'être gratuite, mais il n'y eut pas d'autre moyen pour contraindre trois personnes à respecter la tranquillité du village...

Circulation et stationnement des poids lourds dans le village

Les nombreux avertissements adressés aux différents camionneurs n'ayant pu aboutir à solutionner les problèmes causés par le stationnement de leurs véhicules, le Conseil Municipal demande au maire de prendre un arrêté interdisant, purement et simplement, le stationnement des véhicules de plus de 3,5 tonnes sur le territoire de la commune. La signalisation verticale, prescrivant ces dispositions, sera mise en place.

Le Maire
Bernard GIBOIN

Mairie de CHICHERY-la-VILLE (Yonne)

Séance du conseil municipal du jeudi 21 novembre 2002.

« Tu me demandais "être maire aujourd'hui ?" Ben voilà, c'est ça : interdire, interdire, interdire... T'as pas idée du changement des mentalités des gens – j'te raconte pas tout, ou plutôt j'aime autant que tu racontes pas tout, mais tu sais bien des histoires que je t'ai racontées. Tiens, je te donne un autre exemple d'interdiction : les mariages : bon, tout le monde est content, c'est la sortie des mariés, on leur balance du riz, des pétales... mais mon petit gars, les pétales ils sont en plastique. Les gens les ont achetés et ils sont en plastique. Ils pensaient pas à mal évidemment, mais conclusion c'est imputrescible. Ça veut dire, non seulement qu'après, les cantonniers faut qu'ils les ramassent, et puis ça va dans les canalisations, c'est indestructible ces pétales. Tu comprends la suite. Conclusion : faut interdire l'utilisation des pétales en plastique ! Après faut interdire l'accès aux terrains des manouches – t'as ben vu, les portiques ça suffisait pas, on a dû mettre des buses, des cailloux pour les empêcher de s'installer... Je te dis : c'est infernal ce qu'on doit faire, et n'oublie pas qu'on est responsable de tout. Souviens-toi que y a des maires en prison pour un poteau de but rouillé qu'a tombé sur un gamin, etc. Faut veiller à tout, sans compter la complexité des dossiers à faire. En fait, si j'étais pas à la retraite ce serait impossible de faire ce boulot.

« Pour revenir à la commune qu'est-ce qui reste comme prérogatives à la mairie ? Nous, on a la voirie, le pluvial, l'éclairage public, les employés municipaux. Oui, les cantonniers qui restent attachés à la commune, on en a un à temps complet et un autre à un tiers de temps, le reste il est sur Bonnard. Rien que ça, c'est du travail, des engagements, et puis tu vois bien dans les procès-verbaux du conseil, tout ce qu'on a à traiter et à résoudre, les commissions, les réunions à l'extérieur, non, on chôme pas encore, c'est l'inverse, on croule plutôt sous le boulot. Presque 500 habitants, 473 exactement, à ce jour[1]... »

Bernard se baissa et me sortit des classeurs contenant les listes électorales.

« Attends, je vais donner des statistiques. L'idéal, ça serait de prendre rue par rue, maison par maison, mais mis à part ceux qui sont de Chichery, ça bouge tellement aujourd'hui que moi-même je ne sais plus qui est qui. Y a des gens qui viennent me voir, je les reconnais pas. Tiens, au moment des votes, y a des gens qui viennent voter... Ben, on est tous là à se demander qui c'est ? La personne, elle, est bien inscrite sur Chichery, ça veut dire qu'elle vient pas de nulle part, mais on l'a jamais vue. L'autre jour, j'apprends par le journal qu'y a une femme peintre à Chichery, elle exposait dans une galerie à Migennes. Maintenant je sais où elle habite, mais je le savais pas. Non, on se connaît plus. Faut dire que les gens y se présentent plus non plus. Ils sont là, personne ne

1. Chichery connut jusqu'à 1 200 habitants au XIIe siècle. Il comptait 114 feux en 1680. En 1790 on ne comptait déjà plus que 518 habitants, 681 en 1850, 643 en 1853, 539 en 1875, 514 en 1886, 425 en 1900, 400 en 1914, 353 en 1931, 344 en 1936, 430 en 1978, 461 en 1999, 473 en 2004.

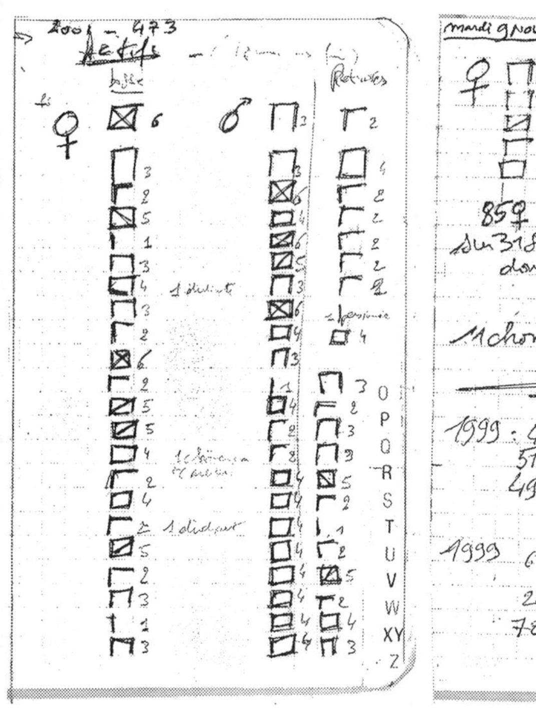

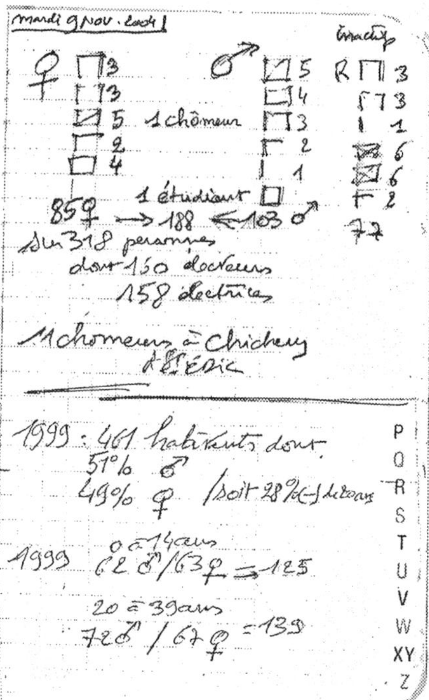

Bernard me sort les statistiques « fines » de l'INSEE comptabilisant les « actifs » du village. Je fais des petits carrés pour compter 6, les femmes sur la colonne de gauche, les hommes sur la colonne de droite – Je note aussi, lorsqu'il me le dit : 1 étudiante / 1 chômeur / 1 étudiant / 1 chômeur / 1 étudiant.
En bas : sur 318 personnes dont 160 électeurs, 158 électrices / 11 chômeurs à Chichery inscrits aux Assedic.

le sait... Bon, on va déjà commencer par les “Actifs”. Je peux même te faire une analyse fine avec mes statistiques : ça commence à dix-huit ans, l'âge légal, jusqu'à la fin. Allez, on commence par les femmes – je donne pas de nom évidemment. T'as qu'à marquer. »

Bernard commence à compter, il prend par famille, je fais des bâtons en carré. Là, y en a 6, là 3, 2, 1, 5... et me voilà avec 85 femmes « actives » dans le pays. Même décompte pour les hommes. On compte jusqu'à 103 – faut compter 11 personnes qui sont aux ASSEDIC, relève Bernard, et 77 retraités. Allez, hop, on affine, puisque c'est tout fait par l'INSEE : en 1999, à la toute fin du XXe siècle Chichery comptait 461 habitants dont 49 % d'hommes, 51 % de femmes. Pour la pyramide des âges, c'est pas plus compliqué : 125 gamins de 0 à 14 ans, 139 de 20 à 39 ans, 119 de 40 à 59 ans – ça, c'est nous... –, 55 de 60 à 74 ans – c'est bientôt nous – et 23 de 75 ans et plus.

On en était là dans nos décomptes et nos comptes – pratiquant hors document selon une espèce de jeu de mémoire où l'on tentait, à partir des anciens propriétaires et du descriptif des maisons, celles de notre enfance, de voir qui habitait aujourd'hui ici ou là, Bernard me devançait haut la main –, quand la secrétaire de mairie arriva dans le bureau, dans son bureau. Bernard lui céda presque instinctivement la place. Elle remit tout en son ordre, les choses se jouent à quelques centimètres, rebrancha un module et sortit un dossier, tout en exprimant son enthousiasme pour le stage de formation organisé par la région Bourgogne qu'elle venait d'effectuer. Elle exprimait un vrai contentement d'appartenir à une région pilote en matière de mise en ligne des démarches et des dossiers administratifs qui devrait être reprise par les autres régions. L'heure s'avançait, Bernard attendait un rendez-vous. Je m'éclipsai, non sans retenir, et *a posteriori* je sais pourquoi, cette phrase du maire : « Pour les ordures, ça rigole plus maintenant... »

Une jeunesse protocolaire

Les habitudes des jeunes ont quelque peu changé depuis ma propre jeunesse : le mur de la mare est toujours là mais plutôt réservé aux très jeunes, la cabane des cars, à ceux qui ont des scooters et des petites motos, quant aux « teenagers », les 13-14 ans, c'est l'âge de mon fils, depuis quelque temps ils ont pris l'habitude de descendre jusqu'au rond-point qui coupe la N6, pour en remonter presque aussi vite qu'ils y sont descendus. Pourquoi ? Ils n'ont jamais su ou voulu me répondre. Je sais qu'il y a là des talus amusants à sauter en VTT, la proximité, peut-être, des copains du village d'à côté et peut-être aussi la côte de Driveau, une vraie côte ensauvagée où sont imbriqués friches, vergers et buissons épais. Cette côte sert depuis très longtemps de « Réserve » pour le gibier. C'est peut-être ça qui les attire, en définitive ? L'autre jour nous étions à Paris, rue Notre-Dame-des-Champs, quand le portable de mon fils a sonné. C'étaient les gars de Chichery, ils étaient en train de lui faire vivre en direct une « course au cul d'un blaireau sur Driveau, un gros blaireau, haut jusqu'aux genoux... ». Ils l'ont tracé au VTT. La poursuite a duré le temps qu'on arrive devant le collège. C'est à ce moment qu'ils l'ont perdu et ont raccroché. Antoine a quitté les bois de Chichery pour entrer en classe.

Les jeunes, leur vie et leurs jeux sont devenus un mystère. Je pourrais commencer par dire que je ne sais pas vraiment ce qui les amuse. Je les soupçonne de ne plus savoir jouer au sens où nous l'entendions à leur âge. Quand je leur demande s'ils jouent, ils me répondent à la fois que oui et que c'est une notion dépassée. Ils me font surtout comprendre que même s'ils tentaient de m'expliquer, je ne comprendrais pas grand-chose... Ils ont raison. Je crois en effet que les enfants ne sont plus des enfants, mais des êtres précocement grandis auxquels l'informatique tient lieu de biberon. La chose est sérieuse, leur univers ludique se spécialise très tôt ; leurs pouces ont à peine quitté leur bouche, remplacés jusqu'à des âges avancés par une tétine, qu'ils gagnent la console des Game Boy et autres jouets électroniques à manettes. Ils parlent à peine que déjà ils « computent ». Ma fascination de cette jeunesse prise et animée par ce que l'on peut désormais appeler la nature cybernétique tient au fait qu'elle nous échappe sans avoir besoin de fuir ni de se cacher. Les jeunes – je n'arrive plus à dire les enfants – sont capables de partir sous nos yeux dans des ailleurs projetés auxquels nous n'avons pas accès. De l'initiation au voyage que sont la Game Boy, la PS2, la Game Cube ou la Play Station, sans oublier les MP3 et maintenant MP4, qui à la musique ajoutent l'image, en passant par les explorations sauvages ou maîtrisées des ordinateurs familiaux, la jeunesse des villes et des campagnes est entrée dans une troisième dimension, une dimension que, mis à part des spécialistes et des accros à l'enfance, peu d'adultes de ma génération peuvent atteindre.

Ce n'est pas que nous manquions de maturité, en cela les jeunes sont bien toujours des enfants, mais nous manquons incroyablement de discipline et de concentration.

Jeudi 26 mai 2005 (Chichery)/ Les jeunes emmerdent le monde/ à ATAC : Une femme se plaint/ une mère d'avoir encore/ ses enfants à la maison/ à propos de ses enfants/ on leur paye le permis/ On leur paye la voiture/ + 1 plein par semaine. Mais/ ils en consomment 2 ou 3 plus et/ c'est encore les parents qui payent/+ le téléphone portable : 3 pages/ de relevés les forfaits qui/ explosent ! on paye/ Elle n'en peut plus des enfants/ et eux : ils se plaisent à/ la maison, ils se servent au/ frigidaire. Ils se plaignent/ réclament encore, à plus de/ 22 ans/ Non : elle en a assez du/ jeunisme/ La femme à qui elle raconte tout/ ça lui répond que c'est pour ça qu'elle a pas d'enfant/ C'est plus possible, les/ jeunes veulent nous bouffer !
Vêtements unisexes portés différemment.
DESSINS
Une véritable juvénocratie/ prend la place que les/ vieux, gérontocratie,/ occupaient jusque-là./ Les adolescents ne veulent/ plus se coucher. Ils aiment/ la nuit qui les sépare du/ monde adulte. Ils se/ couchent quand on se lève.

La mesure cybernétique n'est pas la nôtre, nous sommes de trop petite taille, nous venons d'un univers trop terrien, trop enraciné dans l'espace pour pouvoir adhérer sans résistance, pour pouvoir mentalement coller à ces technologies issues de la numérisation et convergeant systématiquement en un système compulsionnel de production et de consommation mondialement intégrées sans résister.

L'informatique est pour nos enfants une nature évidente, un prolongement indispensable à leur équilibre et à l'appréhension du monde dans lequel ils vivent maintenant, même et surtout si cette nature est contraignante. Et nous voici au nœud de la séparation, de la division de nos mondes. Si pour mille raisons nous nous sommes en partie démis de nos fonctions d'éducateur, de parents, si la « socialisation des jeunes », ou plutôt leur désocialisation, à vue d'œil fait problème, c'est que nous n'avons pas compris qu'ils entraient dans un tout autre temps que le nôtre. Je l'ai déjà exprimé, jamais une culture – la cyberculture – n'a été aussi exigeante dans le respect absolu des protocoles, en d'autres termes : jamais il n'a encore existé une telle culture protocolaire. Chacun se souviendra de ses premiers pas à l'ordinateur et des crises de désespoir qu'il a pu connaître épisodiquement en voyant son travail cannibalisé par une machine pour un simple clic sur une mauvaise touche ! En fait, nous n'avions tout simplement pas respecté le protocole du système, mais avant d'accepter l'idée qu'une machine dite intelligente ne peut avoir un comportements humain et que l'idée de compassion lui est totalement étrangère, trois générations sont passées... Or, les enfants d'aujourd'hui (j'utilise ici ce mot pour marquer leur âge), cette cyberjeunesse, ont totalement intégré l'idée que sans respect du protocole de la machine il n'y a pas de jeu ! Oui, finalement il y a bien jeu, mais un jeu hybride ou plus exactement nouveau en ce qu'il associe dans le même mouvement jeu d'esprit et jeu d'enfant, c'est-à-dire qu'il demande à la fois une culture particulière et se fait avec facilité. Je passe sur les techniques du corps minimales que cela demande, souvent la position est avachie, seuls fonctionnent les pouces qui activent des boutons ou des manettes quand il y en a encore. Marcel Mauss parlerait de « toucher »[1], pour être plus contemporain, je parlerai d'« effleurement » ou même de « passe » : agir sans toucher, n'est-ce pas magique ?

1. Marcel Mauss, *Les Techniques du corps*, in *Sociologie et Anthropologie*, pp. 365-386.

PHILIPPE ARIÈS, QUAND L'HISTOIRE DISPOSE

Il y a quelque chose de Michelet en Philippe Ariès (1914-1984), sans doute est-ce la raison pour laquelle très vite je me suis intéressé à ce digne descendant de Lucien Febvre qui dès 1938 définissait les rapports entre la psychologie et l'histoire. Dix ans plus tard, Ariès fondait l'histoire des mentalités, déjà largement en germe dans l'école historique des *Annales* avec la publication de son *Histoire des populations françaises et de leurs attitudes devant la vie depuis le XVIII*e *siècle*. Ce chercheur atypique et très longtemps mis à l'écart du monde universitaire rejoignait le projet prométhéen de résurrection du passé tel que l'avait définit Michelet au XIXe siècle. Il entreprit l'histoire de ce qui semblait ne pas en avoir, celle des sans-grade, des comportements, des permanences, bref l'histoire complexe des expressions involontaires de l'agir humain, abolissant pour ce faire la différence entre culture supposée populaire et supposée savante. Il se fit archéologue pour montrer à partir de témoignages en creux que l'inconscient collectif était un agent actif et déterminant si l'on voulait comprendre les variations des mentalités. Dans son souci de corréler le collectif au personnel, il osa un élargissement épistémologique de l'histoire et se fit explorateur de la psyché humaine à travers les époques. Sa force fut de ne pas craindre l'ambiguïté. Cela le força, et l'histoire avec lui, à se rapprocher des rives mouvantes de la psychologie et de l'ethnologie. C'est lui qui fit grandir ma passion de l'histoire en même temps qu'il me poussait dans les bras de l'ethnologie. En ethnohistorien, Ariès nous montrait concrètement que la mort était une idée, une attitude, qu'elle bougeait en fonction des époques et des mentalités. Il nous mettait devant la mort et l'extraordinaire avec lui, c'est que non seulement nous pouvions l'imaginer, mais dire et prouver que le rapport à la mort était une invention humaine fluctuante rattachée à des origines lointaines sans cesse réactualisée par les phénomènes collectifs et mentaux d'hommes et de femmes inscrits dans les époques successives.

Animé par son intuition peu orthodoxe il chercha à nous restituer tout ce qui pouvait être restitué des choses jusque-là considérées comme « basses » chez les hommes : mort, sexe, corps, hygiène, alimentation, rapports de parenté, tout ce qui est sujet aux révolutions mentales et fut longtemps tabou dans le monde académique. Il osa beaucoup sur l'enfance, mettant en perspective et preuves à l'appui, par exemple, que les baptêmes servirent plus à sauver la vie des enfants qu'à leur assurer les viatiques religieux et que la contraception allait dans le sens d'un désir de maîtriser la vie. C'est ainsi qu'Ariès le malmené a décloisonné l'histoire et moi avec elle...

Histoire des populations françaises et de leurs attitudes devant la vie depuis le XVIIIe siècle, 1948 ; *L'Enfant et la vie familiale sous l'Ancien Régime*, 1960 ; *L'Homme devant la mort*, 1977 ; *Un historien du dimanche*, 1980.

Le jeu par contre, plus encore que de l'attention, demande de la concentration. Or, je note qu'il n'y a pas un sondage fait en rapport avec l'école qui ne parle aujourd'hui de la baisse de concentration et de volonté des jeunes. C'est ignorer qu'ils se concentrent tellement ailleurs et se plient à de tels protocoles – chaque machine a ses lois et ses exigences – lors de leurs jeux interminables qu'ils ont peut-être du mal ensuite à comprendre le type d'attention qu'on leur demande et la raison pour laquelle ils devraient s'investir à l'école. Mais c'est un autre débat. Pour rester à mes jeux, ou plutôt à la cyberculture qui anime désormais nos enfants, il faut savoir qu'en dehors des simples jeux de voiture sur écran où la règle est je roule je gagne, la majorité des jeux dure des heures, voire plusieurs jours, même des années puisqu'ils peuvent les enrichir constamment en allant chercher avec un ordinateur sur le Net des codes qui ouvrent d'autres espaces, d'autres directions, d'autres protocoles à des jeux préprogrammés pour ces fonctions. Au dire de mon fils, le Grand Test Auto San Andréa serait même sans fin...

Ce qui devrait nous poser question est que nos enfants se glissent dans des univers parfois semblables au nôtre, en y incarnant leur propre rôle dans un quotidien où les parents ne sont plus sur leur dos et où tout est permis, mieux encore en incrustant leur propre image en direct au cœur de multiples scenarii, ou en se regardant vivre à partir des yeux d'un personnage qui leur est extérieur... Plus enthousiasmants sont les jeux où se tissent par réseau des solidarités virtuelles comme, par exemple, demander à un autre joueur de tenir la corde par laquelle le joueur principal doit descendre pour atteindre un autre niveau du jeu... Ils passent ainsi les longues et ennuyeuses heures du jour et celles qui leur paraissent plus palpitantes de la nuit à améliorer leur technique et, plus secrètement, pour reprendre leurs propres termes, à « améliorer le mental pour apprendre à résister à la pression ou mieux, à l'ignorer afin de ne pas se laisser engourdir »...

Ces enfants, nos enfants qui semblent de moins en moins comprendre la raison de nos exigences, le pourquoi de nos habitudes et le comment de notre type de pensée archaïsante, ont commencé à vivre dans des espaces en dedans et agrandissent quotidiennement leur univers sans que nous puissions y accéder. Malgré ou à cause de la pédagogisation du monde, du tout dire, du tout expliquer, du tout résoudre, ils se sont forgé une technique et une discipline qui ne regardent pas qu'eux puisque, en définitive, cette société protocolaire nous concerne tous.

Ne croyez pas toutefois que nos enfants des champs aient complètement disparu ! S'ils passent des journées entières à s'entraîner, chacun chez eux, à jouer à la même chose, plus attentifs à la forme qu'au fond, ou à migrer les uns chez les autres à l'intérieur du village pour comparer leurs jeux et faire montre de leur cyberdextérité, tout est dans le style, ils font aussi du vélo, ou plutôt non, et c'est encore une nouveauté : ils vont sagement en vélo, pardon, en VTT, faire follement du vélo-cross. C'est sur l'ancien terrain de foot situé à l'entrée nord-est du village, et abandonné depuis qu'un maire d'une commune de France a été tenu responsable et mis en prison pour un accident arrivé à un jeune garçon dans des buts vétustes, que la municipalité a décidé d'aménager une petite partie du terrain en montagnes russes pour faire du vélo-cross. Sport bien plus casse-cou en vérité que les quatre poteaux de fer, si j'en juge par les écorchures et les larges bleus de mon fils, tous attrapés là-bas, m'assure-t-il en riant jaune...

Les jeunes arpentent, traînent, fouillent, retournent leur imagination dans les rues désolées du village, c'est comme cela qu'un jour ils ont ramassé en pleine rue du Milieu une K7 vidéo sans inscription. Ils étaient à la fête et me la rapportèrent comme un trophée. Je n'y pris pas garde. Ils décidèrent d'aller la visionner chez l'un d'eux. Le retour fut rapide, et leur air un peu penaud quand ils me la confièrent en me disant que c'était une K7 porno. Je ne sais ce que l'on pense à douze ans de la vision spéculaire des corps-machines, ils semblaient plus décontenancés que dérangés... Où est la nuance ? me direz-vous. La nuance est que le sexe est devenu une marchandise commune, une consommation, un effet de masse auquel personne n'échappe plus et que, l'Eglise perdant la main sur la société, lentement mais très sûrement il s'installe comme une évidence dans notre paysage. Que virent ces enfants ? « On sait pas... des femmes qui s'embrassaient, c'est tout, on a coupé tout de suite », me dirent-ils. C'était plausible, étant donné l'effet de groupe et la pruderie de la plupart des garçons de cet âge, je les ai crus. Quant au « choc » que cela aurait pu leur faire, j'ai quelques doutes à son sujet. Ils parcourent la Toile depuis trop longtemps, pour ne pas être tombés un jour ou l'autre sur des images, sinon pornos au minimum érotiques. Récemment on a surpris un très jeune garçon dans le conteneur à papier, à la sortie du village. Bien que la trappe soit étroite, il avait réussi à pénétrer à l'intérieur et s'y était installé pour lire les revues érotiques qu'il pouvait y glaner. La crainte de ceux qui le découvrirent fut qu'il ne puisse plus ressortir et qu'il reste coincé à l'intérieur toute la nuit... La bande aurait eu un ou deux ans de plus, ils ne m'avertissaient pas, bien entendu, regardaient la K7 et la faisaient circuler. Les statistiques assurent que 61 % des garçons de quatorze ans ont vu au moins un film pornographique dans l'année [1]. A mon avis, entre le Net et la télévision, ils en ont vu plus...

C'est bien là que les choses ont changé, ma génération, en milieu rural, « côté sexe » avait pour s'inspirer canards et chiens du village, vaches et chevaux des prés... Mais les mares ont disparu, les chiens sont tenus en laisse, les vaches en stabulation et inséminées, quant aux chevaux, on les dirait tous hongres ! Il ne reste en liberté que les chats, mais leurs plaintes déchirantes au temps des amours ne sont pas très attrayantes pour un humain... Au vrai, dans notre société déchristianisée l'éducation sexuelle se fait officiellement

1. *Le Monde*, 17 septembre 2005.

par le professeur de sciences naturelles ou par le truchement de héros rigolos du type Titeuf[1] ou autre, éducation strictement scientifique et rationnelle qui est faite pour « prévenir », peut-être, mais nullement pour guider ou accompagner des adolescents en pleines découvertes de leur corps. Notre vieille société, comme en un dernier hoquet, dans un accès de puritanisme condamne, dénonce, interdit encore, s'indigne mais ne peut faire autrement que de retourner au corps. Là aussi, tout est en train de changer. La révolution du désir est passée par là et notre modernité qui se caractérise par la résurgence de nécessaires archaïsmes finira peut-être par accepter de penser la sexualité, comme dans nombre de sociétés traditionnelles, en termes de culture et de reconnaître que c'est une question centrale dans la vie des individus.

Lundi 19 septembre 2005 (Chichery)

Je sais qu'en parlant de sexe on peut encore déclencher la fureur. Je sais que les convenances n'aiment guère que l'on étale nos joyeuses vérités individuelles et que le sexe, chez nous, en Occident, fut et reste en partie très impopulaire. Freud a mis bien longtemps à faire admettre à une société cadenassée par les religions et la morale que le but de la sexualité n'était pas la seule procréation mais que la sexualité humaine n'était jamais qu'au service d'elle-même ! La révélation fut entendue comme l'effet d'une diablerie moyenâgeuse, d'autant qu'il continuait en assurant qu'on ne révélait jamais rien à personne en matière de sexualité mais qu'on ne faisait que confirmer des pratiques. Pratiques que l'auditeur s'imagine avec confusion être le seul à avoir, que curés, parents, éducateurs, juges nommaient « instinct » – forcément « bas » ou « mauvais » – et que Freud nomma « pulsion ».

Merci à Freud d'avoir fait faire un pas à notre vision, en faisant simplement sortir la sexualité de sa représentation arriérée pour la ramener dans la nature de la sexualité humaine. Le sexe n'est pas une trouvaille mais des retrouvailles, notre sexualité dite d'adulte est éminemment infantile et les enfants ne sont pas tous des pervers polymorphes à qui il faut attacher les mains. C'est une chose toute nouvelle qu'on mette le plaisir dans la sexualité et

1. Titeuf, *Le Guide du zizi sexuel.*

qu'on s'autorise la joie des postures enfantines qui l'accompagne, comme il est nouveau, à une telle échelle, que l'on expose focalisée, détaillée, spécularisée la « scène primitive » à longueur d'image. Ne soyons pas trop injustes avec nous-mêmes, nous excellons depuis fort longtemps en Europe dans un genre littéraire déterminé qui fait plus que d'affirmer les droits de la chair. Nous faisons toujours comme si cela n'était réservé qu'à quelques érotomanes mais notre culture a produit toute une littérature d'exception qui incite à mieux discerner la multiplicité ou l'absence de règles qui régissent la vie amoureuse ou simplement sexuelle (Alexandrian, 1989). Evidemment que l'obscène me débecte – mais je ne suis pas sûr qu'il soit à chercher du côté du sexe, l'obscénité n'existant que dans l'esprit qui la déteste et la rejette sur les autres – je suis et je reste convaincu au regard des travaux ethnologiques et de ce qu'il nous restitue, et pour paraphraser saint Paul, qu'« il n'y a rien de sale en soi, mais celui qui pense que quelque chose est sale, cette chose est sale pour lui » (Paul, Epître aux Romains XIV, 14). Pourquoi autant de précautions ? Parce que je parle du sexe et que je suis dans une culture où il faut encore que je me garantisse avant de me fourvoyer, et vous avec moi, dans la grande saga de l'impensable toujours pensé – Freud dirait « fantasmé ». Dans cet idéal de culture qui est de rendre l'homme capable de tout lire et de tout voir, je n'ai pas dit de tout accepter, nous nous devons de réfléchir la sexualité comme un acte aussi noble que les autres, comme une donne incontournable (et jusque-là contournée) pour le devenir de notre propre humanité.

Je pense toujours aux Muria, ces aborigènes de l'Inde du Nord étudié par Elwin, qui ont admis comme principe que le problème de la sexualité était central pour conserver l'harmonie au village. Les Muria envoient les enfants dès qu'ils sont en âge de se rendre compte de la « scène primitive » des parents dans un dortoir mixte, le ghotul, afin de parfaire leur éducation sexuelle entre eux. Les plus âgés éduquant les plus jeunes. Le principe de base du ghotul est simple : chacun doit coucher avec chacune et réciproquement, quant au plaisir il est un droit pour la femme (les jeunes filles sont les initiatrices) et un devoir pour l'homme. Nous devrions mieux y penser...

Les enfants des champs construisent aussi des cabanes dans les bois, épient les bêtes et montent des bandes éphémères et rivales, dont le jeu consiste à se poursuivre dans le village à l'aide de leurs portables. Je pourrai ajouter qu'ils sont, comme ceux des villes, totalement intoxiqué par les publicités côté alimentaire et phagocytés par les marques côté vestimentaire. Des marques de sport à qui on reproche, à juste titre, de les pousser ou de les tirer vers le culte de la performance [1], mais qui, peut-être aussi, en plus d'alimenter une vision démocratique de l'égalité les poussent parfois à goûter l'effort, même sur un temps court. Nouveauté en effet à Chichery pour cette année : depuis la rentrée scolaire 2005 l'OICS, l'office intercommunal des sports, a réussi à captiver non pas trois ni cinq, mais, ô (bonne) surprise pour les édiles : 16 enfants qui chaque mercredi matin reviennent mettre leur corps en mouvement sur la place du village. A travers cet office, « Profession Sport Yonne » arrive à les motiver pour la simple et bonne raison que chaque semaine a sa nouveauté : VTT avec vélos de « pros », tir à l'arc avec arcs et cibles dignes de celles des JO et, chose incroyable et spectaculaire pour un petit village de plaine : un mur d'escalade gonflé au centre de la place et tout le harnachement du grimpeur !

Cela dit, enfiler le maillot d'une marque ou d'un champion qui la représente, maillot trop vaste si possible sur un pantalon qui tombe sur les fesses, se sentir perdu dans une enveloppe floue, volontairement inadaptée, c'est aussi se démarquer du monde ambiant et laisser assez de place pour que les rêves viennent gonfler cette nouvelle façon de s'imaginer au monde. Leurs vêtements étant aussi informels que leur pensée est protocolaire et hyper-structurée, c'est à se demander si cet emballage ne vient pas contrebalancer ces enfants coincés entre le vieux monde aux exigences finissantes et l'univers structuralisant dont ils sont les tenants confirmés.

Je sais que beaucoup s'ennuient chez eux ou sont laissés à un abandon relatif, puisque entourés de tant de béquilles mécaniques

1. Dans sa très intéressante analyse du culte de la performance, Alain Ehrenberg faisait remarquer que le sport est sans doute « la seule activité sociale à théâtraliser le mariage harmonieux de la concurrence et de la justice », ainsi que « l'expression de ce que la vie devrait être pour chacun d'entre nous si elle était juste. » Alain Ehrenberg, *Le Culte de la performance*, p. 176.

offertes par les parents. Des parents qui travaillent dur pour que leurs enfants soient heureux, suivent avec attention l'évolution des jeux électroniques et savent déléguer à des éducateurs pour qu'ils soient bien élevés, tâche qui semble en déborder beaucoup. Tout comme ils aiment les ordinateurs, les jeunes aiment de plus en plus la nuit et se réfugient volontiers dans l'empire du nycthémère[1] où ils se perdent avec délice dans l'espace et le temps. Etre décalé est une de leurs manières favorites de contestation de l'ordre et de la famille. Ils tournent dans le village jusqu'à 3, 4 heures du matin, attendent même souvent, lorsqu'il s'agit d'un week-end ou des vacances, le lever du jour pour aller se coucher et n'émerger que vers 2 ou 3 heures de l'après-midi. On a nettement l'impression que s'absenter eux-mêmes d'un monde absent est un de leurs sports favoris... Toujours est-il que, pour se trouver, les adolescents recherchent de plus en plus la confusion, le risque, entretiennent avec application dans un style bien à eux un flou existentiel dans un monde de plus en plus normé auquel ils collaborent en même temps qu'ils s'y heurtent violemment.

Et puis ils grandissent, les glandes se développent et avec les poils poussent des exigences nouvelles accompagnées d'un petit train d'excipients pour se désinhiber et mieux approfondir la vie. Les âges du tâtonnement, entre imitations et inventions, essayent tous les culs-de-sac possibles. L'ivresse se porte en bandoulière comme une mâle expression, elle fait vaciller le petit homme en insultant ses ancêtres, alors que l'absence éthérée se porte en sautoir pour les jeunes filles aux yeux gonflés de sommeil. Tout le monde panique. La famille s'inquiète, la drogue rôde à la sortie des collèges, comme si l'alcool n'en était pas une. L'herbe tourne jusque dans les campagnes pour faire le joint fumeux entre toutes les jeunesses du monde, le « pétard » étant un exotisme à goûter absolument si l'on veut explorer les limites du monde intérieur et goûter à l'interdit. Elle permet la contagion joyeuse, aide à forcer la plèvre des grandes peurs qui s'installent à l'orée de la vie, et sert, plus que l'alcool, à tranquilliser en partie l'univers onirique de ces êtres débutants. Mais elle aide aussi à leur installation dans

1. Les nycthémères sont les espaces de temps comprenant un jour et une nuit. La société redéfinit aujourd'hui en profondeur ses nycthémères. *Le Monde*, 7-8 octobre 2002.

un silence ouaté et confortable qui pallie temporairement la défaillance de la parole et de la pensée, une des grandes spécialités du monde adolescent[1].

Ils jouent, nous disent-ils, en fait ils résistent. Les signes sur leur corps en sont patents : comment porter le langage à un autre niveau que celui de la parole inscrit dans le camp des adultes, comment transcender l'impasse relationnelle dans laquelle ils se trouvent ? Pour se sentir plus vivants dans un monde qui s'infantilise en même temps que, sans s'en apercevoir, il les nie de plus en plus, ils attaquent leur corps à défaut de changer le monde, sûrs de provoquer et de ressentir dans ces inscriptions concrètes un peu de vie et d'inquiéter le miroir social où ils ne se reconnaissent plus depuis longtemps[2].

Les jeunes adultes ne sortent plus de l'enfance, pour la simple raison qu'il n'y a plus de rites sociaux de passage : plus de rites religieux ni laïcs, comme longtemps ont pu l'être la confirmation pour les filles ou le service militaire pour les garçons[3]. Alors ils s'en inventent tout seuls, ils changent leur look sur eux et au besoin en eux : piercing, tatouage, tout ce qui pourra manifester d'une rupture avec l'état antérieur est bon[4]. Et je vois passer devant mes fenêtres ces corps qui se transforment, s'exhibent, se décorent : cheveux jaunes, mèche violette, oreilles percées, nombril emperlé, tous vêtements incarnés qui viennent raconter je ne sais quelle libération et exprimer je ne sais quel changement. Comment en effet changer son statut si la société ne s'y associe pas, autrement qu'en se prenant en main ? Cette question anthropologique s'il en est risque de rester sans réponse un bon moment.

L'appel du corps vient aussi avec le temps perturber cette période de latence qu'était l'enfance. On se cherche, on s'approche, on s'évite, et on rêve. Je l'ai déjà dit, le village n'est plus un

1. 58,3 % des garçons de 17 à 19 ans ont déjà pris occasionnellement ou régulièrement du cannabis, contre 48,9 % des filles. Selon l'enquête ESCAPAD 2002 menée par l'Observatoire Français des Drogues et des Toxicomanies, OFDT.

2. David Le Breton, *La Peau et la Trace. Sur les blessures de soi.*

3. Arnold Van Gennep, « Rites de passage », in *Le Folklore français.*

4. David Le Breton, *Signes d'identité, Tatouages, piercings et autres marques corporelles.*

village en ce que chacun s'inscrit dans des cercles qui le relient à l'extérieur, et souvent ne fait plus la liaison avec l'intérieur. L'habitude des « chats » est prise depuis un bon moment déjà, ces drôles d'échanges épistolaires en *frangoin bariolé* (je lui ai trouvé un nom !) à l'imitation des SMS sur les portables, pour se dire tout, pour se dire rien dans un minimum de lettres et d'espace sont devenus, plus qu'un jeu d'enfants, un véritable moyen d'évasion et de rencontre [1].

Quand l'âge vient avec son train de désir et de désillusions locales, que la solitude se fait pesante, ce n'est plus *Le Chasseur français*, ni seulement *Yonne Annonce* que l'on épie pour trouver l'âme sœur mais la toile tendue où proies et chasseurs fascinés par l'écran luminescent se poursuivent et se flairent jusque tard dans la nuit, et plus si affinités... Je me souviens de parents du village inquiets, me confiant la rencontre virtuelle de leur fille « avec un gars de Migennes », qui après des jours et des nuits de chats devait aboutir ce jour-là à la rencontre réelle des deux internautes. L'angoisse était à son comble : qui et comment était-il ? La fille n'a évidemment pas emmené ses parents avec elle, mais la description qu'elle en fit au retour les rassura. Le garçon devint son ami et j'ai cru comprendre qu'il se préparait à entrer dans la famille, s'il n'y est déjà.

Il est un fait que depuis les années 1980, le mariage a perdu une grande part de son importance comme mode d'entrée dans le couple et dans la famille. Le grand changement tient à ce que les relations sexuelles sont devenues une des expériences premières du couple en train de se faire [2]. Même si les premiers rapports ne mènent pas irrémédiablement à la cohabitation, ils se font pour des raisons économiques – manque de travail, cherté de la vie, difficulté de trouver un logement – sous le toit de la famille de l'un ou/et de l'autre. En fait, « sortir ensemble » depuis un moment est suffisant pour s'imposer chez les parents, il est vrai souvent

1. 85 % des jeunes âgés de 12 à 17 ans surfent sur la Toile (CREDOC, septembre 2005).

2. Michel Bozon, « La nouvelle place de la sexualité dans la constitution du couple », *Revue des sciences sociales et santé*, vol. 17, n° 4, décembre 1991, pp. 66-88.

absents, à qui on ne demande d'ailleurs plus aucune permission, leur chez eux étant devenu un chez soi que les jeunes ont de plus en plus de mal à abandonner. La prise d'espace s'est opérée au point que l'on a le sentiment que le privilège de juvénilité s'est substitué au vieux privilège de séniorité, les vieillards étant sans difficulté poussés, logés ailleurs, mis de côté dans des maisons de retraite ou des hospices jusqu'à leur mort dont les familles espèrent qu'elle se produira en milieu hospitalier...

J'entends de plus en plus de mères de famille se plaindre de leur situation. Il me revient cette conversation avec une femme rencontrée dans le supermarché voisin qui n'en pouvait plus d'entretenir ses « vieux jeunes », me disait-elle :

« A 22, 25 ans, y sont toujours à la maison. Malgré qu'on leur a payé le permis pour qu'y soient indépendants et qu'y puissent trouver du travail. Attention avec, en plus, un plein d'essence par semaine ! Non, y sont toujours là, chacun sa voiture et c'est pas un, mais du deux trois pleins la semaine et c'est nous qu'on paye ! Le téléphone portable, c'est du pareil au même : y s'explosent le forfait faut voir comment, on reçoit deux trois pages de relevé, et allez faut payer, toute façon on est ligoté par un contrat qu'on peut pas s'en tirer ! Manger ? Faut bien les nourrir mais y sont jamais contents, mangent n'importe quand, dévalisent le frigidaire, viennent plus à table, réclament, commandent, occupent tous les lieux, laissent traîner tout partout. Non, les jeunes c'est plus possible, je souhaite qu'une chose c'est de plus les voir. C'est malheureux pour nous, on en est arrivé là et on dirait maintenant que c'est nous qui les gênons... »

Ces plaintes, même si elles sont parfois dramatisées, sont de plus en plus fréquentes ; j'entends nettement monter un ras-le-bol des parents, il est vrai immédiatement neutralisé par l'impossible sortie vers la vie. Le travail, l'épanouissement de leur progéniture sont devenus plus qu'un souci, une inquiétude profonde pour tous. Les mères semblent à bout – les pères sont plus taiseux –, elles se sentent mises en accusation par leurs propres enfants qui, forts de leur évidente victimisation par la société, agissent comme s'il n'y avait pas d'autre issue que de continuer à rester enfants, et s'incrustent dans un royaume où ils furent rois très tôt mais où ils n'exercent plus, involontairement peut-être, que leur tyrannie domestique. Cela explique que la durée d'une semi-cohabitation puisse être assez longue sans que personne ose interférer dans ce fonctionnement, cohabitation non dite mais imposée qui met à bas toutes les traditions liées jusque-là à ce qu'on appelait la période de fréquentation et à l'hospitalité qui s'effondre désormais sur elle-même.

Cette liberté de fréquenter qui on veut, comme on veut, où on veut ou comme on peut, exactement comme si on habitait un appartement quelque part en ville ou dans une cité, à l'abri du délicieux anonymat du nombre, se traduit dans un village que l'on pouvait croire encore rural par des changements de comportement sans précédent. Il y a plus de trente ans maintenant qu'épouser un ou une « divorcé » avec ou sans enfant ne faisait déjà presque plus scandale. Cela était pris comme un cas exceptionnel et accepté comme tel. Puis les décompositions et les recompositions de familles qu'annonçait la multiplication de ces « cas » ont banalisé la question jusqu'au point où plus personne ou presque ne s'en offusque. Je me souviens, à la toute fin du siècle dernier, du petit bruit que fit le fait qu'un homme abandonnant son premier foyer soit resté dans le village, qu'il se soit installé quelques maisons plus loin avec sa nouvelle famille. Le couple conjugal, comme bien des couples séparés des villes, se transformait en un couple parental, seule et dernière stabilité, la certitude de l'appartenance biologique, qui subsiste dans nombre de familles aujourd'hui. En restant géographiquement proches, les parents offraient aux enfants le soin d'inventer et de réaliser, souvent à leur avantage, une résidence alternée libre de toute contrainte et source pour eux de tous les bénéfices.

Mardi 11 juillet 2005 (Chichery)

Bien sûr j'aurais pu traiter de l'école, mais j'en ai une overdose. On dirait que la France ne vit et ne pense qu'à ça, n'a plus que ça. Nous sommes le 11 juillet, les enfants viennent à peine d'être « libérés » et déjà les supermarchés mettent en place les cartables et les fournitures pour la rentrée ! Il n'y a pas encore grand monde dans ces allées mais la télé s'est immédiatement emparée de cet événement national : tout est en place pour la rentrée ! Elle a même trouvé des mères comblées, libérées du futur, et des enfants qui suivent derrière, à peine sortis de la longue nuit scolaire. La télé trouve toujours des enfants obéissants et vieillis avant l'âge qui disent, comme leur maman, combien l'école est géniale et comme c'est pratique d'être rentré avant la sortie !

Non, il y a un syndrome école, comme une maladie française qui me soulève le cœur.

Quand l'école comprendra-t-elle qu'elle est finie telle qu'on l'imagine encore aujourd'hui ? Les professeurs ont pourtant des enfants, ils les voient évoluer, prendre d'assaut l'ordinateur familial, « chater » pendant des heures, bref, ils doivent bien voir qu'entre ce qu'ils proposent à l'école et la vie réelle de leurs enfants, les choses n'ont plus rien à voir l'une avec l'autre. Mais non, la France croit à ses « valeurs républicaines », elle croit encore à l'intégration à la République par l'école... Et pendant ce temps les familles explosent, l'Europe défait les nations et l'univers de la jeunesse fait sécession d'avec le monde des adultes qu'elle soumet à ses impératifs... et l'école est la dernière à croire en elle – un rouleau-compresseur qui se roule dessus et qui raconte qu'elle avance encore.

Son rôle est ailleurs. Une société qui n'apprend pas à lire les signes sociaux est aveugle de naissance. Les enfants l'ont compris, ils acceptent que l'école leur apprenne à lire, à écrire et à compter, soit. Pour le reste ils y voient une longue garderie désuète où on leur raconte des choses qui n'ont plus rien à faire avec ce qu'ils vivent. Leur savoir est désormais ailleurs, beaucoup plus immédiat et beaucoup plus complexe – ce sont des enfants de la cyberculture et personne ne s'en est encore aperçu (excepté les marchands, bien entendu).

Nos enfants sont les derniers prolétaires, leur vie est sous sanction, ils ne savent pas pourquoi ils travaillent, ils ont des horaires et des cadences d'usine. Je ne les envie pas.

Une vie en tangente

Ne cherchez plus la poésie ni à Chichery ni ailleurs, nous sommes entrés dans un autre cercle, sans rempart celui-ci ; un cercle approximatif ou plutôt une « couronne périurbaine » qui n'est guère royale. Le village n'a plus cure de son finage ; il fait désormais partie intégrante d'un territoire urbain de 792 km^2 dans lequel on peut se déplacer à sa guise et dont on peut même dépasser allégrement les limites ! Qu'on ne se fasse pas trop d'illusions, notre liberté nouvelle est comptée. Si jadis on mesurait les distances de nos champs en « hommées », celles entre les villages en temps passé à cheval, on détermine aujourd'hui l'appartenance à une aire urbaine d'après la mesure des « Déplacements domicile-travail des actifs "véhiculés" de la région ». Composée de cinquante-huit municipalités, cette couronne dépend de la préfecture de l'Yonne. Au centre trône Auxerre, la vraie ville, affectée de Saint-Georges-sur-Baulche, qui la colle tant qu'on les a réunies, ce qui monte dans la réalité administrative à soixante notre réunion d'urbains. Urbains relatifs en vérité, comme l'ont finement noté les urbanistes en y constatant une « forte structuration rurale ».

Je dois dire que cela me console un peu de savoir que Chichery-la-Ville est encore à domination rurale, j'ai déjà signalé qu'il m'arrivait, à tort, de me croire encore à la campagne... Pour l'heure, lorsque je porte mon regard vers l'extérieur du pays, je ne sais plus bien jauger ni l'espace ni l'horizon qui s'ouvrent à moi. Ils se sont dissipés d'une certaine façon et ont rejoint la « table d'orientation » nouvellement installée sur les hauteurs du pays pour les marcheurs curieux de nommer les choses à portée de vue. Devenus pluriels, l'horizon tout comme la distance ont été abolis par nos modes de déplacement. Nous nous rendons si loin et si facilement avec un tel sentiment de surplace qu'à peine de retour nous ne sommes plus certains de nous être déplacés à belle distance. Pour nous désormais, tout est atteignable. Ne faisons-nous pas, nous ou notre voisin, aisément nos quarante mille kilomètres en un ou deux ans, un tour complet de la planète, et cela sans nous en rendre compte ? On ne s'en rend plus compte pour la simple raison que nous ne tenons plus nos comptes kilométriques et que nous ne faisons plus non plus le récit de ces voyages devenus déplacements banals et répétitifs, sauf incidents. De l'espace nous sommes passés au temps, même si le temps est lui-même de moins en moins repérable et n'est pas compressible ainsi que nous commençons avec douleur à nous en apercevoir. Mais aller partout à notre guise, n'est-ce pas cela, notre ultime liberté ?

L'habitude du déplacement commence très tôt. Combien de fois ai-je vu tourner la nuit dans les rues du village des voitures connues

L'aire urbaine d'Auxerre possède une étendue forestière (23 % de la superficie totale) et des surfaces agricoles importantes (56 % de la superficie). La couronne périurbaine regroupe 52 % des habitants.
Au cours du XXe siècle la population auxerroise a augmenté de 50 % mais la population d'Auxerre diminue actuellement. La couronne a un poids démographique plus fort que la périphérie, constituée d'une seule commune. A Auxerre des familles quittent la ville centre pour s'installer dans des communes proches : la couronne périurbaine gagne des habitants. (Carte INSEE 2002 – IGN 1999.)

à des heures improbables. C'était pour endormir un bébé rebelle à tout autre bercement ! Ce bébé n'avait-il pas déjà pris goût à la voiture quand il était encore dans le ventre de sa mère, pacifié et rassuré d'être dans cette niche ultime et magique où peut-être même il fut conçu ? Toujours est-il que l'on commence tôt sur les routes, qu'on y finit tard si on en réchappe, et que vivre aujourd'hui dans un village implique comme une donnée naturelle qu'on ait les moyens d'en sortir, même si le rêve est de « rester dans le coin » quoi qu'il arrive.

La multiplication des besoins de déplacement, la pérégrination, l'embouteillage même, sont des composantes essentielles du mode de vie périurbain. L'obligation pour les parents d'accompagner les enfants vers les lieux de soins ou de loisirs, à laquelle s'ajoutent les jongleries temporelles et spatiales du mercredi quand les enfants grandissent et multiplient les besoins, contribuant largement à façonner la construction territoriale de la famille. C'est maintenant une évidence, notre vie n'est plus dans le village, elle est en réseau, irrémédiablement centripète.

La mobilité et la plasticité de la communauté sont l'ultime expression de notre modernité. Les gens bougent, travaillent et communiquent entre eux sur un territoire beaucoup plus vaste qu'on ne l'imagine. Il y a ceux, peu nombreux, qui chaque matin partent de Chichery en voiture pour aller travailler dans les environs de Paris. Ceux qui, réglés comme des horloges, prenant le « train des travailleurs » à 6 h 13 à Laroche-Migennes, démarrent du village vers 5 h 50 au plus tard – le temps de se garer – pour être à Paris-Gare-de-Lyon à 7 h 41. Il y a un veilleur de nuit qui s'en revient vers ces heures-là. Ceux, plus chanceux et plus tardifs, c'est la majorité active, qui quittent le village entre 7 heures et 7 h 30 pour être à 8 heures à leur travail à Monéteau, Auxerre, Joigny, Migennes, voire Chablis, où ils rejoignent leur poste dans un supermarché, une coopérative agricole, une entreprise alimentaire, un hôpital, un atelier mécanique, une chaudronnerie, une scierie ou bien encore la DDE ou les services de l'autoroute toute proche. Viennent ensuite les fonctionnaires qui partent pour la préfecture, les services départementaux ou municipaux voisins et les camionneurs et les militaires dont les services obligent à des jours et des tours irréguliers. Puis ce sont les artisans, camionnettes harnachées, qui rentrent dans le village pour livrer, dépanner, réparer, aménager nos habitats. Après 8 h 15, quelques voitures et quelques cavalcades d'enfants passent devant mes fenêtres pour s'en revenir à 8 h 25 à bord du bus scolaire en direction de Bassou et Bonnard[1].

1. Sur les 60 communes de l'aire urbaine d'Auxerre, on compte 8 crèches en ville, 26 écoles primaires, 7 collèges publics, 2 collèges privés et 6 lycées à Auxerre, auxquels il faut ajouter le lycée agricole de La Brosse et le lycée professionnel Vauban.

Ainsi, pendant deux heures environ, le village bruit très légèrement des sorties de ses « actifs », relayés beaucoup plus tard par le train irrégulier et dispersé des petites autos des retraités et des vieillards valides qui partent faire leurs courses au village voisin – Appoigny ou Migennes s'il y a du bricolage dans l'air – auxquels s'ajoutent les bruits puissants des engins agricoles dont la fréquence varie avec les travaux des champs et, à 11 h 20, l'appel au klaxon du boulanger itinérant, doublé certains jours de celui d'un charcutier à la roulotte.

Il est évident que cette forme nouvelle de communauté mobile contraste avec l'image traditionnelle de la communauté telle que l'anthropologie rurale, cherchant toujours des isolats et des conservatoires dérivant du modèle des villages openfield dominés par les communaux, s'est plu à la décrire jusqu'à maintenant[1]. Le bris du cadre paroissial puis administratif, et le bouleversement des proximités induit tant par l'émiettement urbain que par l'ouverture du monde rural, la baisse évidente des coûts de la mobilité et la liberté individuelle d'aller, ont transformé toutes les échelles de nos vies et mis à bas les traditions. Aujourd'hui notre appétit d'espace est égal à notre désir de vivre notre vie, l'exercice unilatéral de notre autonomie ne nous donne plus ni l'envie ni le goût de faire société, comme l'exprime Régis Debray avec ses fulgurances et ses emportements devant la disparition du paroissien devenu « autoyen » qu'il perçoit comme « un tire-au-flanc du civisme et un abstentionniste notoire (...) un gyrovague guetté par l'indifférence des lieux, un spiritualisme d'évasion, une foi pressée. Ce n'est plus le piéton des départementales, l'homme lent des "cités charnelles"[2]. »

En fait le désir de partir en des « ailleurs » plus ou moins lointains n'est pas nouveau. J'ai déjà raconté dans *Le Village retrouvé* nos sports d'hiver collectifs qui, il y a une trentaine d'années, permettaient à une partie des habitants de changer de vie et d'univers

1. Bernadette Buchet, *Descendants de Chouans, Histoire et culture populaire dans la Vendée contemporaine*, Paris, Editions de la MSH, 1995, p. 137-149.

2. « Plus subtilement, la dépendance automobile, machine à décroire, dédramatise l'espace de l'*homo viator*, amoindrit le sens pénitentiel de la *peregrinatio* », fait remarquer Régis Debray dans son livre paradoxal et brillant *Dieu un itinéraire*, 2001, voir le chapitre « La bagnole, le bureau et l'ampoule », p. 326.

pendant quelques jours. Sorties débonnaires et sans prétention qui nous menaient sur les hauteurs enneigées du Jura voisin. D'autres, veuves ou couples retraités de l'agriculture, individuellement ou en petit groupe, par le biais du Crédit agricole le plus souvent, ont commencé quelque temps plus tard à connaître des horizons plus lointains, bien que toujours européens. Les destinations allaient du sud de la France avec ses champs de lavande à la Roumanie, la Hongrie ou au Portugal, les paysages visités restant le plus souvent à consonance rurale. Puis, en 1992, il y a eu Bleurville. La mise en place d'un jumelage avec un village des Vosges comparable à Chichery. Le nom de Bleurville est désormais accolé à Chichery-la-Ville aux entrées du village et rappelle que la direction de l'est est ouverte à ceux et à celles qui s'y sont fait des amis. La présence d'un jumeau implique en retour que des visiteurs, reconnus par le village comme des sortes de cousins ruraux, puissent venir chez nous à leur guise et y trouver un accueil digne de leur réputation vosgienne. Bien sûr, des destinations planétaires avaient déjà séduit quelques membres aventureux de la communauté depuis la fin des années 1980. Des femmes, modernes et seules pour la plupart, que les voyages au long cours attirent plus particulièrement. Une façon sans doute d'exister enfin pour soi, hors contrôle rapproché, dans des contextes culturels radicalement différents, une prise de tangente épisodique qui leur permet de respirer un peu mieux. On pourrait, à ces voyages qui n'attendent plus l'été, ajouter le temps des vacances où juilletistes et aoûtiens dépendant du temps salarial s'évadent en famille élargie ou rétrécie vers des destinations populaires et accessibles comme Les Sables-d'Olonne, Oléron, l'Auvergne ou Sainte-Maxime.

Histoire de changer d'air et de marquer par une « location » ou un campement à distance que l'ailleurs est pour tous, que la vie moderne et égalitaire s'exprime bel et bien en tangente de sa vie quotidienne.

Dans notre vie centripète il y a aussi nos corps qu'on emmène se faire visiter, radiographier, arranger, opérer dans les centres hospitaliers voisins. Je me souviens lorsque, enfants, nous attendions et guettions l'arrivée du médecin dans le village. Dès que nous repérions sa 4 CV, nous le poursuivions et nous collions à lui dans l'espoir qu'il nous emmène faire sa tournée dans un village voisin, pour sortir un peu de notre espace mais plus secrètement pour se repaître des langues de chat qui traînaient à l'arrière exprès pour nous[1]... Aujourd'hui, la venue du médecin est plus rare et surtout moins repérable parce que moins identifiable tant il y a de voitures qui passent dans la journée[2]. Le docteur a été remplacé par le passage discret des taxis-ambulances qui viennent chercher ou ramener un malade, par l'arrivée très visible d'ambulances clignotantes quand la situation est plus grave, à moins que ce ne soit le SAMU ou les pompiers qui s'annoncent à grand renfort de sirène, quand le cas est vraiment critique[3].

Vendredi 21 février 2003 (Chichery)

Ce que je suis en train d'écrire n'est pas tant un livre sur Chichery qu'une réflexion sur la modernité, le rurbain et par extension l'Europe, celle que nous nous inventons. La folle Europe en devenir qui ne sait pas encore si elle existera vraiment ou sera mangée entièrement par l'Amérique, à moins qu'elle ne se noie dans le monde...

A la différence du Village retrouvé, *ce livre est une réflexion que j'imagine plus bachelardienne – plus ethnologique que philosophique – où je dois brosser un tableau de nous tous. Le risque de dire est plus grand qu'il y a vingt-cinq ans où la parole était libre et toute chaude de 68. Frappés de solitude chronique, les gens, en même temps qu'ils se sont amollis à l'intérieur, sont devenus plus durs à l'extérieur – ils rêvent d'une justice pour eux, ils s'imaginent pouvoir se faire justice eux-mêmes. Les périphéries urbaines, leurs craintes et l'individualisme urbain grignotent la*

1. Pascal Dibie, 1978.

2. L'aire d'Auxerre compte un médecin libéral pour 470 habitants. La ville d'Auxerre est bien lotie sur ce plan puisqu'elle compte un médecin pour 260 habitants alors que la couronne périurbaine en compte un pour 1 300 (statistiques INSEE 2002).

3. Auxerre compte un hôpital, une polyclinique et un hôpital psychiatrique. Joigny a un hôpital. Pour les cas particuliers, l'évacuation se fait vers les hôpitaux de Dijon ou de Paris.

campagne. Tout est bon à grappiller quand la vie ne remplit plus les êtres. Me voilà dans un sentiment bizarre, oui, comme un sentiment de risque que je n'avais jamais ressenti...

Il se trouve que c'est aussi en y livrant notre corps, en nous y livrant corps et âme, que petit à petit nous nous sommes fait une représentation instrumentale de la ville. On la fréquentait jadis pour son attrait monumental et pour la liberté qu'elle exprimait. Mais l'aspect pratique l'a emporté depuis que nous la fréquentons presque quotidiennement, plus généralement d'ailleurs en sa périphérie qu'en son cœur qu'elle a justement rendu moins accessible, plus villageois d'une certaine façon. Le propre même de l'urbanisation n'est-il pas de multiplier, déplacer, diviser les centres d'intérêt des ruraux qu'elle place ainsi devant des alternatives ou des choix dont ils ne sont pas immédiatement conscients, mais qui les conduisent irrémédiablement à des changements en profondeur et à la mise en place d'une vie sociale, ou plutôt désocialisée par rapport à leurs habitus, dont les conséquences ne sont pas sans effets ? N'est-ce pas cela l'acculturation, ce processus insidieux qui modifie insensiblement les rapports entre signifiants et signifiés jusqu'à introduire entre eux des distances telles que lorsque l'on s'en aperçoit, nos repères ont été faussés et se sont dépouillés de sens et de contenu.

Les nouvelles sollicitations viennent plus des périphéries que des centres des villes proches : supermarchés et cinémas sont plus abordables désormais de l'extérieur que de l'intérieur de la ville. Qu'on le veuille ou non, nous sommes entrés dans une nouvelle manière d'agir, de penser et de communiquer. Nous sommes devenus prisonniers consentants d'objets techniques et de moyens de communication qui nous ont fait accéder à une nouvelle vision et à une nouvelle pratique d'un monde dont on ne peut plus se défaire. C'est sans doute de là que me vient ce sentiment diffus de ne plus être « avec », ni « au » village mais uniquement dans un village dont je sais que je ne dois plus m'imaginer qu'il est toujours comme avant... Je le sais tellement, ce changement, que je ne regrette même plus le boulanger, ni le boucher, ni le café disparus depuis si longtemps maintenant. Ce contexte mouvant et circulatoire des villageois a complètement remis en question les cadres traditionnels de relation. C'est une évidence, Chichery est devenu trop étroit par rapport à nos aspirations et à nos moyens techniques d'évasion. Comme en ville, on fonctionne désormais déchargés de la surveillance et des alibis nécessaires à ces déplacements multiples qui scandent nos journées. Nous sommes enfin entrés dans cet anonymat si longtemps envié aux citadins. C'est aussi comme ça que la ville vient à nous, dans ce désir renouvelé de s'échapper des siens et de s'inventer des ailleurs réservés.

BACHELARD, UNE PENSÉE DE LA VERTICALITÉ

Gaston Bachelard (1884-1962) met de l'invention partout et distille le plaisir, son plaisir, jusque dans la pensée. Il rend lucide le regard, intérieur le volatil, et profonde l'ascension. Son traité sur l'air est en plein dans mes histoires. Son propos sur l'écriture est en plein dans mes propos. Ses propositions de voir le monde et de le dynamiser par la verticale (anthropologique) sont incroyablement proches de ma tentative d'écriture. Il me redonne de la force, m'ancre pour écrire mon livre. Je crois que si j'arrive à communiquer mon plaisir, mon goût de découvrir, si je ne me laisse jamais aller à l'ennui c'est à cause de lui, à cause d'eux : les Rabelais, les Cervantès, les Swift, ces compagnons familiaux qui ne m'ont pas quitté depuis l'enfance.
Que dit Bachelard ? Il dit qu'il faut prendre soin de toute chose qui procède de l'humanité, que l'être pensant que nous sommes est pensant parce que debout, que sa verticalité a valeur d'élévation. Nous y sommes ! Concilier action et pensée est difficile, j'entends dans sa restitution. car cela prend du temps, matériellement du temps, le temps de l'écriture. « Pour bien sentir le rôle imaginant du langage, il faut patiemment chercher, à propos de tous les mots, les désirs d'altérité, les désirs de double sens, les désirs de métaphores », écrit Bachelard dans *L'Air et les Songes* (p. 10), après avoir averti que « l'imagination n'est pas un état, c'est l'existence humaine elle-même » (p. 8). Puis se souvenant de Rilke, il redit que « l'être se sent à la veille d'être écrit jusqu'à être l'impression qui va se transposer » (p. 13). Mais peu vantard il ajoute, dans ce qu'il nomme son

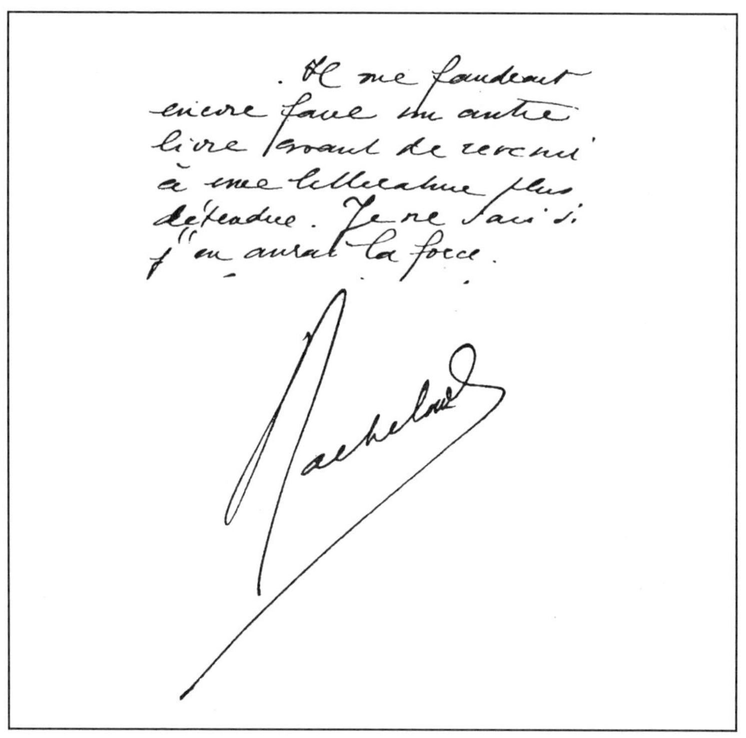

Il me faudrait encore faire un autre livre avant de revenir à une littérature plus détendue. Je ne sais si j'en aurai la force.

Bachelard

Bachelard. Lettre à José Corti, éditeur, en date du 20 janvier 1957.

« essai de psychologie ascensionnelle », qu'en général on se borne « à de très courts fragments de la verticalité. Jamais nous n'éprouverons de bonheur complet d'une transcendance intégrale qui nous transporterait dans un monde nouveau » (pp. 19-20).

Je laisse l'Air s'aérer des songes du philosophe et vais farfouiller du côté de Bachelard, dans l'article de l'*Encyclopædia Universalis*. Je retiens de Pierre Tratignon : « Si, dans le domaine de la pratique technique, savoir est prévoir, dans le domaine de la théorie pure, savoir, c'est ne jamais pouvoir prévoir, c'est reconnaître que le vrai est derrière mes propositions, à côté d'elles, mais sans jamais apercevoir par illumination le chemin de la vérité à venir. Le sujet de la science est ainsi un sujet éclaté. Un sujet qui sait que ce n'est pas lui, maintenant, mais d'autres, plus tard,

ailleurs, qui seront négation vivante de ce qu'il pense dans la science la plus exacte. »
J'ai adoré cette excitation, cet essoufflement, cette fièvre qui m'a pris depuis samedi. Je suis « rentré » dans Bachelard. Il est évident que Bachelard a donné une incroyable impulsion aux sciences humaines dont on n'a pas encore mesuré l'ampleur à cause du structuralisme florissant des années 1960 et des marxistes, mais ça va venir... S'il avait lié psychanalyse et sciences humaines il aurait réussi, à sa façon, ce que les historiens ont réussi : utiliser l'ensemble des sciences de l'homme pour contribuer à son éclaircissement. Ses origines scientifiques et son éclectisme, qui est en fait une liberté, dont on peut mesurer la profondeur a sa bibliographie, lui ont permis d'ouvrir en faisant de la vérité une question et non une certitude. Mon frère Christian me dit qu'en médecine la vérité est une absurdité puisqu'on découvre que chaque être est unique et que les lois sont toujours remises en question, tant nous ne savons rien. Bachelard ne nous dit pas autre chose.

Gaston Bachelard, *L'Air et les Songes, essai sur l'imagination du mouvement*, José Corti, 1994. *La Poétique de l'espace*, Paris, 1957 ; Quadrige, PUF, 2001.

Une vision roulante du monde

La voiture, ma voiture, nos voitures conditionnent désormais et le village et nos vies. Elles nous portent partout le jour, la nuit. Séduits, attirés, aspirés, transportés, dépendant d'elles, elles sont nos jambes et nos ailes nécessaires, notre liberté et notre cercueil. C'est par elles, en elles, et à cause d'elles, à moins qu'il ne faille dire grâce à elles, que je suis, que nous sommes à égalité dans l'espace avec les quatre-vingt-cinq mille autres membres hybrides de l'aire urbaine auxerroise à laquelle j'appartiens désormais.

Equipé de mon volant, j'ai, comme tout le monde ici, définitivement pris le tournant. Je sais que le village n'est plus un paradis où il suffisait de faire quelques mètres pour avoir du lait frais, des œufs, du pain chaud, une viande dont on connaissait l'animal ou un bain joyeux d'échanges autour d'un verre. Pour vivre ça aujourd'hui il me faut la ville, certains quartiers de Paris où les choses ont encore un peu le goût de partage et de village. Je sais, ou plus exactement je sens bien que la communauté n'est plus homogène. Chacun s'est tressé un tissu ajouré de réseaux indépendants les uns des autres dans lesquels il se glisse et se définit individuellement. Désormais c'est là, dans les interstices des catégories sociales, économiques, politiques, familiales que s'alimentent nos vies en termes de relations.

Pour être concret : pour survivre matériellement aujourd'hui à Chichery, on doit faire au minimum cinq ou six kilomètres aller et retour, et encore certains jours et à certaines heures. Cela n'a rien de désagréable, bien au contraire, en enjambant tous ces champs cultivés qu'aèrent deux ou trois bosquets, ma vision roulante du monde me fait croire une fois de plus que je suis dans la campagne, mais elle m'oblige aussi à une double dépense énergétique et temporelle qui s'ajoute, à mon insu, au temps passé pour me déplacer, au prix des courses et de je ne sais quelle usure, car nous sommes, hélas, bel et bien passés dans une économie totale où tous les actes de notre quotidien sont tarifiés, comptabilisés. Un système global tient et distille nos vies jusqu'au plus petit recoin de nos localités et de nos intimités. Preuve en sont la quinzaine d'hyper et supermarchés dont il paraît que l'aire urbaine auxerroise, toutes statistiques confondues, est la mieux pourvue de France [1]. Preuve en sont aussi ces portables individuels qui imposent à chacun d'entre nous une tarification quasi permanente de nos propos les plus badins et qui font que jamais nos paroles n'auront valu aussi cher !

Ces voies nombreuses et actives, nous assurent les historiens, qui virent passer l'ombre portée des barbares ayant pour nom Eduens, Lingons, Mandubiens pour ce qui concerne les Celtes, Gallo-Romains, Burgondes, Francs, Sarrasins, Normands, mercenaires suisses, espagnols, autrichiens et plus récemment l'armée allemande, n'ont pas baissé en nombre mais se sont spécialisées elles aussi.

1. D'après l'INSEE (2002), les magasins d'alimentation ou supérettes sont peu représentés dans l'aire auxerroise. Seulement 68 % des habitants en disposent dans leur commune. J'ai compté (signalés dans les Pages jaunes) une vingtaine de boucheries, dont 5 halal, et 55 boulangeries.

L'autoroute A6 ne vise plus Alésia mais Marseille et l'Italie, et inversement si elle rapproche des vallées de la Seine devenues banlieues, c'est Paris-Notre-Dame, le centre, d'où elle décompte les kilomètres effectués ou à faire. Mais, étrangement, ce qui jadis visait la cité aujourd'hui la contourne, l'évite, s'échange contre des ZAC, des ZUP, des ZEP et je ne sais quels autres sigles qui signifient pour moi banlieue, détours, sorties, débouchés compliqués et bouchons assurés.

Nous condamnons les villes à revivre une vie cloîtrée et strictement urbaine, moins l'urbanité. Beaucoup ne sont plus que des décors refaits dont les rues sont des vitrines qui se vident à heures fixes, des culs-de-sac marchands dont on n'emportera que des médiocres souvenirs semblables trop souvent à ceux qu'on trouve ailleurs. La ville, même Paris et ses Halles, n'est plus le lieu d'approvisionnement, le marché ultime et nécessaire à la survie de tous, elle est devenue pierre, non pas ruine, mais pierre d'investissement comme jamais sans doute elle ne le fut. Plus une ville grandit, plus son développement tend à devenir indépendant des conditions de la circulation primitive. Les quartiers neufs et les rues nouvelles qui au départ ont suscité des industries importées se construisent de plus en plus loin du carrefour central et de moins en moins en relation avec un emploi quelconque. Les services se déplacent, se périphérisent pour rejoindre les franges excentrées de la population ; une population qui vit regroupée en un ensemble indistinct dont on ne peut plus tracer les limites entre les « bords de ville », les pavillons semi-ruraux et les villages phagocytés.

A regarder Chichery, sa situation en haut des coteaux et surtout sa rotondité respectée contre vents et marées par les édiles successifs, je mesure notre chance, ma chance, de pouvoir avoir encore le sentiment physique de pénétrer dans un village et d'en sortir, et ce plusieurs fois par jour. Les besoins se trouvent désormais à l'extérieur. Les immenses centres commerciaux, entièrement aménagés pour et en fonction de nos engins roulants, présentent, selon le point de vue duquel on se place, l'avantage ou l'inconvénient que l'on n'a pas ou plus besoin de pénétrer en ville. C'est comme cela que pour beaucoup d'enfants des villages alentours, Auxerre ou Joigny se résument à des parkings et à des galeries couvertes, le nom des villes ne servant plus que pour décrire une zone

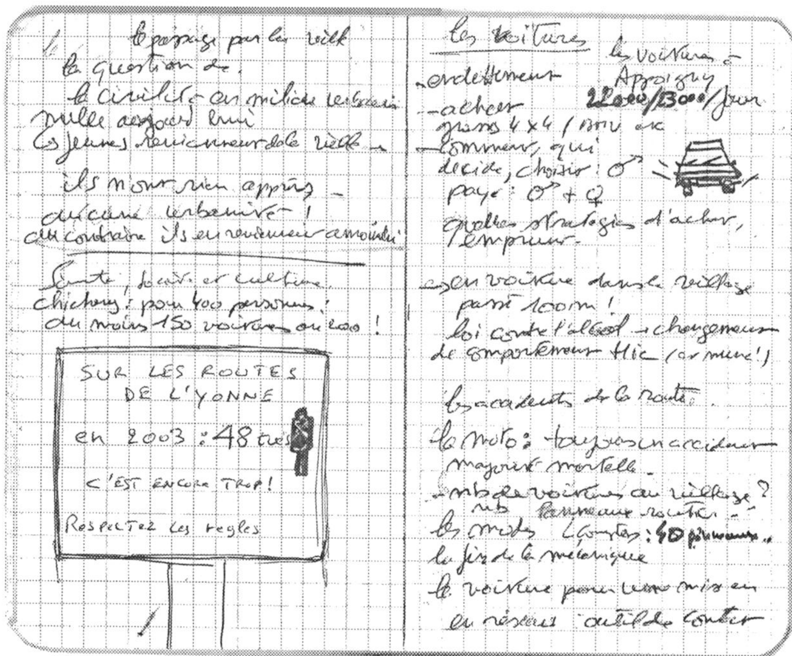

Le passage par la ville/ la question de/ la civilité en milieu urbain/ nulle aujourd'hui/ les jeunes reviennent de la ville/ ils n'ont rien appris/ aucune urbanité !/ au contraire/ Ils en reviennent amoindris/ Santé société et culture/ Chichery pour 400 personnes/ au moins 150 voitures ou 100/
Sur les routes de l'Yonne en 2003 : 48 tués/ C'est encore trop/ respectez les règles
Les voitures/ les voitures à/ Appoigny 22 000/23 000/ jour/ endettement/ achat/ grosses 4 × 4/ BMW, etc./ comment, qui/ décide, choisit : homme/ payé homme + femme/ quelles stratégies d'achat/ emprunt/ en voiture dans le village/ passé 100 m !/ loi contre l'alcool, changement/ de comportement Hic (et nunc)/ les accidents de la route/ la moto : toujours accident/ majorité mortelle : nombre de voiture au village ? nombre panneaux routiers/ compté : 40 panneaux/ les modes/ la fin de la mécanique/ la voiture pour une mise en/ réseau : outil de contact

commerciale et les enfants, comme ils me l'ont souvent dit à Chichery, ne voyant absolument pas l'intérêt de rentrer dans une ville si ce n'est pour consommer. Ils estiment d'ailleurs y aller suffisamment souvent dans la semaine. Pourtant le car scolaire les laisse devant leur établissement le matin et les y reprend le soir, les horaires ajustés ne leur laissant guère le loisir d'aller flâner en ville. J'ai le sentiment que la curiosité des enfants est à peu près égale à celle de mon chien pour qui la voiture est un cocon rassurant dans lequel on monte devant chez soi et dont, après y avoir bien roupillé, on redescend quelque temps plus tard devant chez soi et avec son maître...

Notre vie villageoise perpétuellement excentrée nous rive à nos voitures et parfois même nous y cloue. Je ne peux en effet revenir d'un supermarché sans croiser une dizaine de ces étranges silhouettes noir et rouge dressées des deux côtés de la N 6, dont l'une est sous-titrée de cette effrayante annonce : « Entre Auxerre et Sens 69 morts en 10 ans », une autre venant confirmer « 48 tués sur la Nationale depuis 2003 ». Voilà l'une de mes visions roulantes : l'atroce réalité qu'on me retourne d'une hécatombe à laquelle, dans un consensus national, nous acceptons de payer le tribut au nom du sacro-saint progrès [1]. Ces silhouettes, que la préfecture déplace au gré des zones à risque, viennent renforcer quelques ex-voto dissimulés çà et là derrière les garde-fou de la nationale, à l'égard desquels les pouvoirs publics ne savent comment réagir. Ces marquages fleuris par des familles de la région dont l'un des leurs a été « victime de la route » en cet endroit même ont évidemment une fonction de souvenir mais aussi d'utilité ; il s'agit de rendre cette mort un peu moins absurde, moins inutile, en rappelant aux autres automobilistes l'extrême danger qui les menace. Ces signaux colorés me rappellent les « arbres à souvenir » qui jalonnent les routes en Nouvelle-Calédonie ; des arbres artificiels que viennent entretenir et enrichir au fil du temps tous les proches du disparu et qui sont bien sûr l'expression de la culture kanak. Le soin qu'ils ont pris pour les décorer et leur ressemblance patente avec certaines marques fécondantes qu'on retrouve dans les jardins transforment en réalité les bords des routes en l'imitation d'un lieu de culture et rappelle aux Mélanésiens que, outre la vie du mort, le végétal rejoint toujours le minéral [2]. Nous n'en sommes pas là sur nos routes de l'Yonne, mais la DDE ne sait comment réagir à ces commémorations sauvages de plus en plus visibles. Elle craint à la vérité que nos cimetières ne se déplacent le long des voies de communication, ponctuant ainsi les chemins empruntés par les

1. Pascal Delannoy et Jean Viard, *Contre la barbarie routière*.

2. Jean-Claude Bourdais, *L'Arbre à souvenir*. Cf. aussi : « Requiem au bord des routes », Marion Van Renterghem, *Le Monde*, 7 mai 2005.

nomades journaliers, pendulaires et pressés que nous sommes devenus, et surtout que ces fleurissements morbides ne distraient et, qui sait, n'attirent des candidats au suicide [1].

Jeudi 20 février 2003 (Chichery)

Ce matin levé 6 heures. J'ai eu le plaisir de l'écrivain.

Lu Déplacement *de Claudio Magris. Il a une belle intelligence européenne (?) de l'Europe (?). Cela m'a aidé à entrer dans le projet Tsiganes, les nomades européens, qu'on doit faire avec Serge Moscovici. Je dois travailler autour de l'idée de peuple qui s'absente dans la vie, qui nous quitte sur place, disparaît devant nous et que l'on s'imagine plus qu'on ne le connaît. Il y a chez Magris une sensibilité forte aux peuples qui sont en cours de disparition ou disparus. Je ne sais pourquoi cette lecture faite à la suite de* La Poétique de l'espace *de Bachelard, est tout à fait semblable aux réflexions sur la chambre, sur l'ennui nécessaire, les tiroirs, la porte enfin, tout ce qui me travaille et qui représente le dedans et le dehors des êtres et des choses.*

Triestain, Magris est à la porte de l'Europe, on dirait qu'il veille comme une vigie sur nos disparitions en cours.

Je quitte la nationale au croisement fatidique où Chichery a payé sa quote-part à la route depuis les années 1960 d'une bonne douzaine de morts et d'innombrables accidentés. Chaque fois je me prends à bénir les Ponts-et-Chaussées, la DDE, la Région, les goudronneurs, les paysagistes, qui sais-je encore, de nous avoir installé cet étonnant jardin-échangeur qui depuis presque six années main-

1. En France ce sont les 15 à 20 ans qui représentent plus du quart des tués sur la route alors qu'ils ne constituent plus que 15 % de la population. Des progrès considérable de sécurité et de prévention ont quand même été faits si l'on sait que de 20 000 morts en 1970, on est, avec beaucoup plus de voitures, passé à 8 000 morts dans les années 2000 ; morts dont la majorité reste des jeunes, mais, vieillissement oblige, dont les victimes âgées sont en nette augmentation (CREDOC, 2002).

Les chiffres du service Circulation-sécurité routière de la préfecture de l'Yonne donnent pour les 11 premiers mois de l'année 2005 : 400 accidents ayant fait 514 blessés et 42 morts. Parmi ces derniers 14 avaient entre 15 et 25 ans (33,33 %, contre 8 en 2004 (22 %).

Qui pourrait comprendre cette proposition de ronde s'il n'était éduqué à cette symbolique particulière des refus et des priorités sur les routes ?

tenant nous permet de nous engager et de nous désengager sans risque en venant et en partant de toutes les directions.

Dans cette société où tout s'accélère et où tout est vitesse, la voiture est devenue notre unique possibilité de fuite sur la tangente, notre fierté et notre échappatoire familiale ; notre inquiétude et notre poids autant par les coûts que par les sacrifices qu'elle implique. La liberté se paye cher, ont très tôt remarqué les philosophes, s'acheter une conduite aussi. Sait-on les sacrifices qu'entraîne le passage du permis de conduire autorisé à partir de l'âge de dix-huit ans : mille deux cents euros en moyenne, auxquels il faut ajouter le risque de n'être reçu qu'à la deuxième ou troisième tentative. Voilà un « passage » qui a un coût et qui pèse tout autrement sur la jeunesse que les rites de nos folklores disparus. Pour entrer dans l'« âge d'homme », avec lequel il faut désormais compter l'« âge de femme », la chose importante n'étant pas tant d'atteindre ses dix-huit ans que de passer le « permis ». Dans notre société villageoise, les jeunes n'ont qu'un rêve : rejoindre le clan moderne des automobilistes. « Disons que, sans le permis, c'est pas tellement que t'es rien, m'explique Julien, à deux doigts de la majorité et ruminant son adolescence assis sur une borne à l'entrée de l'ancienne ferme qu'occupe sa famille, c'est que tu peux rien faire, tu peux pas bouger, pas sortir. Bon ben, si tu veux des cigarettes par exemple, faut aller à Appoigny où y a un tabac. Tu vas pas demander à ton père ou à ta mère de te ramener des cigarettes, et puis ça permet de voir les gars, de boire un coup. Non, sans voiture t'es pas bien malin. Ou bien t'es là, chez les parents, tu manges ta soupe, t'as pas de voiture, t'es dépendant des autres. Y a le copain qui t'attend, qui te klaxonne dehors, tu vois le truc quoi... T'as ta voiture, tu peux prendre ton temps, finir de manger, de regarder le film, t'es ton chef et t'es le chef de la sortie, quoi. »

Le discours sera bien différent pour Martine, que je rencontre seule pour la première fois chez le boulanger de Bassou. Les choses ont en effet radicalement changé : avec ses dix-huit ans révolus, elle a pu passer son permis. « J'ai travaillé tout l'été "aux cornichons", chez Maille, à Appoigny. Mon père y m'a payé une vieille Polo, et moi je me suis payé le "papier rose [1]". Ça y est, je l'ai, je suis vraiment contente. C'est pas tellement pour les courses, avec ma mère ça posait pas de problème, c'est plutôt que je vais pouvoir chercher du travail sérieusement. » Je demande à la lauréate si elle se sent à l'aise avec sa voiture de deux jours. « Oh ben oui, j'ai fait la conduite accompagnée depuis que j'ai seize ans. Ce qui fait que j'ai déjà pas mal conduit. Même le rond-point, la Nationale, tout ça, je me sens bien au volant. Il me reste à m'acheter une vraie voiture, une neuve quoi. Bon, dès que j'ai du travail, j'économise un peu, un crédit là-dessus, et puis ça sera bon... »

Allez, roulez jeunesse, ai-je envie de lui dire, mais la voiture est un chapitre trop sérieux pour plaisanter, surtout avec les jeunes pour qui elle est l'étape ultime du passage à l'âge adulte. Elle fait

1. Le décret du 10 mars 1899 précise les conditions de la « conduite d'un automobile » – on optera pour le féminin en 1901 –, réglementées par le biais d'une ordonnance de la Préfecture de Paris d'août 1893. Un certificat d'aptitude sera délivré par le préfet du département de résidence, sur l'avis favorable des Mines. L'épreuve s'apparentait alors à une simple formalité. Le certificat de capacité était un petit morceau de carton rose accompagné d'une photographie du titulaire. La duchesse d'Uzès, maître d'équipage de chasse à courre, deviendra, dit-on, en mai 1899, la première femme « brevetée ». Jean-Michel Normand, *Le Monde*, 31 octobre-1er novembre 1999.

souvent suite à la « mob » et à la moto, avec ses héroïsmes répétés lorsqu'on s'en sort indemne ; elle est l'objet transitionnel par excellence de l'adolescence masculine ; c'est avec elle qu'on trimbale d'abord la bande de copains, puis les filles qu'on agrège, et la fille enfin, les premiers baisers. C'est encore elle qui, faute de lieux, longtemps abritera les premiers rapports amoureux. C'est toujours la voiture le premier nid monogamique et secret, l'habitacle privé pour deux, et enfin le moyen de transport familial. C'est ainsi que l'auto est devenue et reste le lieu le plus « marqué » et marquant de notre société. C'est bien elle que l'on voit sur les photos de famille, dans les films, dans le paysage, partout elle pointe le nez de son capot pour nous rappeler que sans elle nous n'étions rien et que si aujourd'hui « nous sommes », c'est à travers et grâce à elle. A l'observer sur les photos décolorées de notre jeunesse, elle situe l'époque par sa marque et par sa forme : oubliées la 2 CV, la Panhard aux formes de grenouille, sa cousine, la DS, la Dauphine aux phares globuleux, la Simca 1000 des sportifs, la 203 ou la Frégate des gens bien. On ne pense même plus qu'elle hantera le magasin de nos souvenirs tant on la change, on la suit, on se fait mener, endetter, ligoter par elle ; d'ailleurs, on ne lui fait même plus prendre la pose, elle est là, forcément là, inévitablement là, normalement là. Frime ou utilitaire selon les âges et les caractères, elle cristallise encore les haines inconscientes de nos congénères. C'est elle, cette masse métallique rutilante, inerte, qui encaisse les coups, même au repos, comme le soir où, vers minuit, le bruit sourd d'une drôle de galopade sous mes fenêtres me sortit du sommeil. Passant la tête à la fenêtre, j'aperçus juste en face, sous l'église, quatre jeunes courir et sauter « sur » les deux voitures garées là, la mienne et celle de mon frère. L'autre jeu consistait à tenter d'éclater les rétroviseurs à la manière des karatékas. Une gueulante, que nous poussâmes avec mon voisin, réveillé lui aussi par le vacarme, apeura la bande qui s'égailla comme une volée de moineaux. Les quatre garçons se précipitèrent vers une R5 rouge dont je ne reconnus que le A de l'apprenti chauffeur qui conduisait sûrement, si j'en juge au dérapage mal contrôlé sur les gravillons en prenant la fuite. Ce genre de scène est assez rare à Chichery, mais le malin plaisir que les très jeunes éprouvent à rayer les carrosseries à l'aide d'une lame ou d'un caillou, les « emprunts » de voitures, quand ce ne sont pas des vols

Le lavage de la voiture. Une occupation mixte désormais.
Les femmes ont rejoint les hommes dans l'obsession de la voiture.

organisés, font que jeunes des champs et jeunes des villes se ressemblent de plus en plus. Plus de différence entre les uns et les autres depuis un bon moment, surtout pour faire « couiner » la voiture, non pas tant du bourgeois que de l'adulte, et si possible puissante...

L'automobile fascine ; quel plus bel objet existe-t-il à portée de main pour parcourir, occuper, maîtriser ses nuits, libre comme un oiseau pour franchir, seul ou à plusieurs, les territoires de la sociabilité juvénile ? Je ne sais s'il faut pousser jusqu'à la réflexion de Roland Barthes dans ses *Mythologies*[1] qui estimait (nous étions en 1957) que « l'automobile est aujourd'hui l'équivalent exact des grandes cathédrales gothiques : je veux dire une grande création d'époque, conçue passionnément par des artistes inconnus, consommée dans son image, sinon dans son usage, par un peuple entier qui s'approprie en elle un objet parfaitement magique ». Les jeunes n'ont peut-être pas conscience de ces créations, mais ils connaissent par contre les effets libérateurs quand on possède une telle créature.

« Remarque, maintenant si on sort, y en a toujours un qui boit pas, ou plutôt une, me dit l'un des rares garçons fêtards du village. Les filles conduisent, c'est bien pratique des fois. Bon, si on fait une virée en boîte, au Stylis, on peut y aller franchement. C'est pas qu'on picole – d'abord ça fait trop cher, mais bon, comme on y va

1. Roland Barthes, *Mythologies*, p. 150.

pas avant des minuit une heure du matin, qu'on récolte les copains çà et là –, c'est pas rare que j'sois le seul de Chichery – quelquefois on est un peu mûr, c'est normal. J'sais bien qu'y en a toujours qui vont faire les cons en rentrant. Bon, les filles, elles sont bien pour ça, elles nous obligent... Si on est que des gars, ça peut déconner un peu plus. » Poursuivant la conversation, je lui demande comment ils se débrouillent maintenant avec les contrôles. Il me répond que « ça peut toujours s'éviter, y a les téléphones portables, tu peux savoir, y a un contrôle là, un autre là-bas... Remarque, pour ceux qui travaillent, faut pas qui se fassent prendre par les gendarmes, maintenant ça peut te coûter le permis. On a bien diminué la dose, mais du coup, c'est plus comme avant, ça rigole un peu moins, on dira. Si c'est une fête à Chichery, là on peut se lâcher. Mais bon, les pétards, ça tourne aussi un peu. C'est pas comme l'alcool, c'est plus cool. Ça fait passer la nuit, on se marre bien aussi, y a des fois c'est plus... C'est mieux que la bière c'est sûr, disons que ça rend pas méchant, on est carrément entre nous, vraiment. Non, déconner en voiture c'est vraiment ringard. Y a toujours des cons, et puis t'as quelques vieux de cinquante balais qui sont pleins comme des barriques et qui conduisent. C'est des dangers publics ces types-là... J'dis pas que tout seul j'aime pas essayer un peu l'auto, voir ce qu'elle a dans le ventre. Mais là aussi, si tu t'fais coincer, c'est pas bon. Pour te dire, la voiture c'est bien, mais on en a tellement besoin qu'on pousse moins qu'avant, j'sais pas, on est p't être moins libre. »

Lentement, à force de matraquages médiatiques, une vague et superficielle « conscience autoroutière » s'installe en eux, en nous, conscience qui, à mon avis, ressemble un peu à celle que l'on tente de fabriquer avec l'idée que « le tabac tue », croyant qu'un individu addicte peut se traiter comme un groupe. Lorsque l'on mesure la lenteur avec laquelle une « conscience écologique », conscience citoyenne par excellence, met à s'installer, je crains que nous ne soyons loin d'être guéris de la voiture. Oui, l'auto est bien une drogue, une dépendance, un plaisir empoisonné dont nous ne sommes pas près de nous passer, comme nous le savons tous. Dans notre univers aux apparences et à l'espace encore ruraux, le statut de piéton condamné à piéter, sauf si on le revendique fortement et que l'on est perçu comme un marginal authentique, est à

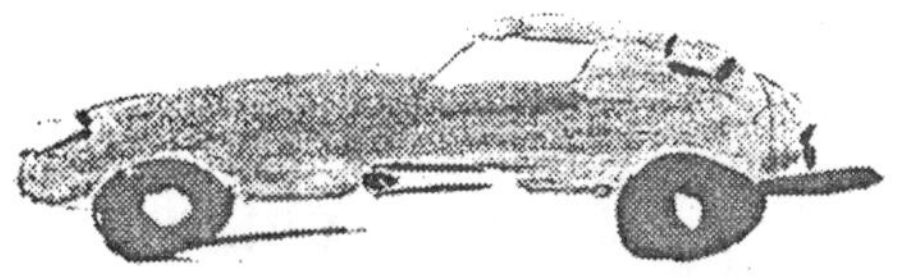

Voiture dessinée par un enfant du village, un jour pluvieux de l'hiver 2003.

la limite dégradant. « L'homme à pied » est vécu comme un homme à terre, car la voiture, dans nos têtes rétrécies, reste un puissant moyen de classement social. Aujourd'hui, voir quelqu'un marcher sur le bas-côté d'une route, s'il ne fait pas du jogging ou n'a pas l'allure d'un marcheur, renvoie immédiatement à l'anormal, au marginal, à la victime de la pauvreté, du chômage de longue durée, à des difficultés familiales, matérielles qu'aucun conducteur digne de ce nom ne se souhaite. Pis encore s'il fait de l'auto-stop, attention, c'est bien connu, tous les assassins rôdent sur le bord des routes...

Cet objet fascinant et ultime qu'est la voiture aujourd'hui participe à notre ligotage. Dans l'échelle de nos biens, il couronne d'une certaine façon tous ces biens accumulés et désormais indénombrables qui envahissent notre vie, jusqu'à changer nos caractères, nos façons de vivre, notre humanité, jusqu'à ce que nous acceptions d'en périr...

La voiture marque aussi l'aspect du village, même quand elle n'y roule pas. J'en ai répertorié plus d'une centaine. Je ne parle pas des voitures qui restent dehors, elles ne dépassent pas la dizaine ; non, je pense à la présence omnipotente des panneaux dits de circulation. J'en ai compté pas moins de quarante exprimant l'absurdité de notre vie : vitesse limitée, croisements prioritaires, stops, interdictions de stationner... Ces derniers surtout fleurissent le long de nos murs et de nos ruelles. Là, comme en ville, s'exprime tout l'absurde de la situation ; puisqu'on n'est plus capable de parler, de dire que l'on gêne, de demander qu'on déplace, de faire attention, il faut donc signifier, imposer et, au besoin, verbaliser. Bref, je pourrais rapporter mille récits de nos aventures et de nos drames automobiles, et je pourrais ergoter à l'infini sur la voiture tant elle nous envahit, nous bloque, nous rend service, nous pollue, nous tue, sauve nos vies, nous coûte et nous fait rêver.

Samedi 3 juin 2000 (Chichery)

Retour de voyage. Rome pour mon roman Les Indiens du Vatican, *Berlin pour mes recherches sur le Franco-Allemand au sein de l'OFAJ. Le premier m'a enchanté ; le second m'a étouffé. Non les Teutons ne peuvent échapper à leur propre pesanteur. L'esthétique allemande ne se désenglue pas des cinquante ans de folie nauséabonde : nazis + communisme, extrêmes contraires qui comme des frères jumeaux se sont rejoints dans le panier de l'histoire et ont marqué pour longtemps cette famille allemande-allemande irréconciliable. Nous sommes chez les « coupables ». On dirait que toute inspiration légère et inopinée est vécue comme une désobéissance. Tout se contrôle. Soirée dans les Kneipe où la bière embrume les ventres et mouille les idées. Ce qui est beau est laid, ce qui est laid est monstrueux. L'Allemagne n'en finit pas de s'oublier en bâtissant un futur qui n'est pas sien. Elle rêvait de son Europe à elle ! Qu'est-ce que cela va engendrer ? Ce n'est pas d'une dénazification qu'il s'agit, c'est d'une dégermanisation. Jamais ils ne seront européens, si ce n'est eux qui font l'Europe ; eux : leur rigidité, leur « travail »,* Arbeit, *leur obstination protestante à purifier la pensée, etc. Non, quelque chose ne va pas, il y a bien un malaise dans la civilisation germanique.*

Rome, l'Italie, eux aussi ont quelque chose de bizarre mais cette fois c'est le côté mouton qui domine. Ce référendum du 21 mai pour le téléman Berlusconi : 32 % de participation ! et sur la recommandation et les applaudissements de toute la télévision ! L'Italie se met en cravate pour passer à la télé, mais c'est une corde qu'elle se passe autour du cou. Où va-t-il la mener ? Ils sont assez jobards comme ça pour ne pas en rajouter. Non, là aussi, le fascisme a planté sa graine et l'Italie rêve encore à la grandeur d'une Rome évanouie. Forza Italia *est un cri de sportif et Berlusconi le nouvel athlète. Pourquoi ne se raccrochent-ils pas à l'esprit de la Renaissance, c'est eux qui firent vraiment l'Europe, la fine Europe.*

J'ai hâte d'y être, dans cette Europe de l'« Euro » – ce sera déjà ça mais j'ai peur de la contrainte unitaire qui va finir par laminer les gens faibles, prêts à tout laisser passer, du moment qu'ils ont le confort. L'homme, ce paresseux, est capable de tout sacrifier pour ne plus rien faire d'autre que vivre petitement, barricadé en lui et autour de lui.

Sentiment d'un retour à la maison, verrous tirés ! Ça sera peut-être ça l'Europe, avec ses barbares intérieurs qui n'auront jamais la richesse de nos grands barbares des steppes et de l'Atlas.

Europe = mouvement. Bouger, c'est forcément s'ébrouer et, d'une certaine façon, s'émerveiller. Petit à petit, je me mets à penser l'Europe et je découvre de quoi il retourne. L'Europe c'est ici et maintenant, et c'est l'image que nous sommes en train de fabriquer. Quels emprunts ? Quels voyages ? A chaque pays son musée de l'Europe. Nous sommes une énigme non résolue et c'est cela qui doit nous passionner.

Tant pis si certains ne nous ont apporté que la carotte ou le traitement du cuir, le tricot ou le moulin à vent. De quels brevets sommes-nous faits ? Compter nos croisements, c'est compter notre force sans compter, c'est additionner nos mondes pour nous en abreuver et non pour recracher ce que, de toute façon, nous avons déjà avalé et ingéré.

Je ne sais dans quelles pensées sont nos politiques, mais l'Europe n'a de sens que si elle ne se prend plus pour l'Europe. Chercher de ce côté-là.

La patrimonialisation du monde

La région n'est pas désertée, loin s'en faut, elle aurait plutôt tendance à se peupler si j'en juge par les dix mille habitants qui se sont ajoutés aux autres Icaunais dans ces toutes dernières années. Ces migrants, dont la majorité viennent de l'Ile-de-France voisine, rappellent que cette tendance à quitter les villes centres au profit du périurbain et du rurbain est un mouvement national. En d'autres termes, partout la ville gagne sur la campagne. Ainsi que le faisait déjà remarquer Henri Lefebvre dans les années 1960, l'opposition ville-campagne s'estompe au profit d'une opposition montante qui est celle de la grande ville et de sa périphérie. C'est ainsi qu'on assiste à une « complexification » de la population dont, je l'ai déjà signalé, l'homogénéité n'est plus la règle depuis une bonne quinzaine d'années. Une population qui, dans sa fuite de la ville et dans la croyance de son installation en « zone rurale », trimbale avec elle son lot de visions, d'aspirations, de projets et de problèmes.

La question reste de savoir comment concilier une culture de travail en milieu urbain et un imaginaire rural ; comment vivre dans cette contradiction permanente entre la séduction de la culture urbaine et l'attrait pour une vie rurale que l'on s'imagine harmonieuse et familiale, comment réussir à ne trahir ni l'espace rural ni l'espace urbain, comment échapper à la détestable et implacable « logique du recyclage » ? L'une de nos grandes difficultés est de savoir ce qui est survivance, qui mérite de l'être, et ce qui ne l'est pas. Une nouvelle forme de passion du passé a en effet saisit les sociétés industrielles occidentales depuis une quarantaine d'années de transformer en patrimoine ce qui semblait n'avoir que bien peu d'intérêt : bâtiments industriels, paysages, biotope et depuis peu codes génétiques [1].

Or cette « patrimonialisation » ne s'est pas faite sans les hommes, sans cette nouvelle et fluctuante colonisation de peuplement qui oscille entre le béton des villes et le grand vert des zones rurales. La chose est si repérable que l'on peut pratiquement faire une typologie des habitants et des candidats à la vie à la campagne. Il y a d'abord les « naturels », ceux qui s'inscrivent dans la « logique des racines » et pour qui la présence au village est évidente. Ce sont les « paysans de souche », qui, à l'exception de quatre à Chichery, sont désormais tous des retraités. Ces derniers s'inscrivent avec ma génération de presque « anciens » dans cette logique devenue minoritaire de se savoir « originaires du village ». Même si je n'en suis pas tout à fait, lorsque nous nous rencontrons, nous exprimons entre nous une adhésion, vraie ou mythique, à nos racines et à Chichery. Nous ne sommes déjà plus toutefois dans l'expression du « bon vieux temps » des aïeuls, bon vieux temps qui a été remisé avec la génération précédente dans les greniers et même bradé dans les salles de vente et les vide-greniers. Cela n'empêche pas quelques « conservationnistes » de surnager çà et là. Cette façon d'être au monde est une espèce bien connue dans les villages. Ils sont plutôt à chercher du côté de citadins récemment retournés ou venus se ressourcer à la campagne.

1. Marc Guillaume fut un des premiers à réfléchir à cette nouvelle « politique du patrimoine » qui vient capter dans notre monde hyperfonctionnel toutes nos nostalgies et tous nos fantômes. Dans une formule lapidaire, il rappelait que « la bombe à neutron symbolise à sa manière l'année du patrimoine : détruire la vie mais conserver le matériel » (*La Politique du patrimoine*, p. 13).

L'église de Chichery. Dessin de Frank Fay, peintre de renommée installé à Chichery. Le dessin a été édité par La Poste sur des enveloppes « prêt à poster ».

On les écoute, amusé : ils voudraient que le passé soit aujourd'hui. On comprendra que ces décalés du temps se retrouvent très vite en conflit avec la réalité et leurs voisins. Ce sont en fait des déçus, à la recherche de réseaux sociaux et de gens qui cautionneraient leur démarche héroïque de « retour ». Inutile de vous dire qu'ils acquièrent assez vite le statut d'« emmerdeurs » et qu'ils finissent dans leur coin à ressasser leurs désillusions... J'en parle, j'en parle, ce n'est pas que je n'en connaisse pas, mais par chance ils sont rares à Chichery et, lorsque cela était, nous, le village, les avons assez vite muselés, préférant le présent à un passé réinventé et quelque peu repeint. Notre chance tient au fait, déjà signalé, que nous avons peu des résidences secondaires dans le village[1]. Il

1. Henri Lefebvre, notait déjà dans *Besoins profonds, besoins nouveaux de la civilisation rurale* (in *Du rural à l'urbain*, 1970) que « le Parisien qui a une maison

n'empêche que c'est une catégorie relativement nuisible qui se développe, rêve de pouvoir et dont il faut craindre la puissance de persuasion. D'autant qu'ils sont entreprenants, ont souvent le bras long ou savent comment l'allonger en tannant en permanence à travers des associations et des systèmes de lobbying les pouvoirs publics jusqu'à ce qu'on leur lâche quelque chose qui aille dans leur sens. Ces « ré-enracinés » n'ont de cesse de reconstituer une campagne « authentique », chacun, à la manière des ethnologues dont ils connaissent peu ou prou les travaux, y allant de son chapelet sur l'authenticité. Toujours est-il que ces militants du « vrai », ces inventeurs de terroirs, outre le fait qu'ils ne sont pas suivis, sont souvent déçus de leur expérience dans la campagne actuelle : bruit, pollution, village abîmé, univers bucolique inexistant, sens communautaire éteint, bref la « logique verte et culturelle » qui les avait motivés pour s'installer dans un village s'effondre assez vite, faisant place à des comportements typiques de citadins hautains, jaloux et moroses.

Plus complexes et attachants sont ceux dont la venue s'inscrit dans une « logique du refus ». Ils ont choisi la campagne parce qu'ils refusent globalement la civilisation urbaine avec ses voitures, son stress permanent, ses agressions et sa pollution. Ces nouveaux villageois sont dans une recherche d'antimodèles et sont venus chercher à la campagne l'opposé de ce qu'ils ont vécu jusqu'à présent en ville. Mais eux aussi s'inscrivent dans une croyance qui ne colle plus avec la réalité [1]... Cet espace rural qui devait être celui du calme, de la

---

de campagne ne va pas à la campagne. Il véhicule avec lui la ville, il l'emporte : il détruit la campagne en venant dans sa maison de campagne ; il la fait disparaître à peu près comme le touriste fait disparaître ce qu'il cherche d'authentique dans une ville ancienne. L'objet disparaît avec l'activité qui s'en occupe. De même la campagne disparaît avec le citadin et l'authenticité, pour autant qu'on puisse employer ce mot scabreux, se transforme en pittoresque » (p. 205).

1. Henri Lefebvre notait dans *Besoins profonds, besoins nouveaux de la civilisation urbaine*, écrit en 1966 pour des journées d'études sur les parcs régionaux : « La nature qu'est-ce ? C'est simplement l'anti-cité (...) or, la nature est bruyante, un village fait beaucoup de bruit. (...) Le citadin veut le silence de la mort : l'anti-cité, l'anti-bruit ; ce n'est plus la nature ; c'est tout à fait autre chose. La notion de nature devient alors une idéologie, un symbolisme encore véhiculé par le langage (...) Alors, attention : vous risquez d'offrir de la nature à des gens qui ne savent plus ce que c'est et qui y verront tout à fait autre chose que ce que vous croyez. Il faut prendre de grandes précautions. » In *Du rural à l'urbain*, p. 205.

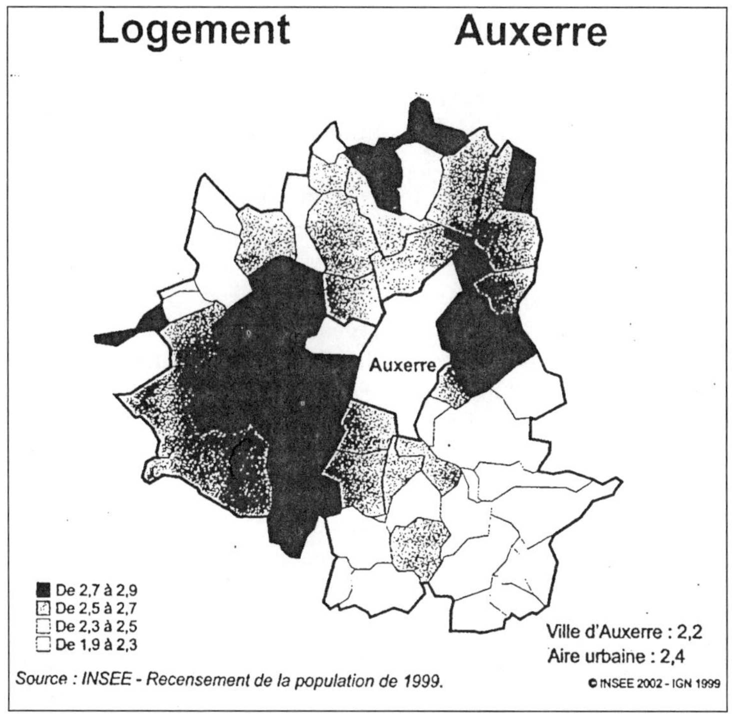

Source : INSEE - Recensement de la population de 1999.

Depuis 1999 les habitants de l'aire d'Auxerre possèdent en moyenne leur logement plus souvent que la moyenne des Français (54,7 %). Près de 59 % des résidences principales sont occupées par leur propriétaire – plus de 77 % dans la couronne, plus de 72 % dans la périphérie et seulement 38 % à Auxerre (INSEE).
Près de 90 % du parc HLM de l'aire d'Auxerre est situé dans la ville d'Auxerre, seulement 25 % dans la couronne périurbaine. L'âge moyen des logements s'élève à 27 ans sur l'ensemble de l'aire et atteint 28 ans à Auxerre même. La population de l'aire urbaine auxerroise est âgée en moyenne de 39 ans.
La diminution du nombre d'enfants, le vieillissement de la population, la décohabitation, l'augmentation des familles monoparentales ou le maintien à domicile des personnes âgées vivant seules expliquent en partie la baisse de population de l'ensemble des aires urbaines.

(Source : INSEE. Recensement de la population de 1999.)

pureté, de la santé et de la convivialité retrouvés, une sorte d'anti-monde capitaliste et de théâtre rupestre, n'est plus, surtout si l'on désire en sus l'ensemble des services de la ville ! C'est ainsi que la campagne tant recherchée connaît aujourd'hui toute une gamme de mécontents, de conservationnistes militants ou de citadins mal adaptés qui, contrairement à ce qu'ils croient, participent hautement à la fin des villages. « Insupportables au quotidien, ils sont capables de casser le village en deux ou en trois, obligeant les uns et les autres à prendre position, à faire des pétitions, des manifestations, jusqu'à rendre un village malade et malheureux », nous faisait remarquer un brillant conférencier entendu lors d'un rassemblement de CMR [1] (Chrétiens en Milieu Rural) dans un village voisin de Chichery. Il y ajoutait à raison les « anti-individualistes » qui pensent que l'innovation sociale va pouvoir enfin se vivre, « animés d'un grand désir de changement. Leur volonté est de prendre en main leur propre vie, ce qu'ils n'arrivaient pas à faire en ville. Ils ont la certitude qu'à la campagne ils pourront s'occuper à plein temps de leur santé et de leur corps ». Le risque, comme pour la catégorie précédente, est qu'ils peuvent aussi prendre le pouvoir pour le bien de tous, quitte à provoquer, eux aussi, de sérieux conflits dans le village. Enfin, il décrivait ceux qui ont un besoin culturel fort : cinéma, théâtre et veulent à tout prix discuter, réfléchir, débattre, imaginer le monde autrement. « Ces derniers, concluait-il, se sont quelquefois abîmés en campagne comme on s'accroche à un nuage... »

A ces néovillageois bien connus dont nous n'avons par chance pratiquement pas de spécimen à Chichery, s'ajoute aujourd'hui une catégorie nouvelle, beaucoup moins repérable et qui risque, à très court terme, de poser problème. Ce sont les habitants périphériques, plus exactement les habitants périphérisés en milieu rural. Leur drame est qu'ils n'ont pas choisi d'être là ; s'ils y sont, c'est pour des raisons de commodité et souvent à cause de l'impossibilité matérielle de pouvoir vivre à proximité de la ville centre. Ce ne sont pas les « habitants des lotissements », plus souvent dans une logique de la demande que du refus, non, ce sont les toutes nouvelles victimes de l'imparable « logique de l'exclusion » qui s'est mise insidieusement en place depuis quelques années. Voici une nouvelle catégorie d'habitants qui, plus qu'indifférents, vivent mal le fait d'habiter en zone rurale. Ils s'y retrouvent pratiquement assignés à résidence, en ce sens qu'ils n'ont pas les moyens de vivre ailleurs. Dans la plupart des cas, ils sont arrivés là à la suite

1. Claude Lavigne, dominicain, économiste et sociologue, ancien chercheur au CNRS, conférence de Looze, 20 mars 2004. Cf. *infra*, chapitre 3, à propos des CMR, et scénario III de la DATAR, in chapitre 4.

de dérives incontrôlables ou de hasards administratifs indépendants de leur volonté. Selon les mots de Claude Lavigne : « Coupés de leurs copains, copines et combines, ils voient dans la campagne un lieu de réclusion : ils se vivent comme disqualifiés, souvent chômeurs de longue durée ils ont des comportements négatifs avec leurs voisins. On les stigmatise involontairement quand ils ne sont pas considérés et montrés comme des parasites. »

Pour terminer cette typologie des villageois involontaires, il resterait à étudier une autre catégorie d'exclus, ceux aux marginalités particulières : célibataires absolus, homosexuels ou personnes âgées isolées qui souvent se referment et se cachent, s'autoexcluent du monde, atteints d'une abandonnite chronique inguérissable. Ces nouveaux exclus annoncés, je les vois arriver à Chichery et dans les villages alentour. Lentement mais sûrement s'implante et se développe cette catégorie de semi-pauvre victime d'un exode urbain forcé dont la présence remet en question toutes nos théories sur la campagne choisie et rejoint le scénario le plus noir du repeuplement des campagnes de demain [1].

Me voilà bien éloigné de la « logique professionnelle » des agriculteurs, qui jusqu'à peu considéraient la campagne comme un espace de production et de survie économique. Cette catégorie qui domina longtemps en nombre est en effet devenue minoritaire. Les anciens paysans, ces hommes en pays, ne représentent plus que 10 à 12 % des « campagnards » d'aujourd'hui. C'est vrai qu'ils continuent à avoir la maîtrise du paysage visible, à défaut du territoire. Il n'empêche que leur empreinte mécanique est encore là, inévitable, hégémonique : elle a arasé les coteaux de l'Yonne entre Auxerre et Joigny, et façonné l'espace rural de l'Auxerrois. Tous ces énormes engins, qu'on voit tourner de juin à octobre où se concentrent désormais toutes les saisons, ont signé, depuis le dernier quart du XXe siècle, l'arrêt de mort des haies enchanteresses, des bosquets mystérieux et des arbres isolés. Les lieuxdits comme Le fond du chêne, La cote froide, Les chemineaux, Les mouches,

1. Le département de l'Yonne comptait au 30 septembre 2005 4 280 bénéficiaires du RMI (contre 4 118 à la fin de décembre 2004, soit une hausse de 3,9 % en neuf mois. On compte 1,24 million de érémistes en France (contre 1,21 million fin décembre 2004). (Chiffres de la CAF, Caisse d'allocations familiales.)

Un détail de l'église Saint-Laurent de Chichery.

Le bateau, la Peux, Migraine, Les sablons, Les guêpes, etc., fonctionnent encore un peu comme amers pour ma génération mais sonnent déjà comme une langue étrangère pour nos enfants et les nouveaux venus. Or, le paysage disparaît à partir du moment où on ne sait plus le nommer.

Les ethnologues avec leur attention décalée s'en sont vite aperçus. Ils ont pensé qu'il fallait mettre fin à cette hémorragie de dénomination dont, paradoxalement, ils sont aussi en partie responsables. Depuis leur redécouverte du monde rural, qui ressemble fort à l'accompagnement d'un mort, l'ethnologie a, d'une certaine façon, fait couple avec l'écologie politique [1]. Face à la disparition pressentie des anciens « collectifs humains » et à la redéfinition ou plutôt l'invention de nouveaux territoires par les institutions, les habitants des villes et des campagnes sont bel et bien réunis dans les mêmes définitions de l'espace. L'idée, au départ, était louable d'assister et de contrôler l'installation de groupements humains durables dans des espaces dont les réalités biophysiques ne corres-

1. André Micoud, Laurence Bérard, Philippe Marcenay, Michel Rautenberg, « Et si nous prenions nos désirs en compte ? », *L'Homme* n° 166, 2003, pp. 235-238.

pondent pas toujours avec les traditions dans lesquelles s'inscrivent les nouveaux arrivants dont on a eu une idée plus haut [1]. Les ethnologues sont intervenus pour aider à comprendre ce qui se passait à l'articulation entre territoire et patrimoine. La question reste de savoir si, à soulever la question, à reconnaître et à prendre en compte ce qui se dessinait mais n'était pas encore nommé, ils n'ont pas ébranlé l'édifice plus tôt que prévu, et n'ont pas d'une certaine façon accéléré le démantèlement des campagnes.

Samedi 10 septembre 2005 (Chichery)

On a tellement dit, tellement parlé des vieux ces derniers temps que je ne sais plus comment prendre la question. La question ? Pourquoi y vois-je une question ? Je pensais qu'être vieux était appartenir à un âge, simplement, sans autre question que celle de l'âge... Je découvre aujourd'hui que les vieux font question. A qui ? A la société, semble-t-il. C'est vrai qu'elle se voit vieillir et qu'elle voit les vieux – avant on disait les vieillards, mais sans doute est-ce devenu trop respectueux pour la vision que nous avons d'eux aujourd'hui – devenir une partie importante de notre population. Ainsi la vieillesse devient plus qu'un âge, une clientèle potentielle nouvelle qu'il va nous falloir gérer. On s'en est aperçu lors de la dernière canicule, comme s'il n'y en avait jamais eu avant et comme s'il ne faisait pas chaud dans le sud de la France, bref, au village, mis à part des vaches, personne n'est mort de chaleur cet été-là, peut-être certains sont-ils morts de vieillesse, tout simplement... J'ai tort, plus personne ne meurt de vieillesse, il n'y a plus non plus de vieillards séniles. Dans cette période de décomplexisation tous azimuts, les vieux ne sont jamais que des jeunes contrariés ou des provocateurs qui nous rappellent que nous sommes une société « alzheimerisée ». Après tout, pas plus qu'eux, nous n'avons de souvenir d'un passé précis. Les vieux sont pleins de possibilités, ils sont un immense marché à explorer, mais feignent de l'ignorer ! Oui, le vieux est un consommateur ralenti mais tout le monde sait qu'il a capitalisé toute sa vie pour arriver là où il en est, à cette aisance, relative ou réelle, et qu'on peut l'éduquer,

1. André Micoud, « Des patrimoines aux territoires durables, Ethnologie et écologie dans les campagnes françaises », *Ethnologie française*, pp. 13-22.

vu ses moyens, à participer encore pleinement à la société marchande.

Nous sommes devenus durs avec les vieux parce que nous n'aimons pas la mort, ni la lenteur – un bon vieux doit être actif, branché, même s'il a droit à quelques rhumatismes.

Dans le cas contraire, comme les vaches, c'est un humain de réforme bon pour la casse. Bientôt, s'ils ne le font pas tout seuls, nous nous autoriserons à les soulager d'eux-mêmes. Nous aimons si peu les fiancés de la mort que nous préférons nous en débarrasser avant qu'ils ne traînent interminablement dans des mouroirs qui nous coûtent, à nous les enfants, une fortune ! L'éducation a commencé : ils doivent se porter volontaires à leur propre disparition, l'euthanasie comme participation au rangement et à la propreté de notre planète. Je ne plaisante pas, il y a des inspirations écologiques dans cette orientation, on y distille l'idée de choisir de se supprimer, de mourir dans la dignité (?) quand on veut, où on veut, comme un acte qui cadrerait avec la nature même de l'humain. C'est oublier que nous nous sommes construits dans la nature, que notre vie sociale s'inscrit essentiellement dans notre rapport à la mort, que justement personne ne veut crever comme une bête, comme un chien, qu'on peut mourir mais qu'on ne se débarrasse pas de nous comme ça. Je ne suis pas certain, si l'on a conscience de participer à la société des hommes, qu'il soit si « digne » que cela d'en aider d'autres à se supprimer (sauf immense souffrance, évidemment), ne serait-ce que par rapport aux autres – cela me paraîtra toujours une absurdité, on passe si peu de temps en vie, dans notre état d'homme, de femme, qu'il y a pour moi de l'injustifiable à programmer, soi-disant en toute conscience, sa propre disparition. Les vieux savent très bien s'en aller sans qu'on leur dise comment. En dehors de tout débat idéologique, il ne faut pas oublier que chaque année 3 000 d'entre eux mettent volontairement fin à leur vie (Le Monde, *7 février 2004*). *Oui, ils s'en vont sur la pointe des pieds, sans le dire, quand ils en ont assez, sans déclaration solennelle, sans héroïsation à la romaine. Les voici donc, nos vieux parents, victimes à leur tour de l'image contemporaine d'un être libre, autonome, qui ne peut plus glorifier son ego que dans la décision qu'il croit personnelle de disparaître. Il peut même demander à se faire aider, c'est semble-t-il un gage d'amour et d'authenticité. Si nous étions encore des adeptes du sacrifice, je ne dis pas, mais j'ai le sentiment que, dans notre période actuelle, c'est précipiter nos vieux semblables dans le vrai néant puisque nous n'avons pratiquement plus de culte ni de la mort, ni, et c'est plus grave, des morts. Après tout – se supprimer tient à des modes historiquement repérables – pourquoi mourir dans ces conditions ? Pour une question de dignité ? Ah bon ! mais laquelle, pour qui, par rapport à quoi ? Cette histoire a quelque chose à voir avec les jeunes défavorisés qui demandent le « respect ». Il est certain que si eux aussi pouvaient exister, avaient une place dans notre société, ils ne seraient pas omnubilés, jusqu'à en mourir, par la reconnaissance des autres...*

Bref tout est chamboulé et on ne sait plus ni quoi ni comment faire avec nos anciens. Comment se retrouver dans des familles recomposées avec sous son toit quatre ou six paires de grands-parents dont certains sont à tu, d'autres à toi et qui ont un peu de mal à reconnaître qui est à eux parmi les nouveaux vrais faux petits-enfants qu'on leur présente... Soit, alors puisque nous n'en voulons plus de nos anciens, il faut leur construire des espaces et un monde à eux. Mais attention, les vieux vieillissent de plus en plus et ils ne suppriment pas tous. Bonne nouvelle pour les promoteurs : une femme sur deux née au XXIe *siècle pourrait atteindre cent ans – les statistiques ignorent encore que la majorité des femmes ont des vies d'hommes et que la longévité risque très vite d'être égale, mais qu'importe, les économistes ont évalué à 0,9 point de PIB en 2020 l'impact de ce vieillissement, sans compter le coût des traitements des maladies de longue durée (*Le Monde, *30 mars 2004) et nous voici encombrés de nos supercentenaires à qui, si j'ai bien compris, les scientifiques vont trouver un rôle crucial : ils seront les baromètres de notre qualité de vie. Je cite : « Ces individus fragiles résistent mal aux agressions de l'environnement. Leur taux de mortalité apparaît plus comme une mesure de la qualité de leur environnement que comme une mesure de leur vieillissement biologique. » Enfin les vieux, qui longtemps eurent pour fonction de passer savoirs et savoir-faire aux jeunes générations, vont reservir à quelque chose : ils vont devenir des vieux de laboratoire !*

Et nos vieux de Chichery ? me direz-vous. Pour ceux qui ont leur famille au village, tout va bien : on ne les laisse pas tomber ;

pas un jour sans en prendre soin et inversement, sans qu'ils prennent soin des plus jeunes, l'interaction marchant comme s'enfilent les ruelles et les générations se suivant à peu près. Pour l'ensemble du troisième et quatrième âge, la mairie et la communauté de communes veillent sur eux avec une armada de services d'aides aux personnes âgées : toilette, repas chaud, promenades, etc. Une vigilance solidaire et chaleureuse à laquelle il faut ajouter et reconnaître le rôle non négligeable, et à toute heure, de la télé comme attache au monde extérieur, comme réelle présence et comme retardateur de l'ennui incommensurable qui semble en habiter certains (on parlait autrefois de lassitude). Mais je ne sais pas si les vieux s'ennuient vraiment, la force de l'habitude les a réglés sur des repères et ce temps qui s'échappe, ils n'ont peut-être pas envie qu'il passe trop vite... Parlons du présent qui, comme on le sait, se conjugue au futur : les vieux désormais n'ont plus l'âge de leurs artères si bien entretenues, ils retrouvent leur corps. Je vois dans les petites annonces de L'Yonne républicaine *apparaître de plus en plus de demandes de rencontre du style : « dame 78 ans, cherche compagnon pour sortie et plus si affinité... », du côté des hommes, le Viagra peut pallier... Ainsi le désir n'est pas mort, au contraire, détabouisé il se réveille, et quand la société autorise, alors on peut... La génération des futurs centenaires qui s'annonce (la mienne apparemment) a bien l'intention de poursuivre le Printemps commencé en 68. Il n'y a aucun doute, les beaux vieillards que nous serons ont la ferme conviction qu'ils pourront jouir de tous leurs privilèges. Des surprises sont à attendre du peuple grandissant et rajeuni des vieux, il pourrait bien secouer ce monde vieilli prématurément. Il ne faut pas se méprendre, plus qu'encombrants, les vieux sont dérangeants...*

La notion contemporaine d'« espace rural » a commencé par désigner ce qui n'était plus exactement la campagne ; puis on lui a trouvé une définition à la fois plus précise et plus large. On a d'abord dit qu'il résultait de « la force d'homogénéisation technico-administrative afin de le cantonner à sa fonction productive alimentaire, la culture et l'élevage, tout en lui reconnaissant une pluralité ». Les ethnologues le complexifièrent en mettant en évidence les diverses identités qui le composent. Partant des études sur la culture paysanne, profitant des glissements sémantiques qui aboutissent, avec l'aide des aménageurs de la DATAR, à son inscription juridique, l'« espace rural » a pris de l'épaisseur et de la valeur. Il exprime aujourd'hui ce pour quoi il a été forgé : une spécificité visible de la modernité. Plus qu'un bassin de production ou un conservatoire du paysage, cet espace était reconnu pour la diversité qu'il est censé contenir, et c'est tout le paradoxe de la patrimonialisation du monde.

La patrimonialisation, invention des conservateurs (à entendre dans tous ses sens) soutenus par des gestionnaires et conseillés par des anthropologues, est ce processus par lequel un collectif humain cherche à conserver en l'état le passé, ou à le ressaisir afin de le mettre en collection, autrement dit en évidence. Parfois en le transformant, parfois en le juxtaposant à notre monde contemporain comme l'expression historique, enracinée, d'un gage pour l'avenir. La définition d'André Micoud, sociologue au CNRS, si elle n'est pas évidente me paraît être la meilleure pour ce que j'essaye d'exprimer : « La patrimonialisation est issue de ce mouvement qui fait reconvoquer les signifiants oubliés à même de rendre possible une autre interprétation de ce qui a eu lieu[1]. »

La campagne a cessé d'être symboliquement la représentation immuable d'un passé qui dure ; en la faisant entrer dans l'espace rural, on l'y a rangée avec ses collections, dont les fameux « restes » qui intéressent tant les ethnologues. C'est comme ça que les nouveaux territoires construits à partir de la mise en collection de ces restes sont devenus des foyers à partir desquels vont irradier les nouveaux principes de partition d'un espace qui a commencé par les exclure.

Les choses n'ont pas commencé hier : c'est en 1966 avec l'invention des parcs naturels régionaux, territoires institués par décrets au motif de la sauvegarde de la campagne, puis avec la création de la Mission du patrimoine ethnologique au ministère de la Culture dans les années 1980, la protection du patrimoine rural, la création des ZPPAU (Zones de Protection du Patrimoine Architectural et Urbain), les journées du patrimoine, les associations de

1. André Micoud, « Des patrimoines aux territoires durables », *op. cit.*, p. 13-22.

« terroir[1] », etc., et, de façon beaucoup plus modeste, les journées portes ouvertes dans des musées, des fermes ou sur des sites comme le GAEC de Chichery, que l'on s'est lentement « patrimonialisé ». Tout concourt à faire accepter l'idée que nous sortons d'un type d'espace pour entrer dans un autre, que nous abandonnons un temps ce qui ne sera jamais plus, mais dont on espère que survivront çà et là des lieux de mémoire du patrimoine qui entretiendront ce que Jean Viard appelle des « lieux de désirs[2] », et que le fragile équilibre, même entamé, nous survivra encore quelque temps, idée qui nous rassure un peu sur notre avenir très incertain.

On aura compris que la patrimonialisation passe par le récit ordonné de la mise en place d'institutions ayant en charge d'organiser sinon le sauvetage au moins la sauvegarde d'un passé proche ou lointain et, comme le veut la nouvelle loi du siècle, de le valoriser. Pour ce qui nous concerne, ce qui est à patrimonialiser, c'est cette campagne générique plutôt que mythique – nous sommes des modernes ! – qu'on espère à la mesure de sa capacité à reconnaître que le tout qu'elle forme procède de sa plurifonctionnalité. Le patrimoine qu'on imagine serait donc une campagne au singulier liée à son seul paysage, qui, par la conservation de son cachet ou son réaménagement, pourrait attirer en plus du tourisme vert des résidents permanents. Or, on l'aura compris, ces résidents recherchent une campagne enchanteresse en apparence, mais ils ne veulent plus être administrés comme des citoyens de seconde zone. Ils ne veulent pas s'enterrer, ils ne veulent qu'être inscrits dans un espace rural, c'est-à-dire bénéficier souterrainement des mêmes avantages en services que ceux de la ville. Ils estiment que tant qu'à jouir du patrimoine, un legs qui nous serait dû, il faut en jouir complètement, dans les mêmes conditions de confort et de facilité des citadins qu'ils furent, conditions devenues quasi patrimoniales elles aussi...

1. L'association « Terroir de l'homme » rassemble des producteurs de la région affiliés à un cahier des charges, selon leur formule. Les signataires se vivent comme des partenaires dans la mise en valeur du patrimoine départemental.

2. Jean Viard, Françoise Potier, Jean-Didier Urbain, *La France des temps libres et des vacances*.

Carte postale – Devant l'église de Chichery, on a sorti une partie du patrimoine pour le photographier.

2

LE VILLAGE ET SES BIENS

Il ne faut pas toujours dire tout, car ce serait sottise ; mais ce qu'on dit, il faut qu'il soit tel qu'on le pense, autrement, c'est méchanceté.

MONTAIGNE,
Essais, Livre second, chapitre XVII, 1580.

Chichery entretenait avec les objets un rapport très particulier, où conservation et récupération faisaient couple. Les images qu'il nous reste de la ferme archétypale sont celles d'un joyeux désordre où s'enchevêtrent çà et là des outils, des machines, de vieux objets artisanaux qui ont, qui vont cycliquement servir, ou qui peuvent servir un jour pour travailler, rabouter, dépanner, inventer, et qui avaient pour son propriétaire une raison précise d'être là. Comme dans toute société traditionnelle, ces objets hérités, créés, manipulés, étaient loin d'achever leur processus de réification, en d'autres termes ils n'étaient pas vraiment des « choses » ; ils peuplaient la ferme au même titre que les animaux ou les habitants. J'ai vu quand la révolution agricole a sorti les fermes des villages pour les remplacer par des exploitations rationnelles d'abord intramuros en rationalisant l'espace traditionnel, puis en détruisant les vieilles granges pour des hangars en fer. J'ai assisté à ce grand coup de balai dans les cours et les greniers, et avec lui, à l'imitation du traitement du paysage et de l'univers suburbains, vu s'appliquer dans ma campagne une philosophie de l'ordre, du pratique et du coquet. Le fleurissement ostentatoire des rues et des maisons a pris la place des tas de fumier ; goudron et ciment ont recouvert les flaques et les mares. Tout cela pour dire que l'ordre au cordeau a fait irruption dans le monde rural, et avec lui l'aversion de tout ce qui gêne, encombre ou dépasse. Dans l'idéal tout au moins, car, dans la réalité, heureusement ai-je envie de dire, les choses n'en sont pas encore tout à fait là bien que la ville qui nous pousse s'approche de plus en plus et s'apprête à nous phagocyter.

Ne croyez pas toutefois que nous n'ayons plus de projets, nous sommes simplement projetés, emportés par les objets qui nous entourent et qui nous tirent. Ce qui était annoncé dans les années 1968 a eu lieu voilà un moment déjà, ce n'est plus nous qui allons vers les objets, ce sont eux qui viennent à nous et imposent leur nécessité, au point d'ailleurs de créer une véritable dépendance qui a fort à voir avec nos problèmes et notre désillusion présente[1]. Notre société de consommation occidentale est devenue à tel point matricielle qu'on a pratiquement fait du manque et de la frustration, sinon des tabous, du moins des interdits que l'on masque par une surconsommation dont le but est la saturation permanente de nos besoins. J'aime assez la lecture que fait un psychiatre de notre société : pour lui, l'une des évolutions majeures depuis les années 1970 serait « le passage d'une organisation patriarcale à une société dite "placentaire" : une société garantissant instantanément et sans discontinuer les besoins de l'individu, mais ne permettant pas l'expérience du sevrage[2] ». Lier consommation et dépendance me paraît assez juste, notre « consommation » ressemblant aujourd'hui plus à une « perfusion » en continu qu'à une nécessité réelle. Bien sûr, il nous faut encore manger, nous habiller et nous équiper, mais la façon dont on nous y pousse, la manière dont nous le faisons et les conséquences que cela entraîne sont telles qu'elles méritent d'être décrites pour mieux percevoir concrètement ce que nous sommes devenus.

Mercredi 9 février 2000 (Chichery)

Aller et retour Paris-Chichery dans la journée. Mille travaux sont à faire. Se limiter, savoir se limiter, ne pas être un exécutant des œuvres des autres, mais créateur toujours. La vie coule vite,

1. Jean Baudrillard, *Le Système des objets*.
2. Vincent Dodin, Marie-Lyse Testart, *Comprendre l'anorexie*, p. 23.

le temps passe comme à travers une épuisette dont il sort éreinté. Quelle bataille pour ralentir, pour s'échapper, pour dire non. Une bataille pour mener à terme et dans son tempo ses propres processus de maturation, ces amoncellements qui font l'humus et la glaise de pages dont on espère qu'elles seront pressées et donneront un peu à boire au lecteur...

La balayeuse, signe imparable de notre urbanisation.

Le temps des déchets

Je ne suis pas sybarite au point de vouloir faire égorger les coqs et de réclamer la suppression des cloches, il n'empêche qu'il est un bruit qui plus d'une fois m'a violemment sorti de mon sommeil rural : c'est celui de la balayeuse qui, tous les quinze jours maintenant vers quatre heures et demie-cinq heures du matin, passe sous mes fenêtres. Ce qui me gêne le plus dans ce réveil intempestif, c'est la confusion que cela me procure : je n'arrive pas à m'imaginer autre part qu'à Paris, non, ce vacarme mécanique matutinal ne va pas avec le village, ou plutôt n'allait pas puisque désormais la ville est entrée dans nos rues... C'est ainsi que je prends conscience que le temps de nos déchets est aussi original que le temps de notre modernité et que la balayeuse est l'avant-garde de ce qui ne va pas tarder à suivre... Mon sommeil interrompu est bien de notre époque, il participe de cette crise que nous vivons tous, crise qui sous nombre d'aspects est une crise du « rapport au temps » et aux objets. Cette balayeuse qui est là pour faire le propre, pour nous débarrasser des saletés, et qui précède de quelques heures le camion poubelles, cette succession de « ramasseurs », ici, à Chichery, est loin d'être anodine. Elle pose de fait ville et campagne non plus comme deux réalités, mais comme la contraction de deux systèmes qui désormais n'en font plus qu'un : le monde rurbain. Quand jeter devient complexe, et ce n'est pas la première fois dans notre histoire [1], c'est que le pot déborde, donc que la société connaît une mutation profonde. Ce bruit de balayeuse, ce bruit urbain me trouble parce qu'il vient désorganiser des souvenirs psychologiques et écologiques et qu'il annonce la mise en place d'autres cadres sociaux dans lesquels je vais devoir m'insérer. La violence ressentie vient de la rencontre de deux univers et de l'obligation à un réveil, à une prise de conscience critique à l'égard d'un système hybride, rural ou/et urbain, dans lequel il va falloir s'arranger. La question des poubelles, c'est-à-dire de nos déchets nouveaux et de leur gestion, le maire avait raison, n'est pas une mince affaire.

Ces montagnes d'emballages, d'objets ineptes et encombrants qui ont surgi il n'y a pas si longtemps dans nos maisons s'inscrivent forcément dans la dimension du temps, dans le procès du temps. Après qu'on les a simplement « jetés », jetés au fond du jardin, au bord de la rivière, puis rassemblés en un lieu dit « aux ordures », voici que, comme en ville, on nous l'interdit parce que l'on met en place leur recyclage, c'est-à-dire leur insertion dans un nouveau cycle temporel. N'est-ce pas là un changement culturel généralisé ? Ces épaves, ces débris, ces brisures, ces restes, ces résidus, ces scories avec lesquels nous nous arrangions, ne subissent plus la banale mise au rebut, n'accèdent plus au repoussant mais éphémère statut de tas d'ordures, ils annoncent souillures et pollutions, dérangement écologique, désordre mondial, fin du monde, et font appel à notre génie du recyclage...

Valoriser les déchets, en tirer quelque chose d'utile, est *a priori*

1. Catherine de Silguy, *La Saga des ordures du Moyen Age à nos jours.*

plus séduisant pour notre société que de les éliminer en les rejetant tels quels dans l'environnement. Nos objets nous le disent bien : préparez-vous à nous jeter, nous ne sommes pas éternels. Ceux que nous achetons en magasin sont de futurs déchets : à peine acquis, ils flottent entre l'oubli et la mémoire. Conçus avec la « péremption incorporée », ils ne sont acceptables, consommables, que si on en connaît de façon précise la programmation du processus de dégradation. Nous, humains, qui voyons notre durée de vie s'allonger, voyons inversement décliner avec bonheur celle de nos objets. Avons-nous bien compris que nous provoquions dans le même temps une rupture temporelle sans précédent, avons-nous vu le signe d'un basculement dans le non-temps, dans le néant inerte de ce qui nous environne ? Eliminer, *ex limen*, pousser hors du seuil, faire passer de l'espace domestique à la rue, de l'espace privé à l'espace public, ce dont on ne veut plus, pas plus qu'il ne nous veut, passer ces jours à chasser, non pas l'intrus, mais le déclaré « inutile » de chez soi, c'est aller vers une désoccupation radicale dont nous pourrions bien ne pas nous remettre ! Une culture sédentaire sans inutile, sans encombrement, ne peut être qu'en marche vers sa propre destruction.

Je suis loin de dire que la question des déchets ne pose pas problème, il n'empêche que cette folle histoire de rangement de la terre a commencé il y a une bonne vingtaine d'années, que mes engagements écologiques des années 1970 – mais comment faire autrement devant une telle invasion – y sont pour quelque chose, tout comme mon adhésion involontaire et délicieuse au monde sans limites de la consommation. Oui, me voilà, nous voilà bien coincés entre notre plein d'objets et notre désir de faire place nette. J'ai tort de parler de désir là où il y a nécessité, que dis-je urgence : l'eau n'est déjà plus potable, quant à la terre, je ne suis pas sûr qu'elle soit encore une bien saine nourrice.

Pour revenir à cette balayeuse et son train infernal qui fait trembler mes vitres, elle vient de passer pour la seconde fois, dans l'autre sens évidemment. Cette machine est si méticuleusement menée, si attentive à mes bordures que d'ici à quelques mois je n'aurai plus un seul caillou blanc le long de mon mur – en remettrai-je ? En attendant, que puis-je faire d'autre que de me plier à cette nécessaire obligation administrative qui, par la loi du 13 juil-

POURCENTAGE MOYEN DE DÉCHETS FOURNIS PAR LES ALIMENTS (à l'achat).

	DÉCHETS (p. 100)
Légumes.	
Artichaut	70
Asperge	40
Aubergine	15
Betterave rouge	20
Carotte	20
Champignon de couche	25
Châtaigne	15
Chou	30
Chou de Bruxelles	15
Chou-fleur	35
Chou rouge	20
Concombre	20
Epinard	20
Haricot vert	10
Navet	25
Poireau	35
Pois	55
Pomme de terre	40
Salsifis	40
Fruits.	
Abricot	10
Banane	35
Datte	15
Mandarine	40
Noix	50
Orange	25
Pêche	15
Poire	15
Pomélo	35
Pomme	15
Prune	10
Pruneau	15
Raisin	10
Produits de la pêche.	
Anguille	25
Colin	35
Congre	35
Hareng	40
Limande	35
Maquereau	45
Merlan	35
Raie	45
Sardine	25
Sole	50
Turbot	45
Huître	85
Moule	65
Crabe	55
Crevette	55
Ecrevisse	80
Homard	60
Œufs.	
Œuf de poule	11
Œuf de cane	12

Les déchets que nous produisions en 1950 (Larousse ménager).

let 1992 prévoyant « la suppression de la mise en décharge de déchets bruts à l'horizon 2002 », m'obligeait à sortir ma poubelle le lundi matin et à réfléchir à la manière de conserver quand même un grenier, ne serait-ce que pour l'âme de ma maison.

J'ai retrouvé le *Bulletin municipal* de Chichery daté de 1997. Il titrait : « 2002 : la mort annoncée des décharges non contrôlées »... Le *Bulletin* 2002, avec deux photos à l'appui, est venu confirmer l'annonce faite cinq ans plus tôt. Il nous montre l'« avant » : la décharge, et l'« après-réhabilitation » : un champ nivelé et propre. Dans le *Bulletin* 2003, les chiffres sont donnés : 7 000 m^3 de terre végétale ramenés pour faire disparaître le crime, pour un coût de 53 146,65 euros, une opération réalisée grâce aux dotations et aux subventions régionales et étatiques. Dans ce même bulletin, une nouvelle annonce est faite : « A compter du lundi 5 janvier 2004, la collecte des ordures ménagères sera assurée par la CCAM, à raison de deux passages par semaine, le lundi et le jeudi. »

Mal réveillé, et pour cause, sortant mes poubelles, je rencontrai Bernard en bas de chez moi alors qu'il allait voir les gars, les cantonniers, déjà au travail. Je lui confiai ma déconvenue balayeuse du petit matin. Bien sûr il rigola, puis, redevenu sérieux m'expliqua le processus irréversible dans lequel nous étions entrés :

« Avant, quand ça s'appelait le district migennois, on avait cinq passages de balayeuse par an payants, c'est-à-dire payés par la commune au district. Dans la mesure où on a adhéré à la communauté de communes, on a un balayage gratuit tous les quinze jours. Gratuit, ça veut dire que c'est compris dans les taxes qu'on reverse à la communauté de communes et que ça fait partie de la prestation. Pour Chichery comme les autres, en 2000, les décharges devaient être fermées. Nous, on a décidé de confier cette collecte a une société privée, la STS. Evidemment cette société a un coût, à la différence de la commune à qui ça coûtait le coût du fuel pour le tracteur. Comme adhérent à la communauté de communes, c'est donc eux qui assurent la récolte et le traitement des ordures. Disons qu'à la différence d'une société privée ils font pas de bénéfice, les prestations sont un peu moins chères, et ça n'est plus Chichery qui paie directement, c'est la communauté de communes, comme je te disais... Les poubelles, ça a toujours posé problème. Tu te souviens, c'était pas possible, quand on était petit, c'était là-haut entre la rue du Guillebaudon et le chemin du lavoir... »

Si je me souviens, nous nous chamaillions avec mes frères pour ne pas aller vider la poubelle. C'était une grosse poubelle en métal qui, même vide, nous semblait lourde. Elle était surtout incommode, le couvercle était emmanché dans l'arceau de fer qui lui servait d'anse, il retenait des lambeaux de papier ramolli et les résidus les plus sales quand on la versait. Lorsqu'elle était trop lourde on la mettait sur la brouette, on contournait le cimetière, passait la mare, montait un bout de la route d'Appoigny et, juste au-dessus du transformateur, renversions nos déchets sur le tas d'ordures puant installé sur un dévers à vrai dire bien peu pentu et surtout contigu au village. Mais je crois bien que nous n'avions pas grand-chose à jeter, mis à part l'inadmissible, c'est-à-dire ce qui ne pouvait pas se décomposer au fond du jardin. Le monticule d'ordures a été égalisé, on y a fait un terrain de boule et planté en 1989, pour l'anniversaire de la Révolution, l'arbre de la liberté. »

Evidemment l'humus est épais et le chêne profite ! Après, ça a été de l'autre côté de la nationale, au bord de l'Yonne. Un tombereau tiré par un cheval et son charretier passaient pour récolter, en vrac, devant chaque maison, nos ordures qui lentement mais sûrement augmentaient en volume.

Et puis ce fut le tracteur municipal et la benne hydraulique, alors servis par les cantonniers, jusqu'à ce qu'un camion poubelles et son équipage ne les remplacent...

« Vu tout ce qu'on jette aujourd'hui, y a un moment maintenant qu'on a été obligé de prendre des mesures, me précisa Bernard. Faut dire qu'on a laissé faire longtemps, mais bon, ces derniers temps, comme y avait d'autres pays qu'avaient fermé leurs décharges avant nous, on s'est retrouvé être "la poubelle" du secteur : ça venait d'un peu partout déposer tout et n'importe quoi. En fin de compte, c'était toujours Chichery qui payait le repoussage des ordures, qui supportait les incendies et puis les risques de pollution, avec l'Yonne juste à côté... Depuis quelques années aussi, comme tu le sais, on a un "Espace Propreté" à Chichery, installé sur la route de Branches. C'est là où il y a le conteneur à verre, à plastique, à alu et à papier-carton. C'est le tri sélectif quoi. Pour ça, c'est par la SEREPAR que ça passe et ça va à Ormoy, sur le site de l'ancienne déshydratation. Les ordures, pour l'instant, elles vont au centre d'enfouissement à Senan mais ça va bientôt être transporté ailleurs. Sur la route de Laroche à Charmoy, y a une déchetterie intercommunautaire, pont de la Bouvette, le petit pont sous la voie de chemin de fer, qu'est pour les déchets verts, la terre et les gravats. »

Bernard resta pensif un moment, puis il reprit :

« Les gravats, c'est encore un autre problème, on en a souvent besoin sur le pays lui-même, on s'en sert pour rempierrer. Par exemple, là-haut, sur Villemer, c'est les agriculteurs qu'ont fait un tas. Ils vont étaler tout ça ; ils ont besoin d'une plate-forme solide pour les betteraves. Faut voir, y a des engins maintenant : le Terra-Gator, les camions de la sucrerie, des quarante tonnes qui débarquent, qui tournent là pour charger, bon, j'ai donné l'autorisation officielle. Pour le bois de la Peue, à l'entrée du bois on en a mis aussi, mais faut aussi le drainer parce que y a des sources... Comme quoi, les gravats, il faut pas s'en débarrasser comme ça. Mais les gens y demandent pas, ou alors ils les mettent n'importe où, à la sauvette, et après c'est nous qui payons pour les enlever. »

Mardi 17 août 2004 (Chichery)

En écrivant le chapitre sur les ordures, le bricolage, les objets, les décors, je découvre qu'il n'y a que la chair, la vérité qui peut donner du relief. Sinon c'est de la plate sociologie, du psittacisme intelligent. Non, il faut trouver et après avoir évidemment travaillé la question, dire les choses comme je les sens. Montrer quand même que mon désir d'humain est mangé par la masse des objets qui font désormais notre existence. Voir les athlètes des jeux Olympiques d'Athènes à la télévision me donne courage. J'ai l'impression qu'ils sont, d'une certaine façon, dans la même histoire que moi : donner et se donner. Il n'empêche que je suis débordé par mes propres objets, que le matériel est devenu mon maître : ordinateur qui me soumet, aspirateur qui m'encombre, robots culinaires qui me dépassent, four qui ne s'allume plus, eau chaude en panne, réfrigérateur défaillant, voiture capricieuse, volets fatigués, carreaux fendus... Il y a une conspiration très nette autour de moi. Ce soir j'écoute Casse-Noisette...

Finalement, je découvre que le rôle de maire est aujourd'hui d'être un super-ordonnateur, d'être celui qui doit veiller non plus tant à la vie des habitants du village qu'à son rangement et à son hygiène – le garde-champêtre et les sapeurs-pompiers volontaires et locaux sont aujourd'hui remplacés par la gendarmerie et les pompiers d'Auxerre que l'on appelle, et qui viennent, pour la moindre anicroche et le moindre problème comme une voiture rayée ou, comme hier soir, un essaim d'abeilles trop haut perché sur le mur de l'église.

Quant à notre propreté, entendez les risques de pollution tous azimuts, elle tient à la mise en place d'une nouvelle hygiène civique sous la houlette désormais incontournable de la très puissante Agence Nationale pour la Récupération et l'Elimination des Déchets, l'ANRED, et la Direction de la prévention des pollutions du ministère de l'Environnement.

Pas un jour où je n'ouvre le journal sans qu'on y parle du problème des déchets et des solutions proposées pour les résorber.

Aujourd'hui, *L'Yonne républicaine*[1] donne la parole à des élèves de CM2 d'un village voisin de Chichery qui montent une pièce de théâtre sur la nécessité du « tri sélectif ». D'autres présentent une affiche pour « protéger la terre » ou proposent la journée des « Récid'eau » à laquelle participent plus de quatre cents élèves autour d'Auxerre. On y trouve aussi notre grand corps énergétique, EDF-GDF, qui clame qu'il se mobilise pour « faire avancer la prise de conscience des dangers de la pollution atmosphérique, du réchauffement de la planète et de la limitation des réserves de pétrole ». La page se termine sur l'annonce de la tenue prochaine d'une assemblée autour d'un expert prônant « les énergies propres ». On assiste de toute évidence à une pédagogisation générale de la question cruciale et bien humaine de nos déchets et de nos rejets.

Nous y voilà rendus, les signes de notre urbanisation par le bas couraient depuis un moment déjà, mais cette fois on présente les choses comme le résultat effectif de l'inconséquence de notre civilisation agro-technicienne qui n'a pas su doser assez tôt ses déjections. On nous assure que c'est par le biais de techniques maîtrisées et d'une pédagogie appropriée doublées d'une valorisation optimale de nos déchets qu'on pourra s'en sortir. La chimie a si bien opéré que nous nous trouvons aujourd'hui avec un sol repu et une eau à peine potable, en tout cas une eau dont l'alchimie bénéfique semble se tarir presque partout, même à Chichery où pourtant elle fut longtemps classée parmi les meilleures de France. « L'eau va prendre une claque », titre un autre jour le quotidien régional[2]. C'est fait, nous l'avons prise cette « claque » : nitrates, azote, phosphore et autres pesticides ont rendu depuis plusieurs années les baignades interdites dans l'Yonne en amont d'Auxerre. Quant aux nappes phréatiques elles sont, comme partout en France, de plus en plus menacées. L'époque est à la catastrophe et oblige à revoir nos systèmes de captage comme nos stations d'épuration, fatiguées elles aussi. Partout, et cela sent l'empoisonnement caractérisé, les

1. *L'Yonne republicaine* fourmille depuis quelque temps de comptes rendus quotidiens d'événements scolaires ou municipaux à thèmes écologiques. Cela donne l'étrange impression d'assister à l'ultime formation à la citoyenneté de la jeunesse rurbaine, qui ressemble fort à une plainte...

2. *L'Yonne républicaine*, 28-29 mai 2005, p. 12.

normes de rejet sont nettement au-dessus des doses légalement (humainement ?) autorisées [1].

Le maire s'est passionné pour l'histoire de l'eau au village, passion qu'il s'est forgée alors qu'il était confronté aux incidents répétés de canalisations vieillies et aux obligations qu'il a de répondre au mécontentement des contribuables face aux incroyables augmentations d'une eau qui lui est de plus en plus comptée ; on comprendra qu'il soit tout aussi marri que nous.

« Mis à part le fait que la législation impose de très fortes amendes si les stations ne sont pas conformes, et la nôtre va bientôt être obsolète, pour l'assainissement de Chichery on va tirer un tuyau qui passera à Bassou et Bonnard. On a déjà transféré l'ensemble du réseau de la station d'épuration à la CCAM, même si c'est encore les employés de Chichery qu'assurent la maintenance. Dans quelques années on sera directement rattachés à une énorme station de retraitement installée à Migennes. Avec des tuyaux, des pompes, dix kilomètres c'est pas un problème, ils peuvent transporter des égouts sur des dizaines de kilomètres, comme en ville... On est en train de construire une station ultramoderne à Migennes pour remplacer l'autre, avec traitement des boues séchées par vapeur, transformation en granules pour faire de l'engrais, laboratoire d'analyse, etc., le top du traitement, ça va coûter encore un peu plus cher sur les factures, mais faut le faire... C'est comme le GAEC, il s'est mis aux normes des bâtiments d'élevage : aire couverte à fumier, fosse à lisier pour les effluents liquides. Pour l'épandage, ils font appel à un prestataire de services qui vient pomper et disperser... C'est sûr ça pue. Mais vu qu'on est classé zone urbaine par arrêté préfectoral, ils ont 48 heures pour passer un coup de covercrop pour enfouir partiellement ça, ils sont obligés, par rapport aux odeurs. Ben, une station moderne, elle peut éviter le stockage à la ferme et éviter surtout que ça génère des odeurs

1. Auxerre, Appoigny, Monéteau, Gurgy, Perrigny se doteront pour 2008 d'une station d'épuration hypermoderne équipée d'un laboratoire capable de traiter 85 000 équivalents/habitants et plus. La station actuelle, construite pour traiter 80 000 équivalents/habitants, en recevait parfois jusqu'à 200 000 et n'arrivait à traiter que 25 % de la différence dans les moments les plus critiques. Certaines usines alimentaires et industrielles ne possédaient pas alors leurs propres stations, ou elles fonctionnaient mal (*L'Yonne republicaine*, 28-29 mai 2005).

désagréables... Mais bon, on est quand même à la campagne, ils ont fait tous les efforts : vacherie loin du village, silos recouverts, etc., et les gens y supportent plus la moindre odeur, le moindre remugle... Tu me diras y a des arrivants qui demandent si on va pas supprimer les cloches le week-end. Y a déjà plus les tondeuses le dimanche – faut dire que c'était la folie. Bref, quand ça vient pas d'un côté, ça vient de l'autre, on dirait que tout gêne, j'sais pas si c'est la ville, mais ici y faudrait qui y ait plus rien : pas d'odeur, pas de bruit, pas de dérangement. De toute façon les gens y sont plus là dans la journée, c'est vrai que pour la majorité, ils partent le matin et ils rentrent le soir pour dormir, alors... »

LE CŒUR À CORPS DE MAUSS

Marcel Mauss (1872-1950) rêvait de devenir forestier dans les Vosges d'où il était issu. Fils du représentant de la broderie familiale « Mauss et Durkheim », soutenu par un oncle illustre au prénom d'Emile qui régnait sur la Sorbonne, porté par lui, il se retrouva agrégé de philosophie en 1895. Mais il nagea tant et si mal dans le sillage de Durkheim qu'il fut vite épuisé de ne pas être lui. Les sciences religieuses l'intéressaient, c'est évident (et assez ennuyeux). Non, Mauss pour moi, c'est « le personnage », celui dont tous ses élèves ont parlé – j'en ai bien connu un : Haudricourt, les autres je les ai lus... Mauss a eu le courage, l'audace et l'astuce de nous livrer les raisons, les façons et les questions des recherches qui le menaient dans ses cours au Collège de France. Il a professé plus qu'il n'a écrit. Son *Manuel d'ethnographie*, ce sont des notes de cours réunies par Denise Paulme, les trois volumes de 600 pages chacun publiés chez Minuit sont la mise en perspective de centaines de comptes rendus et d'articles qu'il a publiés, bref, lorsque Mauss quittait le silence de son cabinet, c'était pour entrer dans l'oralité, dans la parole, qu'il avait haute. Ainsi de Mauss, à travers Haudricourt à qui il doit sa liberté de penser et qui lui emprunta un temps sa barbe rebelle, j'ai une vision plus physique qu'intellectuelle. C'était de toute évidence un homme qui musardait, un zigzagueur, un bricoleur de haut niveau, un vrai maître quoi. Il est rare de trouver autant de cœur et autant de corps chez un chercheur de cette génération. Avec Mauss on saute, on plonge, on court, on crie, on remue, on fait du bruit, on flaire, on sent, on poursuit, on échafaude et, à la fin, on exulte. Il nous a donné mille pistes en anthropologie, reste à trouver notre voie !

Marcel Mauss, *Œuvres*, 3 volumes, éditions de Minuit, 1968-1969 ; *Sociologie et Anthropologie*, précédé d'une introduction à l'œuvre de Marcel Mauss par Claude Lévi-Strauss, PUF, 1960, 389 p. ; *Manuel d'ethnographie*, préface de Denise Paulme, Petite Bibliothèque Payot, 1989, 264 p. Marcel Fournier, *Marcel Mauss*, Fayard, 1994, 844 p.

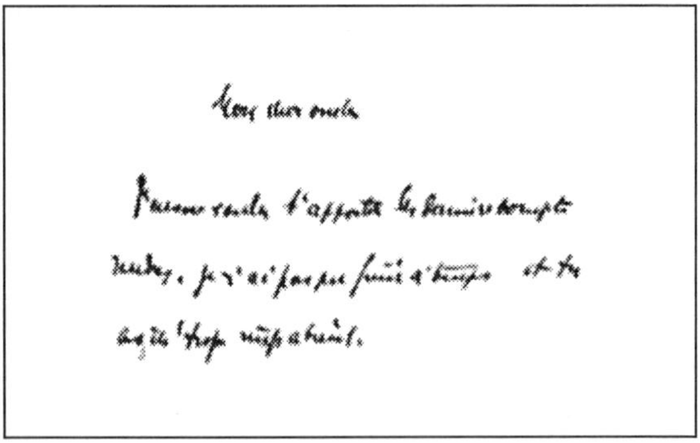

Lettre de Marcel Mauss à Emile Durkheim.
(Extrait de Marcel Fournier, *Marcel Mauss*, Fayard, 1994.)

Flânage et bricolage

Le temps des vacances est propice au bricolage, comme me le dit un tout nouveau retraité de mes voisins qui n'a pas encore pris conscience de sa liberté et appartient encore au temps du travail. Armand, la calvitie entamée, le visage creusé plus par l'usure que par la fatigue – il est bien jeune encore pour passer dans le camp des vieux –, est donc là, rendu devant ma fenêtre au carreau de laquelle, comme à son habitude, il vient frapper et me héler pour me prévenir de sa présence. Accroché à mon bureau situé juste au-dessus de la cuisine, j'ai toujours la fenêtre ouverte en hiver, bloquée par un poids de deux kilos pour n'avoir qu'un mince filet d'air nécessaire à mon inspiration que mon vieux et puissant chauffage réchauffe allègrement et pour entendre l'appel des visiteurs de la rue.

Nous nous sommes mis d'accord hier pour que je l'emmène à « 9 heures pétantes », avec ma voiture, chercher de quoi rénover un placard qui s'effondre. Il s'agit pour moi de trouver de quoi faire les joints des carreaux de mon nouvel évier. Je pose mon stylo, dévale l'escalier, saute dans mes chaussures, prend les clefs de la voiture déjà sortie, ferme la maison et retrouve Armand devant l'église. Il est planté là, dans son éternelle salopette bleue, avec son bob Total rouge et blanc fiché comme un couvercle sur le bonhomme dont les énormes mains m'ont toujours fasciné. Installés, ceinturés comme le veut la loi après quelques contorsions, nous voilà parti vers Monsieur Bricolage... Hauts cris d'Armand : voilà que, sans réfléchir, je prenais la direction de « mon magasin ». Armand m'en dévia rapidement, m'expliquant que « là », on n'y trouvait que de la bricole, que lui allait à « l'autre », que « c'était plus sérieux comme matériel ». Depuis les années 1980, j'ai vu fleurir dans un rayon de dix à quinze kilomètres autour de Chichery plus de cinq grandes surfaces uniquement vouées à cet objet, sans compter le développement récent des « rayons quincaillerie » dans les chaînes généralistes. On pourrait croire que l'on n'a que l'embarras du choix, mais non, tel le saumon, on retourne à sa première source. Tant pis pour Migennes, va pour Monéteau.

A peine passée la porte, des « bonjours » fusent des caisses et du comptoir d'accueil situé juste à l'entrée. Nous sommes bien dans « son » magasin – la fréquentation très épisodique du mien ne m'a jamais valu tant de reconnaissances. Bref, il est aussi connu que sa carte de fidélité. Maintenant, je me souviens, je n'avais pas élu ce magasin parce qu'un jour où je cherchais quelque chose de précis, je ne l'avais pas trouvé et le type à qui j'avais demandé un renseignement avait été peu aimable. Depuis, je n'y avais pas remis les pieds. La clientèle est volage, elle tient à des facteurs aussi minces que des déceptions passagères, des sautes d'humeur, des impressions toutes faites, et à toutes sortes de miniprétextes dont les « commerciaux » sont parfaitement conscients. Raison pour laquelle ils n'ont de cesse de chercher à nous satisfaire... Aujourd'hui, je me demande pourquoi je n'y suis jamais revenu. Je le trouve plutôt sympa – voilà que j'en parle comme d'une personne ? « Ils » ont réussi à tellement personnaliser nos rapports à une marque ou à un espace qu'« ils » sont capables de nous regagner, de nous reséduire aussi facilement qu'on les avait perdus, qu'on les avait abandonnés.

Je soupçonne Armand d'appartenir à cette vieille école du bricolage qui s'apparentait à un savoir-faire autant qu'à un savoir-être, et non à celle des modernes pour qui le bricolage se fait en gants, par tous et par toutes, et ne dépasse pas quelques minutes. Pour revenir au palais des merveilles neuves où Armand est aujourd'hui mon guide et où je me laisse porter, j'entends avec un certain amusement ses excuses :

« C'est pour ma femme que j'suis là, c'est elle qui veut. C'est une armoire qu'était chez elle. Si c'était que moi, je l'aurais bazardé, ce vieux placard. Ça va nous coûter pratiquement plus cher en réparation que d'en acheter une neuve... Remarque, ça me fait passer le temps, puis j'en profite pour voir ce qu'il y a de nouveau au magasin, j'aime bien les outils. Mais question bricolage tout fait, les trucs en kit, là, j'suis moins d'accord... »

Je ne suis pas en reste dans ce petit voyage de redécouverte. Le fait que mon compagnon d'un matin m'ait détourné de « mon magasin » m'excite plutôt – cela peut paraître étrange d'utiliser ce qualificatif, mais l'idée d'échapper à l'ordre et à la présentation habituels de mon magasin où je trouve les rayons les yeux fermés, animé de la croyance que cela me fait gagner un temps précieux, me plaît. J'ai l'impression ce matin que je vais musarder un peu, d'autant que mon maître en bricolage va sûrement me faire découvrir des outils inconnus et me donner des trucs ! Cette incompétence – mon incompétence, doublée d'une incertitude qui est le lot de beaucoup d'entre nous – pour ce que l'on peut désormais appeler l'« industrie du bricolage » est entretenue par les industriels eux-mêmes. Face à un marché qui concerne de moins en moins d'experts et à une absence parfois totale de savoir-faire et de sens pratique, se développe une pédagogie adaptée spécifiquement à tel ou tel produit dans le but évident de fidéliser le client. Il suffit pour le comprendre de voir le nombre de vidéos qui, en bout de rayon ou aux abords des caisses, nous vantent et nous démontrent en boucle comment utiliser telle ou telle pierre magique, colle ou peinture sans bavure, sans compter, depuis deux ou trois ans, les propositions de « journées de formation » ou de petits stages pour les plus maladroits et les plus passionnés [1].

On m'a déjà traité de « bricoleur », mais c'était pour une bricole, je crois... et peut-être était-ce un attardé linguistique ou un puriste qui m'avait ainsi nommé. Bricoler (1480), en effet, a été longtemps utilisé dans un sens plutôt péjoratif, il signifiait le fait de ricocher, de zigzaguer (ce que je fais dans ce magasin), ou de biaiser, connotation qu'il a encore dans le domaine intellectuel. Sa définition moderne a pris un sens plus positif depuis les années 1867, quand, en même temps qu'apparaissent le « bricoleur » et son féminin, la « bricoleuse », désignant « celui ou celle qui s'occupe chez soi à de petits travaux manuels », on l'associa à la notion de l'amour et du plaisir de faire. Le bricoleur devenait un être « adroit, touche-à-tout, artiste, industrieux... », quant au « bricolage », notion apparue en 1940, il prit le sens d'un travail amateur dont la technique était approximative, souvent improvisée, mais adaptée aux matériaux, aux circonstances et aux désirs du bricoleur. Ces quinze dernières années, le bricolage a donc été pris en main par cette industrie qui a bien compris, dans le contexte économique actuel, que le bricolage était devenu un « non-choix imposé par des nécessités d'ordre matériel », et elle en a fait un marché captif [2].

« Disons que je dois faire partie de l'ancienne école, avoue finalement Armand. C'est quand on a construit, avec ma femme, puis la famille bien sûr, les beaux-frères, tout ça quoi, que j'm'y suis

1. Pour exemple, le groupe Castorama accueille chaque année entre 150 000 et 200 000 consommateurs dans des stages d'apprentissage à certaines techniques. La clientèle de retraités, en forte croissance, a aussi amené les magasins à nouer des partenariats avec des artisans qui accompagnent les plus âgés dans leurs projets. Ce marché représenterait déjà 15 à 20 % du chiffre d'affaires de certains magasins (*Le Monde*, 8/9 août 2004).

2. Dumazedier, 1991. De 1990 à 2002, le nombre de grandes surfaces spécialisées dans le bricolage en France est passé de 400 à 2 100. Le nombre de salariés, de moins de 10 000 en 1990 à plus de 61 000 en 2000. Le marché français du bricolage représente 18 milliards d'euros en 2004. La dépense moyenne par ménage s'établit, en 2003, à 643 euros, contre 866 euros pour le ménage anglais et 943 pour les Allemands (Institut Xerfi, *Le Monde*, 8/9 août 2004).

mis. Tout seul j'm'y serais pas mis... On a fait les calculs, on a vu : y en avait un qui savait faire ça, l'autre ceci. Bon, on s'est dit : allez, on y va ! Maintenant, y a cette maison qu'on a faite entièrement. Juste les fondations, puis les matériaux qu'ont coûté quoi, pour le reste, c'est rien que nous. Je dois dire que pendant ces années, tous les dimanches, toutes les vacances, ça y a été... j'savais pas trop quoi penser. On tenait bon. Avec du recul, la retraite qu'est là, j'me dis : ça ressemblait quand même un peu à de la contrainte. Maintenant, c'est fait, c'est fait. N'empêche, tu vas rigoler, mais j'aime bien traîner là-dedans encore. Ce doit être l'habitude, puis, regarde, y a toujours des trucs nouveaux... »

Il s'arrêta devant une grosse boîte noire présentée comme une nouveauté et une affaire : un « niveau laser rotatif avec trépied, 59,90 seulement », vantait l'affichette jaune – « Avec ça, tu fais tes trucs droits, tu peux plus les louper. » On resta un bon moment à observer le coffret. Il me demanda de lui lire le descriptif qu'il venait de parcourir lui-même, prétextant que j'avais de meilleurs yeux que lui. Je lus : « Le niveau en croix à laser offre la flexibilité d'effectuer un nombre incalculable de travaux de mise de niveau et d'aplomb. » Il leva la tête, ferma les yeux et me demanda de poursuivre. « ... Marquer les joints à carrelage, aligner les tuyaux, les angles, les papiers peints... » – « Tu vois, on y est... Y disent comment ça marche ? » – « En appuyant simplement sur le bouton, le compensateur coaxial interne élimine toute erreur en mettant automatiquement de niveau le laser à une distance de visée de dix mètres. »

Armand resta sans mot dire. Plus tard, s'éloignant, il me confia qu'il n'en avait pas besoin, qu'il avait bien assez d'outils comme ça « depuis le temps », et que ça ne ferait que l'encombrer un peu plus, « ... à force ça s'ajoute ». N'empêche qu'il continua à tourniquer autour de cette machine à mettre d'équerre comme il en avait sans doute rêvé quand il construisait sa maison. Il s'arrangea même pour que l'on repasse au moins trois fois, avec chaque fois une halte et un hochement de tête, devant la nouveauté qui foutait droit et qui en disait long sur son désir de rectitude. J'ai remarqué que les néobricoleurs sont des obsédés de l'angle et de l'alignement, mais il va me falloir y ajouter Armand, un « ante bricoleur », et ma théorie tombe par terre.... On dirait que les matériaux qu'on nous vend, sauf à le vouloir, sont faits entièrement pour éviter toute aspérité, toute saillie, toute courbe qui viendrait déranger la mise en ordre imaginaire d'un intérieur qu'une industrie maligne a depuis longtemps fait sien : droit égale propre, la propreté c'est droit.

ANDRÉ LEROI-GOURHAN, UNE MÉDITATION SUR LE GESTE

L'œil bleu vif sous des sourcils épais et quelque peu broussailleux, la mèche un peu rebelle, disparaissant, ou plutôt non, apparaissant derrière une pile de livres que supportent deux immenses tables en bois blanc juxtaposées au fond d'une pièce immense, c'est là, légèrement à l'écart de la rue des Ecoles, un jour de printemps 1982, que j'ai rencontré André Leroi-Gourhan. C'était pour la réédition dans ma collection chez Métailié des *Chasseurs de la Préhistoire*. Ce sémiologue des aubes de l'écriture, cet ethnologue des temps préhistoriques, cet inventeur de la « palethnologie », comme il me le souffla, avait plus d'un objet dans son grand sac. Un bricoleur au Collège de France, ça vous rassure un jeune chercheur. Quelqu'un qui vous dit que ce n'est pas tant ce que pense l'homme que ce qu'il agit techniquement qu'il faut essayer de comprendre et de restituer, un archéologue des grottes bourguignonnes qui vous invite, au jugé, à le suivre dans la grotte du cheval à Arcy-sur-Cure et qui vous fait visiter son grenier néandertalien à Vermenton, pièce digne d'un antiquaire dessiné par Hergé, ne pouvait être qu'un grand homme, un grand maître – pour moi ce sont ceux qui n'ont pas peur d'être simples, accessibles, compréhensibles et qui s'amusent encore de leurs découvertes. Leroi-Gourhan, l'homme des Aïnous à moustaches et du Japon, qui nous a offert de véritables manuels de survie postnucléaire quand je militais aux Amis de la Terre, comme *Milieu et Technique* ou *Le Geste et la Parole*, était un savant fiable. Grâce à lui, on pouvait imaginer reconstituer et utiliser tous les objets de nos ancêtres primordiaux, même le langage. Taoiste caché, il reconnaissait que les moines, s'il est vrai qu'ils ne sont pas producteurs, n'ont pas leur pareil pour balayer les jardins et tracer des vagues sur une mer simulée par une plage de sable, et qu'il fallait y voir une technique de méditation, exactement comme il y a des techniques de consommation ou de fabrication. N'était-il pas lui-même un adepte du Zen lorsque, dans un sourire admiratif et avec un brin de révérence, il racontait comment il allait écouter les profonds silences de Marcel Mauss et qu'il assurait que la première invention de l'homme, sa première condition, fut l'humour, ce qui lui a évité de devenir une misérable créature.

La Civilisation du renne, NRF, 1936 ; *Mécanique vivante*, Fayard, 1983 ; *Le Fil du temps*, Fayard, 1983 ; *Milieu et technique*, Albin Michel, 1973 ; *Le Geste et la Parole*, Albin Michel, 1964 ; *L'Homme et la Matière*, Albin Michel, 1973 ; *Un voyage chez les Aïnous*, Albin Michel, 1989 ; *Les Chasseurs de la Préhistoire*, Métailié, coll. Traversées, 1983.

Qu'on ne s'y trompe pas, les instruments et méthodes dont nous disposons dans ces lieux n'ont pas été conçus en fonction de nos projets, mais bien des objectifs d'un marché. Il est évident que chaque fois que nous nous y rendons, c'est pour trouver de quoi résoudre nos problèmes. Tout le plaisir du bricoleur est là. Le désir de bricolage est lié à l'amusement que procurent les jeux de combinaisons et, devant des choix de combinaisons qui augmentent sans cesse, permettent mille voies, mille moyens, nous ne pouvons que souscrire, pour le plaisir, à la joie du bricolage. La grande différence avec l'artisan qui construit est que nous ne nous préoccupons pas de l'aboutissement, puisque c'est du tout fait. La « société du bricolage » nous met face à cette dualité : soit de construire des objets de moins en moins finis, soit, en faisant abstraction de tous les plaisirs liés à l'invention personnelle, de « monter » un objet suivant le mode d'emploi, et non suivant notre propre logique – parfois très illogique ; mais tâtonner, se tromper, recommencer est partie intégrante du bricolage. Je dois reconnaître que les objets préconstruits en série sont techniquement bien ficelés, mais ils imposent leur propre contrainte et, pire à mes yeux, leur propre esthétique. Le bricoleur qui à partir de bric et de broc opposait sa création et son action à l'univers mécanique standardisé se fait moins fréquent. Nous sommes de plus en plus dépendants des matériaux proposés dans les grandes surfaces, obligés de rentrer dans ce jeu pervers mais inévitable de la soumission à l'offre, en d'autres termes de rentrer dans le cercle infernal de la consommation, que dis-je, de la surconsommation [1]. Nous sommes bel et bien victimes d'un racket caché et d'une forme de délinquance invisible qui pourrait être traitée au titre de la perversion de l'objet. Alors qu'il serait parfaitement possible, techniquement parlant, de mettre sur le marché des bas nylon ou d'autres objets presque inusables comme il en existait en provenance des Etats-Unis au lendemain de la Seconde Guerre mondiale, on nous vend du prépérimé. Le suréquipement est notre lot, et avec lui l'encombrement à répétition d'objets dont on nous dit au bout de deux ou trois ans qu'ils sont devenus obsolètes ; des objets parfois encombrants, dont on a parfois du mal à se débarrasser, et qu'on double sans complexe avec du « nouveau ». Personne n'est dupe, mais comment résister à cette jouissance renouvelée qui nous fait nous précipiter pour nous procurer l'objet nouveau ?

Après qu'Armand eut regardé, touché, soupesé de ses mains mille objets dont il m'indiquait pour chacun les tenants, les aboutissants, la façon et surtout les limites – j'attendais chaque fois la chute qui révélait son incroyable sens pratique et venait corriger son défaut premier et involontaire consistant à mettre sa vie en angle. C'est en zigzaguant de la sorte entre les rayons, que je finis par trouver ma « colle-joint ». Le mode d'emploi m'affola : je devrais « tracer à l'aide d'un fil à plomb, d'une équerre ou d'un niveau laser, deux axes perpendiculaires au milieu du mur » qui devait évidemment être « droit, sain, sec, solide et lisse » (*sic*) Armand rigola : « C'est là que le niveau laser rotatif à trépied te serait bien utile. Mais toi ça t'est bien égal que ça soit droit ou pas, t'as une cuisine à l'ancienne. T'as pas peur des bosses, j'ai bien vu, t'aimes le vieux... » Véritables complices dans et de nos différences, on acheva notre visite, c'en était une, en rigolant et en faisant un dernier petit tour, histoire de « le r'voir un peu, ce sacré niveau »...

1. Si l'instauration des 35 heures a joué un rôle non négligeable dans le boom du bricolage, il est intéressant de noter que le marché de la décoration et de l'aménagement de la maison a crû de 20 % en quatre ans (2000-2004) et que 80 % des articles de bricolage seraient achetés ou prescrits par des femmes (*Le Monde*, 8/9 août 2004).

Lundi 14 février 2000 (Chichery)

9 h 25, signé le contrat Plon-Terre Humaine. Je n'ose imaginer le travail en perspective... Je dois faire de ce livre une photographie de cette France profonde à laquelle je suis rivé. Je dois réussir à montrer ce que nous sommes devenus en ce début du XXI*e siècle, nous apercevoir en êtres futurs du folklore. C'est une aubaine que de me trouver à cette fonction du temps, à ce pli juste tracé de nos calendriers endurants. Quel est l'état mental de nos campagnes, de nos proches ? Est-ce qu'il y a encore des villageois, des agriculteurs, que va-t-il advenir de nous ? Quels sont nos rapports aujourd'hui à la santé, à la nourriture, à la religion, l'importance de la voiture dans notre civilisation globale, l'espace, qui sont-ils ? Les loisirs, les achats, comment nous assurons et assumons notre quotidien ; le bricolage, l'environnement, les loisirs ? Découvrir, décrire, restituer nos traces en train de se faire.*

Mélodie en sous-sol

A la campagne, tout service se paie. Etant le chauffeur occasionnel, au retour, je dus, « comme de juste », aller boire un coup chez Armand. Je me souviens que, jadis, plus souvent qu'à la cave, où l'on courait le risque que le coup ne se transforme en traquenard puis en « séance », on pénétrait dans la cuisine, où un litron souvent entamé était sorti d'un placard, deux verres vite posés sur la toile cirée, un ou deux coups avalés rapidement – les enfants avaient droit à un sirop –, avant que chacun retourne à ses tâches. Ce temps est révolu : les fermes ne sont plus, ni les paysans d'ailleurs ; quant aux maisons, elles se sont refermées derrière des portails qu'on ne pousse plus sans prévenir – téléphones, sonnettes, interphones et maintenant visiophones sont là pour ça.

A la décharge de mon voisinage, comme je l'ai déjà montré, la majorité des habitants actifs du village travaillent à l'extérieur, alors que les enfants sont à l'école. C'est la raison pour laquelle le village et ses maisons se vident et se ferment dès 8 heures du matin pour se remplir et s'entrouvrir à moitié entre 12 h 30 et 13 h 30 et ne reprendre vie, si l'on peut dire, que vers 18 heures. Quant aux

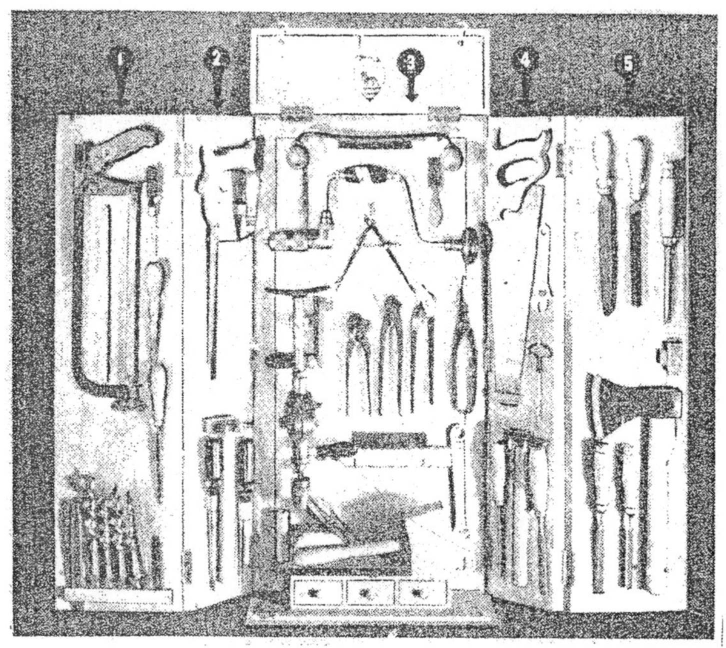

Larousse ménager – 1950.
La « société du bricolage » nous met face à cette dualité : soit de construire des objets de moins en moins finis, soit, en faisant abstraction de tous les plaisirs liés à l'invention personnelle, de « monter » un objet suivant le mode d'emploi, et non suivant notre propre logique – parfois très illogique, mais tâtonner, se tromper, recommencer est partie intégrante du bricolage.

femmes seules, aux retraités et aux vieillards qui restent chez eux la journée durant, l'inquiétude et les conseils sécuritaires aidant, ils ont finalement pris l'habitude de s'y enfermer, comme en ville. Mais ce n'est qu'apparence, en réalité nous savons lire qui est là, disponible ou occupé. Le repère le plus sûr est, bien entendu, la présence des voitures, mais par discrétion, l'exploration va rarement au-delà : certains volets ou certaines portes sont-ils ouverts ou fermés, et notamment, pour les maisons récentes, les issues du sous-sol ?

C'est là, dans la partie centrale du sous-sol, que l'on range les voitures le soir, en file souvent et par ordre des départs du lendemain. La plupart du temps, voiture ou pas, c'est d'habitude par là, dans les pavillons construits depuis une trentaine d'années, que l'on entre dans les maisons. Pour accéder à l'espace domestique proprement dit, on utilise généralement un petit escalier intérieur situé tout au fond du sous-sol. Plus qu'un garage ou un passage secret, le sous-sol est le domaine de l'homme, sa caverne salvatrice. Occupant généralement l'équivalent de la surface totale au sol de la maison, le lieu regorge de coins et de recoins aménagés en espaces spécialisés. Bien souvent, le propriétaire y a bâti une sorte de cave-couloir derrière une rangée de parpaings, à moins qu'il n'ait fait creuser un trou sous la maison, comme cela fut de mode il y a vingt-cinq ans, quand il n'a pas installé une armoire à vin climatisée, sise au fond d'un cellier où, à l'instar de la cave, seront entreposées les conserves tirées du jardin et du potager. Parfois, à côté de la chaudière qui assure le chauffage pour l'ensemble du sous-sol, un espace buanderie avec machine à laver et séchoir a été aménagé, apparemment réservé, ou plutôt préservé comme un espace féminin, échappant de ce fait à l'envahissement désordonné et quelque peu poussiéreux de l'univers masculin.

Comme beaucoup, Armand a marqué son territoire. Il s'est aménagé un lieu sans réelle cloison, reconnaissable à un fatras parfaitement ordonné qui s'étale jusqu'au plafond, colonisant les murs grâce à d'ingénieux systèmes suspensifs. Il y a l'établi, qui n'en est pas un, un ensemble hétéroclite costaud mais étroit, composé de vieux morceaux de bois, d'aggloméré, consolidé par une feuille de métal par-ci, un bout de chevron par-là, et bordé d'une planche plus épaisse sur laquelle est fixé un étau dont les mors assujettissent un fragment de l'armoire qu'Armand a pour mission de réparer. A côté, coincés sur une étagère en fer rivetée au mur, un petit tour à demi enfoui dans des copeaux desséchés et un assortiment de meuleuses d'angle, de perceuses, de tournevis électriques, dont la présence s'explique par la batterie de prises qu'il a installée là. Au-dessus, sur une sorte de grand tableau en contreplaqué où il a dessiné leurs empreintes, sont rangées les clefs plates et polygonales par ordre de taille, encadrées par des serre-joints à vis que côtoie un fil à plomb déployé... Oui, c'est bien droit. Mais je préfère l'indescriptible fouillis de boulons, de clous, de vieux ressorts, de toutes sortes de gonds et d'appareils rouillés qui débordent çà et là dans de petites caisses en bois noircies, poussées sous l'établi et dont on imagine que tout a servi et resservira un jour. Je pourrais, en prenant mon temps, détailler chaque objet de cette

© *Sophie Bassouls*

uché dès les années 1960 sur l'aile d'un tracteur, je me suis définitivement rivé à Chichery et à on monde. Littéralement autogreffé à ce petit village de Bourgogne, j'en ai fait mon refuge, mon entre, mon monde et aussi mon laboratoire. Après *Le Village retrouvé* paru en 1979, dans lequel 'assistais à la fin de cette société lente qu'était le monde paysan, me voilà inaugurant le XXIe siècle et notre étrange vie de rurbains.

Désormais les voitures envahissent et dirigent nos vies et nos paysages. Dans cette société où tout s'accélère, où tout est vitesse, la voiture est devenue notre unique possibilité de fuite sur la tangente, notre fierté et notre poids. Ce que nous gagnons en liberté, nous le perdons en inquiétude. Pour elle, nous sommes prêts à tout…

Une traite au GAEC : savoir-faire et ordinateur.

Les « 8 » membres du GAEC en août 2005. *De gauche à droite* : Vanessa, Thierry, Mathieu, Jean, Gabriel, Olivier, Guy, Léon.

Une nouvelle génération d'agriculteurs dont il ne reste que trois qui soient originaires de Chichery, mais au nombre inchangé depuis la fondation en 1964 du GAEC, Groupement agricole économique en commun.

Chichery, déjà couronné « village moderne » en 1936, s'est très vite adapté à l'informatique. Les vaches portant un microprocesseur autour du cou sont en liaison constante avec l'ordinateur terminal. On peut savoir pour chacune des cent soixante laitières sa production, sa rentabilité, son avenir, établir le profil génétique et régler au gramme près son régime alimentaire pour en faire de bonnes productrices. La modernité est bien là, le XXIe siècle n'est pas dans le décor, il est dans les corps.

L'équipement informatique : des « bécanes » simples mais efficaces.

Un cours d'ethnologie à l'université Paris 7 (Jussieu) en 1972.
De gauche à droite : Pascal Dibie, Paul de Deckker, Elisabeth Reichel-Dolmatof, Pierre Bernard (le professeur), Henrique Gorodeca. Sur le tableau était inscrit à la peinture indélébile : « On n'arrête pas le printemps. »
Nous sommes tous devenus ethnologues.

La recherche d'embryons implique un protocole et un savoir-faire technicien extrêmement pointu Ici les futures « receveuses » sont inspectées avant d'effectuer le transfert des embryons d'un « donneuse », vache aux qualités génétiques hors pair et stimulée pour déclencher un superovulation. Le cycle œstridé des receveuses a été synchronisé avec cette dernière, ce qui perme d'effectuer la transplantation au dixième jour pile après la fécondation de la donneuse. Le receveuses n'auront plus qu'à assurer la gestation de l'embryon implanté dans leur utérus. Equip d'un camion-laboratoire, le technicien inspecte la cueillette d'embryons et les prépare avant d'e transférer immédiatement une partie et d'en congeler une autre qui sera vendue à prix d'or pou améliorer un nouveau troupeau.

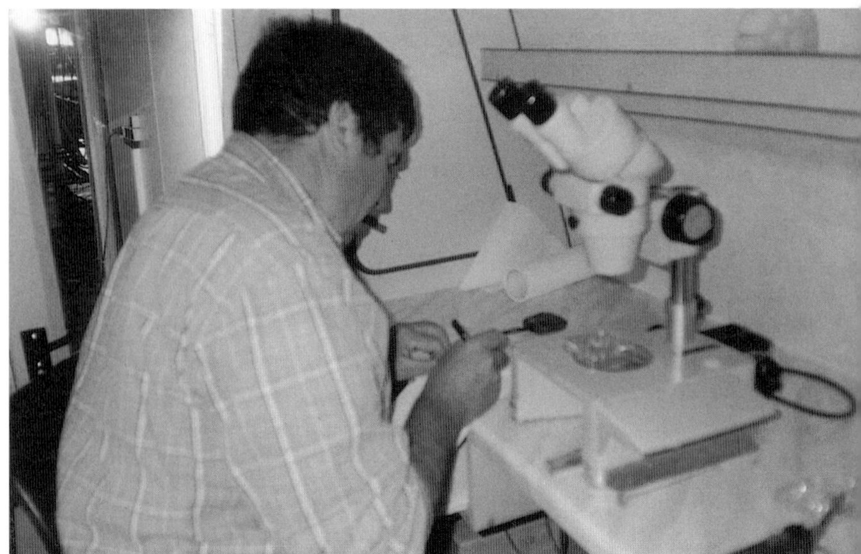

Manger, ruminer, produire, telle est la vie des vaches laitières. Usine à gaz et à lait – soixante litres par jour en moyenne au GAEC de Chichery –, celles qui désormais portent le nom d'UGB, Unité Gros Bétail, sont entrées dans un processus industriel où tout, même leur confort, s'est rationalisé pour qu'elles produisent toujours davantage. Bientôt elles s'autotrairont et nous serons débarrassés de leur esclavage…

Chaque jour la « fermière de Chichery » fait ses mille cinq cents yaourts labellisés « terroir » qu'el distribue dans les grandes surfaces alentour et que l'on retrouve chez les crémiers les plus chics d Paris. Dans son laboratoire, le lait est traité avec douceur, on respecte ses molécules ! Car désorma c'est la qualité plus que la quantité qui prime pour le producteur comme pour le consommateu lactophage en raréfaction. © *Sophie Bassouls*

Sauf mention spéciale, les photos sont de l'auteur.

pièce, et même, épaulé par une équipe d'archéologie contemporaine, resituer chacun des objet du village jusqu'aux années 1975 dans leur époque. Par contre, je ne suis pas certain que nous soyons capables de répertorier les millions d'objets et d'artefacts qu'ont produits nos sociétés post-industrielles réunies, qui connaissent, nous en sommes témoins et victimes, une augmentation exponentielle dont on ne sait si elle aura une fin [1].

Finalement, Armand est bien de la vieille école des bricoleurs. Il reste un homme de ce temps tout proche où on ne jetait pratiquement rien, même si la tentation moderne de se débarrasser le gagne peu à peu ; le gaspillage était même jusqu'à cette génération considéré par une éthique fortement inspirée du catéchisme chrétien comme l'un des péchés les plus graves. « Mon père conservait tout, on ne détruisait rien, me dit-il. On entassait dans les celliers, dans les granges, là où ça gênait pas. Pour les gros trucs, on les mettait derrière la maison, du côté des murs aveugles. S'agissait pas de jeter la moindre chose. Moi je garde plus, ça vaut plus le coup. Deux trois bricoles par-ci, par-là, comme tu vois, mais on a plus la place. Et puis t'as l'air de quoi aujourd'hui si t'entasses, t'entasses... » Il est vrai que les restes d'esprit de conservation hérités de la société paysanne, en réaction évidente alors à la précarité et à la pénurie, sont montrés du doigt et quelquefois même considérés comme un comportement anormal, quasi pathologique, comme si cette économie ostentatoire, ces vieilleries comme on dit aujourd'hui, dérangeaient la difficile mise en place d'un nouvel ordre. Armand débarrassa un coin de la table de jardin encombrant son espace, me fit asseoir sur un bidon alimentaire qui, je le savais,

1. L'anthropologue Jean Poirier propose un tableau éclairant où il nous montre ce que fut et ce qu'est devenue notre production d'objets : à la dizaine d'objets dénombrables pour les « chasseurs-cueilleurs » au sein de ce qu'il qualifie de « sociétés traditionnelles prédatrices et de collecte », il ajoute les quelques centaines d'objets des « sociétés traditionnelles productrices des « agriculteurs-éleveurs ». Avec l'écriture s'installent les « sociétés traditionalistes », comme l'artisanat, le commerce, l'administration, l'urbanisation, qui engendrent quelques milliers d'objets nouveaux. Viennent alors les « sociétés rationalistes », où le moteur devient central, et avec lui la production nécessaire aux sociétés industrielles de plusieurs dizaines de milliers d'objets. Il impute à nos sociétés post-industrielles qui se définissent comme « sociétés rationnelles » la mutation post-moderne qui se caractérise justement par la production devenue innombrable de millions d'objets. Jean Poirier, « L'homme, l'objet et la chose ».

attendait les prunes ou les poires à venir pour faire la goutte, fit apparaître deux verres de derrière une pile, avec la bouteille de ratafia, et me versa un coup que ni lui ni moi ne redoublâmes, vu l'heure et les choses que nous avions encore à faire avant midi. Le double éclairage du soleil et de la liqueur rendait plus perceptibles l'organisation du sous-sol et la façon dont mon hôte, petit à petit, touche après touche, se l'était approprié, jusqu'à constituer une forme structurée assez harmonieuse qui, à l'entendre parler avec tant de chaleur, avait quelque chose à voir avec une mélodie.

Je repris ma veste, que j'avais suspendue en arrivant dans le sous-sol sur une chèvre hydraulique en attente de moteur. Après un dernier conseil qu'il me donna pour réussir mes joints et une poignée de main accompagnée de l'habituel « Allez... à bientôt » qui vient systématiquement clore nos conversations d'hommes, à peine franchie la porte j'entendis le son aigu de la ponceuse qui sans doute s'exerçait sur son morceau d'armoire monter du sous-sol.

Lundi 22 décembre 1980 (Chichery)

Je viens de regarder un film sur les voyages de Darwin à la télévision. Qu'importe le personnage, ce qui m'a le plus touché ce sont ces deux petites phrases prononcées par une femme qui constate simplement dans une lettre à Charles Darwin qu'il semblait de plus en plus « affirmé » dans ce qu'il disait. C'est cette affirmation que je sens monter en moi, non d'un « choix », mais de quelque chose qu'il faudrait que je pousse jusqu'à l'extrême... C'est idiot cette impression de manier les évidences, évidences qui apparemment ne le sont pas, et qui me bloque quelquefois dans ce que je « veux » faire. Il faudrait que je réussisse à dire les choses assez fortement pour ceux qui se refusent à entendre que les sciences de l'homme sont aussi à construire avec le sensible. C'est cela être « totalitaire », c'est être un « être total », c'est être avec soi, en accord avec soi. Ionesco parlait de « l'humble orgueil d'être soi ». Comment pourrais-je faire de l'ethnologie contre moi ? Il ne peut y avoir de création si elle est contre son créateur, elle ne peut être qu'un prolongement, une plongée en lui-même, un passage par le profond de l'homme, là où il alchimise pensée et poésie. Je suis tombé sur une phrase de Leiris que je rejoins en cela : « L'homme total est celui pour qui réel et imaginaire ne font qu'un, celui qui a reconnu son appartenance à la nature et ne perçoit plus sur des plans séparés les productions naturelles et ses propres créations » (Brisées, *p. 173*). *C'est bien ça, l'homme total est celui qui considère que le monde n'est pas clos et segmenté, mais infiniment ouvert. Notre chaudron bout sans cesse, il distille la compréhension de notre regard et de notre écoute du monde, ce que nous sentons. De là à pouvoir « dire », c'est un immense pas à franchir. Mais comment dire, comment affirmer ce qui, à peine pensé, s'effondre de lui-même en ce qu'il éclate d'évidence. Soit, énonçons les évidences, traçons cette ligne qui zigzague en tout sens. Je dois me presser, me forcer à faire, à dire, à produire. L'urgence est ici : dans l'engagement de soi.*

Les appâts

Ce matin, comme tous les ans à partir de la mi-août, je trouve ma boîte aux lettres obstruée par une liasse de catalogues des grandes surfaces de la région. Comme beaucoup, je peste en pensant aux forêts détruites pour imprimer de telles bêtises mais je ne puis m'en débarrasser sans les feuilleter. Ces masses de prospectus versicolores sont là à nous envahir périodiquement pour nous remotiver, pour gagner ou regagner le client. On dirait que tout est bon désormais pour emporter le morceau et ronger l'os que nous sommes. La forme, les ruses utilisées sont des plus subtiles. L'attention toute marchande, « touchante » même, à l'égard de notre corps et de notre santé portée par l'une des enseignes présentes dans le lot de papiers que je décortique, semble être une véritable préoccupation. On valorise nos derniers jours de vacances et cette fin d'été en nous recommandant de faire « le plein d'énergie, le plein de vitamines, petits déjeuners et repas équilibrés ». A la fin, on nous explique comment « conserver les bienfaits de l'été à notre retour de vacances », en prenant soin de notre peau (forcément) bronzée, « vous éviterez le désastre en la nettoyant matin et soir avec un gel spécifique et en passant une crème anti-imperfection avant de vous coucher ! ». Gels et crèmes nécessaires à cette opération sont, bien entendu, présentés en photo dans le catalogue afin que l'on puisse les identifier dans les rayons. Au fait de la diététique, et pour ne pas oublier les producteurs, on nous recommande encore de consommer des fruits et des légumes, les vitamines permettant de « conserver les belles couleurs de la peau plus longtemps ».

Un démoralisant « Enfin la rentrée ! » s'affiche partout le long de la nationale depuis mi-août. Le supermarché responsable a choisi cette année un chat pour emblème. Son catalogue, qui m'est parvenu ce matin, assure que chez eux, c'est la « rentrée des classes Félix ». Félix est un tel héros que, pour soixante-cinq euros d'achats, on recevra un sac à dos en cadeau, avec son effigie dont on ne saurait se passer et, au surplus, cinq cents grammes gratuits de nourriture pour chat et un cahier d'école Félix... Tout ça sur la route !

Reprenant le premier catalogue publicitaire, intitulé tout simplement *Mon magazine*, on me prédit que ce sera « la rentrée des bonnes résolutions ». On comprend vite qu'il s'agit de notre ligne. Pour parfaire l'obsession nationale, que dis-je, mondiale des nantis qui doivent conserver leur silhouette, il nous est proposé des « infusions ventre plat », des sandwiches équilibrés, des crèmes « Weight watchers », des bonbons sans sucre... Au milieu de ces produits, nos alliés sévères et prometteurs, on a glissé des assortiments gourmands : du fromage 24 %, quelques fondants au chocolat et autres desserts qui, à ma connaissance, ne sont guère « régime ». L'ensemble se termine sur ce conseil avisé : « Pour cette rentrée, on prend le temps de déjeuner, ou du moins on essaie [1]... »

Je tourne la page et tombe sur le « repas du terroir entre copains ». Tout est fait pour utiliser et renforcer l'archétype de l'homme gauche, nul en cuisine : après un pâté en bocal, viennent des boîtes de conserves d'un kilo de plats cuisinés, type « sauté de mouton à la tourangelle » ou « sauté de canard à la nantaise », de la dinde panée « Le Gaulois », censée hisser le goût du terroir au niveau patriotique, et une sauce « moutarde gourmande » qui, bien sûr, rehaussera le fumet de notre coq. Des yaourts et un gâteau moelleux, conçu selon une « nouvelle recette plus intense »,

1. Le déséquilibre alimentaire, avec la déstructuration des repas, le recul du repas traditionnel, les grignotages, l'invasion du gras sucré et les boissons hautement glycémiques, est la règle pour la majorité des Français. Une enquête sur les collégiens montre que 20 % d'entre eux ne font pas trois repas par jour.

concluent cette grande bouffe entre copains en nous faisant cadeau de 35 points. Le « dîner en famille » – 33 points – bat tous les records : langue de bœuf préparée sous vide, flocons « saveur purée », cornets chocolatés au nom révélateur d'« Extrême ». Seul un repas devant la télévision, yeux et papilles atrophiés, me ferait avaler pareil menu.

« La fête à la maison » apparaît tout aussi alléchante : suggérant, dans la marge, « un après-midi stars et paillettes » pour les filles, assorti d'une analyse à l'adresse des parents selon laquelle « Effet télé-réalité oblige, les filles ne rêvent que de ça ! », suivi de diverses recommandations fort à propos pour occuper l'après-midi. *Idem* pour « votre fiston [qui] a toujours voulu être un agent secret » : il a droit à « une journée détective », assortie d'idées pratiques, parfaitement avisées, de déguisements et autres jeux de piste. Finalement on propose aux deux sexes le même « déjeuner anniversaire » avec force points à l'appui. Il est composé de saucisses frites « juste au four, cuisson sans odeur, coupe classique » et de bâtonnets de glace au fromage blanc. J'en avise mon fils qui passait par là avec des copains du village. Ils poussent des gloussements révulsifs et s'enfuient dehors avec une tablette de chocolat et une baguette sous le bras en s'esclaffant finement, comme des ados...

Resté seul, je poursuis mon investigation avec l'étrange sentiment de pénétrer dans les cuisines de ce film avec Louis de Funès volontairement nauséeux relatant la bataille entre deux industriels de la cuisine... Je passe sur « la pause boisson » d'où l'eau, forcément impure, est exclue, pour arriver au « goûter anniversaire » qui se résume en trois paquets de gâteaux évoquant la savane, la fraîcheur et les oursons. La page des « fêtes "maison" riches en imagination » se clôt avec « le plein de bonbons » consistant en un « bi-pack de billes sucrées sans sucre » et des étuis de « sweet strawberry » ou de « fancy fruit », aux marques bien choisies de Bubble Band et Atomic Appel. Au bas de cette double page, on n'oublie pas les tout-petits qui après digestion auront le choix entre les couches Newborn, Superflex ou Adventurers et les crèmes lavantes Prim'age.

Je ne m'étendrai pas sur l'effet mode de l'utilisation d'un bilinguisme, ou plutôt d'un multilinguisme à la portée de tous, ni sur la sémiotique d'une simplicité aguichante, dont tout l'art consiste à la rendre immédiatement accessible. Mon ironie à l'égard de cette invasion est due à ce sentiment mêlé de refus et d'acceptation, sachant que, malgré mon écœurement *a priori*, je me ferai avoir, comme tout le monde. En fait, ces grandes chaînes de magasins, des multinationales pour la plupart, sont à la fois représentatives et responsables de l'état de notre société. Face à la malbouffe, par exemple, question nationale et véritable fléau pour nos enfants, l'obligation, sous la pression des pouvoirs publics, de notifier les dangers du sucre ou du gras contraint les producteurs à adopter une nouvelle posture commerciale. Leurs avertissements répondent et rejoignent l'inquiétude qui concerne l'Europe entière où, il est vrai, l'on grossit et l'on grandit partout. Les enquêtes menées en milieu urbain valent largement pour nos villages, dont la jeunesse a bien évidemment adopté les modes urbains de consommation, même si elle court encore les bois et se muscle peut-être un peu plus que ses proches cousins des villes[1].

En parcourant ces revues, pas de doute, la nouvelle franchise d'un capitalisme décomplexé fait partie intégrante de ces stratégies de vente. Fumer tue, manger tue, bref, vivre tue... Ces notifications des risques et de leurs contraires (c'est bon et c'est mauvais), la composition détaillée, lisible au dos de chaque article, de ce qui nous empoisonne sont des arguments fiduciaires imparables dans la relation qui nous lie à nos pourvoyeurs. Afficher clairement comment ils nous assassinent avec notre plein assentiment est une façon pour ces derniers, si critiqués par ailleurs, de se refaire une virginité. Communiquer, communiquer est le maître mot. Savoir doit nous rassurer. Voilà que nous assistons à la montée d'une moralité nouvelle qui, même si elle est feinte (et elle l'est), flirte

1. « Pas trop de sucre, pas trop de gras, pas trop de jeux vidéo », etc., répètent les avertissements publics relayés par les producteurs eux-mêmes. Trop d'enfants, en effet, ne bougent pas suffisamment. D'après l'enquête Obepi Inserm 2003, qui a étudié le surpoids chez 25 000 Français de plus de 15 ans, 1 % des adolescents sont en surpoids. Et ils sont de plus en plus jeunes : 3 % des 5-12 ans en 1965, 6 % en 1980, 12 % en 1995, 16 % en 2000. Les boissons consommées le plus souvent sont des jus de fruit sucrés ou des sodas. Une autre enquête, réalisée auprès de 4 445 enfants de 10-12 ans, révèle qu'un élève sur deux n'a consommé aucun fruit ni légume la veille de l'enquête, 9 % des filles et 9 % des garçons étant en surpoids. Ces derniers passent 25 heures par semaine devant la télévision et les jeux vidéo, les premières, 21 h 30. Une campagne « bien manger, bien bouger » a été lancée en 2003 par le ministère de la Santé.

avec l'honnêteté qui fleure si bon l'humanité. Dans cette société où nous nous défions de tout, ces retrouvailles mises en exergue calment un peu cette hargne étrange qui nous habite. L'honnêteté clamée de notre magasin est devenue elle aussi un argument de vente. Asseoir sa crédibilité, sa réputation morale comme « marque » et non plus comme individu, implique une stratégie commerciale qui fait appel à de l'ancien, à l'instar des banquiers et des commerçants du siècle passé, et nous projette dans un avenir où la pureté de chacun et de chaque chose fera loi. Nous devons nous rendre en toute confiance à notre Leclerc, notre Atac, notre Champion, notre Cora, notre Casino, comme on allait jadis chez Duchêne ou chez Godet, chez Madelin, chez Bourgeois pour reprendre des noms d'anciens épiciers, boulanger et boucher de Chichery qui ornent encore ma mémoire de ces temps conviviaux où tout le monde se saluait.

Pour en revenir au registre des appâts, un magazine publicitaire de la même fournée cherche à faire vibrer d'autres cordes en nous. Ici, tout le discours, puisque la publicité en est un, est orienté autour des économies qu'à tout coup nous ferons si nous faisons confiance à cette chaîne. Ainsi les douches et chasses d'eau proposées nous feront-elles gagner des économies d'eau, les peintures sans bavure ni coulure, des économies de peinture, l'éco-mijoteur, des économies de gaz ou d'électricité, le support mural orientable pour la télévision, des économies de gestes, le coussin tournant pour la voiture, des économies de fatigue, etc. Les arguments jouent encore avec l'« économie de la peur » développée par notre société sécuritaire : volets électriques, portes électriques, serrures magnétiques, le tout inviolable ; caméras de surveillance, détecteurs infrarouges ou repousse-chiens électroniques, tout est bon pour s'enfermer et surveiller un monde extérieur si agressif et dangereux. Les préoccupations pour le bien-être de notre corps et de notre santé sont tout aussi présentes. Cela se manifeste avec des objets du type oreiller cervical, redresse-dos magnétique, contrôleur de masse grasse, voire une gamme d'alicaments et des objets plus intimes et détabouisés, introduits depuis de longues années déjà par les catalogues de vente d'origine germanique au chapitre « délassement », comme l'« érectonic » à poire, le « kit vibro-masseur » et autres « méthodes 100 % naturel » à côté des préservatifs que la triste réalité du sida a obligé à extraire des pharmacies, avec les savons, gels et lingettes intimes, pour les installer sur les rayons « bien-être » des hypermarchés. Dans les dernières réclames trouvées dans ma boîte, la cible est nettement la gent féminine. Des photos de femmes en mouvement s'imposent à chaque page : elles déménagent, vissent, clouent, posent des joints, rangent avec bonheur [1], font la tête quand c'est trop cher, crient de joie quand ça l'est moins [2]. Les enseignes savent que ce sont les femmes qui font et décident de tout : ce sont elles qui désormais font l'affiche tandis que les enfants rient de bonheur aux pages gâteaux et vidéo. Quant aux hommes, jeunes pères peut-être, ils n'apparaissent plus que bottés et suréquipés pour aller à la pêche ou à la chasse, à moins qu'on ne leur ait enfilé un déguisement de cycliste...

Alors que je feuillette ces journaux commerciaux – pas moins de six obstruaient ma boîte aux lettres, ce matin –, songeant, vu l'heure avancée de la matinée, à m'occuper de ma pitance, le téléphone sonne. Une voix féminine me demande si je suis bien moi, elle décline mon nom et mon adresse, puis me félicite : je suis l'heureux gagnant d'une tombola qui m'aurait désigné comme l'un des rares « ambassadeurs » invités à l'inauguration d'un magasin ouvrant dans la banlieue d'Auxerre. Sans même me laisser le temps de répondre quoi que ce soit, elle égrène la liste des cadeaux mirobolants que je recevrai dès que j'y aurai mis les pieds. « ... En couple », ajoute-t-elle, condition *sine qua non* pour recevoir ma « mallette outils 141 pièces » et mon « ensemble de cuisine professionnel 7 pièces ». Je renâcle, mais la voix est drôle, charmante. C'est promis : puisqu'elle insiste si bien, je m'y rendrai un des jours dits. Quarante-huit heures plus tard, un prospectus oblitéré « confidentiel » me parvient par la poste, qui me félicite et me donne mon « numéro identifiant ». Mais surtout, il m'explique en long et en large de quoi j'étais victime et pourquoi j'étais traité d'« ambassadeur » : récompensé pour mon seul déplacement, je me voyais décerner le rôle de duplicateur obligé de cette publicité fonctionnant sur le principe du « bouche à oreille ». Un PS titré en gras : « Pourquoi venir en couple pour recevoir vos cadeaux ? » répondait à la question par ces mots : « C'est très simple : les couples qui se déplacent avec plaisir permettent de

1. Catalogue Bricomarché, en dernière page du 18-28 août 2004.
2. Catalogue Atac, mercredi 25 août-samedi 4 septembre 2004.

développer deux fois plus vite l'effet de "bouche à oreille" pour notre partenaire. » Je dois avouer que, le jour dit, j'ai complètement oublié de me présenter à cette convocation commerciale... Je ne parle pas des marchands de fenêtres, de mauvais vins ou des banques qui téléphonent à 13 heures et 20 heures tapantes, pour augmenter leur chance de débusquer le gibier. Bref, il n'est pas un jour où l'on ne me mette en appétence pour consommer et consommer encore...

On me dira qu'il n'y a rien d'extraordinaire dans ces révélations, mais le constat valait l'arrêt pour la bonne raison que d'ici à dix ans, ces techniques de ventes, somme toute archaïques, auront considérablement changé de forme. Pour l'heure, c'est ainsi que dans nos petits villages de l'Yonne ne possédant pas encore tous les atouts de la ville, une force de vente sans cesse affinée prenant en compte nos moindres mouvements, nos moindres désirs, vient jusqu'à nos portes, guettant, suggérant nos changements, travaillant inlassablement nos consciences neuves de consommateurs et fait de nous, petit à petit, plus que des dépendants : des « appartenants à ».

Un matin d'août, alors qu'en plaisantant j'évoquais cet envahissement permanent de ma boîte aux lettres avec la factrice, celle-ci me confia les effets terribles provoqués par ces réclames au temps où la poste les distribuait encore. Elle trouva d'ailleurs mon attitude paradoxale et presque étrange, les plaintes, m'assura-t-elle, étaient infiniment plus nombreuses lorsque les gens ne recevaient pas de prospectus que lorsqu'ils en avaient en pagaille. Les gens « oubliés » dans la tournée écrivaient des lettres incendiaires à l'administration, assorties de menaces de poursuites pour faute professionnelle, quand ils ne réclamaient pas la mutation du facteur pour ce crime de lèse-consommateur. Les plaintes venaient toujours des femmes, me précisa la factrice. Elle m'assura avoir plusieurs fois reçu dans le bureau même des femmes hystériques revendicatrices, jalouses de leurs voisines à qui elles reprochaient d'avoir pu profiter à leur place des bonnes affaires du moment. Le fait est que les stocks en réclame sont savamment comptés et qu'ils s'épuisent, paraît-il, très vite. Fine analyste des techniques de vente, la factrice m'expliqua en sus comment, de toute façon, nous nous faisions systématiquement « pigeonner ».

J'avais avec elle une preuve supplémentaire, s'il m'en fallait une, que désormais nous appartenons effectivement aux supermarchés, comme nous appartenons à la télévision, à la téléphonie mobile ou à la Toile. Oui, nous sommes bel et bien pris dans les rets d'un filet qui n'a pas l'intention de nous lâcher tout comme nous ne sommes pas prêts à nous en défaire.

Samedi 17 juin 2000 (Montpellier/Chichery)

De retour du Bistro des ethnologues, où j'ai fait une conférence intitulée « Ethnologie de l'an 2000 ». Les gens ont peut-être été un peu surpris de mes audaces... Je suis resté en suspens lorsqu'on m'a posé la question à propos des pauvres. J'avais souvenir du texte de Walter Benjamin, mais je ne l'ai pas retrouvé. Il est fondamental : « ... Nous sommes devenus pauvres. Nous avons sacrifié, morceau après morceau, l'héritage de l'humanité et souvent nous l'avons mis au clou pour le 100 [e] *de sa valeur afin de recevoir en contrepartie la petite monnaie de l'actuel. (...) L'humanité se prépare à survivre s'il le faut à la culture. Et l'essentiel c'est qu'elle le fait en riant. Il est fort possible qu'ici ou là ce rire rende un son barbare. »*

J'aurai dû l'inclure dans ma conférence, car c'est vraiment ce que je pense (ou à peu près). J'ai fait bien sûr des emprunts à Virilio, nombreux et capitaux, mais je ne me suis plus rappelé non plus que dans Le bloom *il y avait cette définition :*

« La pauvreté désigne l'état de celui qui peut user de tout, n'ayant rien en propre, et la misère est l'état de celui qui ne peut user de rien, soit qu'il ait trop, soit que le temps lui fasse défaut, soit qu'il soit sans communauté » (p. 90). « Il est vrai que le capitalisme aura tout fait pour que la pauvreté soit en son sein identique à la misère, la propriété d'une chose étant toujours essentiellement le droit de priver les autres de son usage » (p. 108).

Chaque année, de plus en plus, dans les vide-greniers de la région, je vois s'installer des miséreux cachés, ceux qui grappillent, dimanche après dimanche, quelques miettes de notre système consommable, juste pour manger et ne pas mourir complètement d'ennui. Venant de nulle part, n'allant nulle part, ils montent, ils sont visibles maintenant...

Alors que je m'appliquais et souffrais à façonner les joints au-dessus de mon évier neuf, une voiture s'arrêta à la hauteur de ma fenêtre et klaxonna. C'était Jérôme qui passait pour m'inviter à prendre l'apéritif chez lui ce soir, « ... après 7 heures », précisa-t-il. A l'heure dite, après m'être changé, je me rendis chez lui en voiture – bien que sa maison ne se trouve qu'à deux cents mètres de la mienne – et me garai contre sa clôture, comme le font d'ordinaire les visiteurs. Me sachant attendu, je poussai le portail sans m'annoncer. Familier des lieux, je savais comment entrer par le sous-sol. A cause de l'averse tropicale, désormais quotidienne, de ce drôle d'été finissant, mes chaussures étaient un peu souillées. Après avoir traversé le sous-sol, je les abandonnai donc au pied de l'escalier, à côté des autres souliers de la maisonnée, et grimpai le petit escalier en chaussettes – l'habitude de faire attention de ne pas salir s'est si bien incrustée dans les mœurs et les consciences que lorsque les enfants du village viennent jouer chez moi avec mon fils, ils se déchaussent systématiquement dans l'entrée sans que personne ne leur demande rien. Pénétrer dans la maison d'autrui revient toujours à suivre une sorte d'itinéraire initiatique auquel

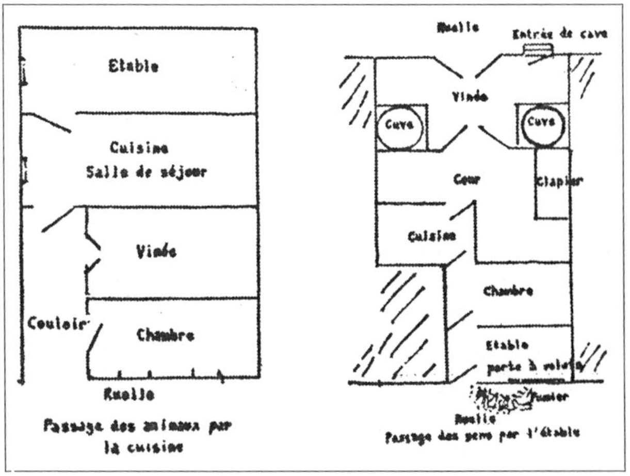

Plan d'une maison traditionnelle.

on doit se plier depuis la rue, et qui durera jusqu'à la pièce de réception, où l'on est propulsé dans une intimité relative. Grimpant dans l'obscurité, en haut de l'escalier, à défaut de trouver le bouton je m'accrochai au bec de canne que je repérai à tâtons et, en équilibre sur la dernière marche, je toquai à la porte. Un « entre... » viril, lancé de loin, confirma que j'étais bien attendu. Je poussai alors la porte qui donnait directement sur un couloir, et me faufilai sans bruit vers le vestibule, pièce « neutre » où se concentraient l'entrée et l'antichambre, sur lequel s'ouvraient trois autres portes.

J'obliquai à droite, dans la salle ; « salle » qu'en ville on appellerait salon, vu la situation, les meubles et le confort manifeste qui y règne. Mais ici comme dans les fermes de mon enfance et dans l'ensemble du monde rural, je n'ai jamais entendu parler que de « la salle ». A la différence de la cuisine donnant directement sur la cour, et par ce fait ouverte à tous, la salle fut longtemps, chez les agriculteurs, un lieu réservé à la seule famille, une pièce cachée où l'on pouvait se retirer pour prendre le frais en été, se reposer, et servant de salle à manger les dimanches et pour les grandes occasions. Dans tous les habitats on s'arrange avec la connaissance de l'espace domestique, s'asseyant là, s'enfermant ici, jouant et se jouant des épaisseurs inégales du temps en fonction de son âge, de son rôle, de ses activités et de ses désirs. C'est comme ça que dans une maisonnée, chacun finit par trouver sa place, la tient, la cède ou la conserve au gré des « moments » ritualisés dans le partage et la durée[1].

J'entrai alors que Sylvette enlevait le tas de linge posé en vrac sur les deux gros fauteuils face à l'âtre et à la télévision, puis elle repoussa sa planche à repasser dans la seconde partie de la pièce, à côté de la grande table ronde entièrement recouverte d'une pile de chemises parfaitement alignées. Jérôme m'invita à m'asseoir près de lui sur le canapé d'angle. Je m'excusai du dérangement, peut-être arrivais-je trop tôt ? « Non, non, dit Sylvette, mon feuilleton est terminé, passé 19 heures tu déranges pas. » Chaque jour, en effet, habitude bien connue dans le village et qui fait l'objet de plaisanteries d'homme dans les caves, les femmes, au retour du travail, déplient leurs tables quand elles ne sont pas déjà en place

1. Jacques Pezeu-Massabuau, *La Maison, espace social*, p. 121.

et s'emparent de leur fer à repasser tout en suivant leur feuilleton. De toute façon, sauf chez des célibataires, cet étage est le leur[1]. On y accède rarement sans montrer patte blanche, surtout à l'heure de la télévision. Voilà pourquoi les hommes se sont réfugiés dans les sous-sols et s'y sont équipés pour survivre... Malgré tout, la tradition de l'hospitalité veut que passé 19 heures, l'heure des « infos régionales » sur « la 3 », l'homme puisse recevoir à l'étage. Ratafia, pastis, whisky et parfois vin blanc sont la base de nos apéritifs. Jérôme me sert. Après avoir trinqué et avalé quelques goulées, on se prive rarement de commenter les informations et d'en tirer des sujets de conversation relativement neutres, à moins, si l'actualité nous y pousse, que l'on ne s'en offusque – c'est fou ce qu'on peut s'indigner et exprimer son désaccord devant un écran ! –, jusqu'à ce que, au deuxième ou troisième verre, on retrouve sa langue propre et que de digressions en plaisanteries on se fasse chansonnier, la critique virant parfois vers des transgressions étranges qui flirtent vite avec Ubu Roi ou Rabelais... Ce stade ultime de l'apéritif, auquel je n'ai jamais assisté qu'au bistrot, quand il y en avait encore un au village[2], et depuis dans des caves, marque généralement ses acteurs pour un temps. On s'en souviendra, comme on dit... et aux apéros suivants, on commentera longuement la « sacrée séance » de la fois précédente. Mais ces « séances » sont, en semaine du moins, en nette régression depuis l'interdiction stricte de l'alcool au volant. Toujours est-il que quand Madame est là, « on se tient » sauf exception...

Réfugiée côté repas, Sylvette termine, tout en s'en excusant, les trois bricoles qui lui restent à repasser. Nul doute à cet étage que le confort de chacun dépend de l'humeur et de l'organisation de la ménagère qui, en fait, n'en est plus tout à fait une ! De tout temps, les femmes ont été et restent les régentes de l'organisation domestique, une organisation inventée et acceptée par l'ensemble de la maisonnée pour le bon déroulement du quotidien de chacun, ce qui

1. Henri Lefebvre qui en son temps fut souvent clairvoyant soulignait déjà dans son « Introduction à la psycho-sociologie de la vie quotidienne » « l'ambiguïté de la situation des femmes », allant jusqu'à envisager « la possibilité d'un nouveau matriarcat, dont les symptômes s'observeraient dans les sociétés industrielles les plus développées ». (In *Du rural à l'urbain*, *op. cit.*, p. 104.)

2. Pascal Dibie, 1978. Voir le paragraphe « Les canons et la politique », pp. 129-160.

n'exclut nullement la tyrannie des objets. Une tyrannie douce et consentie qui, plus que la morale du foyer et son adhésion à des valeurs communes, reflète un système domestique qui dépasse largement le cadre de la famille. Chacun sait que la mise en ordre d'un intérieur englobe les règles de l'hospitalité, mais on oublie souvent son corollaire obligatoire : l'inhospitalité[1]. Ici, c'est évident, mari et femme tolèrent que chacun ait son domaine, ses prérogatives, sa marge de liberté ; ils « ouvrent » de façon commune certains espaces au visiteur, espaces qui vont fluctuer en fonction de l'intimité et de la proximité avec ce dernier. Quand on parle de tyrannie, il faut l'entendre plutôt comme une tradition. Elle s'est d'ailleurs bien amoindrie ces dernières années et, sous la pression des enfants et de la société libéralisée, va même jusqu'à disparaître chez bon nombre d'entre nous. J'ai pu noter que pénétrer dans des intérieurs où toute règle de vie en commun est tombée peut devenir très délicat pour le visiteur. Il est de plus en plus fréquent que cela soit exprimé comme un signe de modernité.

On reconnaît maintenant facilement en public que l'autorité est partagée, discutée, négociable, cela dans le but, paraît-il, de mettre l'hôte à l'aise et pour qu'il comprenne que la vie démocratique a pénétré jusqu'au cœur de la maison. C'est un fait désormais que chez les couples jeunes, l'autonomie de chacun est beaucoup plus grande qu'avant, sinon totale. Il n'empêche que, à l'heure où les « machistes » se renfrognent dans leurs fauteuils, où les hommes raccrochent au portemanteau leurs insignes de puissance et leurs expressions de pouvoir, que tout le monde se déchausse avant d'entrer dans un intérieur sanctuarisé, ce sont les femmes qui gagnent sur tous les tableaux. Je dois reconnaître que ces femmes issues du milieu paysan, que j'ai connues assez mal dans leur peau il y a vingt ans[2], ont manifestement su prendre le tournant de la modernité et se tailler des autonomies de tous ordres, l'autonomie financière n'étant pas la moindre. Dans bien des cas, elles ont dépassé, que dis-je laissé sur place, l'homme, tout en jouissant de cette double immunité que sont le respect et les règles de politesse inventées à leur seul endroit.

1. Anne Gotman, *Le Sens de l'hospitalité*.
2. Pascal Dibie, *ibid.*, « Fermières, femmes enfermées », pp. 57-88.

Jérôme demanda à Sylvette si elle désirait un apéritif. « Tu sais bien que j'en prends jamais, sauf si je suis avec mes copines... », lui retourna-t-elle, en m'adressant un clin d'œil. Sachant d'avance la réponse, et content de sa provocation, Jérôme sourit, en me regardant lui aussi. Puis il lui demanda si elle pouvait apporter des cacahouètes. Elle râla gentiment, repoussa la table à repasser vers le mur pour dégager le buffet, se baissa et tira un paquet qu'elle ouvrit avec les dents, s'excusant de ne pas trouver les ciseaux. Elle versa le contenu dans une coupelle en plastique rouge qu'elle me tendit. Le mari grogna, il se sentait vaguement insulté, ou plutôt non, un peu désespéré de la mauvaise manière affichée de sa femme, à l'instar de beaucoup d'hommes que j'ai vus dans cette sorte d'embarras face à ce genre de situations répétées, situations qui sonnent depuis un moment le glas de la femme ancillaire.

Il se trouve qu'en ce début du XXIe siècle ce sont plutôt les hommes qui vont mal, très mal même. En dehors de la mise en question permanente des vertus masculines par le « féminisme » devenu une valeur désormais respectable et respectée, qui, je le sais, a atteint plus profondément qu'on ne le croit mes congénères, les psychiatres pensent que le développement des banques de sperme a largement contribué à altérer l'image de la paternité, tout comme l'érotisme virtuel devenu monnaie courante provoque des « déroutes narcissiques » inconsolables. Tous éléments importants à verser au dossier de notre mal-être, mais auxquels il semblerait qu'il faille ajouter un point plus dramatique et plus profond encore : notre sensibilité toute masculine à l'instabilité environnementale, c'est-à-dire à la dégradation de l'environnement. La mise en question de notre territoire, avec ce que cela implique comme mise en insécurité physique, semble nous toucher plus spécialement. Le psychiatre Jean-Dominique Leccia a remarqué que si notre environnement individuel et collectif, physique ou imaginaire, est le même pour tous, hommes et femmes, nous ne sommes pas sensibles de la même façon à ses actuels bouleversements. Il propose l'hypothèse que la perte de contrôle pour l'homme de son environnement devient dangereuse, « bouleverse un trait génétique masculin dominant : rassemblement de ses univers, harmonisation de son territoire, hantise de l'impuissance, alors que les femmes sont en elles-mêmes un espace, une physiologie d'accueil plutôt que de confrontation avec les éléments et qu'elles composent différemment avec cette situation d'instabilité. (...) Comme dans les fragiles sociétés premières, conclut-il avec optimisme, elles sont les gardiennes du territoire, et pour nous, sans doute, un dernier recours [1]. »

Rétablissant sa table de travail contre le mur, Sylvette entreprit d'en débarrasser les piles de linge qu'elle allait sans doute ranger dans les armoires ou les commodes des uns et des autres [2]. L'heure du dîner approchant, elle quitta la pièce. Si j'en juge par les bruits de vaisselle s'échappant de la cuisine, elle le préparait. Je restai seul avec Jérôme et son fils, juste descendu de son étage à pas feutrés pour voir qui était là et grignoter quelques cacahouètes. Mais la question de l'hospitalité implique non pas tant le moment de l'arrivée que celui du départ [3]. Je savais qu'une fois épuisés les quelques souvenirs que nous avions en commun, vantés le bon et le moins bien de notre société matérialiste, évoqués peut-être quelques projets de « sorties » que nous ne ferions jamais, il serait temps de partir. De toute façon, le moment venu serait indiqué par Sylvette avec « l'appel à table ». Ce soir-là, comme cela arrive parfois quand l'ambiance et l'humeur de tous sont en harmonie, et après que la maîtresse de maison se fut enquise de mon célibat passager avec le fameux « T'es tout seul ? » lancé depuis la cuisine, ce que je confirmai depuis mon fauteuil, je restai dîner.

1. Si les hommes représentent 80 % des suicides, les femmes représentent 70 % des dépressions. Elles consultent plus rapidement et, même s'il ne s'agit pas d'une sinécure, elles réagissent plutôt mieux à l'instabilité territoriale actuelle, note le Dr Leccia. Il est vrai que le village a connu il y a quelques années une véritable épidémie de tentatives de suicide et de suicides d'hommes assez jeunes, qui a même touché des garçons de quatorze ans. On sait, statistiquement, que le taux de suicide chez les hommes dans les campagnes est élevé, la raison donnée en serait la seule crise du monde paysan. Le phénomène de « crise » me paraît un peu court, je lui préfère l'idée de « vulnérabilité masculine aux modifications de l'environnement » et aux « territoires en crise » pour reprendre les termes de Leccia. Les statistiques indiquent que les « drames violents », même s'ils sont élevés dans le monde rural, touchent les hommes dans toutes les classes sociales et toutes les tranches d'âge. (Jean-Dominique Leccia, *L'Epidémie silencieuse* – à paraître.)

2. Jean-Claude Kaufmann, *Le Cœur à l'ouvrage : théorie de l'action ménagère.*

3. Jacques Pezeu-Massabuau, *op. cit.*, p. 121.

Samedi 19 avril 2003 (Chichery)

Comme pour Le Village retrouvé, *je dois retrouver la foi dans ce que je fais, montrer que je témoigne de nos vies en France, aujourd'hui, que si je ne le fais pas, personne ne le fera – Même posture qu'il y a 25 ans mais position et regard différents. Regard enrichi, l'ethnologie a changé, la psychanalyse aussi, les sciences humaines sont devenues plus riches, plus transversales. Ne pas omettre ma présence, trouver comment l'introduire dans le récit.*

Ne pas avoir peur – c'est amusant de dire ça quand on sait que je n'ai aucune raison d'avoir peur. Par contre j'ai des craintes nouvelles, des craintes qui n'existaient pas il y a vingt-cinq ans : les risques de la réaction des gens. Nous sommes revenus à une période de susceptibilité incroyable, de plus en plus de gens décident de faire justice eux-mêmes, de se faire justice. L'égalitarisme déclaré de nos sociétés a enclenché une philosophie générale du droit à, type « Nous aussi on y a droit... » ou « Nous le valons bien... » Y aurait-il moins de justice ou plus de tentations ?

Il y a dans notre air vicié quelque chose d'un esprit révolutionnaire à l'envers, une lutte acharnée contre les privilèges inventés liés à la notoriété. Tout le monde veut accéder au même statut que l'autre, coûte que coûte, c'est son droit...

Dès que la patronne lança son « à table ! », on s'exécuta. Rien ne manque à la petite cuisine de ce pavillon : réfrigérateur immense, four à micro-ondes, plan de travail, placards de coin suspendus, hotte aspirante, plaques électriques, four encastré, le tout dans une netteté de musée neuf. Le couvert était dressé sur une petite table carrée, poussée contre le seul mur inoccupé de la pièce : assiettes, couteaux et fourchettes du même côté, verres Pyrex, carafe d'eau en plastique jaune, et une baguette de pain. Cette installation sûrement pratique pour trois l'était moins pour quatre... Pour l'occasion, Jérôme propose d'aller chercher une bouteille dans « sa cave » et d'ouvrir un bocal de pâté de lièvre. Il arrive encore souvent que la présence d'un hôte provoque l'exceptionnel comme de goûter aux préparations de l'homme. Sylvette fit la fine bouche, déclarant, en aparté, qu'elle en avait assez de manger de « son

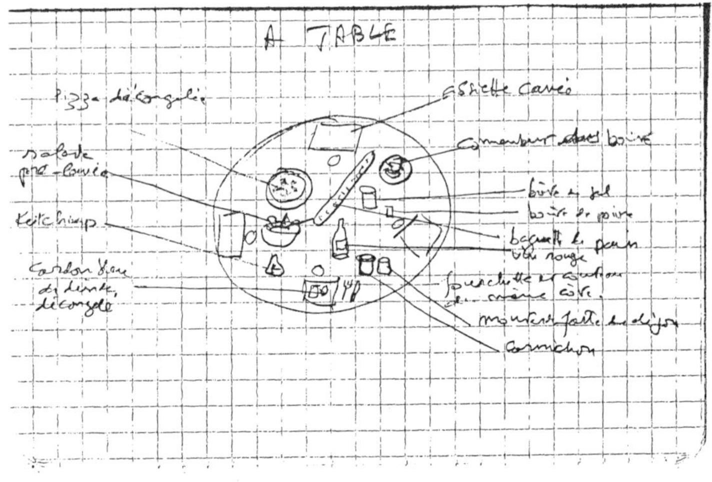

gibier ». Nous trois, les hommes et le garçon, activâmes couteaux et mandibules autour du mets rare avec un vrai plaisir. Tout en me confiant les secrets de la longue et délicate préparation de ce pâté sauvage, et en me contant le récit de la mort de ce « capucin », Jérôme m'abreuvait de son petit bourgogne. Le goût du temps où je mangeais dans les fermes me revient sous la langue : les civets et pommes de terre salade à l'ail, les pissenlits aux œufs, les grands bols de lait tiède juste tiré, le long jeûne des escargots qu'on avait ramassés et dont on faisait des « débagoulades », la sauce à l'ortie, les clafoutis aux cerises, et comment nous retournions nos assiettes à même la toile cirée pour prendre le dessert...

Evidemment, la cuisine a quelque peu changé depuis la « cheminée burgonde » où le foyer était l'âme de la maison qui ne comportait d'ailleurs qu'une pièce. J'évoque tout cela avec mes hôtes, qui attendaient que, comme à mon habitude, je les distraie un peu avec mes histoires compliquées. Le vin aidant, j'en rajoutai, allant chercher je ne sais où que, pour éviter la fumée noircissante, on partageait l'habitat en deux pièces : la cuisine, où se trouvait le foyer, et la chambre, chauffée par le même foyer au travers du mur, cheminée dont il reste la trace symbolique, dis-je, en montrant la hotte conique rutilante qui surplombait la cuisinière[1]. « Sauf que là, derrière, c'est le vide maintenant », me dit ironiquement Sylvette, qui me signala au passage que la chambre était de l'autre côté du couloir. « Et heureusement que ça a changé. J'aurais pas aimé avoir une cuisine comme ma mère. Il fallait courir partout, descendre au cellier pour chercher des machins, aller à la cave pour les endives, monter dans une espèce de réduit où elle mettait les légumes à garder... Un grand placard où y avait tout et où on trouvait jamais rien. Le buffet qu'était un fourbi, l'étagère à l'autre bout où tu devais monter sur une chaise pour prendre les confitures... Et l'évier qu'était trop bas, qui débordait... T'avais mal aux reins, ça en mettait partout. Non, non, c'était trop de boulot. Puis tout le monde rentrait dans la cuisine avec ses bottes sales, fallait nettoyer tout le temps, t'as qu'à voir. »

C'est exactement ce que je faisais, pensai-je. Je songeais qu'ici, cette cuisine fonctionnelle, intégrée, avait dû coûter beaucoup d'argent mais que plus personne n'entrait dans cette pièce conçue davantage comme un « laboratoire » que comme un espace communautaire. On ne pouvait pas y tenir à plus de deux ou trois tant elle était petite. L'ameublement avait été imbriqué par le concepteur de telle manière qu'on ne pouvait plus rien changer, au risque de tout démonter. Je devais reconnaître que tout était fait pour réduire la peine et les déplacements, jusqu'au temps de préparation des plats. Une sonnette retentit et une pizza ramollie au micro-ondes atterrit dans l'assiette de Jérôme. Après le pâté d'odyssée que nous mastiquions encore, le choc était rude. A l'injonction de sa mère, le jeune garçon se leva pour « mettre en route » ses « cordons bleus » dans une poêle tandis qu'on partageait la pâte napolitaine... Je me rendais à l'évidence : celle que longtemps on appela la mère de famille, avant qu'on ne la consacre ménagère, ne veut justement plus perdre de temps à la préparation du repas familial pour la bonne raison que, désormais, elle est une active au sens moderne du terme puisqu'elle travaille à l'extérieur. Même si elle accepte d'être encore l'arbitre du repas familial, elle veut avant tout être l'arbitre de sa propre liberté. Sylvette ou les

1. Paul Lebel, « La cheminée burgonde », p. 95.

autres ont résolu et vérifié cette équation évidente : moins de temps à la cuisine signifie plus de temps et de plaisir ailleurs. La fumée de la dinde panée commençant à nous incommoder, la mère demanda à son fils de brancher la hotte aspirante. Il chercha les boutons, en vain. Alors Sylvette se leva, et, en même temps qu'elle appuyait sur le bouton *ad hoc*, mit en route le micro-ondes où elle avait enfourné du pain juste sorti du congélateur. Se déplaçant d'un pas, elle appuya sur une pédale qui, commandant la porte du placard situé sous l'évier, fit surgir une boîte à ordures dont le couvercle s'ouvrit automatiquement ; elle y jeta sans le froisser l'emballage du plat préféré du petit, pendant qu'au retour elle tirait une cuillère d'un tiroir coulissant qu'elle repoussa d'un léger coup de genou et, toujours sans se déplacer, alluma la cafetière posée sur le micro-ondes, coutume locale (et répandue au niveau national) qui permet d'avoir le café prêt pour le lendemain matin... Un peu chahuté par tant de mouvement autour d'un succédané de repas je me demandais : libération par, ou tyrannie des objets ?

La bouche est nostalgique autant que les goûts ; quand on y touche un déséquilibre impalpable, quelque chose qu'on ne peut pas nommer et qui surgit souvent lorsqu'on est un long moment inscrit dans une autre culture, s'installe, monte jusqu'à créer un véritable manque. Je n'ai rien contre l'« espace pratique », rien non plus contre ceux ou plutôt celles qui les ont adoptés, mais je pense que de nombreux malentendus proviennent de ce que les concepteurs ou les architectes jugent, ou supposent des comportements et des attitudes à partir de valeurs qui ne sont pas toujours celles de la clientèle à laquelle ils s'adressent. Ce que je subis ici, ce sont des conceptions urbaines du monde. Très peu de concepteurs prennent la peine de comprendre et d'adapter leurs objets à la logique de modes de vie autres[1] notamment ruraux. Ma résistance à ces cuisines fonctionnelles préconçues peut paraître absurde ou surannée aujourd'hui, pourtant la transformation imposée des espaces où nous nous alimentions et inscrivions notre quotidien, particulièrement la cuisine pour ce qui était de l'habitat rural traditionnel, participe très largement à l'ethnocide généralisé du monde. Les architectes d'intérieur semblent bien peu au fait de la loi d'inertie

1. Bernard et Jambu, « Espace habité et modèles culturels », pp. 7-20.

culturelle impliquant qu'une technologie nouvelle ne rend jamais obsolète la technologie traditionnelle qu'elle prétend remplacer. Les changements d'environnement domestique ne sont enregistrés qu'avec un temps de retard plus ou moins long par ceux-là mêmes qui occupent l'espace[1]. Nos cuisines ont gagné en « cru », pour ne pas dire qu'elles ont perdu en « cuit » puisqu'elles ne sont plus le lieu où, comme dans les fermes, s'organisait cette alchimie journalière qui, du fourneau au ventre, montait à l'esprit et au cœur en rassemblant toute la communauté au moins trois fois par jour. La cuisine laboratoire nécessite des connaissances plus techniques que culinaires, elle porte inscrite structurellement en elle une idée d'organisation plutôt que de nourriture. Dans les nouvelles maisons, cette pièce micronisée est devenue un « poste de travail » domestique dont il faut accepter l'étroitesse, l'esthétique, et maîtriser le maniement spécifique. Un camembert « à cœur » tomba sur la table, le pain était dégelé. Jérôme ouvrit une nouvelle bouteille, alors que femme et enfant avaient déjà quitté la table, comme si celle-ci n'avait jamais existé, nous laissant l'évidente consigne de débarrasser quand nous aurions terminé.

La télé imposait son diktat horaire et sa voix, alors que de l'étage supérieur nous parvenaient les glouglous étranges d'un jeu vidéo. Cette scène vécue mille fois, qui menace chez moi comme chez vous, est je le sais d'une banalité considérable, mais la fin organisée de la commensalité familiale, la disparition du repas que nous appelions la table, si importante dans notre culture et nos religions, me paraît être, avec le non-traitement de la mort, une des causes majeures de notre déshérence rituelle.

Mercredi 7 juillet 2004 (Chichery).

Feuilletant un vieux Temps moderne *datant de mars 1949 à la page d'un article de Lévi-Strauss, je retrouve un texte que j'avais écrit et daté du 8 juillet 1980 à propos d'un article de Luc de Heusch publié dans la revue* Critique, *de novembre 1975, intitulé « Sens et contresens anthropologique ». Une réponse à la critique de Serge Moscovici dans* La Société contre nature *paru en 1972 à propos de la théorie de l'interdit de l'inceste comme étant à l'ori-*

1. Poirier, « L'homme, l'objet et la chose », *op. cit.*, p. 957.

gine de la culture, critique adressée bien entendu au maître lui-même et, à travers lui, au structuralisme.

Il est évident qu'aujourd'hui je modérerai ces quelques réflexions très personnelles correspondant bien au contexte de la fin des années 1970, cette époque formatrice pour moi où l'ethnologie était en pleine vie et où la polémique, à l'imitation des Anglo-Saxons pour qui le débat était primordial pour faire avancer la recherche (et l'est encore parfois comme dans American Anthropologist*), était encore acceptée comme mode de communication scientifique. Qu'on se souvienne et qu'on relise* Les Temps modernes, *la* Revue Libre, Critique, *la brochure du groupe Socialisme et Barbarie, et les dizaines de revues juste ronéotées comme* La Brochure ethnologique *que j'avais fondée à Jussieu en 1976, le* CRI, *etc., où le contenu, bien entendu, passait avant la composition du comité de rédaction qui semble seul compter aujourd'hui pour garantir la qualité, que dis-je, la reconnaissance des articles (on ne dit plus « textes », évidemment). Bref, je n'écrirais plus ça aujourd'hui, d'abord parce que je n'oserais plus – y penserais-je même ? – et que durant les vingt-cinq ans qui me séparent de ce texte, j'ai acquis une connaissance plus approfondie de l'œuvre de Lévi-Strauss, que j'ai eu l'occasion de le rencontrer à plusieurs reprises, et surtout de prendre la mesure éthique et nécessaire de son œuvre au moment où il l'a fondée. J'ai pu moi même juger (par les documents) l'état dans lequel était le monde de l'anthropologie dans les années 1930 lorsque, jeune philosophe, il la découvrit, et mesurer l'urgence, l'obligation qu'il y avait à la réformer, à la sortir de sa gangue colonialiste et lui donner une nécessaire mesure scientifique, dont le structuralisme en fut l'effet.*

De Heusch a effectivement bien lu et compris L. S. dont il se fait l'exégète. Il comprend que cette critique est dangereuse. Il minimise sa portée en l'écartant du domaine de la structure et en essayant de montrer que Mosco n'émet que des évidences. »

Il est vrai, à lire LS, L'Anthropologie structurale II, *que ce dernier a une écriture et une expression qui ne cessent de tirer vers le savant et qu'il a verrouillé toutes les critiques éventuelles, comme s'il bouchait les portes et réglait ainsi leur sort, définitif, à des pistes autres que sa « sémiologie » personnelle. Son travail n'a été que de bâtir, à partir de son talent (la langue de la science appliquée aux sciences humaines d'où il veut extraire l'ethnologie) un monument à lui-même que personne ne pourra égaler. Mais ce faisant, s'inscrivant dans le sillage des grands ancêtres de l'ethno, il boucle, là aussi, l'histoire de l'ethnologie. Il a emprunté à Mauss le créneau du savoir que celui-ci voulait large et ouvert pour monopoliser une science qu'il veut sienne. L.S. a tout dit une bonne fois pour des générations ! Rendu invisible, il s'est carapaçonné dans une théorie, mais son épaule se découvre, et aux jointures, l'épée pourra un jour passer qui décapitera l'aventure personnelle et mettra au jour des ouvertures possibles – « Du miel aux cendres », c'est son expression scientifique : flatter pour s'autoparrainer, flatter pour assassiner sèchement, réduire en cendres ce qui se fait à côté, au lieu de s'y intéresser. Dans le fond, ce qui l'a emporté dans ses propositions, c'est la construction hermétique de son propre système, tel le vide en physique dit-il, qui est l'expression de l'ethnologie, toute autre chose n'est que nulle et non avenue. Il s est rendu nécessaire ! Cela dit, je me passionne à le lire.*

Décors du rêve

Bientôt le poste de télévision fit silence, un pas fatigué glissa devant la cuisine et une voix lança gentiment à son mari un « t'éteindras... », suivi d'un « bonsoir Pascal, excuse-moi, je suis fatiguée... ». Une montée à l'étage, une redescente, quelques bruits d'eau, de portes, la maisonnée avait sommeil. Pourtant, allant jusqu'au bout de l'idée qu'il se faisait encore de l'hospitalité, Jérôme me proposa de regagner la salle pour boire une petite goutte avant de nous quitter. Il alluma le plafonnier. La lumière crue, et mon état peut-être, mirent en relief le décor de la pièce dont je n'avais jusque-là ressenti que le confort. La présence de ce mobilier normalisé à outrance me rappelait que l'on n'habite jamais que la culture qui nous habite, et que les choix de décoration, longtemps dictés par nos appartenances sociales, sont aujourd'hui presque totalement dépendants de l'offre qui nous en est faite. Je n'étais pas nulle part, j'ai plutôt envie de dire que j'étais trop précisément quelque part : les objets, assez peu nombreux, qui meublaient la salle, me rappelaient que les héritages matériels et culturels ne meublent désormais plus nos vies ni nos maisons. Les self-made personnes que nous sommes devenus sont soutenues par toute une logistique marchande qui connaît nos tendances et oriente nos goûts en fonction de nos désirs de paraître. La définition même de ce que serait un modèle culturel, disons, pour paraphraser quelque collègue, cet ensemble structuré de normes et de pratiques ayant pris forme de convention pour un groupe déterminé, ne tient plus. Voilà qu'aujourd'hui chaque individu, chaque « genre », entendez sexe, appartient simultanément à plusieurs groupes ou sous-cultures qui, de l'âge en passant par le milieu familial, le milieu socioprofessionnel, l'appartenance/dépendance passionnée à certains loisirs, certains espaces géographiques ou ethniques, et je ne sais quoi encore, font que nous vivons à l'interaction de plusieurs modèles culturels.

Entre deux trophées de chasse, un chromo à la gloire d'un cerf digne de Disney, une vieille photo agrandie d'une réunion de famille déjà ancienne, des souvenirs de voyage exotiques, prennent place sur les murs de la salle des tableaux littéralement « fauves ». La tapisserie « berger allemand » a chez les plus jeunes été remisée pour un tigre, une girafe ou un éléphant. On voit de plus en plus chez nous tous des *curiosos* et des statuettes ethniques, souvent en résine *made in China* ou *Indonesia*, prendre place sur nos meubles et nos étagères. Ils montrent, avec quelques objets incongrus proposés par des magasins de décoration type « Comptoir colonial » qui depuis deux, trois ans, gagnent la région, le désir évident d'exprimer *de visu* sa curiosité et son originalité. Peut-être faut-il à cela ajouter la montée réelle, sinon de l'esprit voyageur, au moins de l'idée de voyage chez tout sédentaire contemporain[1]. Ces objets

1. La chose est tellement vraie (ou provoqué) que dans *Mon magazine* du supermarché Atac de novembre 2005, à la page « Mon espace maison », on nous invite : « Décorez aux couleurs des pays lointains » et on nous écrit : « Vous êtes rentrés de vacances et vous n'avez pas trouvé où mettre la lampe en peau de chèvre, le cendrier peint à la main (...). Depuis une dizaine d'années la décoration ethnique, c'est-à-dire basée sur des cultures fortes telles que les cultures africaine, asiatique ou sud-américaine, s'empare des intérieurs français. (...) L'influence ethnique étrangère peut vous amener à repenser l'organisation de votre chez vous. » Suivent des conseils fort judicieux et : « Surtout, osez les mélanges, laissez libre cours à votre imagination. » Nos « marchands » ne nous ont pas oubliés, ils se sont enrichis d'une analyse anthropologique de notre mode d'habiter tout à fait respectable et, à nouveau, touchent au cœur, pour nous guider dans nos choix (d'achat) et pour concurencer les marchés qu'ils estimaient sauvages...

proposés à l'unité dans les magasins, considérés comme uniques, sont aussi là pour marquer la différence des uns par rapport aux autres, ou plus simplement pour rompre l'unité monotone du préfabriqué général. Quant à la touche sauvage, elle est peut-être l'expression symbolique d'une critique inconsciente de la lourdeur domestique ou la recherche d'une présence exotique comme respiration, l'une n'excluant pas l'autre. En attendant, dans pratiquement toutes les maisons du village où j'ai pénétré, j'ai pu noter que tous s'étaient détachés de la représentation rurale pour rejoindre le grand « goût du monde ». Le *world touch*, après la *world music* a insidieusement colonisé nos espaces privés. Peut-être faut-il voir aussi ces décors métissés comme des façons de se préparer à un plus grand métissage physique à l'intérieur même de la famille, métissage largement en route qui se réalise et se développe sans complexe avec les jeunes générations.

Quelque peu désinhibé par la goutte et ce qui avait précédé, je demandai à Jérôme s'il avait participé à la décoration de la maison. La réponse fut brève : « Pour le bricolage c'est moi, pour les choix c'est Sylvette qui s'occupe de ça. Moi j'ai mon sanglier, mon chevreuil là et là sur les murs comme tu peux voir, ma cheminée... Ça fait concurrence à la télé qu'est dans l'autre coin. Un petit feu, je regarde par là, et je suis bien... Et encore, c'est souvent contesté, ils trouvent ça mortifère mes bestioles, qu'ils disent. Et leur tigre ou leur girafe, c'est quoi ? Au moins, ces animaux je les ai eus en face de moi, je les ai vus vivants. Ça m'évoque ça, ma passion quoi... » Voilà encore une différence avec les citadins, c'est curieux comme à la campagne on s'exprime peu sur ce qui touche à la décoration. La plupart du temps les hommes haussent les épaules et donnent le sentiment qu'ils s'en désintéressent, quant aux femmes, elles sont peu loquaces face à un homme. Peut-être est-ce par pudeur, on touche à leur intimité ; c'est leur intérieur, leur âme, leur romantisme qu'elles accrochent à leurs murs, à défaut peut-être de pouvoir l'exprimer oralement. « C'est pas des trucs qu'on parle, ça s'explique pas », me dit une amie d'enfance à qui je demandais comment elle décidait de faire entrer tel ou tel objet chez elle. « C'est comme *Les Feux de l'amour*, ça fait des années que je regarde ce feuilleton, je sais bien que c'est gnangnan, mais je fais presque partie de la famille maintenant. Je suis heureuse, triste, déçue, je vis mes sentiments du jour en même temps. Comme souvent je fais autre chose aussi, ça m'empêche pas quoi... Pour moi, ça fait partie du décor de chez moi, dehors comme dedans, oui, ça me meuble... C'est comme les bibelots, j'aime bien les retrouver quand je rentre. Je les oublie, mais quand je les dépoussière, là je les regarde, ils me font penser, ils me rappellent, quoi. C'est un peu des marques dans le temps... Mais ce que je préfère, quand c'est pas un cadeau, c'est d'aller les acheter, ça j'aime bien... Et puis de réfléchir où je vais les mettre, ça c'est bien, oui, ça me plaît. » De fait, elle me donnait une belle définition du décor qui, outre le besoin qu'il implique de personnaliser l'espace, est une stimulation sensorielle. Comment expliquer autrement ces objets non nécessaires, dont la suppression ou le changement ne modifie pas l'utilisation de l'espace puisqu'ils n'ont pas d'autre utilité que celle, sentimentale, de paraître afin d'honorer et d'impressionner le visiteur qui pénètre les lieux.

Le *decus-oris*, ce qui sied, ce pourquoi il est décent de paraître, ce qui, comme une médaille, embellit l'uniforme ou les murs. Ce « décorum » de jadis avec ses lois de bienséance, d'hospitalité enveloppée d'un luxe ostentatoire, est devenu au XIXe siècle un art d'intérieur attaché à la bourgeoisie. Elle devait alors choisir dans un large éventail de styles (et de faux) variés pour affirmer ses goûts et son appartenance. Puis, sous la poussée des fabricants industriels d'objets en masse (ou de masse ?), le décor s'est démocratisé, devenant jusqu'au fond des campagnes un élément inévitable du cadre de vie. J'ai noté dans mon étude sur la chambre à coucher comment le développement de la scierie hydraulique avait permis très tôt la fabrication manufacturée et créé une véritable industrie du meuble que des « Maisons » proposaient déjà aux particuliers par correspondance, faisant ainsi entrer jusque dans nos salles, nos salons et nos chambres ce « goût de catalogue » dont la majorité d'entre nous est aujourd'hui dépendante [1].

En même temps que nous achevions de siroter notre poire, j'observais le papier peint qui tapissait les murs de la pièce. La neutralité en était extrême : un épais « papier » en vinyle expansé beige clair, légèrement gaufré comme cela se fait maintenant, le tour de

1. Pascal Dibie, *Ethnologie de la chambre à coucher*, p. 148.

la porte-fenêtre encadré d'une frise ocre-jaune, des rideaux qu'on ne tire jamais, dans le même tissu que celui du canapé d'angle dans lequel j'étais enfoncé. Je demandai à Jérôme quand ils avaient refait la salle. « C'est pas si vieux, me dit-il, la maison a vingt-cinq ans cette année, on a dû refaire la salle il y a pas dix ans. On commence à en reparler d'ailleurs... Elle trouve que depuis qu'on a l'insert, les murs ça se salit plus vite. C'est sûr que c'est plus clair, mais moi j'aimais mieux quand c'était des vrais papiers, avec des motifs, j'étais habitué... » Entre les deux doubles fenêtres qui, dans la journée, éclairent la pièce orientée vers le midi, un ficus anémié dans son panier en osier répond à la tache de couleur d'une azalée rouge-orange installée sur l'épaisse table basse en bois où est posée la goutte. Rien n'a été laissé au hasard, une attention scrupuleuse s'est attachée aux poignées des portes, aux serrures, au style vaguement rustique de la partie salle à manger, avec son ensemble vaisselier-table-chaises de la même facture, aux cadres jumeaux des tableaux figuratifs suspendus de chaque côté, à ceux des photos de famille posées sur le buffet... Tout est fait pour communiquer une impression de chaleur et d'intimité, un véritable « intérieur » ! Le moderne des tableaux exprime l'aspect rustique de l'extérieur, ses sujets rappellent que l'on est encore à la campagne. Tout cela ne m'enlève pas ce sentiment étrange que l'ensemble n'appartient pas vraiment à mes hôtes, pas plus d'ailleurs que la décoration de ma propre maison ne m'appartient désormais. Les modes et leurs objets passent aussi vite que les vêtements et se succèdent à des rythmes de plus en plus soutenus qui confirment notre état perpétuel de *fashion victims* volontaires.

Jérôme me coupa dans mes pensées ; lui-même, après ma question, gambergeait dans son coin. « Tu parles de décoration, non c'est pas mon truc, mais si tu veux qu'on parle chasse, alors là oui, ça c'est du loisir. Remarque la décoration, à voir Sylvette, c'est bien du loisir aussi, faut le dire. Ben les chasseurs... faut pas croire qu'on est des viandards. Non, les chasseurs... y en a p't'être encore quelques-uns, mais c'est terminé ce temps-là. Non, c'est du loisir la chasse. C'est un temps à moi, rien qu'à moi : t'es là à attendre ou à trouver l'animal. J'y pense tout le temps, mais remarque je dois pas y penser plus que le gars qui fait du vélo, ou l'autre qu'est parti dans l'attelage. Ou Sylvette ou ta femme qu'ont la tête dans le lustre... Mon vieux, moi je travaille, j'ai un peu de temps de reste, allez hop, je mets tout dans ce que j'apprécie le mieux. Ça coûte un peu, d'accord, mais c'est grâce à ça que les gars y tiennent au boulot, ils se disent : allez, y a ceci ce week-end, cette réunion demain, ceci, cela... c'est des moments qui portent pas à conséquence, qui nous sortent du train-train. Faut pas bouder le plaisir non plus, puisque tu parles du décor, de la panoplie de chasse, comme on dit. C'est sûr qu'il y a les habits pour ça maintenant : la cartouchière, le fusil, les chiens, les odeurs qui vont avec, c'est ça qu'on recherche aussi. Disons que c'est un temps qu'est ailleurs et surtout rien qu'à nous. Pendant ce temps-là on se fait plaisir, oui, vraiment... Ceux qui font du sport, c'est un peu pareil, même si c'est différent, ils se déguisent plus : la marque machin, les chaussures comme ça, puis y a l'imitation du champion, mais nous dans la chasse on est plus sur une tradition. Ce qu'a changé c'est que maintenant que c'est considéré comme loisir, bon, on paye un peu trop tout, puis y a p't'être des modes aussi qu'on suit sans trop s'en rendre compte. Mon père, pour lui, la chasse c'était le fusil et la cartouchière et plus ou moins tous les jours pendant la période ouverte. Le permis d'accord, mais pour le reste y s'encombrait pas, c'étaient des paysans, ils allaient au champ avec le fusil certains jours. Bon, c'est vrai que ma génération on colle un peu plus à une mode peut-être, c'est tout simplement parce que il y a de l'offre et qu'on a plus de moyens. Dans le fond, c'est vrai y a p't'être un peu plus de décor aujourd'hui, c'est pas faut... »

Quittant son terrain favori, tout en ménageant mon côté écolo, comme il se plaît à me le dire amicalement depuis longtemps, écologie à laquelle il estime qu'il participe lui aussi en respectant et gérant les populations de gibier qui « sans nous (les chasseurs), auraient ou disparu ou seraient devenues envahissantes », mon hôte s'exprima un moment sur les difficultés qu'il rencontrait au travail, sur le stress de plus en fort à cause du chômage, des jeunes qui poussent, des grands groupes et leurs patrons interchangeables. Sa souffrance est réelle, profonde, et, je le sais, bien autre chose que des soucis passagers. Ses yeux clignèrent à plusieurs reprises. Il était temps que je me retire. Il me suivit dans le petit escalier au pied duquel j'enfilai mes chaussures, lui ses caoutchoucs de jardin. Il me précéda dans la traversée du sous-sol, me montrant au passage, dans un bâillement difficilement contenu, une acquisition « extra » pour bricoler dont il me reparlerait plus tard et m'accompagna dehors, jusqu'au portail qu'il ferma à clef derrière moi, m'envoyant un « vu que maintenant avec ce qui se passe, on est bien obligé de s'enfermer... ».

Jeudi 29 mai 2003 (Chichery)

Je « nous » trouve extrêmement troublés. Comment ne pas l'être dans ce monde normé, comment ne pas l'être quand tout est pareil : emballage, nourriture, télé, jeux, histoires d'amour, de famille, etc. Finalement tout se passe à égale vitesse dans le monde entier. Tout le monde veut avoir accès aux mêmes choses sans se poser de question. On veut rentrer dans l'image, être dans le Net, sur la Toile. Mon existence, ma citoyenneté de consommateur, est désormais ma reconnaissance, mon ambition...

Le village évanoui est détrôné par le village mondial. L'histoire des retraités est très représentative de ce changement de civilisation : dans un monde de plus en plus actif, les RTT sont une sorte d'entraînement, de préparation à la retraite active – ce serait catastrophique pour le système si la retraite obligeait à baisser la consommation. Est-ce qu'on peut encore vivre comme on veut ? Non, on vit comme on peut et comme « ils » veulent...

En poussant le Caddie

« C'est vendredi, on essaie de les faire avant tout le monde », me dit Roger que je rencontrai au bout du rayon « gâteaux », où je flânais moi aussi. Il n'y a pas grand monde encore au supermarché à l'heure de l'ouverture. J'enchaîne les présentoirs les uns après les autres, tiré par mon Caddie plutôt que le poussant. Bien que n'ayant pas grand-chose à acheter, j'ai garé ma voiture au plus près possible de la rangée des Caddies pour en libérer un. Je n'en ai guère besoin, mais je le fais pour une double raison : je possède un jeton offert par le magasin, accroché à ma carte de fidélité, l'un n'allant pas sans l'autre, que je laisse dans ma voiture, et puis il est plus amusant, plus grisant même, de glisser d'un rayon à l'autre, un peu vautré sur cette béquille à roulettes. L'effet régressif et la douce euphorie que procurent les courses est bien connu de tous, mais cette fois, il s'agit de nourriture. Je suis là, nous sommes là pour nous préoccuper de nos ventres, du moins je veux le croire ! Tiens, voilà Sylvette, puis Françoise, Bernard, Danielle, Edith... Tout Chichery est là, « c'est pour éviter le samedi, ça devient intenable », me confie l'un d'eux. Bonne idée, en effet, que de se lancer dans cet espace quasi vide, presque adamique même, il suffit de tendre le bras pour cueillir du sucre là, des nouilles ici, du pâté là-bas, du vin, de l'eau, des carottes, bref tout ce dont on a envie ou presque – j'ai failli dire « besoin », mais je crois que pour la majorité qui déambule ce matin dans les rayons, nous n'en sommes plus là (ou pas encore là, qui sait ?). Depuis quelques jours, on nous annonce même de bonnes nouvelles : des calicots jaunes, pendus au plafond du magasin, vantent la « baisse Sarkozy » – un homme politique est parvenu à s'installer dans les rayons !

En fin de compte, c'est dans la logique des choses, nous consommateurs, ne faisons-nous pas l'objet d'un vote quotidien ? Chaque achat n'est-il pas considéré comme une élection quotidienne pour une marque plutôt que pour une autre ? L'industrie alimentaire fonctionne comme les politiques, ou plutôt non, c'est l'inverse, elle (ils) fait (font) comme si on allait voter chaque jour pour elle (eux) et développe(ent) des études approfondies régulières sur les usages, les attitudes du consommateur. Nous ne sommes plus pour elle

(eux) qu'un panel, un objet de correspondance, de demandes d'information [1], qui permettra d'adapter, d'ajuster le produit à nos désirs profonds, et ainsi, en captant nos choix, de gagner l'élection (du produit ou du bonhomme). Quoi qu'il en soit, la conquête des marchés passe désormais par la connaissance des attentes des clients potentiels basée sur une investigation minutieuse de notre quotidien. Ce bien « culturel » d'un genre particulier scrute les deux *tempi* de notre société devenue schizoïde : celui de l'histoire additive, cumulative, du « progrès » techno-scientifique, et le *tempo* plus lent, voire répétitif, d'une vie privée qui, malgré l'innovation qui la pénètre, la cerne – le bruit et la fureur des indices et des statistiques – et l'assiège – il faut riposter à tout défi venant d'ailleurs –, perpétue les traditions d'une vie locale et familiale qu'une pseudo-imitation d'une *way of life* américaine ou autre ne perturbe finalement pas tant que ça [2].

En plus des « points », signalés sur les étagères, que l'on peut gagner sur telle ou telle marque, on a ajouté des écriteaux avec des prix barrés et révisés à la baisse, résultat de l'« effet Sarkozy », comme le clament les médias depuis quelques jours. Je dois avouer que je suis assez indifférent à ces annonces pour la seule raison que je doute que ces promesses soient effectives ; de plus, ma religion culinaire est généralement acquise avant que je fasse mes courses. Non que je sois un homme à « liste » comme on en voit certains remonter consciencieusement et méthodiquement les rayons avec un papier à la main, qu'ils biffent au fur et à mesure du remplissage, mais mes envies et surtout mon goût, éduqué par ma mère, m'entraînent plutôt vers la qualité des aliments et les vrais besoins ménagers du moment. Pour être précis, je me déplace plus souvent pour aller chercher que pour trouver... Quoiqu'une nouveauté à

1. *Le Mangeur du XXIe siècle*, p. 35.

2. Nées aux Etats-Unis dans le champ politique au milieu du XXe siècle, l'investigation par sondage et l'enquête d'opinion prétendent sonder les silencieux, déplacer la frontière entre le dit et le non-dit, jouant constamment sur la ligne de démarcation entre l'existence individuelle et l'environnement social qui la cerne. Devenues de véritables échographies sociales, elles ont vite pénétré la sphère de l'intimité, sachant que tout ce qui est su, jusqu'au plus secret, est bon à savoir pour les observateurs et bon à exploiter pour les autres... (Body-Gendrot, « Une vie privée française... », p. 533.)

essayer çà et là ne me laisse pas indifférent, bien au contraire. Je ne suis pas fanatique non plus de ces produits dits de « terroir » spécialement et joliment présentés qui, plus que les autres, sont faits pour retenir notre attention. Ces « sautés de mouton à la tourangelle » ou ce « canard à la nantaise » jouent de leurs origines géographiques pour essayer de toucher notre imaginaire. En fait, ils sont conçus pour provoquer une double réaction : par leur intitulé même ils invoquent la tradition, et nous poussent à les resituer affectivement dans le passé ; d'un autre côté, ils appartiennent pleinement à la société actuelle au travers des procédures complexes d'authentification qu'ils ont dû subir pour arriver jusqu'à ces étagères. L'« authentification de la marchandise », nouvelle création des industriels, repose sur une idée marketing assez simple : il s'agit de décadrer le produit pour recadrer le consommateur[1]. Si j'en juge par l'attrait que ces produits de terroir exercent sur les chalands interrogatifs qui font presque tous une halte devant ce rayon, cela semble marcher.

Lundi 9 août 2004 (Chichery)

Après relecture de L'Homme et l'Excrétas *de Claude Gaignebet, je me suis remis dans le courant du travail à faire. Hier j'ai fait la liste du « Village et ses biens ». Cela m'oblige à tout relire de ce que nous faisons au quotidien – comment prendre, reprendre cette distance, plus exactement : comment donner de la distance au lecteur pour se rendre compte de son propre exotisme ? C'est le comment faire, que je cherche. Il faut partir d'histoires simples et me laisser emmener jusqu'à la complexité des choses cachées – c'est ce qui me travaille que je dois laisser émerger.*

En entamant « Le village et ses biens », je savais que je toucherais à la corde sensible de nos vies – Etre décrit dans ses gestes par un autre que soi qui ne se rend compte de rien et surtout n'en rend pas compte est toujours surprenant, sinon désagréable, gênant, voire violent... Se soigner, s'habiller, manger, faire les courses, acheter les voitures, etc., tous actes « banals » – rien de neuf sous les étoiles, sauf que tout est neuf et que l'on jette le vieux ! C'est le chapitre où je dois être le plus regardant, tellement

1. Warnier, *Authentifier la marchandise*, p. 80.

j'y suis englobé, j'y collabore quotidiennement, à ce marché perpétuel et obligatoire. Rien ne doit m'échapper des ruses du capitalisme qui a gagné en profondeur. En vérité, l'argent a gagné, il est la nouvelle valeur. Nos anciennes valeurs n'ont plus de sens. Comment faire pour donner un sens à nos vies ?

Ce type de pensée n'ouvre pas forcément l'appétit, mais le regard pousse toujours à la réflexion, et je me dois d'être conscient que ce lieu où je déambule plusieurs fois par semaine n'est jamais qu'une vitrine à l'intérieur de laquelle je suis inscrit comme acteur au sens plein. Comme l'a très finement observé une étude anglaise intitulée « Making love in Supermarkets[1] », les joyeuses et très consentantes victimes que nous sommes n'excluent pas le fait qu'il y a quelque chose de rituel, sinon de religieux dans notre attitude qui peut aller jusqu'à friser la dévotion dans la fréquentation répétée de ces temples de la marchandise.

Personne ne me contestera que le temps du shopping, plus qu'une sortie nécessaire, permet en plus de se distraire, de ralentir un peu les urgences de nos vies ; c'est un moment où des pensées nécessaires et vraies surgissent. Je ne parle pas de celles que notre ventre préoccupe, mais des pensées de partage envers ceux qui nous sont chers comme la fiancée, la femme, le mari, les enfants, les amis, le chien ou le chat... Faire les courses pour d'autres que soi fait vibrer les cordes de l'affection et de l'amour, « c'est presque comme une prière, me dira une femme aux maternités répétées. Choisir pour mon mari des choses avec lesquelles je vais lui faire un petit plat ou lui acheter les chaussettes qu'il aime, comme de penser aux enfants, comme ça, pour rien, à partir d'une petite chose : de la vanille en pensant à Christian, du chocolat à Alain, du pâté de foie de canard à Jean-Noël, ça m'oblige à me concentrer vraiment, à penser à eux concrètement, à ce qu'ils aiment... Moi, je ne m'oublie pas non plus, même si on est un peu serré côté argent, je me fais des petits cadeaux de temps en temps aussi... Pendant, je suis bien, mais faut que je sois seule, sinon c'est plus fatigant qu'autre chose, ça tire, ça en a marre, c'est pas marrant, ça ronchonne, ou bien avec une amie, là on rigole bien, on rêve

1. Daniel Miller, *A theory of shopping*.

souvent... C'est à la caisse que ça devient moins drôle, pour la raison que tu sais, et puis ensuite charger la voiture, tout ça, non là je râle souvent, mais y aller quand j'ai du temps, c'est plutôt bien ».

Je me laisse bercer, entraîner par la musique d'ambiance du supermarché, un air connu que je reprends moi-même. Je suis ainsi transporté des pâtes fraîches à l'hygiène, abandonnant sur place les conserves et les produits de première nécessité, huile, sucre, farine

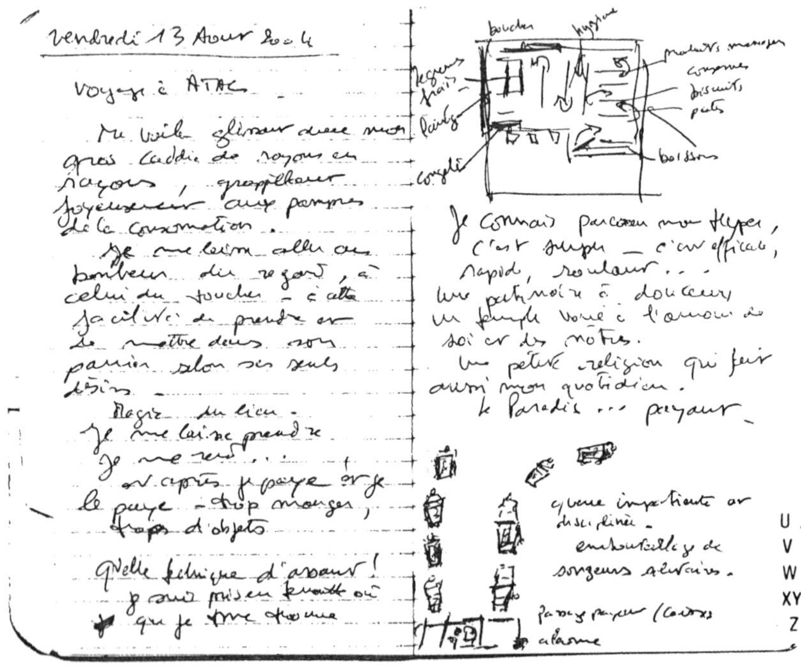

Vendredi 13 août 2004/ Voyage à ATAC/ Me voilà glissant avec mon/ gros caddie de rayons en/ rayons, grappillant/ joyeusement aux pampres/ de la consommation./ Je me laisse aller au/ bonheur du regard, à/ celui du toucher à cette/ facilité de prendre et/ de mettre dans son panier selon ses seuls/ désirs. Magie du lieu/ Je me laisse prendre/Je me rends.../ et après je paye et je/ le paye trop manger,/ trop d'objets/ Quelle technique d'assaut !/ Je suis pris en tenaille où/ que je me trouve. Pg : Dessin de l'organisation de mon Supermarché
Je connais par cœur mon hyper/ C'est super – c'est efficace/ rapide, roulant.../ Une patinoire à douceurs/ Un temple voué à l'amour de/ soi et des nôtres/ Une petite religion qui fait/ aussi mon quotidien./ Le Paradis... payant./ Queue impatiente et/ disciplinée/ embouteillage de/ songeurs solitaires/ Passage payant caisse/ alarme.

– du café, j'en ai encore. La transition du « sec » au « cru » passe par le coin des alicaments. La chasse au cholestérol est ouverte, démocratisée, gourmande : faux beurre, faux yaourts, faux lait au stanol, on peut continuer à avaler sans restriction (sauf abus et contre-indication, comme c'est écrit en petites lettres sur le côté), tout en se protégeant[1] !

Au rayon suivant, notre quête provoquée du « bien manger », épaulée par le souci quasi médical de notre santé, trouve sa confirmation au coin des gastronomes : gastronomie française, étrangère et religieuse ! Voilà la nouveauté : je ne suis plus seulement français ou bourguignon, mais un « mangeur pluriel », un mangeur reconnu pour ses croyances religieuses, ses origines géographiques, son degré d'urbanisation, son sexe, sa génération – tout y est, casher, halal, africain, asiatique, américain du Sud ; membre à part entière du village mondial, je dois pouvoir manger ce à quoi j'ai droit, mais dans la variété. Si le métissage est une espèce de bilinguisme dans la même langue, nous ne sommes plus ce que nous mangeons : nous sommes une partie de ce que nous mangeons. Cela implique que nous reconnaissions désormais l'autre dans toute sa pluralité, un autre qu'à défaut de recevoir et de connaître on nous donne à goûter, ce qui, bien entendu, peut aller jusqu'au dégoût[2]... Il y a en apparence une certaine générosité, une réelle philanthropie même dans cette proposition de métissage gustatif auquel j'adhérerais volontiers si je ne sentais derrière un *ethnic business* montant qui ressemble fort à celui des objets décrits plus haut. A la différence du métissage non pensé que propose la redécouverte des produits et du goût du terroir, la façon dont ces plats venus d'ailleurs sont affichés et proposés relève d'une évidente stratégie marketing qui, par des systèmes d'assemblage et de transformation délocalisés, a trouvé là un moyen de plus pour diminuer les coûts de production de certains aliments et relancer notre désir.

1. Une note du CREDOC, titrant « Manger est perçu comme présentant davantage de risques », met en avant que, depuis 1996, l'histoire de la listériose et de la vache folle (ESB), une « sensibilité au risque » s'est nettement affirmée chez les consommateurs en 2000, 30 % d'entre eux estimant que le « risque alimentaire » présente vraiment des risques importants pour la santé. (CREDOC, *Consommation et modes de vie*, n° 148, avril 2001).

2. Alain Corbeau, « Le mangeur pluriel », pp. 43-57.

Voilà que mon regard tourne à l'obsession, réfléchir à ce que l'on voit dans un endroit pareil n'est pas bon pour ma « conscience nutritionnelle » (que j'ai gourmande), comme disent les anthropologues de l'alimentation. Tout à mon époque, il y a longtemps que la gourmandise n'est plus un péché pour moi, ni pour quiconque d'ailleurs, seule la gloutonnerie le côtoie encore. Hélas, beaucoup sont tombés dans une orthorexie dramatique, centrant leur vie autour du régime alimentaire, ne pensant plus qu'à ce qu'ils ont ou vont manger. Cette obsession a conduit plusieurs jeunes filles du village, comme des milliers d'autres, à développer des pathologies terrifiantes [1]. Pour ce qui me concerne, j'ai plutôt tendance à classer ce qui touche aux « nourritures » entre plaisir et santé. Un petit chablis, une rouelle de porc que je cuisinerai à l'orange, des pommes de terre que je couperai en rondelles et ferai fondre sur un lit de laurier, un chaource de la région, ou presque, du fromage blanc en faisselle que je mélangerai à ma compote de mirabelles du jardin, quelques provisions de chocolat et de sardines, du liquide pour la vaisselle et un très curieux éplucheur de concombres dont

Les Caddies, paniers géants à roulettes, symbole de notre société de consommateurs.

1. Annie Hubert, « Entre plaisir et satiété », pp. 91-97.

je ne suis pas sûr de pouvoir me servir garnissent le fond de mon Caddie. Je passe la caisse. La dépense est minime, les « points » en conséquence et le régal des miens assurés.

JAULIN, UN INDIEN DANS LA VILLE

C'est Robert Jaulin qui m'a convaincu de faire de l'ethnologie. Je tombai sur lui à Jussieu en 1972 alors qu'il fondait officiellement le département d'ethnologie à Paris 7, l'UER AESR – l'Unité d'Enseignement et de Recherches Anthropologie Ethnologie Sciences des Religions. Trois mots suffirent pour me convaincre, j'avais trouvé ma voie. J'y adhérai tant et si bien que j'y eus, comme une évidence, un poste de maître de conférence en 1987 et lui succédai à la direction en 1989 à 1995. Mon atterrissage en ces lieux tenait, comme pour la majorité de mes condisciples, de ce mélange d'intuition et d'accident qui est à l'origine de nos orientations et souvent même de nos carrières. Robert Jaulin était d'une générosité extrême, il avait le verbe haut, la polémique comme démarche scientifique et la férocité des guerriers. Il était libre de son corps, avait le cheveu long ou médiéval, était souvent pieds nus, aimait la vie en tribu, se promenait comme un Indien dans la ville. Il se foutait des conventions, mais il aimait formaliser. Après l'Afrique, il s'était installé avec Solange Pinton qui nous faisait des cours d'« ethno-cuisine », du côté des Indiens Bari. Outre des études formalistes relatives à la description des civilisations, dont il tira en 1973 *Gens du soi, gens de l'autre*, il explora les « discours d'existence comme méthode descriptive » et tira de ses séjours en forêt la certitude de l'irréductibilité des cultures. Il fit également ce constat terrible que la mort des civilisations était unitaire et prochaine. Il fallait réagir : *La Paix blanche, introduction à l'ethnocide* parut en 1970. Ce livre nécessaire fut tout droit tiré de ses séjours chez les Indiens Motilones, en Amazonie. Le monde indien trouvait en Jaulin un ardent défenseur. Il allait, par la mise en perspective de notre négation constante de l'autre, redonner de l'existence et du corps à des sociétés en voie de clochardisation, tenter de réhabiliter la dimension positive du

« sauvage » face au « domestique » et mettre avec raison l'Occident en accusation. Il a disparu en 1996. Son œuvre est plus que jamais à continuer, même si la donne a changé. Nous sommes allés ensemble chez les Sioux, la sweat fut si bonne que je suis retourné souvent auprès de mes amis Indiens du South Dakota.

La Mort Sara, Plon, Terre Humaine, 1967 ; *La Paix blanche, introduction à l'ethnocide*, Seuil, 1970 ; *Gens du soi, gens de l'autre*, UGE, 1973 ; *La Décivilisation*, Complexe, 1974 ; *L'Année chauve*, Métailié, 199 ; *Exercices d'ethnologie*, PUF, 1999.

le retour à une ethnologie où la structure se déduit de la banalité quotidienne, et la place prise par [illegible] en l'occurrence. Le questionnement d'un milieu humain ne peut faire l'économie d'un questionnement avec soi-même, a fortiori si l'on se trouve profondément impliqué dans ce milieu.

Ecriture de Robert Jaulin.

La fête des objets

Une affichette rose, encollée sur un carton accroché au stop de la route d'Appoigny, juste à côté du cimetière, annonce le Xe VIDE-GRENIERS. Elle rappelle les règles du jeu : « Les habitants du village sont invités à exposer gratuitement jusqu'à 2 mètres linéaires (2 euros/mètre supplémentaire). Les enfants de moins de quinze ans auront la possibilité d'exposer gratuitement à l'intérieur de la salle des fêtes – Accueil aux exposants de 6 h à 9 h. » Au bas de l'affiche, deux numéros de téléphone et, indispensable à toute manifestation villageoise, l'assurance de la présence des 3B : Buffet-Buvette-Boudin. Nous sommes entrés dans l'ère de la démocratie, aussi, pour éviter tout risque de plainte d'un habitant, un encart prend les devants en s'excusant « à l'avance des risques de perturbations (circulation, bruits...) dus à cette manifestation ». Dans le calendrier des « Vide-greniers » publié dans *L'Yonne républicaine* dès le mois d'avril, Chichery affiche chaque année le sien pour la fin mai. Le village se prépare donc quelques jours auparavant à cette invasion rituelle d'un jour.

La veille, ceux qui habitent le bon périmètre et ayant l'intention de tenir un stand ont collé sur leur façade, leurs volets, des écriteaux « Réservé » ou délimité un périmètre en tendant une ficelle, affirmant ainsi le droit inaliénable de la propriété où le seuil joue tout son rôle. Cette foire aux objets se limite à la place de l'église, pour remonter par la rue du Fossé-l'Evêque jusqu'au monument aux morts. Bien entendu, les Chicheriens n'habitant pas le bon secteur ont également le droit de se réserver un espace en le balisant et en inscrivant leur nom. Quant aux « étrangers », ils s'installeront par ordre d'arrivée là où il reste de la place, et il n'en manque jamais.

Officiellement, les festivités ouvrent à 6 heures du matin, mais, dès 4 heures, j'entends sous mes fenêtres arriver voitures et camionnettes dans un brouhaha indistinct. Je sais, pour y être allé voir lors des premiers vide-greniers, que les « marchands » s'installent aux endroits qu'ils jugent stratégiques. Vers 5 heures, ce sont des antiquaires et des brocanteurs professionnels qui viennent jeter un œil directement à l'arrière des voitures, parmi les objets à peine déballés, au cas où ils y découvriraient quelques trésors à pêcher avant les autres. Mais la chasse est de plus en plus maigre, les objets de valeur ayant été prélevés par les professionnels au tout début de la mode de ces puces villageoises. Ne reste plus qu'un filon exsangue de bricoles locales, achetées trois sous, revendues quatre, et des béotiens pour croire aux boniments de marchands à la petite semaine.

Depuis l'année dernière, une nouveauté s'est installée à Chichery : une pancarte en contreplaqué, fixée sur un tilleul à l'entrée du village, indique la direction du premier « Vide-greniers à la ferme ». Une famille d'anciens agriculteurs, à qui la retraite a permis de développer cette activité hebdomadaire de marchand d'objets usés et récupérés, ouvre en effet les grilles de la cour de ce qui fut leur ferme. C'est là, un peu à l'écart du circuit officiel, qu'ils exposent et vendent un fourre-tout de ce que j'ai plus haut qualifié d'objets hérités ou authentiques. Les prix sont peut-être en conséquence de l'ancienneté et les besoins d'objets aussi ruraux un peu dépassés, mais le plaisir de redécouvrir ces choses connues a le goût d'un véritable voyage. Sabots à foison, feuillettes bourguignonnes et toules en terre de Puisaye qui sentent les coteaux d'Auxerre et le marc de Chichery, bouilloires antiques, bidons à lait, vieilles roues de battoir, poulies qui vont avec, pelotes géantes de ficelle de lieuses, barres de fauche mécaniques, pesons à sanglier, tubes en zinc, moulins à grains, tarares polies par la balle, trémies sans machine, cribles dépassés... un musée brut d'art et de traditions populaires s'étale devant moi. A ce monde il faut ajouter les premières traces de notre société de confort : frigidaires hauts sur pattes, TSF aux cadres dorés, télévisions arrondies, où l'on regardait « La tête et les jambes » en noir et blanc, série de grille-pain avec leurs restes carbonisés, verrous de cabinets, boutons électriques en laiton... Ici, dans leur cadre quasi originel, tous ces objets aux reflets profonds, un peu voilés, légèrement altérés, qui évoquent irrésistiblement les effets du temps, comme les décrit Tanizaki dans *Eloge de l'ombre*[1], vivent et respirent sous leur peau frottée par des générations d'utilisateurs attentifs. Mon œil, à égalité avec mes mains, envisage, soupèse, caresse ce monde manipulé dans un jadis suffisamment proche pour être encore appréhendé ; oui, j'éprouve le sentiment fort en cette ferme où, enfant, je venais chercher du lait, d'engranger tout le charme d'un vrai grenier, de toucher le grené d'une vie juste évanouie.

Remontant vers l'église, passé le tournant, l'odeur à la fois âcre et sucrée du boudin frais me parvient aux narines. Après les piliers de l'église, commence le « vrai » vide-greniers, c'est-à-dire ce mélange inégal de faux vieux, de vieux neuf, de vrai plastique, d'habits en vrac, un peu défraîchis, démodés, d'autres emballés comme des neufs, dont on peut lire l'usage au lustrage des cols et des poignets, bref toute l'expression du vide, mais pas celle d'un grenier. Depuis une dizaine d'années, par jeu et par plaisir plus que par réelle nécessité, des familles réunies pour l'occasion écoulent leur trop-plein de petits objets. Couples d'un côté, enfants de l'autre, chacun brade à son prix et à sa manière ce qu'il estime être

1. Junichiro Tanizaki, *Eloge de l'ombre*, p. 37.

ses objets, même si leur origine et leur propriété sont devenues floues pour tous. A l'intérieur de la salle des fêtes, un peu esseulés bien que sous la surveillance d'adultes, les plus petits jouent pour de vrai au marchand et à la marchande. Sur la place, les plus grands tentent, en vain, de revendre à des enfants de la même génération leurs jouets démodés depuis longtemps et les programmes télé qui les accompagnaient. L'échec est assuré, il n'y aura que de grands enfants comme nous pour s'offrir discrètement ces *collectors* attachés à notre progéniture. Au passage, une dame me frôle le visage avec une peluche, un panda géant, réchappé d'une ménagerie d'animaux du même gabarit, dont je ne saurai jamais si c'est du neuf ou du vieux. La confusion s'installe partout. On a parfois le sentiment que ces objets, qui débordent jusqu'à terre sans que l'on prenne la précaution de les protéger, sont « morts ». Ils me font penser à ces fétiches désanimés des sociétés africaines qu'on met au rebut derrière la case, après qu'ils ont servi. Plus rien, en tout cas, ne les rattache à leurs propriétaires ; ils sont là, abandonnés, esclaves du « démodage » accéléré de nos goûts et de leurs formes, à attendre plus qu'un preneur, un réanimateur.

En ce début de matinée, le marché est joyeux, les villageois s'interpellent, s'invitent, s'aident, se donnent des conseils et se copient même, parfois, dans la disposition des stands. Forts de leurs arrières, ils s'apprêtent à passer une journée confortable où, ils le savent, les dépenses de la fête l'emporteront largement sur le commerce. Cet état d'esprit n'est pas majoritaire, loin de là. L'institution des vide-greniers – on n'en compte pas moins de six cents dans l'Yonne, d'avril à octobre, et plus de cinq mille dans toute la France – a suscité des vocations parmi la population, ce qui permet de rencontrer des typologies très différentes mais assez définies sur ces petites foires. Il y a d'abord les retraités, des couples souvent, qui trouvent dans ces marchés libres hebdomadaires, cantonnés aux beaux jours, une occupation attrayante qui non seulement les soutient en ce qu'ils cherchent, récupèrent, refont leur stock et préparent ainsi, une semaine sur l'autre, le vide-grenier suivant, mais qui leur permet aussi de voir des pays qu'ils ne visiteraient pas autrement, et peut-être même, grâce aux quelques euros empochés, de s'offrir un repas par-ci par-là. « C'est aussi le moyen d'échapper au train-train, me dit un homme à qui j'ai acheté un vieux bouton électrique en laiton comme j'en ai encore chez moi. Quand t'es dehors, que t'es là sur ton pliant, sous la bâche quand il pleut, le parasol quand le soleil c'est trop fort, t'es bien. Plus qu'une sortie, c'est une coupure. De voir du monde comme ça, des gens que tu finis par connaître, d'autres avec qui tu vas échanger trois mots, ça désisole un peu. On va au contact. Avant, je travaillais plutôt dans un bureau, c'est vrai que là c'est de l'activité de plein air. On aime bien, avec ma femme, l'ambiance un peu kermesse. C'est pas vraiment sérieux, mais on se prend quand même au jeu. Maintenant, c'est un peu notre seconde activité, presque un nouveau petit métier. » Durant ce petit échange, sa femme, sa collaboratrice, acquiesce en opinant du chef.

Un peu plus loin, un couple de professeurs à la retraite venant d'un village proche me raconte qu'à force d'acheter des choses inutiles, submergés par leur propre passion, ils sont devenus « brocs occasionnels ». Ils montent maintenant un stand dans les vide-greniers de la région, revendant ainsi ce qu'ils ont acheté les semaines et les années précédentes. Ils le font presque comme un engagement ; c'est pour eux une façon de lutter contre le désir d'ordre généralisé et pour contrarier quelque peu l'économie du temps qui se voudrait au tout consommable et au tout jetable. En les désengageant des obligations sociales, en les sortant du circuit économique actif, la retraite les a brutalement jetés du côté de l'économie d'oblation. Ils ont rejoint le fameux secteur quaternaire proposé par l'économiste Colin Clark qui, après le secteur de la production, de la transformation et de la circulation des biens, a estimé qu'on ne pouvait plus faire abstraction du secteur de la destruction englobant le phénomène de gaspillage, et secteur qui s'exprime dans un de ses aspects les plus récents : celui des objets jetables. Tous les « jetables » se retrouvent en effet sur ces étals, des ancêtres : stylos Bic, rasoirs Bic, téléphones à antenne, ordinateurs dépassés, tous ces objets dont on nous a convaincus qu'il était moins coûteux de les jeter que de les réparer sont là, attendant un chaland crédule ou un collectionneur qui les réinjecteront, peut-être, dans l'activité du monde. On nous fait croire, au nom d'une économie de temps justifiant la fongibilité, que l'heure est au rebut, à la poubelle, mais l'attirance pour les vide-greniers montre que ces vieilleries nouvelles séduisent encore suffisamment pour avoir une seconde vie, une seconde utilisation. Cela dit, mis à part quelques originaux, l'ancienne éthique paysanne de conservation des choses ayant fait long feu, le succès des « jetables » auprès de tous, pauvres et riches, est irrémédiable et leur réifiation, vu leur masse, est presque de la fiction.

Appuyé sur une vieille Jeep américaine, un homme vêtu de noir, cigare aux lèvres et chapeau de cow-boy – je l'ai déjà remarqué dans d'autres vide-greniers de la région – rejoue chaque week-end la même mise en scène : mannequin féminin assis à l'avant, couvert de dentelles, fanion volant au vent au faîte d'une haute antenne, musique à fond, un frimeur professionnel se faufilant au milieu des amateurs, assure qu'il vend du haut de gamme à peine usagé : fauteuils en cuir, fripes de marque, gadgets design, tout cela paraît rutilant à côté de l'indigence des petits stands sans prétention. L'effet boutique est réussi. Les passants s'y arrêtent, s'en amusent un peu, mais le procédé est si gros qu'ils se détournent vite de cette anomalie mercantile. Même attitude vis-à-vis des professionnels cachés qui vendent chaises et buffets vieillis artificiellement, chenets de cheminée trop briqués et serrures d'époque à peine déballées, dont la provenance est plus que louche. Il y a aussi les récupérateurs patentés dont on a le sentiment, à les observer, qu'ils seraient prêts à vendre père et mère pour empocher trois sous de plus. Ce qu'ils osent exposer ne provient plus des « greniers » depuis longtemps. La présence de ces gars bizarres gomme un peu l'atmosphère bon enfant de ces foires de village, on se méfie de ces yeux d'aigle qui auraient le pouvoir, au travers des murs des maisons, de déceler les « valeurs »... Alors, les veilles de vide-greniers, on tire les rideaux, on clôt les volets, on se claquemure un peu plus que d'ordinaire, sachant que les nomades d'un jour vont débarquer dans la nuit en mission de reconnaissance, tous feux éteints, tous yeux ouverts, à l'affût de la moindre chose à récupérer. Plus inquiétante, et dans un tout autre registre, m'est apparue, cette année, la présence de jeunes couples avec enfants, venus là comme s'ils ne savaient pas où ils étaient, étalant, que dis-je, jetant en vrac, sur une bâche étendue à l'arrière de leur camionnette-maison, quelques vieux sacs de femme à peine nettoyés, des vêtements usés, une roue de vélo, de vieilles casseroles, tous objets récupérés on ne sait où, bref une « misère » dirait-on. Cette brocante dérisoire semble refléter l'état de cette réelle et grande pauvreté qui croît en France depuis quelques années. Cette population, qui jusque-là se réfugiait à la marge, telle une sauvegarde pour passer au travers des mailles du filet social tout en en profitant un peu tout de même, semble s'être détachée de nous et de tout. Plus encore que le « je-m'en-fichisme » dont parle Richard Hoggart à propos de la culture du pauvre, il me semble, en observant ces gens jeunes, que le caractère insaisissable du cours du monde ne suscite pas, ou plus, chez eux une quelconque expression de révolte, mais une défiance mitigée : ils sont là, recroquevillés sur leur petite famille, à marcher sans savoir vers où, se débattant pour acheter quelques litres de gasoil pour leur voiture-camionnette, du pain, des nouilles et du camembert, de quoi tenir jusqu'au prochain vide-grenier, où ils tenteront, à nouveau, de dissimuler leur pauvreté patente. Surnageant dans une double indifférence, la leur à notre égard, la nôtre à la leur – indifférences surajoutées qui les rendent invisibles –, ils s'effacent, se préparent à disparaître de la société et à rejoindre le néant absolu[1]. Indépendamment des villageois qui s'en font une fête, les vide-greniers attirent désormais des désœuvrés, des déshérités, des refusés qui, l'espace d'un jour, indifférents à l'existence du village qu'ils traversent, se font acteurs de cette foire de la dernière chance autant pour les objets que pour eux[2]...

En France, l'estomac connaît ses heures et les respecte encore. A midi, notre petite foire est désertée le temps de manger sur le pouce, derrière son stand, ou de se faire apporter une assiette quand la buvette ne suffit pas. Sur la place, le sang coule et se coagule avec ses amateurs : Bébert prépare son boudin : farce, oignons hachés, petit secret de piment, il déroule des boyaux au mètre, qu'il souffle avant de les enfiler sur un entonnoir qui gonfle instantanément l'étui organique d'une pâte sombre et succulente. Il coupe, suture, dispose, enroule sur une claie de bois et plonge le tout dans une immense bassine d'eau bouillante maintenue sur un foyer où le bois brûle. Quelques minutes de cuisson, la chose sort fumante, ruisselante, prête à être avalée. Pour deux euros, on a des frites en plus, de la moutarde et du pain. Un casse-croûte de cette trempe ne peut décevoir, mais il oblige d'être accompagné d'un gorgeon qu'on s'envoie à la buvette, juste à côté, dans les rires du partage. Du vin, mais aussi des crêpes, que fabriquent des adolescents plus

1. Richard Hoggart, *La Culture du pauvre*, p. 32.

2. Une nouvelle loi, à compter du 14 août 2005, impose le retour des objets obsolètes aux producteurs. *Quid* alors des vide-greniers ?

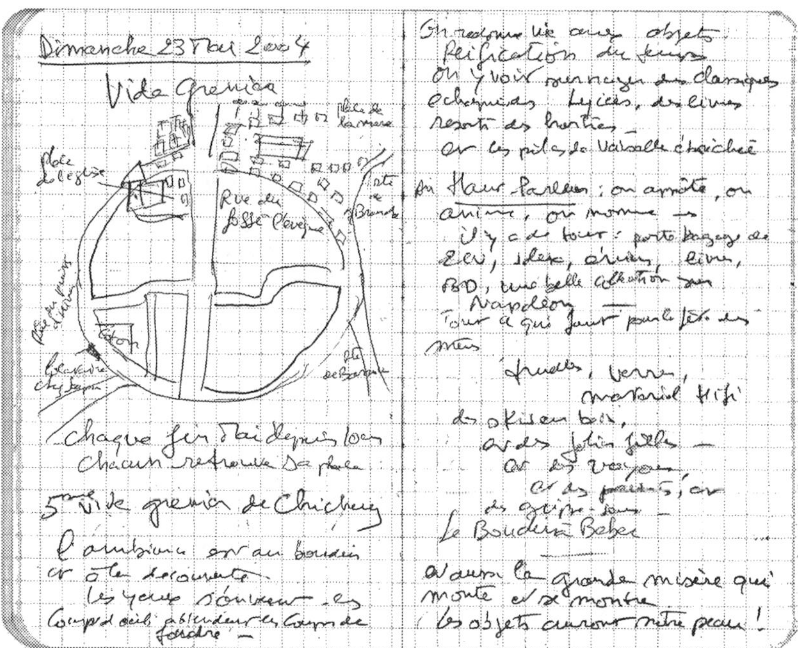

Carnet II
Dimanche 23 mai 2004/ Vide-grenier/ Dessin/ Chaque fin mai depuis 10 ans/chacun retrouve sa place
Dimanche 25 mai 2003/ VIDE-GRENIER/ Depuis 5 heures ce matin le village/ bruit étrangement. Voitures/ qui freinent, portières qui/ claquent, voix qui ordonnent./ Les bruits changent petit à petit/ tréteaux, plateaux, vaisselles/ papiers froissés, cartons déchirés/ de toute évidence quelque/chose se monte./ Le jeu est de prendre la bonne place/ de marquer son territoire/ à coups de pliants transats/ marché sauvage/ Est-ce une copie des puces/ un signe d'urbanisation/ Jadis on avait les ventes aux/ enchères – qui se sont réglementées/ A chaque arrivée de voiture ou/ camionnettes : se précipitent les « pros » qui examinent le contenu.

entraînés à la parole et aux moqueries qu'à la façon. Si les crêpes sont du bruges, assis sous la toile qui désormais est dressée sur la place par la municipalité durant tout l'été, pour abriter fêtes et cérémonies du soleil ou de la pluie, les familles et amis en visite s'instruisent de leurs aventures brocantesques : on sort, on déballe, on montre, on compare, on essaie, on rit, on replie et on trinque, prêts à repartir jouer aux chineurs et aux marchands.

Mardi 24 août 2004 (Chichery)

Hier soir Serge Moscovici à la maison–dîner de champignons au Jardin gourmand à Auxerre.

Ce matin, sans prévenir, je me suis mis à écrire sur les supermarchés, les catalogues – Oui, là aussi, cela témoigne de ce que nous ne verrons plus demain – dire vrai, toujours, décrire l'instant, il restera forcément ça. Les choses ne peuvent que s'enchaîner, logiquement, irrémédiablement. Il y a de l'irrémédiable autant dans l'objet que dans l'écriture. L'écrit surtout, on le sait, ça reste – preuve en est mon rapport du CNU : on prend ce que j'ai écrit pour me dire non... Moscovici a raison, ma carrière ne peut pas s'arranger, je peux faire tous les articles à comité de rédaction possibles, après ce sera trop, ou pas le bon endroit... Toutes les excuses sont toujours bonnes. Finalement ça a calmé ma paranoïa – ce que je fais je le fais comme je l'entends. Je sais que j'irai jusqu'au bout de ce livre et qu'il sera ce que j'espérais qu'il soit... Que je le finisse tout à l'heure, dans un mois ou dans un an je suis dans l'écriture. Cioran nous a avertis : tout ce qu'on écrit sera retenu contre nous.

Cet après-midi de mai 2004, le soleil chauffe un peu, apportant avec lui sa vague nouvelle de chalands. Plus familiaux, plus débonnaires, moins demandeurs, ils viennent des villages alentour, hument davantage l'air que les objets, n'ignorant pas que les « bonnes affaires » ont été faites par les lève-tôt. Ils saluent les proches, les voisins, les collègues, se régalant du simple plaisir d'être là, au cœur de cette poubelle ordonnée qui se refuse encore à considérer comme jetables des objets qui pourtant le sont bien. Une femme brade littéralement : chaussures usagées, chemises, abat-jour fatigués ; sa comparse essaie, elle, de se défaire de livres rares réchappés d'un stock d'un éditeur parisien célèbre. Un vieux Maghrébin à la recherche de bonnes affaires et soucieux de la qualité a repéré les chaussures. Il les regarde, les considère, les soupèse, les repose, s'en va, revient, discute, plaisante, se fait connaître, et enfin, après trois passages, fait affaire. Il y a du souk dans le vide-grenier, on peut s'y promener, flâner, plaisanter, et surtout marchander. On sent que ces sorties en familles élargies réjouissent ces émigrés de longue date qui ont pris les formules et les accents de chez nous pour sortir les mots justes au bon moment, afin de se faire reconnaître un peu comme « pays ». D'ailleurs, comme par miracle, quand il s'agit de vendre et de se débarrasser, les « racismes ordinaires » s'éteignent, le temps de trouver indistinctement « sympa » tout acheteur... Ces reliefs de services de vaisselle dépareillés, ces lots non déballés, ces jouets fatigués, ces horreurs et ces séries d'objets carottés on ne sait dans quelle usine, tombés d'on ne sait quel camion, ce petit matériel récupéré aux ordures, démonté, mis en vrac, que je vois « tourner » depuis plus de dix ans, séduiront-ils encore l'année prochaine ?

Qu'importe, je sais qu'au village, nous sommes tous reconnaissants envers nos objets, qu'ils soient en fonction ou délaissés ; on y voit, comme disait Barthes, autant de la perfection qu'une absence d'origine, ce qui les rend plus mystérieux, plus magiques. Ils nous attachent, dans un encombrement consenti qui nous aide à peupler notre vide, à l'insignifiance et à la légèreté de la vie que nous avons si chèrement acquises. Qui nous dit que les objets ne sont pas venus nous libérer et qu'à travers eux, mieux qu'une religion, nous pouvons enfin toucher la perfection et rejoindre le merveilleux ?

Chaque fin mai depuis dix ans, chacun retrouve sa place.

3

UN DIEU SE MEURT

La langue a créé le temps puis, s'en apercevant, elle a créé Dieu pour qu'il mange le temps, maintenant nous marchons sur ses dents.

Bernard NOËL.

Ce que j'écrivais au futur, il n'y a pas si longtemps encore, s'est réalisé. Le temps présent n'ayant pas survécu, c'est au passé qu'il me faut annoncer, non seulement que les curés de campagne se sont éteints, mais que leurs frères des villes en prennent le chemin, et la religion avec eux. Notre religion catholique et romaine s'éclipse, pour de bon, je le crains [1].

Conscientes de la transformation qui s'opère dans l'Eglise, quelques personnes de Chichery, d'une exceptionnelle clairvoyance, privées qu'elles sont de la présence régulière d'un prêtre, se sont portées au service de la communauté. En même temps qu'elles essaient de la maintenir, elles nous préparent à en faire le deuil, attendant que quelque chose d'autre surgisse, un jour prochain. C'est de cette petite communauté réduite à quelques villageois qui se débattent avec force, courage et intelligence pour accompagner l'irréversible fin d'un monde, en proposant des expériences nouvelles tentant de réactiver les reliefs d'une culture hier majoritaire encore et de nos dernières pratiques autour d'un dieu qui se meurt, dont je voudrais témoigner ici.

1. Pascal Dibie, 2004.

Vendredi 31 décembre 1999 (Chichery)

Levé joyeux, disposé à travailler mais je transforme ma matinée. Me voilà coursier pour le réveillon et m'invente un « menu évident » : foie gras, saumon, escargots, trou bourguignon de mon cru, chapon aux marrons, patates à la Pascal, salade, fromage, desserts – et avec ça : chablis 1987, rouge aloxe-corton 1980, puis 1985, irancy 1996, champagne...

Et nous voilà un siècle plus tard, ou presque, la Tour Eiffel a décollé vers de nouveaux horizons, nous avec, on est en 2000 !

Un christianisme festif

J'ai l'impression que les seuls signes qui nous restent encore de ce qui alimentait jadis nos folklores, combattus si longtemps par l'Eglise avant qu'elle ne les assimile, demeurent les pratiques qui passent encore par elle. Pratiques, plus que culte, mot qui a glissé pour vénérer des vedettes, qui utilisent les bâtiments et les fastes de l'église du village pour mieux rendre visible le rite et faire résonner l'événement aux sens propre et figuré. M'inscrivant, comme lorsque j'ai écrit *Le Village retrouvé*, dans la perspective que nous sommes tous les êtres futurs d'un folklore, folklore que nous contribuons immanquablement à imaginer, à construire et à nourrir à partir de nos imaginaires religieux et ethniques, je voudrais décrire ici l'une des dernières expressions de la pratique du christianisme à travers une manifestation particulièrement festive à Chichery. La difficulté d'accepter un tel constat relève en grande partie de ce que nous avons beaucoup de mal à imaginer et accepter : que nos comportements d'aujourd'hui pourront demain être jugés comme folkloriques, et, plus encore, comme l'expression de l'un des derniers cultes communautaires pratiqués autour et en référence au mythique « sang du Christ ».

Heureusement, les folklores n'ont cure ni des avant ni des demain ; ils ne sont ni timides ni pudibonds ; ils se nourrissent aisément des emprunts qu'ils absorbent et digèrent les choses les moins digestes sous le terme bien commode de syncrétisme, preuve, s'il en fallait, qu'ils ont largement à voir avec la religion.

En les situant dans la double acception de l'étymologie du religieux, les folklores servent autant à « relier » les gens qu'à « relire » les coutumes. On sait que la vertu essentielle des cérémonies folkloriques tient au fait qu'elles rassemblent une communauté agrégée pour l'occasion à un univers auquel elle adhère, entière, le temps d'un rite. C'est ainsi qu'à Chichery, nous possédons quelques saints locaux que nous ne détestons pas vénérer. De surcroît, ils nous permettent de remplir encore l'église deux à trois fois l'an, dans les années les plus fastes. Je vous ferai grâce de saint Fiacre, de saint Laurent, patron de Chichery, de la Saint-Hubert avec ses chiens et ses chasseurs, pour vous relater les aménagements permanents de la pratique du culte bachique qui passe à travers saint Vincent, unique et grand patron des vignerons que, mis à part une famille, nous ne sommes plus à Chichery depuis la crise du phylloxéra de 1929.

Chaque année donc, à la fin janvier, saint Vincent remplit l'église du village. Les échos de l'existence de ce saint vineux n'y sont pas récents, ils remontent à la création, le 22 janvier 1854, d'une confrérie qui depuis s'attelle sans interruption à sa consécration. Mis à part ce que les historiens appellent les « parenthèses » ou les « accidents » des guerres (1915-1921 et 1940-1945), cette confrérie officia jusqu'en 1964, où elle disparut, mais on continua quand même à fêter le saint en distribuant, après sa messe, des brioches et du vin chaud, au café du village. En 1969, on prit la décision, dans ce même café, de donner l'année suivante un banquet à la place de la collation. La nourriture donnant de l'esprit, les choses devinrent plus sérieuses : en octobre 1984, la confrérie fut baptisée « Confrérie de saint Vincent et des adeptes du tire-bouchon de Chichery-la-Ville ». Elle fut dotée d'armes et de couleurs (bleu, rouge, jaune) pour les fanions et le cordon qui retient le taste-vin, ainsi que d'un livre d'or. A la tête de cette nouvelle chevalerie, un grand chancelier, ancien colonel à la retraite, devint gardien de la Charte et porteur du tire-bouchon géant servant aux intronisations. Pour des raisons de commodité de gestion, la confrérie garda son nom, mais passa sous le régime des associations loi 1901 en octobre 1990[1]. Elle perdure ainsi depuis ce jour.

Il serait faux de dire que tout commence un samedi matin sur la place du village, car, en réalité, tout a débuté à la fin de la dernière Saint-Vincent, le soir même des agapes, quand, sitôt la fête terminée, le président sortant – ou la présidente – présente le nouvel élu en lui remettant une écharpe bleue estampillée de l'année à venir. La présidence, tout le monde en conviendra, est primordiale si l'on veut que la prochaine célébration soit au moins égale à celle qui vient de se terminer. Pour la fête, jadis – je parle d'un jadis qui a juste vingt ans –, on recrutait dans le village et alentour des cuisinières et des serveuses. Depuis une dizaine d'années, les traiteurs font la loi et le service, comme on dit ici, mais ils dépannent aussi en ce qu'ils supportent toute l'organisation du repas et fournissent même avec, si demande il y a, les suppléments type souvenirs bourguignons – on a connu les pin's, les verres, les porte-couteaux, etc., et je dois reconnaître que ces modestes objets de culte laïc sont toujours là, dans ma cuisine ou sur ma table, à servir mon petit folklore personnel.

Au jour dit, au moment où, « à la Saint-Vincent l'hiver reprend ou se casse les dents », « si le soleil luit comme un chapeau, on aura du vin plein le tonneau », aux alentours du 22 janvier donc, puisqu'on ne peut plus chômer les jours dits, après que la fanfare de l'AJA, musique du fleuron régional footbalistique auxerrois, a débarqué au grand complet et s'est accordée, les cloches de l'église annoncent à belle volée l'ouverture des agapes. Officiellement, chrétiennement, elles annoncent un office mais personne au village n'est dupe, nous ne sommes plus au temps du « village retrouvé » ; aucune messe normale ne serait plus capable aujourd'hui d'attirer autant de monde sur la place. Tambours, grosse caisse, trompettes

1. *JO* du 26 décembre 1990.

et autres cuivres forment le cortège. En tête, la Confrérie des chevaliers du tire-bouchon de Chichery-la-Ville, chemises morvandelles bleues, chapeaux coulemelle pour les femmes, feutres noirs pour les hommes, mouchoirs carrés autour du cou, de la même couleur que les cordons au bout desquels pendent les taste-vin et les bannières réservés à saint Vincent. Le président, reconnaissable à son écharpe bleue en travers, est en tête, ou presque, car, depuis plusieurs années, il est précédé par une charrette à cheval transportant des tonneaux. A l'origine, outre le désir d'accentuer le caractère « village » de la manifestation, comme le recommande la charte de la confrérie, cet équipage, proposé et conduit par l'un des pratiquants de l'attelage de loisir qui s'est récemment développé dans la région, avait une fonction d'intendance lors du défilé, entendez qu'il distribuait des petits gorgeons à qui voulait...

Bref, chevaliers en tête, suivi de l'escorte des porteurs de la statue d'un saint Vincent tout neuf – elle a été sculptée récemment par un artiste à la demande de la confrérie, suite à un désaccord avec la propriétaire du saint précédent –, le cortège des adeptes d'un jour pénètre dans l'édifice paroissial dont les grandes portes ont été ouvertes pour l'occasion. L'église, comme chaque année, est magnifiquement décorée de feuilles, de tonneaux, de pampres et, saison d'automne oblige, de très belles imitations de feuilles de vigne et de grappes de raisin en plastique. Du chœur où prennent place les membres de la confrérie, les porteurs se dirigent vers la gauche de l'autel et déposent le saint sur une barrique d'où il va coprésider la cérémonie religieuse avec notre évêque – depuis quelque temps nous avons un évêque en retraite chez les frères missionnaire des campagnes à Chichery –, frère Léon. Chants allègres, sermon *ad hoc*, prières idoines, sonnerie aux morts appropriée pour l'Elévation interprétée par l'orphéon d'Auxerre, remerciements, annonce du programme de la journée, louanges à saint Vincent, la messe se déroule dans une bonne humeur communicative que la distribution de brioches bénies n'interrompt même pas. Arrive le Renvoi. Brouhaha dans la bâtisse, tandis que sous les voûtes semi-gothiques éclatent des notes bien frappées quoique un peu désaccordées. Elles accompagnent le cortège qui prend la route vers la croix de Saint-Vincent, située à la sortie ouest du village, où le président prononcera son discours. Un vent méchant emporte un peu la voix et nous gèle aux tréfonds, on ne s'éternise pas trop.

Applaudissements et, dans le même ordre qu'à notre arrivée, ou à peu près, poussés dans le dos par une bise agressive, tirés par la musique entraînante, nous gagnons au pas de charge la ferme où, innovation dans la longue histoire de la Saint-Vincent de Chichery-la-Ville, un « vin chaud » nous sera servi. Nous sommes tous curieux, appâtés par cette nouveauté, tant nous en avons entendu parler depuis quelques jours. Les récits parvenus jusqu'à ce matin même hésitaient entre chant épique et odyssée. Orphéon désarmé, bannières abandonnées, foule serrée sous le hangar de Jean, dit le Shérif, autour de la bienfaisante chaleur aux odeurs de girofle, on se réchauffe enfin, et on compare. En vérité, rien à voir avec le pot traditionnel que l'on donnait à l'intérieur même de l'église auparavant. On goûte, encore et encore... On discute. Enfin, on adopte, entérine comme nouvelle coutume l'idée d'un « pot tournant » au logis des propriétaires membres de la confrérie. Les musiciens dégourdis, la musique s'ébranle à nouveau, et nous à sa suite. Remontée vers la place en bon ordre, ou à peu près, dépôt sans façon du saint et de ses oriflammes à l'église, les chevaliers, accompagnés de l'ensemble des convives, gagnent alors la salle des fêtes, située juste en face, au lieu et place de l'ancienne mare.

Le grand chancelier ouvre le banquet en lisant la charte des buveurs. Le président et ses comparses en grands costumes ont pris place à ses côtés sur l'estrade ; l'un tient la bouteille, l'autre un verre à dégustation, le troisième le diplôme qui sera offert à l'initié. Les autres, trois cents convives, choisissent leurs places à table. On appelle alors les impétrants au micro. Chaque récipiendaire sera initié en buvant un verre de blanc de la région, plus ou moins rempli selon que vous êtes un homme, une femme ou, nouveauté en ce XXIe siècle commençant, un enfant. Constatant, en effet, le désintérêt croissant pour ce rituel – la désaffection pour le vin est attribuée aux campagnes anti-alcool des pouvoirs publics –, et plus encore le risque de voir s'épuiser, par ignorance des choses, la relève des chevaliers, le comité de Saint-Vincent a pris en 2002 la décision, d'y inscrire les jeunes de dix à douze ans, garçons comme filles, et de les introniser afin de leur faire prendre goût à ce folklore vineux et bourguignon en espérant qu'ils le perpétueront. Ces dernières années donc, on a vu apparaître au cœur des festivités cinq ou six enfants en costume de « piliers ». Selon la coutume, l'initié doit être adoubé par le président de l'année. Il avale donc le verre de vin qu'un chevalier lui a tendu, toute l'assemblée l'accompagnant en poussant des « ... glou, et glou, et glou, il est des nôtres, il a bu son verre de vin comme nous autres... ». L'épreuve est relative. Ensuite, il se met à genoux sur l'estrade et se fait adouber par le président qui impose sur chacune de ses épaules son tire-bouchon géant avant de le déclarer « chevalier du tire-bouchon de Chichery-la-Ville ». Le grand chancelier, levant vers le ciel des mains qu'il agite comme des marionnettes, lance alors un « ban bourguignon » à hauteur de la cérémonie ; « ban » qui, chevalier après chevalier, et surtout goulée après goulée, prend de l'ampleur à mesure que les convives entrent dans la danse... Sans temps mort, alors que les autorités gagnent leurs places, que les « piliers » quittent leurs costumes pour réintégrer la vie civile, que l'orchestre prend leur place, le ballet des serveurs se met en branle. Mangeaille et libations joyeuses commencent,

Nous ne sommes bientôt plus qu'une seule et même épaule, oscillant au rythme des chansons que nos fragiles chaises suivent avec difficulté. Mon verre, prisonnier obligé de ma dextérité, vitrine voilée de mes actes préhensibles, me renvoie une image troublée du monde. Je tente de m'y mirer, mais les feux s'allument vite, c'est le monde qui s'émiette et moi avec... Le repas est entrecoupé de chants, de danses, d'annonces, de devinettes, d'allusions qui s'entrechoquent avec nos verres et ponctuent nos libations. Cela nous mènera jusqu'à 5 ou 6 heures de l'après-midi. Moment attendu où l'on pousse les tables pour faire place au bal, tables que deux heures plus tard on regarnira d'assiettes paysannes qu'on ne dégustera pas sur le pouce, malgré l'imposant régime précédent. Pas de Saint-Vincent sans vin, dit le proverbe, ce à quoi l'observateur répond que la résistance des corps est bien étonnante... Le bal reprendra de plus belle jusqu'à minuit, une heure du matin, puis, ultime coup de fouet à des sangs déjà bien agités, et bien que les troupes se soient quelque peu éclaircies, on remettra le couvert pour la soupe à l'oignon. L'heure de se quitter dépendra plus de la résistance de l'orchestre que de celle des chevaliers, dont il est bien connu qu'ils ne s'avoueront vaincus qu'avec l'aube naissante.

Cette fête, ou plutôt ce rite encore extraordinairement vivant, ne s'est pas déployée à l'écart de la culture chrétienne, elle a débuté dans l'église. Même si sa dimension éminemment bachique, ou plutôt dionysiaque, plonge ses racines bien plus loin qu'à la croisée des mondes grec et celte, la similitude du nom même du saint, alliant vin et sang, et le légendaire traitement du martyr qui aurait eu les membres disloqués sous la force d'un pressoir sont là pour renforcer l'imagerie évidente de la mystique chrétienne. Or, cette imagerie commence à s'estomper sérieusement, si j'en juge par la décrue régulière et irréversible de la pratique catholique. En mettant en exergue l'une des dernières expressions festives d'un catholicisme assimilé à un folklore, je tenais à poser la question même de la religion, de sa pratique et de ses expressions dans l'espace semi-rural dans lequel je vis désormais.

Mardi 7 février 2000 (Paris)

Retour de la Saint-Vincent de Chichery. J'ai eu un coup de téléphone de Jean Malaurie qui me dit que le contrat avec Plon va s'arranger – ils m'ont pris pour un paysan... méprise parisiano-parisienne, et je suis débordé/coincé de travail. Mais tout va bien.

Je retrouve un texte de Proust dans mes notes : « Le seul véritable voyage, le seul bain de jouvence, ce ne serait pas d'aller vers de nouveaux paysages, mais d'avoir d'autres yeux, de voir l'univers avec les yeux d'un autre, de cent autres, de voir cent univers que chacun d'eux voit, que chacun d'eux est » (La Prisonnière).

Aujourd'hui jour de grève à Paris, on roule quand même, Christine roule ! Antoine est malade et le temps est trop doux pour être honnête...

En pénétrant dans la cour, le chien se précipite sur moi, montrant les babines, queue entre les pattes, mi-menaçant, mi-peureux, animal peu rassurant vis-à-vis duquel je gare mes arrières. Marie-Odile m'ouvre la porte. Je suis en retard. « C'est pas grave, on a commencé quand même. Et Robert est déjà là. Ça va être le premier dimanche de carême, m'annonce-t-elle d'emblée. C'est un moment important dans notre liturgie. Dans huit dimanches, c'est Pâques, ben oui, déjà. » C'est vrai que par ces temps gris et ces frimas mauvais – aujourd'hui, il neige sous le soleil –, on compte un peu le temps à la campagne. En réalité, c'est plutôt le temps qui nous est compté. Inscrit par tradition et par culture dans le temps chrétien, si fortement présent pour moi qui écris à l'ombre du clocher et qui compte sur la cloche pour m'indiquer les heures, je sens Pâques monter. Pour être plus précis, c'est à l'apparition des premières primevères dans mon jardin, aux bourgeons naissants des lilas, *pascalis* en grec, que je mesure l'arrivée imminente du printemps.

Marie-Odile me fait entrer dans la cuisine ; une belle pièce claire, où chaque chose est à sa place : appareils ménagers et mobilier blanc immaculé, hotte cuivrée, rutilante au-dessus du fourneau ; une cheminée habillée raconte la famille et donne l'ambiance. Robert est assis sur l'une des quatre chaises en Formica blanc disposées autour de la petite table assortie. Sur une page jaune d'un cahier de texte scolaire à spirales, Marie-Odile a inscrit le déroulement de la messe. Comme un menu – mais une messe n'est-elle pas un simple repas mis en scène pour devenir ce repas solennel, rejoué chaque dimanche ? –, elle me montre son cahier. Cela commence par :

Accueil : à voir.

Entrée : un chant.

Introït : « Là, c'est l'officiant, c'est-à-dire le prêtre qui le dit », commente Marie-Odile.

« Après, normalement, c'est la Prière pénitentielle qui vient là, poursuit-elle. Mais comme on va distribuer les cendres à cette messe de dimanche aux gens qu'ont pas pu y aller mercredi, on va pas faire la Prière pénitentielle. On va pas dire le *Kyrie* quoi... L'*Introït* va être fait par le prêtre avec la bénédiction des Cendres. »

Gloria : pas. « Non, précise-t-elle, y a pas de Gloria ni pour l'Avent, ni pour le carême. On ne peut pas annoncer la gloire de quelqu'un qui n'est pas là avant Noël. Ni de quelqu'un qui va mourir bientôt. »

Première Lecture : « C'est elle qu'on va choisir maintenant... »

Psaume : « Là, on va le chanter, normalement on lit le texte et on met un refrain, on va voir ce qu'on prend avec Robert. »

Deuxième lecture : Lettre de saint Paul Apôtre aux Romains.

Alléluia : pas. « C'est pareil, on en met pas au carême. Pour qu'il soit plus glorieux pour le jour de Pâques, où ce jour-là on rechante l'Alléluia. »

Evangile : Evangile selon saint Luc.

Imposition des cendres.

Homélie : « Ça, c'est l'officiant qui doit la faire. Si le prêtre est pas là, on fait une "méditation" à partir d'un texte qu'on aura fait[1]. »

Credo : « Le Credo, c'est juste le dimanche. On le dit pas en semaine. »

P. U : « C'est la Prière universelle. Ce sont des prières qu'on lit et on chante un refrain.

Offertoire : « Y a la quête, et puis de la musique. »

Sanctus

Anamnèse

Doxologie : « Bon, ben, c'est la prière à la gloire de Dieu. »

Louange et conclusion

1. A la messe, le prêtre prononce une homélie. Jadis, cela s'appelait un sermon, c'est-à-dire un commentaire familier des textes qui ont été proclamés. Il peut en confier le texte à un laïc qui le lira au cours d'une assemblée dominicale, en l'absence du prêtre. Mais alors, ce sera un « commentaire d'évangile », car le droit liturgique ne reconnaît pas à un laïc le droit de prononcer une homélie. La différence tiendra donc à la personne, prêtre ou laïc, et pas au contenu du discours. De la même façon, il est recommandé par le droit liturgique de faire présider l'ADAP, l'Assemblée Dominicale en Attente d'un Prêtre, par un laïc, mais en montrant bien qu'il ne prétend pas remplacer le prêtre. Nous sommes là en plein cas d'illocution : on dit, ou on fait quelque chose, en montrant comment cela doit être compris ici et maintenant. La hiérarchie catholique se préoccupe ici d'édicter un règlement intérieur à l'exercice rituel. (Maurice Gruau, *L'Homme rituel*, p. 29.)

Pater : « J'aimerais bien qu'on chante celui de Rimski-Korsakov. »

Agnus dei

Communion : « Là, où on chante quelque chose ou y a un air de musique. »

Les annonces : « C'est quand on a quelque chose à communiquer concernant nos activités paroissiales ou ce qui y touche. »

L'envoi : « C'est le chant final. »

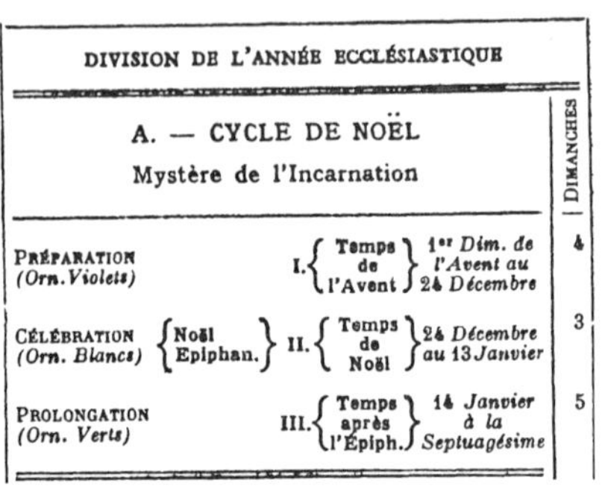

DIVISION DE L'ANNÉE ECCLÉSIASTIQUE

A. — CYCLE DE NOËL

Mystère de l'Incarnation

				Dimanches
Préparation (*Orn. Violets*)		I. Temps de l'Avent	*1er Dim. de l'Avent au 24 Décembre*	4
Célébration (*Orn. Blancs*)	Noël, Epiphan.	II. Temps de Noël	*24 Décembre au 13 Janvier*	3
Prolongation (*Orn. Verts*)		III. Temps après l'Épiph.	*14 Janvier à la Septuagésime*	5

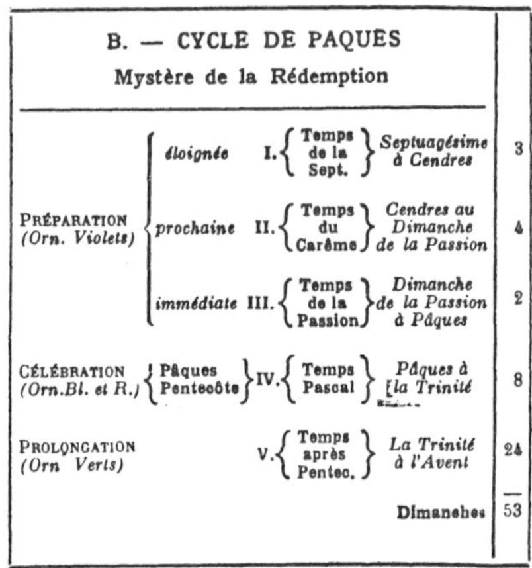

B. — CYCLE DE PAQUES

Mystère de la Rédemption

Préparation (*Orn. Violets*)	*éloignée*	I. Temps de la Sept.	*Septuagésime à Cendres*	3
	prochaine	II. Temps du Carême	*Cendres au Dimanche de la Passion*	4
	immédiate	III. Temps de la Passion	*Dimanche de la Passion à Pâques*	2
Célébration (*Orn. Bl. et R.*)	Pâques, Pentecôte	IV. Temps Pascal	*Pâques à la Trinité*	8
Prolongation (*Orn Verts*)		V. Temps après Pentec.	*La Trinité à l'Avent*	24
			Dimanches	53

Très pédagogue, Marie-Odile m'explique comment la « préparation » se déroulera : « Maintenant, on va repérer et choisir les chants correspondants. Faut bien les noter pour qu'on puisse les communiquer. Ce que je viens de te montrer là, on va l'imprimer, puis le photocopier et le mettre sur les bancs dimanche, à l'église. Les psaumes qu'on va choisir, on va les choisir en fonction du moment du calendrier évangélique. Il faut pas se tromper, parce que ça a un sens, une chronologie quoi. On va vers Pâques, c'est vers la mort de Jésus qu'on s'engage. Faudrait pas chanter une résurrection... D'ailleurs, en temps de Carême, y a plus de *Gloria*. On le chante plus, quoi, on le reprendra après Pâques. »

Je tire un vieux missel de ma poche en leur disant que j'ai apporté mon manuel. Ça les amuse que j'aie encore un objet aussi archaïque. « Y a bien longtemps qu'on s'en sert plus. On s'aide de revues spécialement conçues pour adapter la messe du moment.

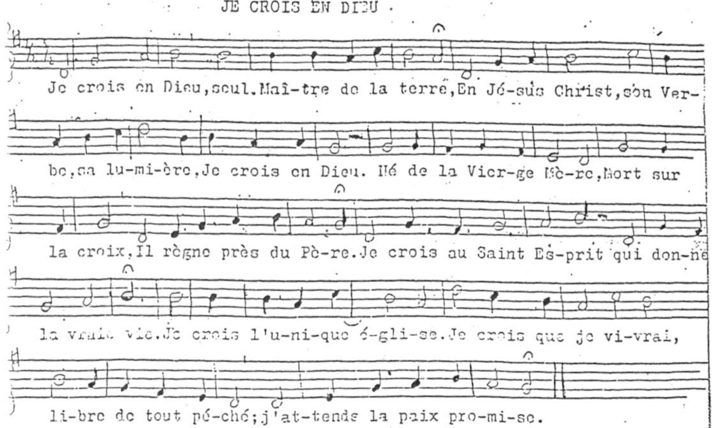

On a *Aujourd'hui dimanche*. C'est Maurice[1] qui l'a fait et édité pendant longtemps. C'est bien pratique, c'est un guide de messe destiné à l'équipe de laïcs qui anime les ADAL (Assemblée Dominicales Animées par des Laïcs). L'autre revue, *Signes d'aujourd'hui*, celle-là, c'est du pratique-pratique. Ce numéro, le 170, que tu vois là, c'est le dernier. Il est daté de ce mois de février, et il propose des textes et des psaumes qu'on peut utiliser. Y a aussi *Prions en Eglise*, tu le trouveras sur la petite table en rentrant à l'église d'Appoigny, j'ai vu qu'il était offert pour ce mois de mars. Chacun a son classeur où sont engrangés chants et psaumes qu'on a et qu'on va chanter à la messe le dimanche. » Marie-Odile et Robert feuillettent des partitions, fruits d'héritages, de dons, de récupération, de trouvailles que l'un et l'autre conservent précieusement, attendant, peut-être, de les céder à leur tour à la prochaine équipe de laïcs, quand eux-mêmes raccrocheront.

Sur la table, dans un faux désordre, sont posées des partitions sélectionnées avant que je n'arrive, « Amen, Gloire et Louange », « Avec toi nous irons au désert », « En quel pays de solitude », « Parole éternelle du Père », « Louange eucharistique », « Vivons enfants de lumière » et le « Notre Père » de Rimski-Korsakov. Partitions qu'ils chantonnent entre eux, à demi persuadés de tenir la

1. Maurice Gruau fut curé de Chichery de 1980 à 2001 et éditeur d'*Aujourd'hui dimanche*.

bonne tonalité mais confiants, par chance, dans le décryptage qu'en fera l'organiste du dimanche pour les leur remettre en voix. Robert recherche, dans ce qui semble être un manuel, les pages auxquelles correspondent les psaumes et les chants que Marie-Odile note soigneusement en face des rubriques de son « menu ». Je regarde « Prières et chants du Peuple de Dieu », sous-titré « Manuel des paroisses », le nom de ce livret incarnat mis à la disposition des fidèles à l'entrée de toutes les églises de la région ; un petit livre de cinq cent cinquante pages tout de même, ce qui n'est rien en comparaison du moindre missel de communiant qui rassemblait aisément mille deux cents à deux mille pages de papier bible. L'ouvrage a été conçu par le père Michel Dupuy pour « aider et orienter le paroissien actif ». Il explique comment prier seul ou en assemblée, la liturgie de la messe et les divers sacrements, mais aussi comment agir « le dimanche en l'absence d'un prêtre », sans oublier les fameuses et inévitables ADAP, sur lesquelles je reviendrai plus tard, aveux d'une carence qui explique aussi pourquoi nous sommes là, dans cette cuisine, à préparer la messe de dimanche prochain avec deux des membres d'une des six équipes de laïcs qui depuis quelques années animent la « communauté de paroisse », un prêtre solitaire n'ayant ni le temps ni les moyens d'en assurer la charge.

Robert annonce des initiales et des nombres auxquels je ne comprends pas grand-chose mais qui ont sûrement un sens si j'en juge par la façon dont Marie-Odile écrit soigneusement les cotes sur son cahier en face des rubriques laissées libres. Robert Chantonne : « A.L. : 102, pour le *Sanctus*, page... Il ne la trouve pas, ni moi non plus d'ailleurs. C.L. : 310, pour l'Anamnèse, page, page... G. : 229, “Avec toi, nous irons au désert” G., 213 : “Si l'espérance t'a fait marcher”... Alors là, ça marche, pages 327 et 326. »

Oserai-je dire que l'ambiance est établie, la structure sonore du moins. Il reste à préparer le choix des textes qui seront lus. « La première lecture est toujours tirée de l'Ancien Testament, et les psaumes font toujours références à David », me précise Marie-Odile. « La deuxième lecture, on avait prévu la Lettre de saint Paul aux Romains, ajoute Robert. Pour l'évangile ce sera comme on a l'habitude : l'Evangile selon saint Luc. Le symbole des apôtres, on prend la page 45... Pour l'homélie, puisque y aura le Père, on a rien de spécial à voir, nous. Par contre, là, je trouve que dans

Signes, y a quelque chose de vraiment bien, il y a ce texte où il s'agit de la société de consommation, et de prier pour les déprimés... » Marie-Odile reprend et m'explique : « C'est l'équipe qui construit le texte. C'est souvent en empruntant à deux ou à plusieurs textes qu'on va remanier, qu'on arrive à le faire. Mais là, Robert, tu sais bien, j'attends d'être tranquille, je vais réfléchir, me concentrer. Faut qu'on trouve quelque chose à dire qui concerne tout le monde, tous les chrétiens... Ça va encore me mener à pas d'heure... Bon ben, sinon, on a fait le tour, je vais mettre tout ça au propre, le faire taper à ma petite fille. Et puis on verra ça... »

L'essentiel de la préparation s'achève. On discute de choses et d'autres.

Robert rappelle à Marie-Odile qu'elle devait lui montrer des photos. Elle s'exécute gentiment et tire d'un placard une boîte à chaussures d'où elle exhume de vieilles photos de mariage. « Faut que tu saches qu'y va y avoir une petite exposition, dimanche prochain, dans la salle des fêtes, m'explique Robert. Il se trouve que la commune a hérité de plus d'une centaine d'aquarelles du père de l'abbé Cordier. La majorité ont été faites en 1943. Il était très vieux cet homme, il est mort quelques années plus tard, à quatre-vingt-treize ans. Il a surtout peint le coin de l'église – il doit y avoir ta maison dessus –, et celui du presbytère. Alors on s'est dit que c'était l'occasion d'essayer de retrouver des photos anciennes, qui dateraient d'avant 1900, dans ces eaux-là, quoi... »

Le mari, Jean-Pierre, qui « faisait du bois » dehors nous rejoint. Après une petite évocation des ancêtres connus et reconnaissables sur les photographies familiales d'autrefois, on descend à la cave poursuivre la conversation autour d'une bouteille de rouge, puisqu'on est en Bourgogne.

Samedi 25 mars 2000 (Chichery)

Visité Maurice Gruau à Cheny. Nous parlons de nos programmes chargés. Je lui propose de prendre avec moi le pouls de « l'état mental de nos campagnes ». Pourquoi tant de suicides dans la région, pourquoi ces hommes se pendent, se tuent à la fleur de l'âge – même un, deux enfants de quatorze ans ? Une épidémie, c'est épidémique, me dit-il. Oui, les « bouffées suicidaires » ne viennent pas seules, elles sont contagieuses, c'est évident.

Il faut qu'il y ait un tel mal-être, une vie si difficile pour ces garçons... Ils sont perdus dans le nouveau monde égalitaire en sexualité ou plutôt en « genre », où ils ne savent plus s'ils sont encore des hommes ni comment on doit et on peut l'être aujourd'hui.

Je ne trouve rien sur la question. Suis allé à Sainte-Anne à Paris, rien trouvé, à Auxerre, non plus, rien sur les ruraux. Voir avec Joël Laporte.

Le catéchisme

Le catéchisme prend le relais, entendez le « parler sur... ». Le vin aidant, la discussion tourne autour des « Je me souviens... », à la manière de Perec. Oui, on se souvient, et on se souvient de plus en plus. On se souvient des temps où les curés[1] étaient omnipotents, où l'on dessinait des christs sanguinolents, où l'on se faisait réprimander par les « mamans catéchistes », du temps où nous avions des leçons de catéchisme à apprendre, où le presbytère comme la maison familiale nous servaient de maisons des jeunes ; des après-midi à écouter les Chaussettes noires, Sylvie Vartan et Johnny Hallyday, en faisant pétarader nos mobylettes sous l'ombre du crucifix, de ces temps de lanterne magique en fer-blanc, des *Tintin* pelliculés que nous déroulions interminablement les jours de pluie, du temps où nous servions la messe, de nos péchés véniels et de nos maladresses – souvenirs télescopés qui embrouillent nos trois générations rassemblées autour du trépied du plateau de hêtre massif et vernis qui nous sert de table, ponctués de « ah non ! Nous on avait pas ça... Nous on faisait pas comme ça... Nous, c'était autrement... ». Mais les souvenirs de religion évoluent moins vite que les modes, et, à quelques années et détails près, nous convenons, à tort, que les choses ont peu changé...

Tout en grignotant des « petit Brossard », que je trempais dans mon verre pour contrebalancer les effets de l'alcool – à moins que mon geste ne fût qu'un réflexe induit par les offres répétées –, notre hôtesse nous rappelait que le « caté » n'avait pas disparu,

1. J'ai fait une « typologie des prêtres » dans *La Tribu sacrée*, pp. 18 à 25.

Catéchisme.

mais que, hélas, les séances lui étaient échues, plus personne ne voulant l'enseigner, et qu'il était de plus en plus difficile de « faire croire aux enfants et d'essayer de leur faire passer des choses, vu qu'y sont de plus en plus éloignés de la question... »

Pour eux, les arguments passaient aussi par la cave, non qu'on y fît descendre les enfants punis, mais parce que, les mercredis, on en remontait quelques bouteilles de jus de fruits, entreposées dans l'escalier à cet effet. « D'ailleurs Jean-Pierre, les jours de caté, il sait bien : le soir, il me dit "bon ben, y a plus de pain, faut que j'aille en rechercher"... »

Bien sûr, le catéchisme n'est plus ce que nous en racontons, les uns et les autres. Il a changé, obligatoirement changé. Les prêtres, si peu nombreux aujourd'hui, ne s'en occupent plus guère. En réalité, ils s'en sont déchargés depuis longtemps et, renouvellement de la catéchèse aidant, les évêchés ont confié la tâche de cette instruction principalement aux laïcs. Une instruction idéalement organisée en cycles répartis sur plusieurs semaines : « L'épiscopat recommande aux familles elles-mêmes, au cours de la première semaine, de rechercher avec les enfants, de leur faire découvrir ce qu'ils vivent quotidiennement en parallèle avec l'Evangile. La deuxième semaine est le temps de la mise en commun des réflexions personnelles au sein d'un groupe. La troisième, dite

« reprise doctrinale », et la dernière sont un rassemblement de prières où sont réunis tous les groupes confondus : CM1, CM2, etc. », me dit sœur Anne-Marie. En outre, les manuels de catéchisme n'ont plus grand-chose de commun avec ceux que j'ai connus – je crois bien que nous n'en avions pas. Attrayants, joliment présentés, ils se veulent justement des antimanuels. D'entrée de jeu, ils proposent que l'enfant apprenne à se débrouiller dans le monde des « copains » ; qu'il acquière une démarche d'exploration, qu'il voyage « toutes fenêtres ouvertes » et qu'il apprenne à prendre la parole dans un monde fait d'injustice et d'égoïsme. On y évoque aussi les différences, les droits de l'homme, les syndicalistes, les hommes de bonne volonté et les prophètes vivants, comme dom Helder Camara, Lech Walesa, mère Teresa ou l'abbé Pierre. On fait appel au « courage d'être chrétien », on évoque la question essentielle du message chrétien : la mort. Dans les fiches enfants-parents de CM1 d'un des manuels les plus répandus, « A nous la parole », la mort est traitée sous une forme interrogative face à la vie, en ces termes et en ce style : « OUI MAIS IL Y A la mort, le mal et ses ravages, et nos pourquoi... » Ce à quoi le dossier réservé aux seuls animateurs répond : « Non ! tout commence. » Il propose alors aux enfants d'illustrer en gestes l'idée que « la mort est un mur – Jésus y fait un trou –, Il l'ouvre toute grande » ; façon d'aborder la question humaine des « passages » et, dans celui qui conduit de la mort à la vie, le thème central du christianisme : la Résurrection. Ces catéchismes fondés sur une pédagogie des signes – il existe plus d'une cinquantaine de versions – sont adaptés en fonction des âges et des différents milieux : ruraux, périurbains, urbains, milieux déchristianisés, etc. Dans les années 1990, pour le seul diocèse de Sens-Auxerre, je comptais une vingtaine de manuels en circulation, souvent renforcés par un *Recueil catholique de documents privilégiés de la foi*[1] qui obligeait à resituer le propos pédagogique sur les fonds trinitaire et christocentrique de référence, à savoir les événements bibliques, la liturgie et la tradition de vie dans l'Eglise.

1. Documents pour animateurs, Banques de documentation pour une catéchèse, Lyon, La Diffusion catéchistique, 1985.

Oui, en quinze ans, les choses ont pas mal changé.

Sœur Anne-Marie, qui a pris sa retraite avec deux autres sœurs missionnaires des « filles de Notre-Dame du Sacré-Cœur », à Appoigny, en 2002, me reçoit à l'ancien presbytère, dans le bureau qu'occupait Maurice Gruau et où il vivait avant qu'il ne prenne lui-même sa retraite. En compagnie de quelques laïcs, Anne-Marie est responsable des EAP, Equipe de l'Assemblée Pastorale, dont l'objectif est d'assumer des fonctions assurées autrefois par le prêtre de la paroisse et plus précisément la catéchèse. Il y a longtemps que la paroisse n'est plus à entendre au sens d'un clocher unique. La raréfaction des prêtres a obligé partout à des regroupements importants. Pour la région d'Auxerre, il y a une dizaine d'années, on a officiellement fait entrer Chichery et d'autres villages de proximité dans le doyenné d'Auxerre-urbain. Pour ce qui est de la carte des diocèses de France, les neuf régions apostoliques au sein desquelles ils étaient jusque-là regroupés ont été remaniées depuis le 30 juin 2004. Ce qui donna naissance à quinze « provinces ecclésiastiques », calquées pratiquement sur les régions administratives, l'archevêché de Sens-Auxerre appartenant à la « province ecclésiastique de Dijon ». Les diocèses de Bourgogne sont donc désormais sous la houlette d'un archevêque métropolitain nommé par le pape et non plus élu[1].

La sœur m'apporte une grande carte cartonnée où sont coloriés les nouveaux découpages, non pas des provinces, mais de la région d'Auxerre ; la ville au sens propre formant désormais une seule paroisse, sous le nom de paroisse Notre-Dame. En périphérie, l'Auxerrois rural est découpé en plusieurs ensembles. Pour ce qui nous concerne, je distingue, crayonnée en orange, une zone comprenant Chichery-Chemilly-Appoigny ; une autre, Monéteau-Sougère-Gurgy, coloriée en vert, et Saint-Georges-Charbuy-Périgny, en rose. « Trois ensembles de trois qui dépendent du même curé, me précise la sœur, auxquels il faut ajouter à sa charge deux

1. Ces provinces ecclésiastiques ont été érigées canoniquement par Rome, en décembre 2000. Cette réorganisation des structures fait craindre à certains une mainmise accrue de Rome sur l'Eglise de France. Avant cette réforme, les présidents des régions apostoliques étaient élus et le conseil permanent était composé sur une base territoriale, chaque évêque de France représentant une région. Le risque de cette réforme, notent les observateurs, est de revenir à une configuration de l'Eglise de France telle qu'elle était avant Vatican II (*Le Monde*, 21 mai 2004).

autres ensembles de trois villages, ce qui lui fait au total quinze clochers sous sa responsabilité. Comment voulez-vous qu'il fasse tout ça tout seul ? Dans le contexte d'aujourd'hui, le regroupement, le travail au sein des EAP, ça élargit le regard, c'est une bonne chose, ça oblige à innover, comme les 5/5 dont notre nouveau curé a été chargé par Mgr Gilson. »

Samedi 21 avril 2000 (Chichery)

Travail devant la maison, le tilleul pousse le trottoir... J'ai passé la journée à déraciner ma maison comme on dératise. Travail de Titan à la barre à mine et à la hache – c'est fou ce que c'est tendre une racine. Tout cela à défaut d'écriture bien entendu.

Soir : et le samedi saint se déroule sur la place : feu purifiant, bougies saintes, cierge Pascal – la Paix du monde, pas la guerre à soi, a son moi – c'est ce que le prophète sans doute a dû faire. J'entends la pieuse messe de ma baignoire en attendant que les cloches reviennent de Rome...

Voulant en savoir plus sur le catéchisme tel qu'il fonctionne aujourd'hui, j'explique à la sœur que je cherche des faits concrets, le façonnage, en quelque sorte. A l'entendre, cela semble avoir évolué encore : « Aujourd'hui, on a différents documents qu'on utilise avec l'approbation de l'évêque, mais qui ne sont pas produits par le diocèse. Ils répondent à plus ou moins de sensibilité, soit rurale, soit plus urbaine. Encore qu'aujourd'hui, les différences s'estompent beaucoup entre les enfants ; même ceux qui viennent du rural profond vont presque tous à l'école en ville. Il se trouve que dans le manuel qu'on utilise ici, produit par l'APCR, l'Association Pour le Catéchisme en Rural, il y avait comme responsable de tout ce qui était biblique un frère missionnaire des campagnes, un de vos voisins, quoique lui n'habitait pas Chichery. Maintenant, il est en retraite, c'est Gilles Becqué. Depuis, il a été refait. » Elle me montre un beau volume 21 × 29,7, dans les bleu ciel, intitulé *En marche en église*. « Il a été réédité parce que tout s'use, me précise-t-elle. Quand on le regarde comme ça, il ressemble à l'autre, mais des textes ont été changés pour être plus accessibles aux enfants. Le document auparavant devenait peut-être fatigant, je ne sais pas. » La sœur feuillette le livre tout en le commentant : « Images, œuvres d'art avec en face la page d'Evangile à chaque fois. Il y a une première approche que l'enfant est invité à faire en dessinant ou en collant des vignettes qui sont à la fin du livre. Ensuite, il y a des bandes dessinées qui rejoignent sa vie personnelle et qui sont une approche de l'Evangile. Quand on a bien pioché tout ça, on entre davantage dans la dimension biblique. Par exemple, l'aventure d'Abraham, avec une carte. Comme on y voit la Mésopotamie, on y retrouve le conflit actuel en Irak... De là, nous allons à la page d'Evangile, c'est-à-dire à ce qui nous est révélé de Jésus aujourd'hui, avec une icône en face, ça permet de parler aussi du beau. Après, nous avons deux-trois pages, il y a un dessin vide où l'enfant est invité à écrire des choses de l'explication qui lui a été donnée précédemment, ça marche comme une réappropriation. Voilà justement un changement par rapport à l'édition de l'année dernière, on a supprimé les pages complètement blanches qui devaient servir à ce que les enfants fassent des dessins, ils n'en faisaient pas. Maintenant, ils n'ont plus à dessiner, juste à remplir un dessin. Du coup, ça marche mieux. Et puis on a rajouté des jeux qui permettent aussi d'assimiler les mots : Genèse veut dire commencement, la Bible comprend les Livres, etc. On leur annonce l'importance de célébrer le dimanche, et puis ils apprennent les Prières fondamentales... Chacun a son livre, il se l'approprie, mais ils dessinent beaucoup moins qu'autrefois, peut-être qu'ils écrivent un peu plus. »

J'avais entendu dire par une femme du village la difficulté de « tenir » les enfants au catéchisme. J'appris par la sœur qu'effectivement les CM2 décrochent complètement. Elle avoue : « Les plus grands, on arrive plus à les intéresser. C'est très dur, ils sont très je-m'en-foutistes. Mais qui inscrit ses enfants au caté ? Les parents ne sont plus très ardents, la profession de foi c'est un peu la carotte... »

La sœur semblait un peu découragée, d'autant que les réunions de préparation étaient, elles aussi, difficiles à organiser. « Les catéchistes, ce sont surtout des mères de famille. L'autre jour, j'en ai eu une et demie, la demie, elle est juste passée en gros dire qu'elle ne pouvait pas rester. Enfin, on essaie quand même de se retrouver au début des grands parcours, de voir les points forts comme les textes de l'Evangile, on essaie de partager entre nous.

Il y a les messes des familles à peu près tous les deux mois, qui concernent un peu plus de monde. On dit que Chichery était un village très catho. Ils sont pas contre, mais, à part quelques-uns, ça se raréfie. Ils sont devenus quand même très indifférents, et puis il y a les loisirs qui poussent derrière et la télévision. Là, ce sont des vraies concurrences. Enfin, cette année, ils sont sept à faire leur profession de foi, et on va la célébrer en juin, à Chichery, c'est pas si mal. » Sœur Anne-Marie me confia que là où ça marchait le mieux, c'était finalement avant le catéchisme proprement dit, avec les 4-7 ans, pour l'Eveil à la foi. « Là, c'est un véritable plaisir. C'est l'âge où ils découvrent, ils écoutent, s'intéressent. Les enfants jouent bien le jeu... » Nous poursuivîmes ainsi sur quelques considérations générales autour du catéchisme et des jeunes comme apprentissage à la lecture du patrimoine visible dans nos campagnes, sur la paroisse qui n'en sera plus jamais une, sur les célébrations bien maigres qui obligent à des regroupements et sur le désir de l'évêché de faire des célébrations moins nombreuses mais plus riches, comme ces mystérieux 5/5 dont on recommande la fréquentation aux catéchumènes adultes, à défaut des dimanches : « Il faudrait qu'ils y aillent au moins cinq fois par an, pour leur donner de l'appétit... » J'attendais de voir.

MICHEL DE CERTEAU, UN MYSTIQUE CACHÉ

Qu'est-ce qui m'a poussé à aller rendre visite à Michel de Certeau à l'Université San Diego aux Etats-Unis en 1980 ? Cette amitié liée à la fac, dans ses cours et au laboratoire d'ethnohistoire qu'il y animait, sûrement, renforcée à vrai dire par nos rencontres fréquentes et plus informelles, plus romanesques peut-être, « rue des caves », la fameuse communauté installée à Meudon. Je crois que ce qui me fascinait en lui c'était son apparente simplicité que sa pensée complexe effaçait en une phrase, du vrai jésuitisme en vérité, qui nous interrogeait beaucoup sur le comment du pourquoi un « curé » pouvait résister dans ce monde anticalotin qu'est l'Université. La réponse en était dans le titre même du département, et Jaulin ne s'était pas trompé en le recrutant : Anthropologie, Ethnologie, Sciences des religions – science que justement il n'enseignait pas, préférant l'histoire et la psychanalyse à la théologie, quoique... Certeau était un homme à ne pas rater, ce mystique caché nous entraînait derrière lui dans les marches des marges de la recherche en sciences humaines en train de s'inventer. On aimait le lacanien, on admirait le linguiste, on écoutait l'historien et on s'empêtrait un peu avec lui dans sa transversalité. Il avait du flair pour repérer les changements, de l'astuce pour piger le social en mouvement et l'intelligence de ne jamais se précipiter dans une mode. *L'Invention du quotidien*, tous ces petits riens pensés à l'intérieur des tactiques personnelles qui permettent d'habiter, de cuisiner, de circuler en société, auquel il nous associa largement, le rendit à nos yeux ethnologue au sens plein. Plus tard, beaucoup plus tard, après qu'il eut disparu en 1986, j'ai découvert, en travaillant à *La Tribu sacrée* que, d'une autre main, il avait poussé, presque en secret, que dis-je inventé une anthropologie du croire dont je n'avais alors pas imaginé qu'elle allait refonder le regard sur la religion.

L'Absent de l'histoire, Mame, 1973 ; *La Culture au pluriel*, UGE, 1974 ; *L'Ecriture de l'histoire*, Gallimard, 1975 ; *Une politique de la langue. La Révolution française et les patois*, Gallimard, 1975 ; *L'Invention du quotidien*, UGE, 1980 ; *La Possession de Loudun*, Gallimard, 1980 ; *La Fable mystique* XVI-XVIIe *siècle*, Gallimard, 1982 ; *La Faiblesse de croire*, Seuil, 1987.

Des calculs compliqués

De retour chez moi, je téléphonai à Marie-Odile pour lui dire que je m'étais quelque peu embrouillé dans mes notes de l'autre jour. Elle me dit qu'elle n'avait pas terminé. Que c'était compliqué, en effet. Qu'elle y réfléchissait encore pour savoir comment elle allait faire les choses. Comment prendre des notes dans une histoire aussi complexe ? Placer du rituel, enrichir du rituel, la question n'est pas simple, en vérité. Il s'agit en fait d'un véritable protocole. Il faut que les choses prennent sens. La tâche s'embrouille d'autant plus que Marie-Odile voulait introduire en partie dans la messe de dimanche des éléments du mercredi des Cendres, pour ceux qui n'auraient pas pu y assister.

De fait, nous sommes dans des calculs calendaires confus. Une comptabilité double, pourrait-on dire. Comme l'indique mon vieux missel : pour les Hébreux, avant d'entrer dans la Terre promise, ce fut « quarante ans » de marche à travers le désert, ce sont les « quarante jours » du Christ renonçant dans le désert : ses quarante jours de pénitence, ses quarante jours de lutte et ses quarante jours de prière : le carême.

Avec le temps de carême s'annonce le temps du carnaval. Ce temps du renouveau de la nature qui, jadis, faisait de l'excès son ordinaire, et qui aujourd'hui ne se joue plus qu'encadré, déclaré, autorisé, n'est pas mort. Bien au contraire, il reprend vigueur depuis quelques années. Ce temps se rejoue, en effet, dans bien des villages sous la forme, assez dénaturée il est vrai, de carnavals locaux et enfantins – plus forts et plus violents dans nombre de villes de province, mais aussi de plus en plus folklorisés et en passe de devenir la cible de marchands de bière et d'accessoiristes publicitaires.

Pour revenir à l'entrée en carême, qui m'occupe ces temps-ci, et au carnaval qui y est associé, l'étymologie la plus communément admise attribue son origine au bas latin *carnelevare*, qui signifierait la « suppression de la viande », autrement dit une période d'abstinence et de privation durant laquelle on fait maigre. Les prescriptions ecclésiastiques ont fait de cette fête d'hiver le « carême entrant » et déterminé, après bien des réajustements du calendrier, les trois jours gras qui précèdent le mercredi des Cendres. En ce début du XXIe siècle, l'actualité du calendrier n'a pas failli. Rentrant chez moi après avoir assisté à la préparation du premier dimanche de carême, je trouvai sur le rebord de ma fenêtre un papier jaune invitant la population du village pour le « Carnaval de Chiche-Ryo ». La date était fixée en dehors du temps rituel (le 13 mars 2004), mais son intention, quelles qu'en fussent la tournure et l'expression modernes, restait bien liée au motif de la tradition ancestrale de fêter la fin de l'hiver, ou, si l'on préfère, le début du printemps.

Cette vieille religion recouverte par notre temps chrétien s'inscrivait très précisément dans le cycle des saisons et la manière populaire dont on comptait le temps. Pour rejoindre mes calculs calendaires, il s'agit là d'un temps qui se distingue en apparence du temps ecclésial officiel, du moins en apparence, car le décompte fonctionne là aussi par quarantaine. Ce carnaval que l'on m'annonce rejoint dans sa situation les fameux quarante jours à compter du 2 février, jour de la Chandeleur, qui n'est autre que le jour de la Purification de la Vierge. Dans la « dominante » de mon agenda Quo Vadis 2004, à la date du 2 février est signalé, en guise de saint pour ce jour : « Présentation au Seigneur », autrement dit l'expression de la fête de la présentation de Jésus au Temple, soit plus ou moins quarante jours après Noël, temps qui marqua jusqu'au IVe siècle, avant que le christianisme ne s'en empare, le solstice d'hiver ou la fête du soleil renaissant[1]. Partant de là, le rythme de quarante jours par rapport aux solstices et aux équinoxes réglait notre monde, ainsi qu'on en trouve la trace dans l'étymologie de « carême ». Ce nom, qui a pour nous une valeur restrictive, vient d'une altération du latin *quadragesima* qui a donné *quaresima* en latin populaire, autrement dit « quarantième », et qui, depuis le XVIe siècle, désigne dans sa spécialisation chrétienne le quarantième jour avant Pâques, ou encore le temps de jeûne et d'abstinence entre mardi gras et Pâques[2].

Aujourd'hui, libéré de la rigidité calendaire et sans plus se référer en apparence à cette très ancienne figuration du temps connu des paysans, le carnaval s'affirme comme une fête de printemps. Il n'en demeure pas moins que se déguiser pour sortir en public,

1. Claude Gaignebet, *Le Carnaval.*

2. *Quaresima* est utilisé par ellipse pour *quadragesima dies*, d'après le grec ecclésiastique *tessarakostê* (*hêmera*). Le mot, dont le genre est resté indécis jusqu'au XVIe siècle, désigne la période de quarante-six jours de jeûne et d'abstinence entre mardi gras et Pâques. Par extension, il est employé en Afrique du Nord pour désigner le ramadan, son correspondant dans la religion musulmane. Par métonymie, il désigne le jeûne (1541), l'ensemble des sermons (av. 1622) faits pendant cette période. « Carême-prenant », d'abord dans le syntagme *feste carenpernant* (fin XIIe), est composé de carême et du participe présent de prendre, prenant, au sens de « qui s'engage dans ». Le mot désigne strictement les trois jours de réjouissances précédant le début du carême. Familièrement, il désigne une personne grotesquement accoutrée (1670, *Le Bourgeois gentilhomme*), par allusion aux masques qui courent les rues pendant ces trois jours. La mi-carême (1264) désigne le vingt-troisième jour après le mercredi des Cendres (*Dictionnaire historique de la langue française*, Robert).

ou déguiser ses enfants, exprime toujours ce moment symbolique où le temps change au propre et au figuré. C'est ce moment complexe où la terre joue à cache-cache avec la lune, où la nature reprend son souffle, s'enfle, et nous avec elle ; où l'on prend le risque, dans la grande confusion qui se prépare, de se retrouver face à l'âme des morts, de ces morts dont aucune religion n'a jamais vraiment réglé le sort. Enfants vieillis, adultes en nourrissons ridicules, hommes en femmes, femmes en hommes, beautés enlaidies, l'année nouvelle nous ramène et est ramenée primairement à un état d'enfance. L'ensauvagement et l'innocence exprimés par les déguisements permettent de bouleverser l'ordre sans être reconnu par personne. On inverse tout, c'est le triomphe de la régression, la folie est sur terre, partagée et acceptée le temps limité du carnaval. Etre fou, c'est être animé par la *pneuma*, par ce drôle de souffle qui traverse les masques et ces voix d'entrailles prohibées ordinairement. Les pierrots lunaires sont des barbouillés de la Chandeleur, des enfarinés de la pleine lune qu'ils ont symboliquement avalée. Folie et inspiration jumellisent, se croisent, attaquent, scandalisent. Des soufflets (*follis* en latin) sont cachés sous des bosses ou dans des ventres trop gros qui lâchent des vents pour se protéger du retour des morts qui cherchent des orifices par lesquels ils pourraient réintégrer nos corps de vivants. Alors, dans cette tempête fécondante et mystérieuse du printemps naissant, on se cache, on crie, on éructe, on pète, on tente d'effrayer ce monde plus effrayant encore qui nous entoure.

Je sais, les déguisements ont changé, nous ne sommes plus au temps de Rabelais, des soufflaculs, des tiou-tiou et des chienlits, quoique je ne voie pas de grandes différences avec ces enfants déguisés en hommes, armés jusqu'aux dents, ces petites squaws ou ces cow-boys égarés en Bourgogne, ce moine déguisé en Capitaine Haddock poussant des « Mille sabords » tonitruants, ni ce couple de copines si parfaitement déguisées en « vamps » qu'on ne peut les distinguer des fameuses comiques, sans parler de ces princesses moyenâgeuses marchant à peine, ou de ces lapins géants fourrant de confettis d'honorables mais trop vifs vieillards. Et ce bruit, ce tintamarre voulu, ce concert de cailloux dans les bouteilles en plastique, de cornes de brume, de boîtes de conserves traînées derrière la carriole, cette tambourinade incessante... Qu'importe l'époque et les gens qui y participent, l'esprit est bien là. Ce clergé éphémère de « fous » qui, chaque année, se recrée et dérange pour quelques heures la tranquillité du village, participe bien à ce souffle qui anime l'univers, tout comme saint Blaise, patron de la gorge et du souffle, qui donne le signal de la bataille des vents dont la sagesse populaire sait que le vainqueur, au 3 février, mercredi des Cendres, soufflera toute l'année.

Mardi 28 novembre 2000 (Chichery)

Retrouvaille du temps calme et long et profond.

Samedi : expo de cartes postales et tableaux de la salle des fêtes. Tout le monde se cherche, se retrouve, se perd. La mémoire s'efface vite, même la mémoire de soi.

Le livre souffre de mes occupations et pourtant l'esprit y est.

Dimanche, longue discussion avec Maurice à Chichery sur la mort, les morts, les restants et l'absence de rituel. En fait les gens ne veulent pas savoir qui était le mort. Ils ne veulent pas dire qui il était vraiment, alors, autant se faire enterrer civilement dit Maurice qui pense que le discours sera plus simple et moins compliqué à élaborer que dans le méli-mélo religieux où l'Eglise, en dernier ressort, veut récupérer en son sein tout homme qui passe par elle. Nous concevons que finalement, moins on en dit, mieux c'est. Je continue à croire qu'un peu de rite obligé et quelques « passes » magiques aident ceux qui restent. La joie se prépare pour la venue, sans conteste. Pourquoi la séparation du monde des vivants ne serait plus marquée fortement, même si fumier nous sommes, fumier nous retournerons. L'idéal serait de disparaître géologiquement (rêve de dinosaure).

Histoires de célébrations

Ce mercredi, je rentre en urgence de Paris pour assister aux Cendres que l'ancien curé du village va célébrer, en fin d'après-midi. C'est à Notre-Dame-de-Lorette d'Auxerre, en effet, que des traditionalistes de la région, en mal de vieux rites, font célébrer chaque mois, par un prêtre des environs qui ne boude pas la sonorité de son latin ni le rite qui va avec (ils ne sont plus nombreux),

1. Amict. — 2. Aube. — 3. Cordon. — 4. Manipule. — 5. Étole. — 6. Chasuble. — 7. Barrette. — 8. Dalmatique ou Tunicelle (pour les ministres).

la messe de saint Pie V [1]. Cette chapelle, peu visible de la N 6 tant elle se fond dans les murs de l'hôpital psychiatrique voisin, est repérable à l'enseigne lumineuse, « Centre d'échappement », qui jouxte la prison, située juste en face. Comme si je me rendais à un rendez-vous secret, me voilà, à la nuit tombante, en plein vent (ça promet !), poussant l'un des lourds battants de la grande porte de bois pour participer à je ne sais quel complot. Assez beau à l'intérieur, ce bâtiment du XVIIe offre au regard une facture classique et dépouillée qui rappelle l'esprit janséniste tel que je me l'imagine. Maurice m'a prévenu lui-même de l'événement. Il consent, m'a-t-il confié non sans un certain plaisir, à rejouer la messe telle qu'il l'a apprise au séminaire, en son temps, et telle qu'il l'a pratiquée jusque dans les années 1960. Lorsque j'arrive, le prêtre est déjà à l'autel, ce qui signifie que les cendres ont déjà été imposées. Revêtu, en ce temps de pénitence, d'une large et élégante chasuble « gothique » violette, dont la modernité fait contraste avec le décor – je m'attendais à une chasuble empesée en forme de « boîte à violon », accordée à l'archi-

1. Le concile de Trente, convoqué par Paul III sous la pression protestante, obligea à un renouveau à l'intérieur de l'Eglise catholique et à la promulgation d'un missel romain restauré (1570), imposé à tout l'Occident, accompagné de rubriques générales et du rite à observer dans la célébration de la messe. Le missel de Pie V (1566-1572) fixa finalement les rites de la messe dans une forme renouvelée qui caractérisera le style de la liturgie romaine.

tecture des lieux, encadré de trois enfants de chœur en aubes blanches, il officie le dos tourné au public [1].

Il m'avait dit au téléphone que ces paroissiens spéciaux réclamaient et n'acceptaient que du « comme du temps de leurs parents... », du rite pur et dur, de l'immuable, du vrai, du solide ! Me voici donc embarqué en un autre temps avec ces chrétiens revenus de je ne sais où, d'autant plus impressionnants qu'on joue en ce moment « Tu es poussière et tu retourneras en poussière ». Outre le recueillement forcé, têtes baissées vers le sol, couvertes de mantilles noires ou enfoulardées pour les femmes, épaules rentrées, les traces de cendres que le prêtre leur a imposées sur le front assombrissent encore les mines dont l'ouverture ne semble pas être la caractéristique. Missels énormes et psautiers si volumineux qu'ils écraseraient un prie-Dieu, j'ai l'impression que mon voisin jongle, tant il passe vite de l'un à l'autre ; il se lève, s'agenouille, plonge la tête dans ses mains, se signe, se relève, se déplace au fond de l'église pour aller chanter parmi le chœur des hommes, revient et recommence ses dévotions comme en un mouvement incessant.

Le prêtre n'est pas en reste. Redevenu, si l'on en juge par l'attention révérencielle qui lui est portée, cet homme totalement sacré, magnifiquement isolé du reste des fidèles, il agit effectivement comme s'il était le seul à connaître les formules pour accéder aux très saints mystères. Son rôle central, lors de la messe, fait que, plus ses paroles se font nombreuses, inaudibles, et plus ses gestes se multiplient, cédant le pas à une sorte de mime devant l'autel, donnant à la célébration une allure de drame sacré : génuflexions en cascade, signes de croix, bras et mains levés, déplacement au tabernacle, habillage, déshabillage, lavabo, maniement du corporal, présentation du calice, encensoir, le tout accompagné d'oraisons jaculatoires dont le but semble être de revêtir de sacré les manipula-

1. La coutume de se placer dans une direction déterminée pour prier se retrouve dans le christianisme comme dans les autres religions, mais il ne s'agit pas là d'une exigence fondamentale comme dans le judaïsme ou dans l'islam, où les uns doivent se tourner vers Jérusalem et les autres vers La Mecque. Le chrétien doit s'adresser à Dieu, le visage dans la direction du soleil levant, où qu'il se trouve sur la planète. La liturgie romaine s'est heurtée à des préoccupations architecturales et a dû s'adapter, en Gaule, à l'époque carolingienne, et c'est en raison de l'orientation des édifices religieux que le célébrant se tient devant et non plus derrière l'autel pour la liturgie eucharistique (Pascal Dibie, 1993, p. 123).

tions de tous ces objets somme toute insignifiants, isolés, mais à signification allégorique évidente dans le contexte, qui donnent l'impression que cette messe rétro fourmille d'activités[1].

Tout cela pour dire que ce prêtre, dont ceux qui m'entourent ce mercredi très spécial semblent avoir du mal à faire leur deuil – ce sont eux qui le convoquent, et non l'inverse ! –, a pénétré si loin dans la vision religieuse du catholique romain, s'est si profondément enkysté dans le rituel, a si fortement hanté et habité les consciences de l'homme et de la femme occidentaux, que les réformes de Vatican II, qui à force d'être récentes ne le sont plus (c'était en 1962), n'arrivent pas à convaincre tout leur monde. Savent-ils ces « dévoués » d'Auxerre et des alentours, si attachés à leurs dimanches et à ce mercredi, qu'il a fallu attendre les débuts du XXe et Pie X pour que les fidèles soient invités à redécouvrir le caractère authentique et la place centrale du rassemblement dominical ? Ils ne semblent pas heureux que le prêtre soit mieux formé, qu'il retourne à des messes dialoguées et que, abandonnant sa présidence, il agisse à nouveau au nom du Christ en partageant les tâches. Savent-ils, ces anciens et futurs communiants présents, que c'est ce même Pie X qui, en 1910, ouvrit aux enfants, dès l'âge de raison (sept ans), l'accès à la communion et codifia, en 1914, des additions et des modifications au missel romain, en redonnant la primauté au dimanche sur les fêtes des saints ? Savent-ils, enfin, qu'il a fallu attendre 1953 et Pie XII pour réactiver des rites originaux comme la veillée pascale et la semaine sainte, que ce mercredi des Cendres profile ?

Ce dialogue de sourds qui s'est développé entre le prêtre et ses ouailles en termes liturgiques sur la frange de l'action eucharistique à laquelle ils tiennent tant me rappelle que les bigots fonctionnent à l'imitation des prêtres du XIXe, comme s'ils regrettaient la disparition de leur « présence fureteuse » qui assurait la bonne marche de la société ; une image si tenace qu'elle s'est installée dans notre subconscient de telle façon que bon nombre d'attitudes et de réflexions des hommes et des femmes de ce début du XXIe siècle en sont encore imprégnées[2].

1. Cf. la description du rite selon saint Pie V, in Maurice Gruau, *L'Homme rituel...*, pp. 187-188.
2. Pascal Dibie, 1983.

La messe terminée, le prêtre s'avança vers nous, de façon moderne ai-je envie de dire, demandant si certains participants arrivés en retard désiraient se faire imposer les cendres. Deux candidats se présentèrent. Il les invita à rejoindre le chœur. La chose fut vite faite. Il congédia alors l'ensemble des fidèles et, précédé de ses trois enfants de chœur, se rendit au fond de l'église où, à défaut de sacristie, un placard-garde-robe a été aménagé, qui contient à la fois les aubes, les chasubles, et les instruments liturgiques : sonnailles, goupillons, charbons et encens, le tout jusqu'au mois prochain... On se congratule rapidement et les étranges paroissiens aux fronts cendrés se volatilisent dans la nuit noire du carême.

Quant à Maurice, s'étant délesté de sa chasuble violette, il se dévêt de son aube, qu'il plie et roule pour l'enfourner dans le sac qu'il porte en bandoulière. Pressé de rentrer chez lui, comme il me dit, et « ça me change, parce qu'avant, j'avais même pas le temps de me déshabiller, je sautais dans ma voiture et j'allais assurer une, deux, parfois trois autres célébrations comme ça, à la suite. Avec mes quinze paroisses, je ne chômais pas, comme tu le sais ».

Lundi 22 janvier 2001 (Chichery)

Hier quelques heures de discussions avec Maurice qui déjà m'a sauvé à midi : j'étais en panne d'essence sur la route d'Appoigny quand, bidon à la main, je prenais le chemin de Chichery : une voiture ! C'était Maurice qui venait de passer chez moi. Essence et hop, en passant par l'église d'Appoigny où il avait oublié ses lunettes sur le trône, je suis de retour avec ma voiture... Il me donne quelques nouvelles du passé.

Il reviendra pour discuter tout à l'heure.

Après que j'ai un peu ronflé (?) sur le canapé, Maurice est de retour. Discussion sur la décomposition de l'Eglise. Je prends note que le chapitre sur la religion doit faire exister le livre en profondeur, le réfléchir, autant que l'enraciner dans le substrat ancien. Montrer comment tout s'articule : religion-croyance-folie.

A la différence du Village retrouvé*, il me faudra articuler, pour que les choses passent d'une pensée complexe à une pensée simple, compréhensible – lire Bachelard.*

Le célibat fait mal

Il y a longtemps que nous nous connaissons. C'est lui, le premier, qui s'est présenté chez moi, un jour. Ce devait être en 1979, *Le Village retrouvé* était sorti depuis quelque temps, et la paroisse, à ma connaissance et ainsi que je le raconte dans mon livre, était orpheline d'un curé. Cet homme frappa donc à ma porte, se présenta et, me tendant la main, me dit : « Formidable, votre bouquin, formidable... » Comme je demeurais interloqué, il m'expliqua qu'il était le nouveau curé de Chichery, qu'il avait rencontré à peu près toute la communauté catholique, qu'on lui avait tout raconté, mais qu'il avait constaté que dans l'énumération des curés qui s'étaient succédé avant lui, il y avait un trou de plusieurs années, que mes explications avaient comblé. J'avais en effet scandalisé une partie du village, il y a vingt-cinq ans, en décrivant le départ du curé avec une femme. En fait, je n'avais pas cherché à faire autre chose que d'essayer de parler de la question du célibat des prêtres et de la réalité de leur vie aujourd'hui. Depuis, les choses ont tant changé dans les mentalités de mes concitoyens, et si peu bougé dans l'Eglise, que je ne peux pas ne pas revenir sur cette question ; elle se pose encore aujourd'hui, mais, pour des raisons très concrètes, se posera de moins en moins à l'avenir, étant donné l'âge avancé du clergé actuel : soixante-quinze ans en moyenne. Sans doute est-ce pour cela qu'« il y a des vieilles dames qui parlent pour la première fois de leur histoire. Elles découvrent qu'elles ne sont pas seules, loin de là », me disait déjà, il y a une dizaine d'années, la femme d'un ex-prêtre rencontrée lors de mon enquête sur *La Tribu sacrée*[1].

Elle estimait même que ce combat était à mener au niveau des droits de l'homme. « Quand on parle du célibat, il faut comprendre qu'ils ne pouvaient pas décider tant qu'ils n'avaient pas rencontré la personne qu'ils aiment, m'assurait-elle. On ne peut pas légiférer dans le domaine des sentiments puisqu'ils n'appartiennent pas à l'homme. De même que le prêtre ne pourrait pas choisir de ne pas manger ou de ne pas boire, tandis que là, il peut prendre la femme quand même, et ça ne se voit pas. On veut être reconnue. Il y en a assez d'épouser les prétextes du prêtre. Il faut que ces femmes vivent debout, qu'elles conservent leur dignité. Ils ont besoin de la femme qu'ils aiment. La hiérarchie couvre et vit la même chose. Je connais des centaines de prêtres qui souffrent, mais qui ne veulent pas perdre leur piédestal. L'Eglise n'est pas prête à revenir sur quelque chose qu'elle a affirmé. » Que des femmes (secrètes) de prêtres en exercice et de prêtres mariés se soient mises à parler, et que les questions posées sur les départs et les mariages des prêtres par les prêtres eux-mêmes ne soient plus taboues prouvent, non pas que le débat est sur le point d'être clos, il durera tant que l'Eglise durera, mais que la disparition annoncée des prêtres et l'âge avancé de ceux qui restent encore ne peuvent plus faire mystère, non pas de l'aberration du vœu de chasteté, mais de son inappropriation évidente. Le célibat charismatique représentait une forme de vie qui allait de soi, ou presque, quand il était recherché pour accompagner et accentuer la « grandeur du devoir » ; or, la

1. Cf. Pascal Dibie, *La Tribu sacrée* et entretien sur France-Culture, août 1994, « Profession curé ». Odette Desfonds est auteur de *Rivales de Dieu*. Elle a fondé l'association Claire-Voie en 1993, qui a été remplacée en 1998 par l'association Plein Jour. Cette association, qui repose sur la clandestinité, comprend cinq cents membres, dont deux cents femmes de prêtres et deux compagnes d'évêques.

dévaluation du rôle du prêtre catholique dans la société actuelle et la libération générale des mœurs que ces derniers ne peuvent pas ne pas ressentir atténuent, à tout le moins, l'attachement à ce qui n'a jamais été qu'un vœu de chasteté [1].

Du haut de ses soixante-treize ans, le toujours jeune et volontaire retraité qu'est Maurice – il a fallu qu'il se batte pour accéder à un peu de tranquillité ! – me répond : « On ne nous a pas appris à être heureux, on nous a appris à être malheureux et à y trouver du plaisir. C'est vrai qu'une partie des gens qui fréquentent l'église pensent que plus ça fait mal, plus ça doit être agréable à Dieu. C'est une vision de Dieu dans laquelle, je ne me retrouve pas. Dieu, pour moi ? plus j'ai de plaisir, plus je dois être content. On cherche tous la même chose. Le christianisme, c'est une manière d'être homme, et elle n'est pas universelle. »

Parmi les prêtres de la région que j'avais rencontrés, beaucoup m'avaient parlé de cette question du célibat. L'un d'eux m'avait confié : « Quand on entre au séminaire, le célibat, on le prend avec. Mais, disons, quand on est enthousiaste, on ne mesure pas toutes les questions que ça peut provoquer par la suite. Quand on rencontre des personnes et qu'on se dit, tiens, j'aurais pu faire ma vie avec elle... Il y a finalement chez beaucoup de prêtres une souffrance qui est là et qu'on n'arrive pas toujours à compenser. Ça peut être compensé avec des amitiés plus ou moins fortes avec des fidèles, des amitiés qui durent, mais, bon... » Pour cet autre prêtre, très âgé : « Rester célibataire ? ça ne me faisait pas problème. J'ai rencontré des amies, dans le milieu des cheftaines, des amitiés toutes simples. Comme j'avais été mené au séminaire comme ça, j'ai toujours réussi à faire ce qu'on me demandait avec de solides amitiés féminines bien intégrées. »

Un prêtre, qui vécut en Alsace en contact étroit avec ses proches voisins protestants, avait, quant à lui, pris position très tôt « par rapport à cette histoire », me dit-il. « L'idée du mariage ? Il est

1. Pour le théologien Paul Winninger, si le sacerdoce pose des problèmes graves, notamment celui de la pénurie de prêtres, elle-même liée à la loi du célibat, il existe une solution qui consisterait, non pas à abolir la loi, mais à la réformer. Le fait que, dans la discipline actuelle, le sacerdoce soit lié au célibat en vertu d'une obligation canonique (canon 132) équivaut à reconnaître implicitement que le célibat n'est pas librement pratiquable et qu'il faut l'imposer par une loi-piège (cf. Pascal Dibie, *La Tribu sacrée*, *op. cit.* 1993, pp. 92-105).

souhaitable. Cela permettra à chacun de nous de se situer plus clairement, qu'il soit de structuration homosexuelle ou hétérosexuelle. Ça ne veut pas dire nécessairement qu'on doit être lié à quelqu'un. Il y a place dans le ministère pour des statuts et des situations extrêmement différents. Je crois que, vraiment, ça clarifierait le recrutement actuel qui peut avoir un côté très traditionnel de gens qui cherchent une sécurité par la vie religieuse. Je ne mets pas en cause leur générosité, mais leur disponibilité peut être largement handicapée par cette recherche d'excès de sécurité, de sentiment de pouvoir, de différence, de "au-dessus" ou d'"autrement" du commun des mortels. Il me semble que pour la clarification, la bonne santé spirituelle du clergé, il faut qu'il y ait des hommes mariés prêtres, plus tard des femmes – je dis plus tard, parce que c'est impensable avec le pape actuel, et pas évident du tout avec le suivant... Quant à l'histoire de la solitude, je crois que c'est une fausse question de vouloir transformer le statut des prêtres à cause de la solitude, qui est une question plus générale de la société. Les jeunes face au mariage doivent faire avec le sentiment qu'ils n'ont qu'une vie, qu'ils jouent une existence. Ils hésitent à embarquer quelqu'un ou à s'embarquer avec quelqu'un. Je crois qu'il y a une dimension de la solitude liée à la personnalisation de notre existence actuelle qui est très forte. Ça me semble un problème beaucoup plus réel et plus large que la seule solitude du célibataire. » Un autre prêtre me dira : « On parle beaucoup du mariage des prêtres. Je constate que chez les catholiques orientaux, on peut être prêtre de père en fils, c'est la coutume, ça ne change pas les gens. Ici, chez nous, c'est une question disciplinaire, il y a du dogmatique. On n'est pas sorti de l'auberge. On sera sorti de l'Eglise avant. »

Un jeune prêtre du Morvan, sorti frais moulu du séminaire, le plus jeune que j'aie rencontré, me sortit un credo auquel il croyait encore, certain « que notre célibat, c'est notre don à Dieu d'être plus attentif, plus à l'écoute, plus sensible au besoin des hommes. Faut faire attention, on aurait tendance à vouloir dire que la morale de l'Eglise n'est pas vivable. Faut quand même essayer de se référer à l'Eglise qui est notre Mère. Si chacun commence à faire sa cuisine dans son coin... Le célibat, ça ne s'explique que par rapport à une adhésion religieuse, un témoignage, une manière de voir qui est pour moi celle de la vie en Dieu ».

Jeudi 20 juin 2002

Dîner à Cheny chez Maurice avec Joël Laporte. Maurice avait mis les petits plats dans les grands. En apéro il nous offre du vin blanc, c'est la bouteille jumelle du vin avec lequel il célébra sa première messe en 1954, un bordeaux sainte-croix dunan.

Le dîner est riche d'échanges et de pensées subtiles. Joël le psychiatre est aussi ému que l'ethnologue de ce cadeau du curé.

Le rempart des rites

Maurice s'amusait de ce que je lui racontais sur la question. Je lui demandai comment il avait fait avec tous les vœux, les engagements, le poids de la hiérarchie qu'il avait eu pendant quarante ans sur le dos. Depuis le premier jour de notre rencontre, j'avais eu le sentiment qu'il s'était aménagé une liberté formidable par rapport à l'Eglise. Il me répondit en riant :

« C'est la crise des vocations qui a favorisé bien des choses dans ma position. Il y a cinquante ans, on m'aurait fichu dehors ! Je crois qu'on m'a gardé et qu'on ne m'a fait aucun problème parce

que, intellectuellement, je tiens la route : les choses que je fais, je suis capable de les expliquer. Tiens, cette messe que je viens de célébrer selon le rite de saint Pie V, il y a un certain nombre de gens qui se retrouvent dans cette célébration et qui ne supportent pas les autres célébrations. De même, il y a pas mal de gens et de prêtres qui ne supportent pas la célébration de saint Pie V en latin. C'est vrai que le *Ritus servandus in celebratione missae* qui détermine la manière dont on célèbre cette messe montre une volonté de susciter un écart entre le rite et une prière spontanée, mais dans la chrétienté du Moyen Age, il n'y avait guère d'extérieur au rite chrétien, il portait à lui seul le sens de la société et de la vie. Dans la société occidentale d'aujourd'hui, chacun peut pratiquer son rituel en sachant que d'autres hommes en pratiquent d'autres, et que le sens proposé par le sien n'est pas, comme le croient certains intégristes, le seul possible. Après tout, l'histoire de l'Eglise est suffisamment longue, et elle nous a, au cours des siècles, proposé des modèles suffisamment divers pour que chacun puisse faire son choix. Je suis capable de motiver mon choix, mais je sais que c'est un choix parmi d'autres, et que d'autres ont parfaitement le droit de choisir autre chose. Je dirais même que je m'en réjouis vraiment. Parce que si je n'avais pas des collègues complètement différents de moi, je ne pourrais pas vivre. »

Anthropologue dans l'âme et dans la fonction, il prit jusqu'à sa retraite la suite de l'enseignement d'anthropologie religieuse qu'assurait Michel de Certeau dans mon département à l'Université[1]. Maurice a une forte conscience du rôle des rites dans la vie quotidienne. Pour lui, ils sont d'abord des gestes humains. « Si les hommes utilisent les rites depuis si longtemps, me dit-il, ce n'est pas nécessairement par une étrange faiblesse d'esprit, mais peut-être parce que certaines des réalités humaines ne se montrent pas facilement d'une autre manière. Beaucoup acceptent mal que la pratique rituelle soit attachée à l'imaginaire plus qu'au conceptuel. Les rites sont pourtant mieux que de la pensée. Ils expriment le désir. Ils mettent le désir en gestes, tandis que les mythes le mettent en images. Les mythes bibliques n'ont pas l'ambition d'assurer la formation permanente des chrétiens en matière scientifique[2]. »

1. Cf. François Dosse, *Michel de Certeau, le marcheur blessé*, pp. 610-611.
2. Maurice Gruau, *L'Homme rituel*, p. 180.

BÉNÉDICTION DES ANIMAUX

OUVERTURE

Dieu est admirable en toutes ses œuvres.
Qu'il soit toujours avec vous.

℟ Et avec votre esprit.

Dieu qui a créé l'homme l'a établi sur la terre pour qu'il domine toutes les créatures et qu'il reconnaisse par là la gloire du Créateur. Rendons gloire à Dieu :

℟ Seigneur, nous te bénissons.

Toi qui as créé les animaux et les as voulu soumis
à l'homme pour qu'ils l'aident dans son travail,
Seigneur, nous te bénissons. ℟

Toi qui nous as donné pour nourriture
la chair des animaux pour refaire nos forces,
Seigneur, nous te bénissons. ℟

Toi qui veilles à soulager le travail de tes enfants,
en nous donnant pour compagnons
des animaux domestiques,
Seigneur, nous te bénissons. ℟

Toi qui nous montres un signe de ta providence de Père
quand tu nourris les oiseaux du ciel,
Seigneur, nous te bénissons. ℟

Toi qui nous as rachetés par le sang de ton Fils,
le véritable Agneau pascal,
Seigneur, nous te bénissons. ℟

Toi qui ne cesses de nous attirer à ton amour
par les plus humbles créatures,
Seigneur, nous te bénissons. ℟

PRIÈRE DE BÉNÉDICTION

Dieu, créateur et donateur de tout bien,
tu as donné les animaux à l'homme
pour subvenir à ses besoins
et pour le soulager dans ses travaux.
(Par l'intermédiaire de SAINT HUBERT.
nous te supplions :
apprends-nous à faire servir pour notre bien
ces êtres vivants qui contribuent à notre condition humaine.
Par Jésus, le Christ, notre Seigneur.

℟ Amen.

Bénédiction tirée du « Rituel de la vie quotidienne » utilisée lors de la Saint-Hubert où les chiens entrent dans l'église. (*Rituel des fidèles*).

Un jour, alors que nous étions en voiture, j'entrepris Maurice sur ses « actes rituels ». Je l'ai vu quinze fois bénir les chiens et leurs chasseurs lors de messes de Saint-Hubert au pays, je l'ai vu presque chaque année célébrer la Saint-Vincent, notre glorieux patron des vignerons, je ne l'ai jamais vu bénir de télévision, mais il m'assura que cela lui était arrivé, de même qu'un avion et aussi plusieurs voitures. « Je n'ai rien inventé, me répondit-il, toutes ces bénédictions sont inscrites dans le "Rituel de la vie quotidienne" qu'on trouve dans le "Rituel des fidèles". » Il se pencha alors vers moi et extirpa de dessous mon siège une liasse de photocopies jaunies et cornées, qu'il gardait là « au cas où », ajouta-t-il en riant. « Regarde ça, tu vas voir que l'Eglise a tout prévu ! » Je feuilletai l'opuscule. On y indiquait qu'on trouverait là de quoi assurer la « divinisation des choses de la terre (sous certaines conditions !)... Dès lors que le chrétien ne se laisse pas enchaîner, engluer par elles, il peut y recourir, pourvu que cet usage tourne finalement à son vrai bien surnaturel : de fait, le cadre de sa vie terrestre lui apporte sans cesse des occasions de s'élever vers Dieu. » Pour bénir une voiture, la formule est assez simple : « Que cette voiture nous serve à faire sa volonté, afin que nos voyages, loin d'être des occasions d'accidents ou de péchés, nous fassent avancer sur la route du Ciel. » On supplie ensuite le Seigneur de « l'escorter par ses saints anges pour que tous ceux qu'elle transportera soient délivrés et protégés de tout danger. Et de même que votre diacre Philippe, vous avez accordé la grâce et la foi à l'Ethiopien qui, assis sur son char, lisait les saintes Ecritures, montrez à vos serviteurs la route du salut. » Maurice me conseilla alors de regarder au mot « Avion », défini comme l'objet « qui mène tout près de Celui qui gouverne le Ciel ». La rubrique s'ouvre sur des métaphores dans l'esprit sulpicien : « Vous prenez pour char un nuage. Vous volez sur l'aile des vents », etc., et se termine sur cette réserve : « Si ces types de transport facilitent les échanges humains, qu'ils facilitent aussi la diffusion de la foi. »

La vieille Volvo blanche de Maurice, héritée d'un de ses amis prêtres disparu, avec laquelle il fait chaque année en distance largement le tour de la terre, est un outil plus qu'essentiel pour ce qu'il appelle son métier. La voiture d'un curé est, par nécessité, une sorte d'annexe de la sacristie dont l'ordre varie selon l'habitacle et le propriétaire ; ici, on est peut-être plus proche du grenier. En dehors de cartons, de livres, d'un fatras de dons pour la prochaine kermesse, d'une caisse de matériel de restauration minimum pour planter des clous et réparer des serrures défectueuses dans l'une de ses quinze églises, on y trouve hosties, cierges, rallonges électriques, un trousseau de vieilles clefs dignes de saint Pierre, un goupillon, du vin de messe (du chablis) et encore, coincée entre le changement de vitesse et le frein, une drôle de petite boîte, confectionnée, me précise Maurice, à l'aide d'un ancien chandelier en argent auquel il a mis un bouchon, pour les saintes huiles, sans compter les aubes et quelques tricots nécessaires pour lutter contre les frimas ecclésiaux très répandus... Il me fait penser à un chaman que j'ai rencontré en Amazonie, qui nomadisait à proximité de son groupe sur un périmètre relativement circonscrit, transportant avec lui dans son hamac ses objets rituels, toujours prêt à intervenir là où on lui demanderait. Maurice ne boude pas la comparaison, il prend même prétexte de mes histoires pour enfourcher son dada : les rites, l'homme et les rites. « Tu sais, je pense que ce n'est pas tant un renouveau du sentiment religieux dont il s'agit que des exigences rituelles qui permettront à la vie paroissiale de ne pas mourir complètement. Dans la célébration de la messe, la même efficacité performative est prêtée aux paroles du prêtre, parlant à la place de Jésus et disant en prenant le pain "ceci est mon corps". Les rites ont l'air simples comme ça, à les voir, mais ils utilisent aussi la seconde forme d'acte de parole ou de geste, l'"illocution" est extrêmement riche et va bien au-delà de ce que moi-même je peux imaginer. On parle ou on agit en montrant que ce geste et cette parole doivent être compris comme rituels, mais c'est plus que ça, oui, ces traces sans cesse refaites, c'est quelque chose comme une écriture des corps et des esprits. »

Vendredi 14 avril 2000 (Chichery)

J'ai lu ce matin dans un vieux Monde, *20 novembre 72, un texte de François Jacob.*

« ... Il est bien évident maintenant que la vie ne commence jamais. Elle continue. » Dans Hommes domestiques, hommes sauvages, *de Moscovici, je retrouve cette idée : « ... La société ne commence jamais, elle continue depuis des millions d'années » (p. 246) et « aucune société n'est plus société qu'une autre. L'inclination à les classer du côté de la nature, en les niant, ou du côté de la culture, en les affirmant, procède d'un jugement de valeur qui n'a rien de scientifique.*

« Du point de vue scientifique, l'avènement de nos premières conditions d'existence ne doit pas être examiné comme un passage

de la société à la société, mais comme un passage des sociétés des primates aux sociétés humaines » (p. 247).

Jour de lecture ! : Tzvetan Todorov, dans A la rencontre de l'Autre, *p. 272 : « Je clamais la supériorité de l'analyse structurale des textes sans savoir véritablement quel résultat cela pouvait donner. Dès lors je me suis demandé sur quel objet d'étude pouvait s'appliquer cet outil. Je pense aujourd'hui qu'il ne peut y avoir de séparation étanche entre le sujet qui étudie et l'objet étudié, en d'autres termes, qu'on ne progresse véritablement en sciences humaines que si une partie de l'expérience du sujet se trouve impliquée dans l'objet investi. » Quant à François Wahl dans* Le Structuralisme en anthropologie, *il se demandait si « le structuralisme [il y voit un « apport », j'y vois un vice de naissance] n'est pas d'interdire dans le champ des sciences humaines ce qui n'a pas la rigueur et la responsabilité du spécialisé »...*

Que d'eau à mon moulin ce matin !

Le culte des morts

En l'entendant, je pensais au culte des morts, à la Toussaint[1] et au 11 novembre, qui, toutes religions confondues ou absentes, sont peut-être les derniers rites accomplis par tous ou presque au village. Deux types de commémorations auxquelles on se livre à quinze jours d'intervalle, deux histoires de morts bien différentes mais dont les rites perdurent encore, quoique ces cultes du souvenir ne s'inscrivent pas dans des temps semblables et soient aujourd'hui dépassés par une ancienne fête autour de la mort, largement revivifiée par le commerce et réservée plutôt à la jeunesse américanisée malgré elle : Halloween[2].

1. La fête de la Toussaint, le 1er novembre, trouve ses origines au VIIe siècle dans la conversion du panthéon romain en lieu de culte chrétien dédié par le pape Boniface IV à la Vierge et aux Martyrs. L'anniversaire de cette conversion a été d'abord célébrée le 1er mai, puis à la date actuelle, suivie du jour des Morts, introduit au début du XIe siècle en relation avec la « naissance » du purgatoire, dont l'importance ne cessera de s'affirmer au cours des deux siècles suivants (Jack Goody, *La Culture des fleurs*).

2. Halloween est une fête des morts inscrite au calendrier anglican le 31 octobre. La fête de Halloween est largement célébrée aux Etats-Unis, les catholiques améri-

Le chrysanthème fleurit nos tombes depuis le milieu du XIXe siècle.

A Chichery, cela a commencé autour de 1996. Pour la première fois, des enfants masqués, déguisés comme en Amérique en sorciers et en sorcières de supermarché, entendez sous des masques achetés dans le commerce et non pas inventés, sont venus chez moi à la nuit tombée, avec des lanternes en potiron et des bruits d'entrailles, quémander des bonbons ou de l'argent, faisant anonymement ce que nous faisions à visage découvert et en aube à Pâques, lorsque j'étais enfant de chœur, sous le nom de « roulées ». Je me souviens que, pour moi, le choc avait été rude, cela m'avait renvoyé à la Colombie, au Bogota des années 1980, où, sortant de la forêt en cette fin octobre, je m'étais trouvé face à ces « gamines[1] », qui, avec leurs potirons éclairés, leurs masques de sorcier au nez aquilin et poils au menton, jouaient aux petits Américains.

Ce jour-là, à Chichery, quand j'ai su que mon fils de cinq ans était dans la troupe, j'ai compris que nous avions perdu la bataille de notre fière « exception culturelle », et que les Américains avaient vraiment conquis l'Europe. Le crime est en apparence commercial, il n'empêche que je voyais là un pure « ritocide », pour ne pas dire de l'ethnocide, convaincu que la très jeune génération qui s'annonçait sous ces masques de sorcières s'entichait d'un

cains accordant peu d'importance à la Toussaint proprement dite, et moins encore au jour des morts, tout au moins pour ce qui concerne la visite au cimetière. « C'est le jour où les esprits sortent, les esprits des morts en particulier, qui viennent offrir leurs conseils aux vivants. C'est le jour des divinations, le jour où l'on s'enquiert, par toutes sortes de jeux, de savoir qui épousera qui. C'est le jour où on peut voir "avec les yeux de l'âme." »

1. Jacques Meunier, *Les Gamins de Bogota*.

nouveau rite qui n'allait faire que gagner du terrain dans les années à venir. Désormais, chaque année, des sorcières accompagnées de fantômes fluorescents toquent à ma fenêtre, quémandant des bonbons que je prépare pour la circonstance. Même si je ne peux assurer que ce rite chassera celui de la Toussaint, je suis obligé de constater que Halloween, à Chichery comme dans le reste de l'Europe, est toujours là, moins commercial en apparence, mais bien ancré dans les jeunes mentalités comme culte des revenants et non des morts. Après tout, les rites sont périssables et nous n'en sommes pas les propriétaires. Cela n'empêche pas qu'à la veille de la Toussaint, et jusqu'au 2 novembre, je suis témoin, depuis ma maison qui jouxte le cimetière, d'un important trafic de fleurs, que les gens du village apportaient jadis qui sur des brouettes, des remorques de vélo, de mobylette, qui en triporteur (il n'y en avait qu'un dans mon enfance mais il était célèbre et servait surtout à cette occasion !), et aujourd'hui en voiture.

Cette habitude républicaine d'aller saluer ses morts tient à autre chose qu'à la fidélité familiale ou aux croyances religieuses. Ce culte des tombeaux, que je croyais ancestral, remonte, pour ce qui nous concerne, au XIXe siècle, est largement laïc et fortement lié au régime de propriété temporaire des concessions. Avant qu'elle ne prenne la mesure de la popularité de ce culte moderne, l'Eglise, profondément marquée par une pensée dualiste où tout ce qui se réfère au corps est dévalorisé, a longtemps lutté pour que seul compte le sort posthume de l'âme après le trépas [1].

Même s'il existe une évidente filiation entre le culte des morts et ce qu'est la fête chrétienne des trépassés depuis un siècle et demi, le citoyen prenait alors conscience que les tombes demandent un soin constant [2]. Transcendant les convictions et les croyances, la Toussaint est en France le moment où l'on va s'occuper de ses immeubles funéraires plus encore que de ses morts, à moins qu'ils ne soient décédés de fraîche date, bien sûr. Un bon propriétaire, même s'il est locataire à quatre-vingt-dix-neuf ans, se doit d'aller vérifier, au minimum une fois par an, l'état des tombes familiales

1. « L'Eglise a pris la mesure de la popularité du culte moderne des tombeaux, au point de s'y rallier et de “christianiser” (ou catholiciser) une dévotion qui lui était plutôt étrangère, comme elle avait assimilé pendant le premier Moyen Age des cultes païens », écrit Philippe Ariès, in *L'Homme devant la mort*, t. 2, p. 251.

2. Jean-Didier Urbain, *L'Archipel des morts*.

qui ne peuvent pas rester à l'abandon. L'habitude fut prise de déposer des fleurs fraîches devant ou sur les tombes. Elles dureront ce qu'elles dureront, elles ne sont pas là pour faire concurrence aux décorations posées sur la tombe, mais pour marquer cet acte civil et montrer que l'on est bien passé. Longtemps, les jardins et certaines bordures devant la maison servirent à cela, les femmes cultivaient, pour les croyantes, toutes sortes de fleurs destinées à l'autel, le dimanche, et d'autres, plus spécifiques, pour fleurir les tombes[1]. Le chrysanthème, une fleur triste pour nous, est assez typiquement lié à ce culte républicain. Le *Chrysanthenum sinense*, fleur de la fertilité et de la longévité rapportée pour la première fois de Chine en Hollande en 1688, a été réintroduit en France en 1789, mais sa culture et sa diffusion commerciale et horticole comme « fleurs pour les morts » ne sont devenues significatives qu'au milieu du XIXe siècle, au moment justement où le culte des tombeaux se faisait unanime. Il est difficile de savoir si le chrysanthème, en devenant la fleur des morts, a comblé un vide existant ou créé un espace nouveau, toujours est-il que cette fleur d'automne est associée désormais aux rituels funéraires chez nous, mais aussi en Italie et dans le sud de l'Allemagne. Cela dit, le symbolisme floral étant devenu moins spécifiquement mortuaire, le chrysanthème est aujourd'hui de plus en plus concurrencé par les bruyères, les cyclamens et les véroniques, naguère absentes des cimetières et des jardins.

La coutume veut donc que, le 1er novembre, chacun arrive avec sa voiture devant le cimetière et sorte un ou plusieurs pots de chrysanthèmes qu'il dépose au pied de la ou des tombes familiales. Il y a quelques années encore, j'ai pu observer qu'à Chichery, il était fréquent qu'on vienne les reprendre le lendemain, afin qu'elles ne succombent pas au gel, l'essentiel, semble-t-il, étant d'avoir marqué de son passage ou de son intérêt manifeste ces deux jours conjugués autour de la mort, plus que des morts eux-mêmes.

On le sait, tout rite magique ou religieux consiste en la manipulation d'un objet reconnu pour sa valeur symbolique. Ces fleurs, que l'on apporte avec recueillement constituent, l'équivalent de l'objet

1. Françoise Zonabend, « Les morts et les vivants ». Le cimetière de Minot-en-Châtillonais, 1973.

rituel et l'essentiel du rituel ; les fleurs parlent d'elles-mêmes, ce qui fait du « jour des morts » un rite strictement muet. Le langage des rites étant fait non de formules abstraites, mais d'actes humains investis de sens ; la Toussaint, c'est un peu dire aux morts qu'on est encore vivant, qu'on ne les oublie pas et qu'on les intègre à notre vie, au travers des fleurs[1]. Je suis assez lucide pour croire qu'avec la disparition de l'esprit citoyen, l'individualisme galopant et notre société des loisirs, la Toussaint figurera bientôt, elle aussi, au catalogue des souvenirs. Les gens qui aujourd'hui se rendent rituellement au cimetière à la Toussaint sont moins nombreux qu'avant, même à Chichery. J'ai même découvert que certains habitants du village venaient, sinon secrètement, du moins très discrètement, entretenir des tombes assez récentes de ceux qui furent leurs amis, dont ils savaient pertinemment que la famille, ayant hérité, comme ils me le dirent, ne s'en préoccupait déjà plus. Il est vrai aussi que de plus en plus de gens consacrent ce long week-end à des vacances ou à leurs sacro-saints loisirs. C'est un fait, en province ou à la campagne on abandonne petit à petit ce « devoir » aux parents enterrés, estimant qu'on ira saluer ses morts quand on en aura le temps et l'envie.

Dates fixes, respect des fêtes, même celle des morts, paraissent aujourd'hui désuets ou démodés. La folie Halloween, orchestrée médiatiquement à un niveau universel, à laquelle on ne peut plus échapper, semble beaucoup plus vivante, plus drôle, plus séduisante pour fêter la mort dont justement notre société n'a plus grande envie d'entendre parler ! Au village, beaucoup me diront que nous n'en sommes pas encore là. C'est vrai, notre petite communauté ne faillit pas encore à ses morts, mais je ne peux m'empêcher de penser que les choses vont aller très vite et que le propre du rite, comme tout folklore, est justement d'évoluer, de s'aménager, de s'inventer par ceux-là mêmes qui le pratiquent. Quelque chose de profond a commencé de changer dans notre rapport avec nos propres morts. Nous ne saurons que dans quelques décennies, voire plus, ce que nous étions en train d'élaborer.

1. Jack Goodye, *La Culture des fleurs*, *op. cit.*, pp. 336-340.

Une équipe d'accompagnement

Comme pour le catéchisme et les baptêmes, en l'absence continue et grandissante de prêtre, une équipe de laïcs, une EAP, a, depuis plusieurs années, pris en charge les enterrements. Dès 1985, Maurice, sentant très tôt la disparition irrémédiable des vénérables ministres du culte, les a dûment préparés à présider sépultures et baptêmes. Ils s'inscrivaient logiquement dans les propositions de Vatican II, qui ne voyait pas d'un mauvais œil que les laïcs prennent une place plus active lors des offices en général. A Chichery, leur rôle s'imposa de lui-même. Le curé, pris le mardi et le jeudi par des occupations d'enseignant, fit comprendre à la petite équipe responsable des enterrements que, si les gens désiraient des funérailles l'un de ces jours-là, compte tenu du fait qu'il n'y avait plus assez de prêtres pour trouver un remplaçant, c'était à eux et eux seuls de se charger, avec les familles, de la préparation et de la célébration des obsèques. Agnès, l'une des trois laïcs du village responsables des obsèques, me raconte qu'en 1996, lorsque la chose s'est présentée pour la première fois, elle n'était pas fière. D'abord, il lui a fallu expliquer qu'il n'y aurait pas de curé, « puisqu'ils voulaient faire ça un jeudi. La famille, ils ont été un peu réticents : pas de prêtre ? Comment on va faire ? Bon, j'explique qu'on allait choisir des lectures, qu'on allait parler de ce qu'on allait dire et faire. Bon, ils ont dit d'accord. La chance, c'est que je les connaissais bien. Ils sont venus souper à la maison, et on a pu causer. Cela dit, j'en menais pas large. Eux-mêmes, ils avaient compris. Ils m'ont dit : tu diras bien à l'église qu'on a préparé l'enterrement ensemble. J'ai été deux jours sans dormir et j'ai pris des petits comprimés avant de partir aux obsèques... ». Pour les catholiques, ce ne fut pas évident, en effet, d'apprendre et d'accepter de se passer d'un prêtre pour cet acte de passage ultime, la mort. Cela, tant du côté de la famille que du côté de l'équipe chargée de conduire la célébration, au risque de se faire accuser de se prendre pour le prêtre.

« Quand on a commencé, me dit Anne-Marie, une autre des responsables des enterrements, les familles elles avaient du mal à accepter : "Je veux un curé, je veux un curé..." Bon, y en avait pas, y en avait pas... Alors, à force d'expliquer, de dire ce qu'on avait fait à l'enterrement de Untel ou Unetelle, ça les rassurait, puis en fin de compte, ça les intéressait. Faut dire qu'il y a des curés, c'était pas marrant : ils étaient là à lire les textes, sans s'être intéressés au mort, c'était pire que tout, quoi. Maintenant, nous, on est assez bien armés en outils et en conseils, on peut même dire qu'on reçoit une petite formation. »

Une ou deux fois par an, une responsable de la liturgie des sacrements, dépendant de la Pastorale liturgique et sacramentelle de l'évêché, rassemble « ceux qui le veulent bien » au sein des équipes de laïcs du diocèse à Auxerre, à Troyes ou à Sens. Durant un après-midi, on leur donne des conseils sur « la manière de lire, de bien respirer avant, d'aller lentement, d'éviter de manger les phrases à la fin, de penser à parler assez fort pour ceux qui sont dans le fond de l'église, de se tenir, de faire correctement les gestes aussi. On nous donne des conseils pratiques, et c'est bien utile », me certifient mes interlocutrices, maintenant chevronnées. « Quand il y a l'une ou l'un qui manque ou qu'est empêché, puisqu'on fait ça tous les trois avec Robert, alors on se le dit, et comme ça on s'arrange. Il arrive aussi qu'on prête la main à d'autres paroisses, quand c'est nécessaire. Y a plus de curé, y a plus de curé. Faut bien qu'on le fasse. »

« A vrai dire, ce n'est pas très compliqué, me dit Agnès en me sortant des feuilles de classeur à petits carreaux qu'elle a rédigées à propos du dernier enterrement qu'elle a fait, il y a quelques semaines. Quand le corps arrive à la porte de l'église, on l'accueille. Puis on monte en musique vers l'autel – comme on est plus assez pour chanter, on met de la musique, ça permet un accueil un peu plus prolongé. C'est important de pas aller trop vite. Les jours qu'ont précédé l'enterrement, on a écouté la famille. Quand on est tous les trois, en rentrant chez nous, on note ce qu'on a retenu, après on met ensemble nos notes, et on bâtit un texte qui raconte un peu ce qu'était et ce qu'a fait le mort. Après, on a quelque chose de pas trop mal proposé, qu'on voit avec la famille et que l'un d'entre nous va lire le jour des obsèques. Il y a souvent la famille qu'aimerait lire quelque chose. Bon, on a des revues. Là, celle que je te montre, c'est *Fêtes et Saisons*[1], pour célébrer les funérailles, comme c'est marqué. Ils l'ont intitulée "Je suis la vie...". Il y a toutes sortes de psaumes, de textes de l'Evangile, et en fonction de la demande, on va les aider à trouver. Nous, pour nous aider on se sert beaucoup du petit bouquin sous forme de fiches de Maurice. »

L'ancien curé a en effet publié dans les années 1992 un petit ouvrage, *Résurrection*[2], où il propose divers éléments pour la célébration des enterrements à l'église. Après les classiques formules pour l'accueil, les prières pénitentielles et les prières d'entrée, il propose un ensemble de trente-deux textes beaucoup moins conventionnels, dits de « Liturgie de la Parole ». Ce sont des homélies écrites pour des situations particulières qu'il a réellement prononcées durant sa pratique et sa longue carrière de curé, et qui sont adaptées, en dehors des cas « classiques » : vieillards, enfants, mères de famille, à des cas de figures particuliers : immigré, rapatrié, pauvre, homme politique, accusé, cancéreux, notaire, couturière, suicidé, accidenté, etc., afin d'aider les officiants à la prise de conscience que chaque mort est un cas particulier et que, si on y regarde de près, on pourra toujours trouver des paroles personnalisées et des métaphores compréhensibles aujourd'hui, qui toucheront davantage que les plus belles phrases stéréotypées ne pourraient le faire. Ces textes en phase avec les histoires de vie de notre société actuelle sont suivis par ce que l'auteur appelle des « Textes pour un dernier adieu », sortes de « patrons » pour des expressions plus intimistes que prononceront, comme un clin d'œil

1. Ed. du Cerf, 2000.

2. Maurice Gruau, *Résurrection, homélies et prières pour la célébration des enterrements*.

au mort, des membres de la famille du défunt ou des proches. On y retrouvera des titres énigmatiques comme « Nous n'avons jamais su », « Tu as beaucoup voyagé », « C'est bien naturel », « J'ai vu fleurir la vigne », « Retour d'exil », etc., au plus près de la vie comme au plus éloigné, selon que la personne que l'on accompagne était plutôt terre à terre ou plutôt éthérée, mécréante ou bien croyante[1].

Agnès reprend ses notes, elle me signale que dans une paroisse voisine, Monéteau, on fait l'accueil avec la lumière : « Un membre de la famille, c'est souvent un petit enfant du mort, va allumer un cierge au cierge pascal et allume les autres disposés autour du corps du défunt. » « Jadis il y avait la croix, précise sa consœur, on apportait la croix du fond de l'église et on la posait sur le cercueil. Bon, maintenant, elle est déjà sur le cercueil, ça peut même poser des problèmes, les familles qui n'en veulent pas sont obligées de les faire enlever... » « C'est sûr qu'il faut résister un peu à tout ce qui nous est imposé maintenant, ajoute Agnès. Par exemple, à Chichery, bon, il y a le tarif fixé pour une messe d'enterrement, c'est soixante-dix euros, quoi, on a décidé qu'on faisait pas la quête, Maurice il aimait pas ça, mais on dispose quand même sur la petite table, à la sortie, une corbeille, si y a des gens qui veulent donner quand même... Bon, les pompes, eux, ils avaient carrément mis une corbeille devant le cercueil, à côté du goupillon. T'imagines, les gens y savaient plus quoi faire. On leur a fait la remarque, bon, ils l'ont enlevée. Mais disons que les pompes, vu qu'y a plus de curé, ils ont de plus en plus tendance à faire les maîtres de la cérémonie, trop même, ils feraient bien la cérémonie complète. Au diocèse, ils les ont convoqués pour leur demander de se calmer un peu. »

Tenant à répondre jusqu'au bout à ma demande sur la façon dont les enterrements se déroulent à Chichery aujourd'hui, Agnès revient sur les diverses étapes de la cérémonie : « Après l'accueil, où nous en étions restés, il y a une lecture. Après, on chante souvent le psaume "Je mets mon espoir dans le Seigneur", que tout le monde connaît, mais on peut chanter n'importe quel autre chant,

1. On peut noter, vu leur succès de librairie, que les « Homélies et prières » écrites par Maurice Gruau sont aussi largement utilisées par des prêtres eux-mêmes, en mal d'inspiration et en difficulté d'accompagnement.

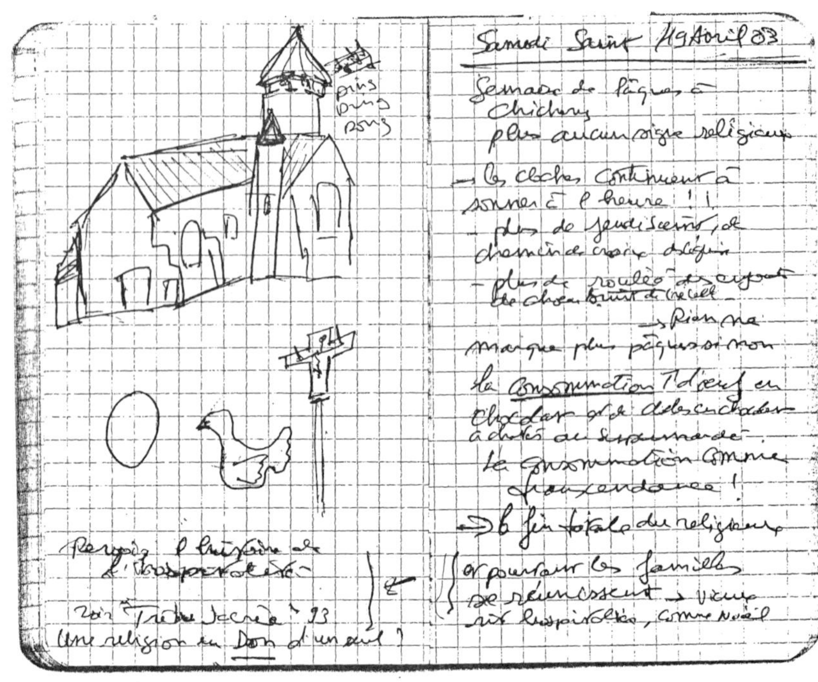

Samedi Saint/ 19 avril 03 / Semaine de Pâques à/ Chichery/ plus aucun signe religieux/ Les cloches continuent à/ sonner à l'heure !/ plus de jeudi saint, de/ chemin de croix dans l'église/ Plus de roulées des enfants/ de chœur, bruit de crécelle/ Rien ne/ marque plus Pâques sinon/ la consommation d'œufs en/ chocolat et de cloches en chocolat/ achetés au supermarché/ La consommation comme/ transcendance !/ la fin totale du religieux/ et pourtant les familles/ se réunissent : vieux/ rite hospitalité, comme Noël/ revoir histoire de l'hospitalité : voir « Tribu sacrée » 93, une religion de Don d'un seul !

c'est à voir. Après l'Evangile, des fois on fait des commentaires, des fois pas. Ensuite, on met de la musique, puis il y a la prière universelle, ensuite re-musique – là, on peut mettre la musique qu'on veut. Bon, par exemple, l'autre jour, pour l'enterrement de ma voisine, elle aimait beaucoup l'opéra, on a mis l'air de la Diva, on met souvent une musique que le défunt aimait beaucoup. En tout, on essaie que ça dure à peu près une demi-heure, pour que ça ait l'air de quelque chose. Faut pas se presser, un enterrement, ça s'expédie pas, quand même. »

Vendredi 6 août 2004 (Chichery)

J'ai regardé le chêne du fond du jardin, il est encore trop mince pour fournir ses planches. Je ne suis pas pressé qu'on m'y cloue, mais en passant je le caresse de façon qu'il sache lui aussi de quel bois je suis fait... L'écriture du village m'a totalement absorbé ces derniers jours, je ne me souvenais même plus du temps.

La défaite de la mort

On me dira que j'insiste un peu trop sur cette question, mais quelque chose dans nos comportements et notre vision de la mort s'est si profondément modifié ces dernières années que je ne puis l'ignorer, tant cela me paraît révélateur de ce que nous ne sommes plus. J'ai souvenir que, jusque dans les années 1960, la mort, survenant le plus souvent à la maison, au milieu des proches, était un événement visible, partagé, accompagné et pris en charge par la collectivité entière[1]. Aujourd'hui, si le glas sonne encore pour avertir de la cérémonie, la majorité des enterrements se limite au petit cercle de la famille proche. Les obsèques auxquelles tout le village assistait n'existent pratiquement plus. L'hommage collectif, auquel d'évidence tous les adultes valides de la communauté se devaient d'assister, les croyants à l'intérieur dans l'église, les « républicains » et les « athées » attendant à l'extérieur, les uns et les autres se rendant ensemble au cimetière ensuite, n'a plus lieu d'être. Désormais, tout le monde, ou presque, meurt à l'hôpital ou dans l'ambulance qui l'y conduit *in extremis*, le plus souvent au grand soulagement des familles. Pour peu que ces dernières soient recomposées, elles ont bien du mal avec leurs morts pour trouver le « comment » du rituel, sinon le « où » du caveau, sans parler du corps social, comme disent les sociologues, de moins en moins prêt à se mobiliser de manière impromptue pour un événement qui ne le concerne plus vraiment. L'éloignement géographique du lieu de travail, l'importance de la présence au travail et, plus encore, la crainte d'être sanctionné par un supérieur, priment sur

1. Pascal Dibie, *Traditions de Bourgogne*, p. 131.

les quelques heures volées afin d'accompagner une cousine ou un voisin au cimetière. La défaite de la mort a bien eu lieu, non pas dans le sens chrétien, mais dans le sens économique, par son exclusion de nos préoccupations et par la perte d'un savoir-faire autour des morts.

Dans notre société de plus en plus matérialiste, notre corps, médicalisé à outrance (on peut le visiter et même l'opérer sans plus l'ouvrir !), n'est plus paré du caractère sacré, mystérieux qu'il revêtait il y a vingt ans encore. Du mystère nous n'avons conservé que la « transformation », l'idée que ce corps voué à la corruption doit revêtir l'incorruptibilité, d'une manière ou d'une autre. L'image morbide de la décomposition n'est plus tolérée à l'heure de la conservation par la réfrigération et la congélation ; elle trouve son pendant dans la crémation, substitut de la disparition et certitude d'une fin quasi immédiate. Ces actes techniques imparables ont conduit à reconsidérer notre rapport à la vie et, j'en suis sûr, participent au désinvestissement du religieux. La pression hygiéniste face à la pandémie du sida, la liberté de choix érigée en philosophie et la fascination des sociétés de services qui se proposent pour régler les problèmes à notre place ont fait le reste. En vingt ans, le taux de crémation a été multiplié par vingt en France, et cette pratique, urbaine au départ, n'a pas épargné nos villages. Les crématoriums d'Auxerre et de Joigny fonctionnent désormais tout autant que celui du Père-Lachaise.[1]

Il serait faux et injuste de dire que la crémation est entrée dans les mœurs à Chichery. Un fait pourtant m'a mis la puce à l'oreille sur la transformation de notre rapport avec la mort. Je me suis enquis de l'achat d'une concession au cimetière du village, et me suis rendu compte que la tendance gestionnaire avait sauté la rampe des grandes nécropoles urbaines pour venir jusque dans nos campagnes distiller l'idée d'une réduction de la durée des concessions, voire de l'inutilité des concessions à perpétuité. On m'a proposé une concession à trente ans, jugée raisonnable[2]. A

1. En 1980, moins d'une famille sur cent, en France, choisissait la crémation comme pratique funéraire. En 2002, elle concernait plus de cent mille décès, soit 20 % des obsèques. En région Bourgogne, la pratique de la crémation représente 15 à 19 % des décès enregistrés (CREDOC, 2003).

2. Prix des concessions de cimetière à Chichery pour 2006 : perpétuelles : 1 200 euros ; cinquantenaires : 130 euros ; trentenaires : 65 euros.

quoi bon demeurer éternellement repérable dans un parc mortuaire où ne s'imposent plus ni recueillement ni impression d'éternité, semblait penser l'agent municipal. On ne m'a pas suggéré de crémation, le cimetière n'ayant pas encore de colombarium, mais dans les discussions avec mes voisins il me semble, là aussi, avoir décelé dans ce recours le moyen de résoudre les problèmes pratiques liés à l'entretien des sépultures, au coût, à l'espace limité et, de façon diffuse, de répondre au respect de la sphère de l'intime du défunt dont, même dans la mort, on imagine qu'il restera un individu indépendant... Mais que faire tandis que le corps brûle, et que faire de l'urne et de son contenu, une fois ceux-ci remis à la famille ? L'évêché d'Auxerre, qui a pris conscience du problème, a créé une équipe de laïcs chargés d'assurer une partie de la célébration au funérarium et au crématorium ; une façon de ne pas laisser les familles trop seules, mais aussi de résister, comme on me l'a signifié, à la prise de pouvoir des pompes funèbres dans le champ du rituel, laissé désespérément vide ces dernières années.

Une famille du village dont l'un des enfants, un de ma génération qui venait souvent me voir, mal dans ce monde et quelque peu en rupture de ban, a fini par se suicider, a opté pour la crémation, « pour respecter sa liberté », comme m'a dit sa mère. Après que le corps fut brûlé, ne sachant que faire des cendres qu'on leur remit, ils choisirent de les disperser immédiatement dans le « jardin du souvenir » jouxtant le funérarium d'Auxerre.

Après s'être interrogés sur ce qu'ils pourraient faire comme « hommage parlant » en relation avec cet homme jeune qui s'était autant éloigné d'eux qu'ils avaient pris leurs distances avec lui et que, d'une certaine façon, ils ne connaissaient plus vraiment, ils eurent l'idée de se rallier autour de son calot « de quand il était au service militaire ». Ainsi, puisque tout avait disparu, ses parents, ses frères et sœurs, réunis en cercle dans ce jardin repérable, concilièrent-ils dispersion des cendres et lieu de mémoire autour de cette représentation ultime d'une vie idéale agrégée à un corps social, l'armée, à laquelle il s'était soumis et avait appartenu par obligation citoyenne et républicaine. « On a fait comme on a pu, me dirent-ils, mais c'est vrai qu'on savait pas trop bien quoi faire... » Le fait qu'il n'y ait pas eu, comme dans l'inhumation clôturant la séparation, une récupération matérielle du corps, mais une remise en circulation sous forme d'un corps fantôme, transformé, micronisé en cendres dans une urne, était, pour cette famille, une situation toute neuve où le travail de deuil, malgré ce petit rituel intime, ne savait comment s'exercer, tant les repères traditionnels étaient bouleversés. La douleur de la perte, que ni la société ni les professionnels du funéraire n'avaient su canaliser à travers une cérémonie et un discours adaptés au « passage », causa je suppose à sa mère, pour qui d'autres malheurs familiaux s'étaient ajoutés, une « contrariété » si profonde, m'a-t-on dit, qu'elle en tomba gravement malade. Elle mourut quelques mois plus tard. Le fait est qu'aujourd'hui, en matière de deuil, la « personnalisation » semble se développer au détriment d'une dimension plus collective et publique qui permettait de marquer nettement la séparation de l'espace des morts de celui des vivants et que ce flou entretenu autour de morts mal reconnus, mal distingués des vivants ne peut que poser de nouveaux problèmes sociétaux.

CONDOMINAS, UN FOU D'ETHNOLOGIE

Rien de moins aride que l'ethnologie de Georges Condominas, rien de plus subtil. C'est une ethnologie qui ne dissèque pas la réalité dans ses composantes jugées les plus élémentaires, calibrées à la taille des petits tiroirs du grand musée, comme le dit Claude Vogel. Oui, c'est ça Condo : une ethnologie fluctuante, égosillée, proférée et dispensée, à la manière d'un Mauss, dans les amphis et sur les trottoirs de Paris, une ethnologie à la mesure et dans le ton des hommes vrais avec lesquels il a choisit de passer une partie de son existence. Condo chez les Mnong Gar, c'est un savant plein d'humilité, un homme qui avec une volonté méticuleuse, obstinée, attentive, s'arrête pour relater les événements les plus minimes, ces rites, ces gestes, ces chants qui organisent la vie de ses compagnons dans laquelle il s'englobe tout naturellement ; une ethnologie organique sur les hauts plateaux du Viêtnam où il a le sentiment de retrouver une part de lui-même. Voilà l'Eurasien, le métis, cet étranger si proche de ces montagnards qu'il décrit qu'il se livre de fait à une ethnologie de l'intérieur. Jamais voyeur, toujours participant, il nous invite dans tous ses livres, dont le secret tient à ce qu'ils sont à la fois des récits et des ouvrages savants, c'est-à-dire – ce que je cherche – une véritable ethnologie narrative, une ethnologie partageuse, une ethnologie proustienne où l'ethnologisé compte finalement autant que l'ethnologue qui décrit. Du vrai Terre Humaine en vérité ! Il l'avoue, que ce fut à son tour d'être le Persan, que c'est lui le drôle d'homme et non ceux chez qui il s'est permis de s'imposer. Il était parti séduire... et le voilà retourné, révolutionné sur lui-même. Condo c'est le souci permanent du dialogue, une vigie installée en des ailleurs qu'il nous rend si proches que l'autre devient notre hôte.

Nous avons mangé la forêt de la Pierre-Génie Göo, Flammarion, collection Champs, 1974/ *L'exotique est quotidien*, Plon, Terre Humaine, 1965/ *L'Espace social. A propos de l'Asie du Sud-Est*, Flammarion, 1980/ *Le Bouddhisme au village*, Editions des Cahiers de France, Vientiane, 1998.

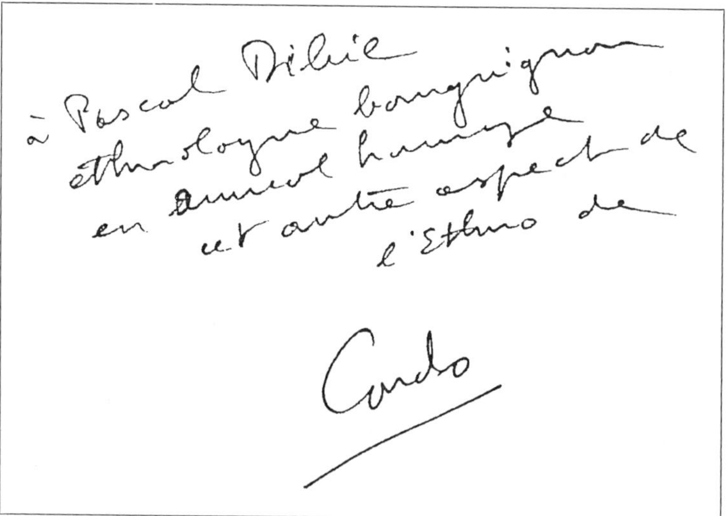

Ecriture de Georges Condominas.

Après la journée d'hier, étrangement estivale pour un mois d'avril, en bon rural, je prends prétexte de la pluie pour rendre visite, en voiture, à un frère, à la communauté du « Puits d'hiver », à environ cent cinquante mètres de chez moi... plus bas, dans ma propre rue. Plutôt que de faire demi-tour, je fais la grande boucle par la rue du Milieu, ainsi, ajoutai-je à mes pieds défendant, je serai dans la bonne direction pour rentrer chez moi. Et puis, ça fera tourner le moteur de la voiture qui n'a pas bougé de la journée. Confort, paresse et petits plaisirs imbéciles n'ont pas de prix... Des frères, en effet, ont emménagé dans ma rue voici une douzaine d'années, en septembre 1992. Pour y fonder le prieuré Saint-Germain, plus connu sous le nom d'une association, « Le Puits d'hiver », où ils demeurent. L'installation de ces « étrangers » s'est faite discrètement, silencieusement, si l'on peut dire. On s'interrogeait un peu entre nous dans le village. On savait qu'il y avait là des frères, des missionnaires, disait-on, « des campagnes », ajoutaient certains mieux renseignés, et nous en riions doucement. On avait même appris qu'il y avait des prêtres parmi eux. Certaines s'étonnaient qu'en ces temps de pénurie de curé, il n'y en ait pas un au moins pour dire la messe le dimanche ou épauler un curé débordé. Bref, leur étrangeté nous paraissait totale, et leur présence inutile, tant ils cultivaient leur statut d'étrangers au village. On remarquait bien que, de temps en temps, il y avait du mouvement, des rassemblements importants – d'ailleurs, ces jours-là, on disait qu'ils se souvenaient que l'église existait... De fait, je me trouvais face à une interrogation réelle, non pas eschatologique, mais d'ordre terrienne, très villageoise : qui sont ces voisins ? Situation ethnologique s'il en est : nous habitons la même rue, et, mises à part les diverses rumeurs et informations tronquées, je ne savais rien d'eux.

Bien sûr, il m'est arrivé d'en croiser « un » de-ci, de-là, mais, hormis les bonjour et au revoir, je n'en savais pas plus que le village à leur propos. Il y a quelques mois, un Frère m'a rendu visite après avoir assisté à une conférence que j'avais faite à Auxerre, pour me dire qu'eux aussi réfléchissaient sur cette question du rurbain et du vivre en campagne. Il m'avait alors laissé la

Feuille de chou du Puits d'hiver, afin de me permettre de juger de leur action. Ce dix-pages bimensuel, maquetté simplement, faisait le point sur leur activité et proposait les idées, les travaux et les manifestations à venir, dont l'une concernait le Sillon. Ma curiosité allait aussi vers le site même du « Puits d'hiver », que je n'avais plus fréquenté depuis mon enfance, quand c'était encore une belle maison particulière, du Premier Empire, avec son labyrinthe de buis où, avec mes frères, nous jouions les Dédale avec délices, tandis que nos parents rendaient visite aux propriétaires.

Pierre, que j'étais venu voir pour qu'il m'explique la genèse de sa congrégation, m'avait donc donné rendez-vous au « Puits d'hiver » dans l'après-midi. Je montai l'escalier et sonnai à la porte principale. Pas de réponse. Silence de monastère. Je me dirigeai alors vers l'aile gauche et découvris une plaque de cuivre avec l'inscription « frères Missionnaires des Campagnes », jouxtant une sonnette. Cette fois, elle eut l'effet escompté. Un frère, rencontré le même matin au supermarché voisin et auprès duquel je m'étais enquis de la présence de Pierre dans la journée, m'ouvrit. Le temps que je dise bonjour et le frère Pierre apparut. Il m'invita à le suivre dans la salle de travail, où trônait une grande table, recouverte d'une toile cirée, sur laquelle reposaient quelques dossiers, des prospectus et des revues concernant leur cause. Eclairées par de larges fenêtres donnant vers l'extérieur du village, côté N 6, des plantes vertes prospéraient, parmi lesquelles un jeune avocat, rescapé d'un repas sans doute, que réchauffait un radiateur. Sur le mur de gauche, un grand panneau exhibant des affiches, des calendriers, des mots divers, ainsi que la reproduction d'une icône, devait servir à l'organisation de la communauté. Le frère Pierre m'invita à m'asseoir près de lui, à la table apôtropéique (une douze places). Animé par mon ignorance curieuse de voisin, je le questionnai sur leur communauté.

« Ici, à Chichery, nous ne sommes pas nombreux, tout juste cinq, mais au total, notre congrégation compte cent trente frères. Nous avons une décharge pastorale locale, voilà pourquoi, mis à part frère Emmanuel qui est chargé des enfants, on nous voit peu dans le village. Nous n'avons pas de raison particulière d'y être. Je suis né à Paris, mais pendant l'Occupation j'étais trop jeune pour être mobilisé. C'est donc dans le cadre du "service civique rural" que

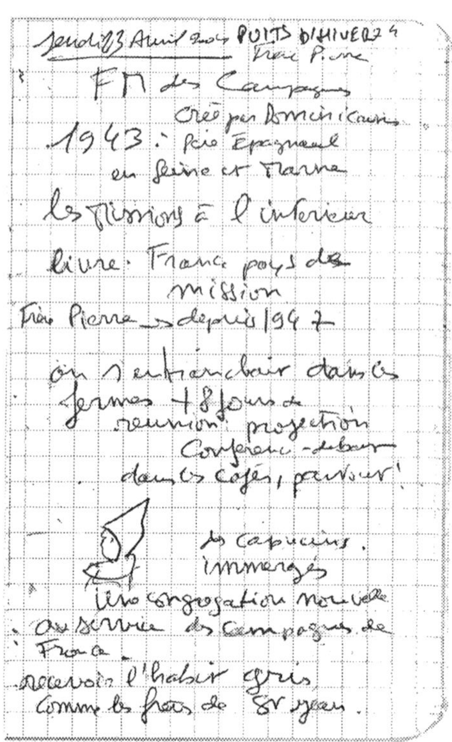

Jeudi 23 avril 2004, Puits-d'Hiver. Frère Pierre/ FM des campagnes/ créé par Dominicains/ 1943 : Père Epagneul/ en Seine-et-Marne/ Les Missions à l'intérieur/ livre : *France pays de/ mission*/ Frère Pierre : depuis 1947/ on s'embranchait dans les/ fermes + 8 jours de/ réunion projection/ conférence-débat/ dans les cafés, partout/ des capucins/ immergés/ Une congrégation nouvelle/ au service des campagnes de/ France/ recevoir l'habit gris/ comme les frères de St Jean.

j'ai découvert la vie en campagne. Ensuite, j'ai fait l'ESA, l'Ecole d'agriculture d'Angers. En 1944, je suis entré en contact avec les premiers Frères des campagnes, au Sacré-Cœur de Montmartre. J'avais un désir de vie missionnaire, mais c'est à l'intérieur de la France que j'ai découvert l'idée de mission. Alors, en 1947, je les ai rejoints. Selon le souhait de son fondateur[1], le père Epagneul,

1. La congrégation des Frères missionnaires des campagnes a été fondée en 1943. Elle se voulait congrégation de missions à l'intérieur et au service des campagnes, sans rapport avec les diocèses.

un dominicain, la congrégation devait accueillir des jeunes ruraux qui désiraient devenir religieux sans être obligatoirement ordonnés. Ils espéraient accueillir des jeunes venant de la JAC et de la LAC, Ligue Agricole Chrétienne, qui devint, en 1945, le MFR, Mouvement Familial Rural, avant de se transformer, en 1965, en CMR, Chrétiens en Monde Rural, qui existent toujours et avec lesquels on chemine essentiellement. »

Le frère Pierre me précisa que la congrégation des Sœurs des campagnes n'avait été fondée qu'en 1946 et qu'elles étaient quatre-vingts, réparties dans quatorze prieurés de sœurs, puis il revint aux hommes : « Il y a dix-neuf prieurés de frères en France aujourd'hui, dans lesquels il faut compter les frères qui sont au Togo, au Bénin et au Burkina Faso. Des sœurs, il y en a pas mal aussi en Afrique... Je suis devenu prêtre, mais je me sens Frère d'abord. Pour moi, ce qui compte, c'est d'être à l'écoute du monde rural, de vivre au milieu de ce monde, d'être constamment en relecture de la vie confrontée à l'Evangile. Aujourd'hui, vu l'âge que j'ai, après avoir été dans le Berry et auprès des "gens du voyage", ma charge, c'est d'être prêtre accompagnateur des communautés privées de prêtres résidants et de soutenir les chrétiens dans leurs responsabilités nouvelles. »

Pierre me confia d'autres détails concernant leur action et, d'une certaine façon, leur engagement dans le monde moderne ; le rôle qu'ils entendaient jouer dans le tournant que prenait le christianisme, qu'il tentait « de suivre, comme tous ceux qui essayent de tenir debout ». Je le quittai chargé de livres de et sur le père Epagneul, sans oublier leur revue, *Chronique*, éditée par la maison mère, et bien sûr le dernier numéro de la *Feuille de chou du Puits d'hiver*, leur édition locale.

Une journée avec les CMR

Quelques jours plus tard, le frère Pierre relança ma curiosité en m'envoyant un mot m'invitant à une journée animée par les CMR dans un village voisin, m'assurant que cela m'intéresserait certainement. En ce quatrième dimanche de carême, pour rester dans le ton et le temps de la chrétienté, je me retrouvai donc sur le perron de la salle polyvalente du village de Looze, à quelques kilomètres de Joigny. Une femme affable m'accueillit en me demandant de me « situer »... Me sentant déconcerté, elle précisa : « Oui, vous situer sur la carte. Vous mettez une pastille rouge sur le village d'où vous venez... » Je me sentis plus à l'aise et ajoutai ma pastille aux trois ou quatre déjà collées par les Frères missionnaires des campagnes, faisant de notre village un lieu important qui mangeait un peu sur les communes avoisinantes. Pénétrant dans la grande salle, je reconnus bientôt quelques visages amis, dont le frère Pierre, qui me présenta au conférencier du jour, Jean-Claude Lavigne [1].

On me le présenta comme sociologue-économiste. Lui-même me savait ethnologue. L'échange fut simple et de connivence. Des chaises en plastique étaient disposées en arc de cercle autour d'une estrade. J'en comptai quatre-vingts environ, ce qui devait correspondre à l'assistance. « Ce sont pour la plupart des CMR ou des proches de ce mouvement. C'est plutôt un réseau qu'un mouvement, disons qu'on en compte une quinzaine de mille en France », me précisa Pierre, qui me présenta à quelques personnes, dont la jeune femme responsable de la revue des CMR, *Agir en rural*. Sur le côté droit de la salle avait été dressée une « fresque », un grand drap tendu sur un cadre destiné à recueillir au cours de la journée les réflexions suscitées par le thème de la rencontre écrites en grands caractères jaunes : « Chacun sa campagne ou une campagne pour tous ». Les invités devaient y épingler des mots ou des phrases qui avaient été découpés dans les journaux et que l'on avait disposés à côté, sur une table. Outre des images illustrant le rural (églises, prés, enfants joyeux, vaches et tracteurs), on pouvait déjà y distinguer des mots comme « rencontres », « dialogue », « agriculteurs et habitants », mais encore des questions, des propositions du genre : « quel espace rural ? », « chartes de bon voisinage », « préparation de longue haleine », « solidarité avec nos frères », toutes notions et questionnements qu'on ne s'étonnera pas de retrouver en ces lieux de chrétienté affirmée. La fresque, qui ne cessera de s'étoffer au fil des heures, sera complétée enfin par des dessins d'enfants échappés d'un club de l'Action catholique des

1. Le père dominicain Jean-Claude Lavigne (déjà rencontré au premier chapitre) est directeur d'Espaces, atelier d'étude sur « Spiritualité, culture et sociétés en Europe ».

enfants, en « camp » pour le week-end à la communauté du « Puits d'hiver » à Chichery.

A leur arrivée, les familles déposaient pain et « plats à partager » au comptoir donnant directement sur la salle, où étaient servis du café et du thé. On participait ainsi d'emblée, ne serait-ce qu'au niveau de quelques tasses, à la recherche de « plus de justice dans le commerce international », comme l'indiquait une banderole déployée au-dessus du stand du CCFD. Le Comité Catholique contre la Faim et pour le Développement, œuvrant dans le cadre du commerce équitable, exposait et vendait des produits coopératifs comme Solidar'Monde, centrale d'importation de produits du Sud, chocolat, thé, café garantis biologiques et qui, je l'avoue, me permirent de retrouver un goût que j'avais perdu depuis longtemps.

L'ambiance était bon enfant. Allais-je assister à une « 5 × 5 » ? Ce terme avait été prononcé plusieurs fois par des catholiques des environs sans qu'on m'en dévoile jamais la signification, quoiqu'une femme, un jour, m'ait mis sur la piste en m'expliquant qu'il s'agissait d'« une messe qui dure une journée ». André, ainsi qu'il se présenta, ouvrit la séance en souhaitant la bienvenue aux gens des villages. Il insista sur les réseaux et rappela que le CMR est membre de l'Action catholique rurale, ainsi que l'ACE et le MRJC, mais aussi du Carrefour de l'Eglise rural, de la FIMARC, (Fédération Internationale des Mouvements d'Adultes Ruraux Catholiques), du CCFD, de Culture et Promotion, de l'AFIP, (Familles Rurales), ADMR, Solidarités Paysans ; tous sigles d'associations, de mouvements et de groupes en réseaux qui relaient et remplacent la JAC, si présente et prégnante, pour ne pas dire omnipotente, dans nos campagnes jusque dans les années 1960. Depuis, la révolution verte a eu lieu, le monde paysan a été réduit, la campagne s'est désertifiée et d'autres habitants se sont installés, avec d'autres idées et d'autres pratiques. C'est de cela, d'ailleurs, qu'il va être question aujourd'hui, sujet ô combien brûlant et difficile à cerner. Jean-Claude Lavigne, ancien chercheur au CNRS, de fait dominicain, est, comme il le révélera au cours de son exposé, très fin observateur et connaisseur du monde rural, qu'il fréquente et sillonne depuis de longues années. Florence, l'animatrice de la journée, précise que l'exposé à venir est tiré de l'analyse de l'enquête menée, voici quelques mois, par le

CMR auprès d'habitants en monde rural : cinq cents questionnaires, dont une centaine est revenue et a été analysée par le conférencier.

Avant de passer la parole à l'expert, elle appelle au micro un couple qui y a répondu et l'invite à rejoindre l'estrade, afin de témoigner de leur vie de vive voix.

Les élus s'exécutent très simplement : leur récit d'une vie calme, intégrée à la campagne, se termine par un constat très chrétien, si j'en juge par les têtes qui opinent derechef à cette réflexion : « ... On est là. » Un autre témoignage, celui-ci écrit, l'auteur n'ayant pu être présent, fut lu à deux voix, un peu comme on lit l'Evangile à l'église pour donner plus de vie et ne pas ennuyer l'auditoire. Il s'agit d'un ancien professeur, obnubilé par le devoir, « son devoir d'agir... », et la nécessité d'adultes référents pour une jeunesse perdue...

Après ces témoignages de vie, le conférencier prend la parole. Il resitue à grands traits le monde rural icaunais, notant au passage qu'entre 1990 et 2000, la population du département a augmenté de dix mille habitants, dont la majorité a migré de l'Ile-de-France toute proche, non sans rappeler, à juste titre, que partout les villes-centres ont aujourd'hui tendance à se décharger au profit du péri-urbain et du rurbain. Son exposé, dont j'ai restitué les grandes lignes dans le premier chapitre, déclencha un affluent à large débit qui vint féconder mes réflexions. Reconnaissant qu'il n'était plus possible d'évoquer le rural de façon isolée, tant les échanges et la dépendance entre les villes et la campagne étaient évidents désormais, il balaya, comme je m'évertue à le faire dans cet ouvrage, la fameuse opposition ville/campagne, félicitant, à juste titre, les auteurs du questionnaire qui lui permettaient, à partir du réel, de mieux appréhender les attentes qui en découlaient.

Pour conclure, Lavigne s'interroge sur les manières que chacun a de définir son identité, avec les questions sous-jacentes : comment coexister ? et qui prendra le pouvoir ? « Néanmoins, ajouta-t-il, la logique majoritaire demeure celle du bien commun : on entend, et on veut le bien de tous et de chacun. Dès lors, il s'agit de prendre en compte les différences, afin d'en extraire la fertilité. Mais pour que cette dynamique des différences soit efficace, il est nécessaire de trouver un lieu où l'on se parle, où l'on puisse rêver ensemble. »

Ce désir de lieux exprime, selon le dominicain, une requête fondamentale : reconstruire un sens à sa vie et tenter de répondre à la question : qu'est-ce qui me fait vivre, qu'est-ce qui me rend heureux ?

Laissant la sociologie de côté pour revenir en ses terres, le frère insiste : « On peut penser un engagement quand on devient plus cohérent, plus global. La recherche de cette nouvelle militance consiste avant tout à rechercher un tissu relationnel où l'on puisse exister. Comprendre le sens de la vie produit du sens, trouver ce qui permet d'espérer être heureux est primordial pour l'homme, pour le chrétien. Le bonheur se gagne, il est fragile et doit être remis en route tous les jours. »

Cette question du sens de la vie ne surgit pas de nulle part ; interrogation première des chrétiens, elle l'est également pour toutes les religions, voire toute organisation ou secte qui articule un rapport construit et conduit au monde.

André nous invite alors à passer à table. Comme un ballet réglé : les chaises sont poussées, plusieurs tables surgissent, la salle à manger s'installe, tandis qu'un buffet s'improvise, riche des victuailles apportées par chacun ; seules, semble-t-il, les boissons relèvent du privé, tout comme les couverts, auxquels je n'ai pas pensé. Les tables se forment au gré des familles, des affinités, et peut-être aussi des désirs de rencontre. Tout « naturellement », je me retrouve aux côtés du dominicain sociologue, d'un frère missionnaire des campagnes et d'une sœur à la retraite de la même obédience et d'un pays proche du nôtre. J'ai apporté avec moi une bouteille de bourgogne. Je remarque que les autres « marchent » principalement au cidre, au jus d'orange et à l'eau, bien entendu. N'ayant pour tout couvert que mon canif, je me prépare un sandwich, quand surgissent par miracle une assiette en plastique, une fourchette et un gobelet du même métal. Ainsi équipés, nous nous dirigeons, dans un désordre respectueux, à la table de partage – une vraie messe, vous dis-je, où se bousculent hors-d'œuvre et salades de nouilles, ainsi que quelques charcuteries locales et nationales.

La chère est toujours bonne et opulente en milieu catholique, le coude alerte ; les esprits bien nourris se laissent aller à quelques confidences. On s'échange des nouvelles à propos des missionnaires du bout du monde : Inde, Afrique, Bourgogne, une géopolitique s'établit, à laquelle je ne m'attendais pas, ou plus. Reste que les engagements auprès des populations n'ont plus grand-chose à voir avec ceux des « missionnaires convertisseurs » de jadis, quoique...

Sœurs et frères assassinés en Algérie, en danger en Côte-d'Ivoire, en mission dans les bidonvilles, défenseurs des exclus... Ce repas pris sur le pouce me donne ou plutôt me redonne un peu la mesure du réseau catholique et de ses engagements aujourd'hui, bien que, d'une certaine façon, l'expression de l'œuvre missionnaire se présente ici telle qu'elle s'appliqua et s'applique encore depuis la grande époque coloniale républicaine, en omettant de respecter la loi de séparation des Eglises et de l'Etat de 1905, à l'extérieur du territoire national. Il en ressort que les missions sont assez ressemblantes à ce qu'elles furent jadis, même si les missionnaires ont été obligés d'évoluer face à la concurrence des ONG (Organisations Non Gouvernementales). Au fond, peut-être est-ce moi, nous, la « société civile » comme on dit étrangement aujourd'hui, qui, débranchés de l'univers catholique, n'avons plus grande idée de ce monde tant il a perdu de son emprise sur le nôtre. Depuis une trentaine d'années, sans aucun doute, notre société, mon village ont connu une érosion certaine des pratiques et des croyances religieuses traditionnelles. Je ne parle pas de la désaffection pour la messe du dimanche, mais de la fin de l'emprise de la religion et de son Dieu sur l'ensemble de la vie sociale, après une longue période durant laquelle celle-ci a monopolisé la capacité de « positivation », désormais largement déstructurée et récupérée par l'univers marchand auquel plus personne n'échappe[1]. Longtemps, la pratique religieuse des agriculteurs fut ressentie comme représentative de la population rurale dans son entier, considérée comme liée à une identité familiale, à un souci de tradition et de préservation du patrimoine. Le développement d'une religion civile a tiré les célébrations religieuses vers un registre presque uniquement festif, folklorisation du rite catholique qui sert maintenant de base à une identité collective rurale largement partagée par tous.

1. Morlet, « Ancienne et nouvelle pratique religieuse des ruraux », pp. 167-185.

Mardi 7 décembre 2004 (Paris)

Faire un livre, c'est faire du bruit dans sa nuit, c'est se profiler en mille silhouettes et se donner aux autres en épaisse pâture. Je ne suis pas certain de savoir encore ce que cela va donner et il faut le terminer. Il y a un couperet au-dessus de moi qui risque de me chauffer le cou si je ne m'exécute pas moi-même.

De retour à la maison, un rien perturbé par ce voyage au cœur de la catholicité rurale, je m'empresse, la surprise de la découverte des CMR passée, de reprendre mes notes dans l'espoir de saisir un peu mieux ce dont je fus témoin. J'avais vu, entendu des chrétiens d'aujourd'hui dont l'identité passait avant tout par l'action et qui, pour exister encore dans ce monde marchand, s'employaient à faire descendre le ciel sur la terre. Pour ces chrétiens, dont le but est d'agir afin de développer « plus de solidarité dans le monde rural », la religion ne paraît plus guère peser face à leur aventure personnelle. Comme pour le reste de la société, c'est bien la réussite individuelle et son engagement personnel dans la vie sociale qui semblent désormais compter avant tout. L'expression de la modernité que j'ai pu saisir lors de cette journée s'inscrit et inscrit ces hommes et ces femmes engagés dans une autre logique du rassemblement. Celui-ci ne se fait plus en fonction de personnes volontairement regroupées en un lieu, mais au travers de la communauté volontaire et moins repérable qui désormais forme la paroisse. « Le croire » contemporain est pris dans la mobilité. Il se marque, note un chercheur, dans le relâchement des liens entre signifiants et prouve que le matériel symbolique fourni par les différents héritages culturels et religieux se trouve disponible et se prête à toutes sortes de réemploi. La fluidité des croyances met particulièrement en valeur la capacité des acteurs à symboliser leur existence de façon créatrice et ambivalente ; la croyance clignotante, indécise ou semi-ludique [1], donne une certaine liberté à ceux qui la portent et les rapproche peut-être de ces temps anciens où l'on pouvait croire à la survie post-mortem tout en admettant que le défunt

1. Albert Piette, *La Religion de près. L'activité religieuse en train de se faire*, 1999.

n'était plus que poussière[1]. C'est à ce point justement que la religion devient civique. Michel de Certeau n'avait pas tort de dire qu'il ne fait aucun doute qu'« il y a désormais trop d'objets à croire et pas assez de crédibilité ».

La fin du culte des morts

Mon premier 5/5

Ce matin d'avril, j'ai décidé de participer à « un dimanche pas comme les autres », comme il est annoncé sur le programme affiché devant les églises de la paroisse. Je me rends donc au lieu de rendez-vous fixé à 10 heures, ignorant tout de ce qui m'attend, hormis le fait qu'il s'agit d'un rassemblement de chrétiens. Le doux soleil de cette semaine de Pâques exceptionnelle a fait place à un ciel plombé et à une pluie fine. Je cherche la salle Saint-Cyr, indiquée sur une pancarte verte, à l'entrée de Moneteau. Après avoir poussé jusqu'à l'Yonne et cherché du côté de la mairie, je fais demi-tour et me gare sur le parking aménagé devant l'église, sûr que la salle ne devait pas être loin. Je m'engage dans une petite ruelle qui longe l'édifice roman juste rénové et tombe tout naturellement sur une salle où j'aperçois du monde, un grand vitrail, des fenêtres-hublots, rien d'une architecture purement municipale et laïque. Ça doit être là. Hésitant encore, je m'approche quand un

1. Jean-Paul Willaime, « Le croire, l'acteur et le chercheur », 1993, pp. 7-16.

couple, à la recherche des lieux comme moi, me reconnaît et se rassure lui-même en se réjouissant de ma présence. Pour eux aussi, « c'est la première fois », m'avouent-ils.

Pénétrant dans la salle, je reconnais quelques visages croisés dans la région. Aussitôt, une femme en bleu et portant une croix nous accueille d'un mot de bienvenue et nous invite à nous servir un café. Une bonne quarantaine de personnes sont déjà assises le long des tables disposées dans la salle comme dans un cabaret ; quelques acteurs de la cérémonie, parmi lesquels je reconnais le jeune et nouveau curé de nos paroisses (il en visite onze), vêtu de l'aube et de l'étole, ont déjà pris place derrière des micros, sur l'estrade installée le long d'un des côtés de la salle. Il était temps. Café avalé, je m'installe en vitesse, sans même avoir le temps de me présenter aux cinq personnes avec qui je ferai table commune. Des feuillets jaunes, intitulés « 5/5 », y sont posés[1]. La réunion débute par un chant à la gloire du Christ. Gloria et Alléluia, prohibés depuis la Passion, sonnent à nouveau en ce jour de Résurrection : « Il est parmi nous, glorieux, on est dans la joie et on le loue », chante avec entrain l'assemblée. Le prêtre bénit son monde. En réponse, les fidèles se signent. J'achève mon café. Au signal, donné, l'assistance se met debout. Commence alors, comme lors d'une messe normale, la prière pénitentielle qui, avec des injonctions comme « lave-nous », « purifie-nous », remplace la confession auriculaire depuis maintenant une vingtaine d'années[2].

René, qui anime cette journée, propose de nous apprendre une nouvelle « gestuation » du Notre Père, qu'il nous faudra répéter, explique-t-il, lors de l'Eucharistie, tout à l'heure, à l'église : il

1. Ce concept nouveau, je l'apprends aujourd'hui par un article publié dans la dernière revue du CMR, *Agir en rural* (n° 57, avril 2004, CMR, 9 rue du Général-Leclerc, Montgeron, p. 24), s'est imposé dans le diocèse de Sens-Auxerre, avec l'arrivée en 2000 du nouvel évêque, le père Gilson, afin de « réussir à rassembler les communautés paroissiales traditionnelles avec des non-pratiquants (...) une nouvelle manière de rassembler les communautés chrétiennes le dimanche (...) face à une image de régression que peut donner l'Eglise », précise le vicaire épiscopal interviewé. Il s'agit, dans l'idéal, d'un dimanche tous les deux mois, d'après la proposition officielle, de cinq dimanches par an, d'après la réalité de certaines paroisses, et de trois dimanches de l'année, pour ce qui concerne ma paroisse en cette année 2004, dimanches « pas comme les autres où les participants se rencontrent de dix heures du matin à trois heures de l'après-midi ».

2. Cf. Pascal Dibie, *La Tribu sacrée*, *op. cit.*, 1993, pp. 139-142.

Le 18 avril 2004/ 1er dimanche de Pâques/ 10 h « Un dimanche pas comme les/ autres »/ est écrit sur la liste des/ messes sur la porte de l'église/ d'Appoigny/ RDVS à Moneteau/ Salle St Cyr/ Mon premier 5/5 : 10 h j'arrive dans la salle des fêtes/ une sœur m'offre un café/ Prêtre sur la scène/ table en 6 × 6 comme dans un/ bistro/ Le Prêtre : accueil/ Chant : Alléluia/ Signe de croix
Prière pénitentielle/ leçon de « gestuation »/ On apprend à dire le/Notre Père avec des gestes/ Des mains-bras/ On se touche le front/ la poitrine, etc./ Mains jointes/ levées/ Partage en groupe/ pendant 1 heure on discute/ L'Evangile de Saint Thomas/ On me nomme/ délégué ! Aïe !/ Tout le monde se transporte/ en face, à l'église de/ Moneteau/ Eucharistie/ retour. Repas partagé/ (On boit un coup !)/ Sympa/ 14 h-Homélie/ Annonces-15 h : renvoie = 5 h.

s'agit d'un jeu de mains destiné à souligner les mots et les expressions de la prière. Je me l'explique à peu près comme suit : mains tendues et ouvertes, paumes vers le haut, qui appellent, accueillent et rendent grâces, mains croisées devant soi pour tenir et représenter le pain, mains croisées appliquées sur la poitrine qui, avec le pain, impriment l'image du Christ et expriment traditionnellement le recueillement et l'humilité, puis mains tendues devant soi à l'horizontale, à la hauteur des épaules, pour exprimer l'accueil de la révélation, et enfin, mains levées vers le ciel pour invoquer ce Dieu et toucher le ciel où il résiderait, bref pour le joindre ou le rejoindre. La leçon est rapide, vite apprise, certains apparemment connaissaient déjà cette gestuelle ; quoi qu'il en soit, la grammaire des gestes et le rôle des mains qui saluent, bénissent, encensent, préservent, élèvent, fractionnent, oignent, distribuent, ordonnent, sont d'une telle importance dans la symbolique chrétienne et si profondément intériorisés dans la vie quotidienne de l'homme occidental (dire bonjour, au revoir, embrasser, etc.), qu'on n'éprouve aucune difficulté à faire ces gestes et surtout à les comprendre intuitivement [1]. On se rassied sans façon, un rien dubitatif sur ce nouveau mime.

René nous annonce alors le programme de la journée, échelonné sur cinq heures, cinq moments ou plutôt cinq étapes d'une heure chacune. « Durant ce 5/5, nous consacrerons la première heure au "partage en groupe" sur la base des cinq 6/6 que vous avez constitués. Ensuite, nous nous rendrons à l'église pour l'Eucharistie. A 12 h 30, nous reviendrons dans la salle pour partager le repas, il sera un peu rapide, désolé ! A la fin, il y aura une petite animation. A 14 heures, nous réattaquerons avec l'homélie d'Alain, et nous nous quitterons avec le chant de Résurrection. Il sera alors dans les 15 heures, le moment de clôturer ce troisième 5/5 avec un chant. » Après que les enfants furent sortis, sous la responsabilité de quelques animatrices – ils devaient préparer leur participation « surprise » à l'Eucharistie –, le prêtre lut avec une diction bien particulière, les mots détachés les uns des autres, l'Evangile selon saint Jean, approprié au premier dimanche après Pâques. La tonalité n'avait rien du ton neutre utilisé par nos vieux curés d'autrefois, de toute évidence, cette prononciation trop claire pour être naturelle était le moyen d'un souci pédagogique certain, une recherche, à n'en pas douter, d'offrir tout leur sens aux mots du texte. D'ailleurs, on pouvait suivre sa lecture sur les photocopies orangées posées devant chacun d'entre nous sur les tables. Cette première lecture, accompagnée en quelque sorte, devait servir de base à la réflexion que nous allions mener tous ensemble durant une heure et demie de « partage de la parole », deuxième étape du 5/5. L'his-

1. Pascal Dibie, *La Tribu sacrée, op. cit.*, « La grammaire et les gestes ».

toire de « Thomas » (dont le nom signifie jumeau, indiquait le texte) nous intrigua plus que la fameuse incrédulité de saint Thomas. Jumeau de qui ? Pourquoi jumeau ? Qu'est-ce que la foi ? Notre petit groupe s'abîma assez vite dans l'autoréflexion, où l'ironie, l'humour des personnages de la Bible, leurs fonctions et les aventures de Jésus jusqu'à son étrange disparition-apparition, plongèrent les croyants dans une perplexité exprimée. Les questions inscrites en bas de la page et relatives à la rédaction d'une « expression de foi » et d'une « action de grâce » n'arrangèrent rien... Je découvrais, c'est souvent le cas des confidences, que personne, bonne sœur comprise, ne savait plus très bien de quoi il retournait. Au bout d'une heure et demie d'échanges très libres, où je revins sur l'importance des gestes et des rites, notre groupe se mit d'accord sur son incompétence à rédiger une « expression de foi » et une « action de grâce ».

C'est moi, observateur mécréant, ethnologue de ces curieux chrétiens en recherche, reconnu comme le lettré de notre 6/6, qui, pris à mon propre piège, fus non seulement chargé de rédiger nos conclusions, mais, pis encore, d'aller les lire devant l'assemblée réunie à l'église tout à l'heure ! Cela dit, la discussion avait été riche, animée, pleine d'humour, je m'étais moi-même pris au jeu du savoir d'une science religieuse dont jusque-là je n'avais jamais mesuré l'effet qu'elle pouvait avoir *in vivo* et *in situ*, autrement dit dans la situation de l'observateur observé...

A 11 h 30 précises, René et Alain nous invitèrent à gagner l'église voisine. Je ne reviendrai pas sur le déroulement du sacrement d'Eucharistie, sinon qu'une fois sous les voûtes, l'ambiance agrégative de l'assemblée des fidèles, l'espace, un chant, firent s'envoler, me sembla-t-il, tous les doutes exprimés de notre petit groupe. Les représentants des 6/6, le nôtre excepté, allèrent vers l'autel, lire à tour de rôle la fameuse « expression de foi » dont nous n'avions pas trouvé l'expression... Lectures soulignées chaque fois par un chant très antithomiste, « Sans te voir nous t'aimons ; sans te voir nous croyons »... Les enfants, qui avaient abandonné la salle au début du 5/5, réapparurent alors au fond de l'église. Ils montèrent en procession jusqu'à l'autel, escortant, tenant comme une traîne un coupon de tissu bleu ciel sur lequel des images étaient fixées. Les dessins avaient été réalisés lors de leur disparition de la salle : soleils, nuages, masques de paix, souhaits d'enfants soulignés par des phrases – ils les lurent au micro – qui s'opposaient « au vice, à la varicelle, au racisme et à ceux qui entraient sans toquer dans nos chambres »... Rires, applaudissement des fidèles, à tout rompre, comme dans les églises de Rome ! alors, les enfants arrangèrent la fresque sur le devant de l'autel, en s'aidant de petits pots de verre remplis de terre et de poudres colorées qui, symboliquement, ainsi qu'on nous l'expliqua, allaient du brun foncé de la terre profonde au bleu du ciel le plus pur.

Je découvris à ce moment qu'une seconde « fresque » réalisée par des adultes, intitulée « Fêter le Ressuscité », avait été suspendue, au pilier droit qui ouvrait le chœur : « Découvrir le Christ, Découvrir le pardon, Retrouver l'espace, Apprendre la patience, Voir la lumière, Vaincre l'épreuve », étaient inscrits dans des bulles de différentes couleurs. Vinrent alors la préface, le Sanctus, accompagnés des gestes habituels du prêtre, puis cinq hommes montèrent vers l'autel et lurent la Prière universelle à tour de rôle. La messe reprit son cours : prière eucharistique, anamnèse, doxologie. Et ce fut l'erreur, bien que non fatale : moi qui ne voulais pas m'exposer, voilà que Lucie, la sympathique bonne sœur de notre table, pensant qu'il était temps d'aller lire nos conclusions gracieuses, m'envoya au feu. C'était en fait le moment du Notre Père, et non pas celui des « Prières d'action de grâce des groupes », comme il était indiqué sur le guide. Je me retrouvai donc, un peu éberlué, exposé à suivre la « gestuation » répétée deux heures plus tôt dans la salle des fêtes. Après ce temps qui me parut interminable, je regagnai ma place. Le calme ne dura pas longtemps. Le moment, tant redouté par beaucoup – je l'appris lors de notre « temps de parole » –, de se souhaiter « la Paix du Christ », inscrite au cérémonial depuis plusieurs années, arriva. Ceci dépassa largement le simple bonjour que je connaissais. Un brouhaha assez fusionnel emplit l'église. Les gens quittèrent leurs places, commencèrent à circuler, plusieurs vinrent m'embrasser, bref, ce joyeux charivari se développa jusqu'à ce que le prêtre reprît les commandes à l'autel avec la récitation de l'« Agneau de Dieu ». La communion fut distribuée par l'officiant aidé d'une sœur qu'il fit communier auparavant sous les deux espèces. Le moment d'aller lire notre prose, que je redoutais tant, arriva finalement. Je laissai passer les quatre premiers porte-parole et délivrai alors (timidement) notre phrase énigmatique et un peu provocatrice peut-être : « Nous remercions Dieu de nous laisser en attente et de laisser sommeiller des Thomas en nous. » Comme pour ceux qui nous avaient précédés, avec la même ferveur, notre phrase laudative, reprise en chœur par l'assemblée tout entière, accompagna et valida mes propos d'une certaine façon. Je regagnai ma place pour la dernière fois. Le « chant de sortie », allègre, joyeux, reflet d'une ambiance particulièrement chaleureuse, je dois l'avouer, éclata et vint clore ce temps d'Eucharistie. Mais la messe n'était pas complètement dite encore.

Retour à la salle Saint-Cyr. Changement de décor : les tables furent rassemblées pour n'en faire que deux, longues tables de banquet recouvertes de nappes de papier blanc, et un buffet, fruit des victuailles familiales et individuelles rassemblées, s'ouvrit vite. Un petit ratafia local, offert par mes amis vignerons, servi dans un gobelet en plastique, en guise d'apéritif, suivi d'un chichery rouge fort recherché, arrosa très modérément ce pique-nique copieux, extrêmement convivial, faut-il le dire. Les conversations glissèrent sur les événements locaux, les nouvelles des uns et des autres, quelques retours sur ce qui avait été dit le matin, le temps qui avait filé sans qu'on s'en aperçoive, et surtout, pour beaucoup dans cette assemblée, la découverte d'un nouveau rite : une messe d'une journée. C'était la reconnaissance du but recherché par le nouveau concept ecclésial du 5/5 tel qu'il avait été imaginé : « réveiller les gens, provoquer un renouvellement des communautés de l'intérieur et sortir de la paroisse » était acquis par ses nouveaux pratiquants [1].

La cérémonie n'était pas finie... C'est au moment du café que l'animation annoncée commença. Une charmante jeune fille exécuta un air classique à la flûte traversière, elle le déchiffrait sur une partition tenue à bout de bras par une sainte et bonne âme. Applaudissements. Encouragements nourris. Reliefs du repas réunis, tables évacuées, démontées, entassées, tubulures de pied d'un côté, plateaux de l'autre. Tout le monde participe, vieux et jeunes. Naît alors une nouvelle configuration : une cinquantaine de chaises en arc de cercle, face à l'estrade, l'harmonium Viscount est déjà branché et sa musicienne en place. On s'assoit sur les chaises. Quelques annonces sont faites par l'organisateur : on remercie les

1. Interview vicaire, revue CMR.

observateurs de Vierzon « venus voir à quoi ressemblait un 5/5 », dans le but, m'avait dit ma voisine de table avec qui j'avais déjeuné, de faire la même chose, de retour chez eux. On nous présente trois adultes non encore baptisés, leur baptême est annoncé pour juin [1]. L'organisateur reprend la « Lettre aux catholiques icaunais » de Mgr Gilson et sa « convocation » pour les confirmations du diocèse qui seront célébrées toutes ensemble à la cathédrale de Sens pour la Pentecôte 2004. Il termine par l'invitation à un prochain 5/5 qui aura lieu en octobre prochain, dans un semestre... Place à l'homélie : en civil depuis le repas, le curé reprend l'évangile du jour sur le ton pédagogique du matin, et il en commence l'analyse. Il l'avait annoncé, elle est brève, préparée et précise. Elle porte sur l'incrédulité de saint Thomas, me semble-t-il, et elle est en rapport avec notre existence actuelle. Mais la journée a été bien longue, et l'attention flotte un peu. On se lève. C'est le moment de la bénédiction, puis l'envoi, la fin de la messe. Tronqué d'une petite demi-heure, le 5/5 s'achève sur la louange et le bonheur du Christ ressuscité, chanté à pleins poumons et soutenu par le petit orgue électrique. Pendant que les organisateurs rangent la salle, nous nous disons assez rapidement au revoir, sans se promettre une prochaine fois, tant cela semble lointain pour quelques-uns.

Maurice me fera remarquer que c'est là justement que les clients se perdent. En effet, ce rite un peu sectaire, en ce qu'il est difficilement repérable et qu'il implique un temps important pris sur d'autres activités, à la différence des dimanches ordinaires, ne recrute souvent qu'une fois. Les pratiquants hésitant à recommencer d'autres expérience dans l'année. Cela dit, certains des fidèles m'ont confié que leur participation trois à quatre fois dans l'année au 5/5 les dispensait de la messe hebdomadaire et les rendait plus libres.

Il n'en reste pas moins qu'il est difficile de se repérer avec ces nouveaux anciens paroissiens qui par tous les moyens tentent de ne pas disparaître complètement et qui manient les innovations avec des clichés souvent en noir et blanc alors qu'ils devraient être en couleur. Ce ne sont pas les prêtres qui les aideront, non qu'ils ne le veuillent pas, ceux qui restent encore sont des hommes aussi dévoués que leurs prédécesseurs, mais ils sont si peu nombreux qu'ils sont en passe d'irrémédiable extinction.

1. Lors des confirmations rassemblées à la cathédrale de Sens, le jour de la Pentecôte, il y aura, pour l'année 2004, une bonne dizaine d'adultes baptisés.

JEAN MONOD, DEUX LEÇONS D'ETHNOLOGIE

Je suis né à l'ethnologie avec l'éclosion d'une génération d'ethnologues français qui, chacun selon des styles et des orientations différents, ont à leur tour exploré et bâti leur carrière à partir de leurs expériences et de leurs travaux sur les Indiens d'Amazonie. Cette génération si elle ne se croisa pas sur le terrain est difficile à classer, mais elle est à l'origine de ma passion pour l'ethnologie. Une floraison d'ouvrages accompagna, comme du pain juste sorti du four, ma formation accélérée (je venais d'histoire) à cette nouvelle discipline. Je dévorai *Riches cannibales* de Jean Monod avec une extrême gourmandise. Il y racontait son séjour abrégé chez les Indiens Piaroa, au bord de l'Orénoque : l'ethnologue s'installait doucement et essayait de faire sa place au milieu des Indiens quand, un jour de juin 1968, arriva sur le fleuve une *lancha* qui lui apportait du courrier et quelques provisions. Ce jour-là, les Piaroa qui déjà s'en doutaient eurent confirmation qu'ils avaient bien parmi eux un cannibale. L'ethnologue, en même temps qu'il ouvrait une boîte de corned-beef, feuilletait un *Paris Match* dont la couverture représentait un étudiant parisien ensanglanté, couverture-choc de ce Mai 68 qui se déroulait aux antipodes. Pour les Piaroa, la preuve en était faite : depuis le début, ce séduisant jeune homme n'avait cessé de leur montrer ses dents – Monod souriait en effet souvent à belles dents blanches – eux, en vrais humains, noircissaient les leurs pour ne pas manifester d'agressivité animale... Ce que le Blanc regardait était de toute évidence la photo de l'homme qu'on lui avait livré en boîte ! Jean Monod fut obligé de s'enfuir, au risque réel d'être fléché. Ce fut ma première leçon sur les dangers imprévisibles du terrain ethnologique.
C'est Monod, lui encore, qui nous ouvrit à l'œuvre fumeuse de Carlos Castaneda. Il revenait des Etats-Unis où il avait suivi et filmé « The longest March » organisée par l'AIM, le mouvement des Indiens d'Amérique, qui depuis la « libération » de l'île d'Alcatraz comme Terre indienne, était en pleine ébullition. Monod rapportait aussi dans ses valises le dernier ouvrage en anglais de Castaneda dont *L'Herbe du*

diable et la petite fumée était un best-seller dans nos milieux. Je me souviens, il nous lut et nous parla pendant des heures de l'ethnologue et du sorcier, de la fameuse « voie Yaqui de la connaissance ». Son enthousiasme et sa croyance étaient tels qu'il fit la préface du second Castaneda paru en 1973 chez Gallimard *Voir, les enseignements d'un sorcier Yaqui*. Il rapprochait l'ethnologue et le sorcier, et voyait s'ouvrir, enfin, un chemin pour tutoyer l'univers et rejoindre l'autre côté du miroir...
Et nous, paresseux magnifiques et crédules, trouvions que l'initiation valait toutes les universités ! Castaneda était un menteur, Monod était sincère lorsqu'il nous racontait des histoires. Ce fut ma seconde leçon d'ethnologie : l'ethnologue est un griot.

Les Barjots, UGE, 1968 ; *Un riche cannibale*, UGE, 1972 ; *Pièces détachées*, Christian Bourgois, 1974 ; Wora, éditeurs Evidant, 1987 ; *Quipus*, éditeurs Evidant, 1988 ; *Le Poisson de Tolède*, éditeurs Evidant, 1990 ; *Raid*, éditeurs Evidant, 1990.

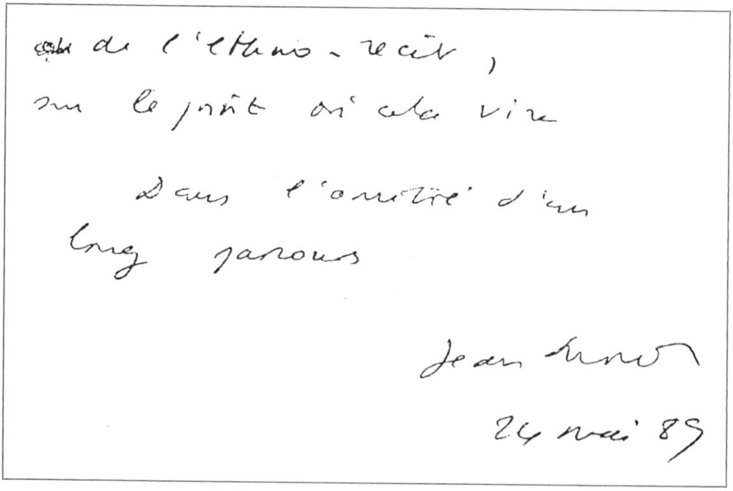

de l'ethno-récit,
sur le point où cela vire
dans l'amitié d'un
long parcours

Jean Monod
24 mai 89

Ecriture de Jean Monod.

L'inéluctable retraite

Me revoilà au même point que ce jour de Pâques 1978 où Chichery et les paroisses avoisinantes pleuraient la mort du pape Jean-Paul Ier et le départ du curé du village qui plantait là ses ouailles, mettant l'Eglise, ou plutôt, sa hiérarchie face à ce qu'elle induisait. Mais cette fois, l'affaire est plus grave. Il ne s'agit pas seulement du départ d'un prêtre à la retraite, mais de la certitude qu'il n'y aura jamais plus de curé attaché à la paroisse, ainsi que nous l'entendions jusque-là. « La réalité est là : dans dix ans nous n'existerons plus, en tout cas plus du tout comme avant », me certifie Maurice, pour qui, en ce mois de février 2003, sonne effectivement le départ à la retraite. Que va-t-on faire à l'église si nous n'avons plus de curé ? se demandent une bonne partie des catholiques assez peu pratiquants depuis des années. Que va-t-on faire du bâtiment s'il ne sert plus, s'interrogeaient déjà les Chicheriens, voilà plus de vingt-cinq ans maintenant ? Dans *Le Village retrouvé*[1], je rapportais que les paroissiens, dans l'attente d'un prêtre – à l'époque, ils croyaient à un accident, mais pas à l'extinction définitive de la tribu sacrée –, décidèrent de se rassembler le dimanche matin, à l'heure habituelle de la grand-messe, à l'église. Ils venaient d'inventer les ADAP, Assemblée Dominicale en l'Attente d'un Prêtre. Le sigle perdure, mais le A d'« Attente » s'est transformé en A d'« Absence ». Ces ADAP-là sont aujourd'hui monnaie courante dans toutes les paroisses du milieu rural ou, à défaut, dans les rassemblements de paroisses. Elles fonctionnent, ainsi l'ai-je décrit, grâce au dévouement et au travail des EAP, les équipes de laïcs désormais rompus aux cérémonies et aux célébrations sans prêtre[2].

L'économie du salut se sauve par le vocabulaire. Les ADAP, cette idée du rassemblement dominical auquel le prêtre n'aurait pu momentanément prendre part, proposées comme « solution provisoire » d'abord, puis comme « la meilleure des solutions imparfaites », selon Mgr Decourtray, disparaissent au profit des ADAL. L'appellation est encore tabouisée : on lui préfère « célébration », ou encore

1. Pascal Dibie, *op. cit.*

2. Les EAP, dont l'objet est de remplir des fonctions autrefois assurées par le prêtre au sein de la paroisse, et plus précisément la catéchèse.

« assemblée de prière », afin de distinguer cette pratique de la messe. A leur tour, les ADAL, à cause du « manque à gagner spirituel que représente l'absence de messe », entendez l'Eucharistie, sont en passe d'être remplacées par les 5/5, ces fameux « dimanches pas comme les autres » dont j'ai fait l'expérience. Mais il n'est pas impossible du tout que les 5/5 fassent long feu, tant elles participent de la désertification des églises rurales, et qu'il faille alors inventer d'autres types de rassemblements. Les rares catholiques qui ne succombent pas à la messe cathodique, courue de plus en plus, la messe à domicile, ne voulant pas non plus jouer le jeu d'une messe de cinq heures d'affilée, ou n'y trouvant pas leur place, seront obligés alors de se déplacer vers un centre urbain suffisamment important où puisse se tenir une « vraie messe », dans une authentique église. Les autres églises, sous la responsabilité entière d'équipes de laïcs formés pour ce faire, ne serviront plus qu'aux trois temps des cérémonies identitaires : baptême, mariage, enterrement... Auxquels on peut ajouter les célébrations festives locales comme la Saint-Vincent décrite plus haut. Ce que j'annonce ici ne tient ni du rêve ni d'un avis partisan. Voilà vingt-cinq ans, déjà conscient que les forces humaines et consacrées de l'Eglise périclitaient à grande vitesse, Maurice me prédisait à sa manière ce qu'aujourd'hui les catholiques vivent *de facto* : « On préfère attendre que les choses arrivent pour s'éviter l'odieux de l'annonce d'une très mauvaise nouvelle. Ce faisant, on se coupe tout moyen de préparer un avenir proche, et de plus, c'est plus grave, on contribue à la marginalisation des prêtres en exercice. »

Le nouveau curé, un jeune conscient de sa rareté, qui, avec le service de quinze paroisses, ne s'arrête guère au village, m'a confié que « dans trois ans, il restera environ trente prêtres dans le diocèse. Tous les autres auront atteint soixante-quinze ans, et en cette année 2004 il n'y a eu qu'une seule ordination à Sens. Déjà, ajoute-t-il, nous ne sommes plus tout à fait des curés, nous sommes de fait devenus des "prêtres-modérateurs", chargés d'intervenir çà et là, lors de réunions de concertation. Certains laïcs attendent patiemment d'assister à l'Eucharistie complète. En vérité, nous sommes des courants d'air, pas toujours frais, des curés-turbos pour les quelques valides que nous sommes encore. »

TABLEAU RÉCAPITULATIF DES VOCATIONS AU MINISTÈRE PRESBYTÉRAL DIOCÉSAIN 1975-2003				
Année	Séminaristes	Entrants	Ordinations	Population
	Effectif total (inclus DOM, DAF et MDF)	(inclus DOM, DAF et MDF)	(inclus DOM DAF et MDF)	Catholique (Baptisés en milliers)
1975	1 297	202	170	45 080
1976	1 180	215	136	45 027
1977	1 151	200	99	45 136
1978	1 194	282	118	45 304
1979	1 150	264	125	45 503
1980	**1 161**	**264**	**111**	**45 720**
1981	1 159	268	111	45 720
1982	1 210	255	106	46 027
1983	1 237	266	95	46 682
1984	1 198	229	111	46 630
1985	1 172	229	116	46 689
1986	1 196	238	94	46 867
1987	1 287	276	106	47 081
1988	1 253	234	139	47 440
1989	1 258	247	140	47 650
1990	**1 219**	**234**	**139**	**47 440**
1991	1 210	232	130	47 625
1992	1 161	209	126	47 663
1993	1 164	209	126	47 717
1994	1 172	214	121	47 683
1995	1 155	204	96	47 773
1996	1 103	180	128	47 377
1997	1 063	181	122	47 420
1998	1 043	184	110	47 463
1999	1 024	162	116	47 132
2000	**976**	**165**	**142**	**46 823**
2001	927	154	126	
2002	831	116	132	
2003	**773**	**121**	**105**	

Chiffres communiqués par le Service des Vocations en 2004, d'après l'Annuaire des statistiques de l'Eglise, 2003.

La question est de savoir si l'Eglise peut continuer longtemps encore d'omettre le nombre de ses prêtres [1]. Le phénomène n'est pas récent. En un siècle, la courbe descendante a pris une inclinaison si forte que, si elle se poursuit, elle annonce la disparition inéluctable des prêtres diocésains. Si l'on remonte aux 1 753 ordinations de 1868, on était passé, en moins d'une dizaine d'années, à 1 580 en 1877, nombre qui se stabilisa jusqu'en 1904 à peu près, quand elles chutèrent à 1 014. Mis à part les épisodes spécifiques des guerres de 1914 (704) et de 1940 (1 700 en 1947), le millier d'ordinations se maintint jusqu'aux années 1950. Elles passèrent sous le seuil des 500 dans la décennie 1960, pour dégringoler à moins de 200 dans les années 1970. Elles se stabilisent aujourd'hui, mais pour combien de temps, autour de 100 (105 en 2003). Le calcul est simple : la moyenne d'âge des prêtres français tourne autour de soixante-treize ans, on compte une centaine de nouveaux prêtres chaque année, dont la moitié à peu près abandonnera ses fonctions dans les années suivant l'ordination, les autres un peu plus tard. Quant à l'avenir des catholiques français, pour soixante millions de Français, on recense quarante-sept mille nouveaux baptisés par an... On a beau dire, cela sent la disparition prochaine d'un corps social et d'une religion qui – même si elle s'essaie à d'autres pratiques – n'aura bientôt plus assez de fidèles et de voix pour être reconnue dans un monde où l'inculture spirituelle va croissant.

Je les ai vus à l'œuvre, ces derniers chrétiens actifs, ils se débattent comme de beaux diables, mais je constate que la parole a pris l'avantage sur le rite, que la recherche de salut des chrétiens est désormais majoritairement d'ordre « intramondain [2] ». Pour ce qui concerne la croyance, les réponses deviennent de plus en plus floues, voire inexistantes. Le croire est bien dans le faire ; il ne s'agit plus uniquement de sauver son clocher – tout le monde participe à ce sauvetage des pierres, croyants comme incroyants – mais il s'agit de « s'écouter, de partager sa vie et ses engagements, de se ressourcer ensemble en confrontant ses questions à la Parole de Dieu », ainsi que le prônent les CMR dont le nombre va lui aussi s'amenuisant, et d'habiter la terre d'une autre manière, en trouvant peut-être une alternative au capitalisme. Cela ne paraît pas contra-

1. Cf. tableau p. 250.
2. Albert Morlet, *op. cit.*, pp. 181-185.

dictoire pour les chrétiens contemporains. Pour ceux-ci, le marché des biens symboliques, le religieux – ou du moins ce qu'il en reste –, se doit de s'adapter aux conditions mêmes du marché, s'il entend, d'une manière ou d'une autre, continuer à offrir des propositions attrayantes. La civilisation paroissiale, dont le contrôle s'effectuait à partir du centre et à laquelle, lié par une solidarité mécanique, personne ne pouvait échapper sous peine d'être exclu du territoire, n'est plus, c'est un fait. La civilisation urbaine dominante a participé largement à l'éclatement de ce contrôle social local, mais c'est surtout la multiplicité, la diversité des réseaux qui ont fait que plus aucun centre ne peut revendiquer une autorité totalisante sur le comportement et la pensée des individus.

Si je dis qu'un dieu se meurt, on ne me croira pas. Pourtant, cela est déjà survenu dans notre histoire : les légitimités religieuses perdent de leur crédibilité pour des couches entières de la société [1], jusqu'à se transformer radicalement avant de disparaître avec les idoles ou les dieux qu'elles adoraient. Pour ce qui relève de notre seule culture, que l'on se souvienne des siècles où s'écoula le passage du polythéisme romain au monothéisme chrétien au travers de l'empire d'Orient et l'éclosion de Byzance [2]. Rien d'extraordinaire donc à ce que d'autres croyances, d'autres dieux prennent la relève du Dieu unique et omnipotent qui nous fit marcher durant presque deux mille ans. « L'éthique chrétienne disqualifiée par la reconnaissance moderne du droit au bonheur sur terre et à l'amour de soi », comme le notait déjà une sociologue des religions en 1986, n'est plus [3]. On l'a vu, chrétien ou non, l'homme ne croit plus qu'en lui-même. Il n'y a rien d'étonnant à ce qu'il s'invente un polythéisme matérialiste où désormais chacun peut choisir son dieu selon l'inclination du moment, sous les noms d'Argent, Science, Technique, Informatique, Sport, Sexe, que sais-je encore, l'important étant d'être d'une religion, même momentanée.

Dans le monde chrétien, si le désir de spiritualité existe encore bel et bien, les aventures spirituelles démonstratives, réservées il y a quelques siècles à des marginaux sympathiques, sont passées à des pratiquants fanatiques dont la folie prosélyte rappelle les

1. Berger, 1971, *La Religion dans la conscience moderne.*
2. Ahrweiler, *Les Européens*, 2000, pp. 67-73.
3. Hervieu-Léger, 1986, *in* postface à *La Génération défroquée.*

siècles des moments les plus glorieux et les plus sombres de notre christianisme flamboyant et totalitaire. Mais je doute que le christianisme perdure longtemps encore sous la forme que nous connaissions ; au village, ici, à Chichery, tous les signes annoncent sa disparition.

4

Y A-T-IL ENCORE DES PAYSANS DANS LES CHAMPS ?

A quoi pense une vache en regardant passer un train, est-ce qu'elle fait de la religion, de la philosophie, de la poésie ? On a encore du mal à accepter l'idée qu'un animal puisse penser ou que les plantes savent compter...

André-Georges HAUDRICOURT.

Qui au village sait encore reconnaître la diversité, la variété des cultures des immenses champs colorés des coteaux de l'Yonne ? Sait-on qui les cultive, quand et comment ? Comment se pratique l'élevage du bétail installé à quelques centaines de mètres, à l'extérieur du village, sur les hauteurs, là-bas ? Qui a encore une idée de la tâche ingrate et ardue des laitiers, du confort des vaches, des traitements hormonaux ? Combien seraient capables, enfin, de décrire le système de production et de reproduction qu'utilise ce qu'il faut bien appeler l'usine à lait ? Ce lieu, comme toutes les exploitations de la région, reste pourtant très accessible, ouvert à tous, ses acteurs n'ont aucun secret à garder ainsi qu'ils me l'ont confié, espérant même que, diffusés à l'extérieur, villageois et consommateurs seront moins ignorants des agriculteurs et de l'agriculture.

Un panneau visible de la route de Villemer rappelle à l'entrée du bâtiment que nous sommes sur « La route du lait », que là, dans ces bâtiments couleur tuile, se trouve un maillon de la chaîne d'une agriculture raisonnée où la science agronomique, zoologique et génétique a désormais, sa place sans que cela pose plus question. A l'heure où j'arrive, il est 5 h 30, je sais que cent soixante vaches dorment encore ou se préparent à donner leur lait et qu'une vingtaine de veaux entament une carrière de laitière ou de viande – je parle des filières ! Des proverbes me reviennent, « Vache de loin a assez de lait », dit le premier à celui qui ne regarde pas, « Chacun son métier et les vaches seront bien gardées », répond l'autre au curieux qui s'approche. Dans cette histoire, qui suis-je ? Je suis à la fois admiratif de si belles vaches et catastrophé de tant de science, à moins que ce ne soit finalement l'inverse... Il n'empêche que je sais que dans ces bâtiments neufs se pratique une agriculture nouvelle – « actuelle » serait plus approprié – et que ce type nouveau d'agriculture et d'élevage est, quoi qu'on en dise, sur le point de provoquer un changement irréversible qui passe d'abord par une triple dépossession : celle de la terre, celle de l'animal et celle de l'homme.

Chacun son métier... hélas, nous n'en sommes plus là, on assiste depuis une bonne quinzaine d'années à une dévalorisation générale des métiers, conséquence de l'émiettement des savoirs lié aux nouvelles technologies et à des diktats industriels incontournables. Le pouvoir n'est plus entre les mains des agriculteurs, on le sait depuis longtemps, mais on s'imaginait que le savoir-faire leur était encore propre or il est confisqué par une troupe de conseillers et de techniciens qui les poussent vers l'avant, sans qu'ils aient le temps de dire ouf, d'assimiler les nouvelles techniques et de se les réapproprier. Ce sont sûrement les conseillers en gestion qui ont la part la plus belle, la rationalisation de l'exploitation étant le maître mot des instances agricoles et européennes. Le pouvoir des vétérinaires qui jadis, juste au-dessous de celui des médecins, frôlait le divin, est par contre en très net recul. A dire vrai, ce sont les journalistes de la presse agricole, ceux qui détiennent le pouvoir de communiquer les prescriptions de la recherche agronomique, qui règnent aujourd'hui en maîtres. Grands consommateurs de revues techniques et spécialisées, les exploitants se cantonnent de plus en plus souvent à exécuter les préceptes clairement exposés par ces médias et à les mettre en œuvre afin de servir au mieux cette économie qu'est devenue l'agriculture.

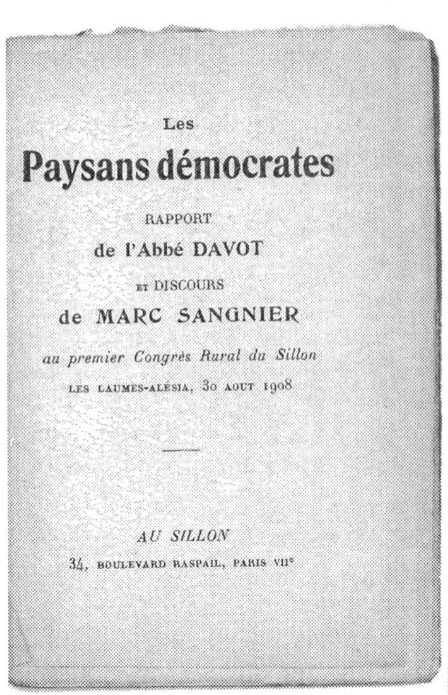
Les

Paysans démocrates

RAPPORT

de l'Abbé DAVOT

ET DISCOURS

de MARC SANGNIER

au premier Congrès Rural du Sillon

LES LAUMES-ALÉSIA, 30 AOUT 1908

AU SILLON

34, BOULEVARD RASPAIL, PARIS VIIe

Un village trempé dans le Sillon

Chichery me paraît être un peu à part des autres villages à vocation agricole de la région, comme le confirme une plaque scellée sur un mur de la mairie qui m'a toujours fasciné et interrogé, rappelant qu'il fut couronné « Village le plus moderne de France » en 1936. De fait, maintenant je le sais, l'inscription du village dans la modernité est liée à une histoire forte qui lui est propre et qui mérite d'être en partie rapportée pour comprendre pourquoi survit, que dis-je, rayonne, depuis quarante ans, un GAEC de huit associés.

Fêter quarante ans d'associations renouvelées et continues au sein du monde agricole, ce n'est pas rien. J'avais pensé écrire « monde paysan », mais c'est justement cela qui a dû se produire, très tôt, les « Fondateurs » et leurs Pères ont pris conscience à Chichery que la modernisation inéluctable du monde, de tous les mondes, passait par la mise à l'écart de la fameuse « mentalité paysanne » – qu'il ne faudrait d'ailleurs pas réduire au seul esprit individualiste et terrien – pour s'inscrire dans une vision professionnelle de l'agriculture, pour s'envisager comme des « exploitants agricoles », comme on dit aujourd'hui, où l'exploitation en groupe prend justement tout son sens. Il semble que dès le début du XXe siècle des agriculteurs du village fréquentèrent assidûment des cercles ruraux et qu'ils adhérèrent à nombre d'initiatives tant mécaniques que politiques, l'une n'allant jamais sans l'autre, fréquentation et inspiration qui les firent d'emblée plonger dans l'« esprit moderne ». Il est un fait que l'éducation sociale et démocratique des jeunes des campagnes, et plus spécifiquement dans l'Yonne, peut-être parce que ce fut une région très tôt déchristianisée, débuta dès les années 1900.

Dans *Le Village retrouvé*, je me suis bien évidemment intéressé au Sillon et à son importance sur le développement et la modernisation du village, mais sans doute n'avais-je pas vraiment pris conscience de l'influence de Marc Sangnier et de l'importance incroyable, souterraine, que ce mouvement a pu avoir, et sur le monde politique et sur le monde agricole, ni qu'il était à l'origine de la Démocratie chrétienne, et de l'idée de la construction d'une Europe sociale [1].

Dans cette longue préparation des « quarante ans du GAEC », Jean-Marie Sapin, l'un de ses anciens membres, militant socialiste connu et largement engagé dans la région, animateur inconditionnel de rencontres autour et à partir de l'œuvre de Marc Sangnier, avait organisé au « Puits d'hiver », chez les Frères des campagnes, la

1. Après le collège Stanislas où Sangnier fut élève et où il anima dès 1893 La Crypte que fréquentèrent, de futurs personnages de la République, il créa en 1899 le mouvement du Sillon qui voulait réconcilier l'Eglise et la République. Parmi ceux qui fréquentèrent La Crypte, un groupe de discussion lycéen, je compte un de mes ancêtres, Auguste Champetier de Ribes, tenant du christianisme social contracté dans ces années-là et sûrement au contact de Sangnier qui, après avoir été président départemental du mouvement de résistance Combat essaya d'unir les « familles démocratiques » PDP, Jeune République et MRP après la guerre et fut le premier président du Conseil de la république en 1946. Par la suite, on trouva au sein du Sillon de jeunes bourgeois comme le fidèle compagnon de route de Sangnier, Henri du Roure, mais aussi des ouvriers comme Louis Grandin, Alfred Pamart et beaucoup d'autres. Quant à Marc Sangnier, après des échecs électoraux, il quittera l'action politique en 1932, fondera les Auberges de jeunesse en 1933 dans l'espoir de « désarmer les haines » franco-allemandes en passant par la jeunesse, soutiendra le Front populaire, fera de la résistance et se retrouvera à la Libération assez naturellement président d'honneur du MRP, Maurice Schumann en étant le président effectif.

projection d'un documentaire intitulé « Marc Sangnier, le sillon de l'Europe[1] ». On était venu m'en avertir et ce dimanche après-midi d'octobre 2003, je me suis donc rendu à la projection annoncée.

La projection avait lieu dans la grande salle. Lorsque j'arrivai, elle était pleine. Comme il n'y avait plus de sièges libres, je me suis assis au fond, sur l'une des tables poussées le long des murs, à côté du frère Pierre. Lors de la discussion qui suivit le film, je compris que les spectateurs présents étaient essentiellement des syndicalistes paysans, militants et militantes, dont je ne savais pas encore que beaucoup appartenaient au mouvement des CMR.

Jean-Marie, lui-même ancien militant de la JAC, rappela que des réunions comme celles-ci, vidéo en moins, il y en eut beaucoup à Chichery, et ce dès les premières heures du Sillon. Au plus fort de l'anticléricalisme militant, Marc Sangnier organisa effectivement des réunions publiques qui, et c'était là la grande nouveauté, ne se passaient pas qu'à Paris ou dans les grandes villes, mais se tenaient également dans des villages, au cœur du monde rural. En témoigne le texte d'une conférence faite à Migennes en 1997 par Jean Sapin, un ancien agriculteur du village, à l'occasion de la commémoration du centenaire de la fondation du mouvement. Jean, qui fut, entre autres, résistant et une cheville ouvrière de la création du GAEC à Chichery, notait avec fierté dans son intervention que « dans l'organe du Sillon de l'Yonne[2], daté du 15 février 1906, page 44, l'intitulé du compte rendu d'une réunion publique contradictoire sur l'organisation démocratique rurale commence par cette phrase : « Au berceau du Sillon de l'Yonne, vous l'avez deviné, c'est Chichery. » Il ajoutait que ce jour-là, la réunion était sous la présidence d'un membre de sa famille, de Chichery également, Albert Sapin[3]. Dans un autre article du même numéro, son propre père, alors âgé de dix-sept ans, était cité comme « rappporteur des études des

1. Réalisation Ghislain de Place, éditions Capricornes, Institut Marc-Sangnier.

2. C'est en février 1904, lors du troisième congrès national du Sillon, à Lyon, que l'abbé Lemire proposa de fonder des Sillons ruraux. Dès novembre 1904, sous la direction de l'abbé Davot, parut *La Bonne Terre,* mensuel du Sillon de l'Yonne, qui devint l'organe national du Sillon en novembre 1907.

3. Compte rendu de la commémoration du 1er Sillon rural de France, 1897-1997, vendredi 9 mai 1997 à Migennes (Yonne), rencontre organisée en collaboration avec l'Institut Marc-Sangnier de Paris et le Syndicat central des initiatives rurales de Paris.

cercles ruraux sur le repos hebdomadaire », dont l'animateur n'était autre que l'abbé Total, le curé de la paroisse arrivé à Chichery en 1896, qui organisera les premiers Cercles dès 1897. Ces cercles d'études, où « l'on cherche avant tout à s'instruire de tout ce qui intéresse un bon citoyen, un bon démocrate et un bon chrétien », reprirent vie à Chichery dans les années 1930, comme l'assure l'orateur qui en fit partie dès les années 1935.

Dimanche 26 octobre 2003 (Chichery)

Me revoilà entièrement tendu vers le livre.

Galvanisé par une conférence, par mes cours, je vais au boulot en sifflotant et ne m'embarrasse plus d'excuses.

Cette décision de « tourner » avec Maurice va rendre plus concret mon travail sur la fin de la religion.

Cet après-midi d'hier le 25 : au Puits d'hiver autour du Sillon, de Marc Sangnier et de voir les paysans essayer de penser l'Europe, m'a fasciné. Finalement on résiste partout, tout n'est pas mort dans le monde paysan.

A l'origine de la Démocratie chrétienne, le Sillon et son fondateur entendaient politiquement et socialement affirmer la présence de l'Eglise dans l'étude des problèmes du siècle naissant. Même s'il se déclarait laïc, le mouvement était à l'évidence profondément religieux. Toutefois, et c'est important par rapport aux frères qui nous hébergeaient pour cette projection, le Sillon n'était pas un mouvement catholique habituel, en ce sens que ce n'était pas une œuvre dont le but particulier était de se mettre à la disposition des évêques et des curés pour les aider dans leur ministère propre. De même, les Frères missionnaires des campagnes – dont la congrégation a été fondée en 1943, m'apprendra le frère Pierre – se voulaient être une congrégation de missions à l'intérieur et au service des campagnes, sans rapport avec les diocèses[1].

Dès 1904, Marc Sangnier proclamait : « Nous croyons en Jésus-Christ, rien ne nous empêchera de trouver la force d'être de bons démocrates » ; acte de foi qui éclaire la définition personnaliste que Sangnier donnait de la démocratie : « La démocratie est l'organisation sociale qui tend à porter au maximum la conscience et la responsabilité civique de chacun. » Ainsi, avant même d'être un système politique, le message démocratique sillonniste se situait nettement dans une perspective dynamique et éducative dont l'objectif est que chaque homme et chaque femme devienne toujours davantage un acteur du bien commun. Il insistait sur l'importance de la formation morale, chrétienne, où l'intérêt général passe avant l'intérêt personnel[2]. Lors du premier congrès rural du Sillon à Laumes-Alésia, en 1908, Marc Sangnier, en orateur charismatique et inspiré de la Démocratie chrétienne, déclarait : « Ce qui manque à l'homme, c'est la bonté de l'homme, et si les hommes le voulaient, ils pourraient instaurer dans le monde la plus belle des cités, et sur la terre, la plus fraternelle, la plus idyllique des campagnes. S'ils voulaient seulement ne pas faire de la satisfaction de leur égoïsme personnel le but de leur vie, mais chercher à s'aimer les uns les autres, le reste leur serait donné par surcroît. (...) Si vous ne devez rien attendre ou peu de chose du gouvernement, vous

1. Denis Lefevre, *La Fraternité au quotidien. Frères et sœurs des campagnes*, Paris, Editions Paroles et Silence, 2005.

2. Olivier Prat, doctorant, historique lors de l'Assemblée générale du Sillon rural à Chichery, le 1er décembre 2001.

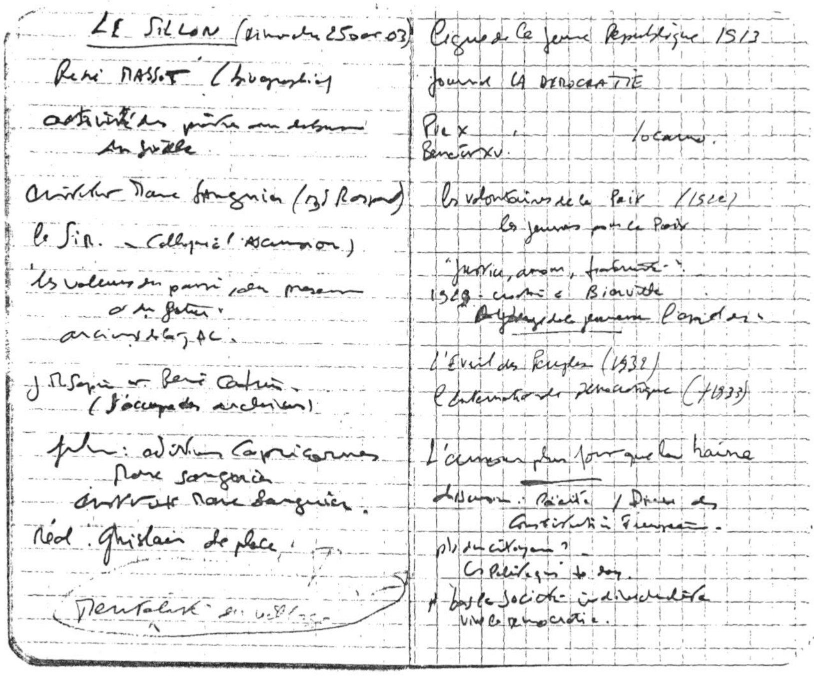

LE SILLON (Dimanche 25 oct. 03) René Massot (bibliographie / activités des prêtres au début / du Sillon / Institut Marc-Sangnier (Bd Raspail) / Le Sillon Rural-colloque à l'Ascension / Les valeurs du passé, du présent / et du futur / anciens de la JAC / film : éditions Capricornes / Marc Sangnier / Institut Marc-Sangnier. Réalisation : Ghislain de Place / mentalité du village.
Ligue de la jeune République 1913 / journal LA DEMOCRATIE / Pie X / Benoît XV / Locarno / Les Volontaires de la Paix (1922) / Les jeunes pour la Paix / « Justice, amour, fraternité » / 1929 création à Bierville / Auberge de la jeunesse l'esprit des / L'Eveil des Peuples (1932) / L'Internationale Démocratique (Mort 1933) / L'amour plus fort que la haine / Discussion : laïcité / Dieu dans / constitution Européenne / Problème des citoyens ? / Politique today / A bas la Société individualiste / Vive la Démocratie.

devez tout attendre de votre courage, de votre énergie et de la façon dont vous vous organisez[1]. » L'idée de se grouper, comme celle de groupements ruraux, était lancée.

L'abbé Davot, figure alors bien connue à Chichery, fut, aux

1. Discours de Marc Sangnier au congrès des Laumes-Alésia, en Bourgogne, 19-20 août 1908. *La Bonne Terre*, septembre-octobre 1908, rend compte de ce congrès.

côtés de Charles Berault, également de l'Yonne, l'un des rapporteurs de ces journées. Se livrant à une synthèse du programme rural élaboré depuis 1904 en France, l'abbé évoqua les syndicats, la coopération, puis, se rendant compte que la petite exploitation était vouée à la disparition, il insista sur le fait que les nécessités économiques entraînaient le monde agricole vers une obligation de concentration en moyenne propriété. Il mit en exergue l'urgence de développer les associations syndicales qui seules étaient capables d'intervenir dans cette crise économique touchant surtout le monde rural. Et de conclure, dans le style propre aux sillonnistes : « Le jour où, sous la poussée syndicale, les paysans seront mûrs pour la vie coopérative initiée dans l'exploitation en commun de leurs petites et moyennes propriétés personnelles, le vieil individualisme sera bien enterré et, sur sa tombe fermée, pourra fleurir au grand soleil la fraternité vivante, l'arbre démocratique. »

Condamné par Rome pour son « modernisme », le Sillon disparut en 1910 [1]. Ce qui n'interrompit nullement l'activité, que dis-je, l'effervescence de ces ruraux marqués définitivement par le rêve chrétien et les leçons de Marc Sangnier.

En 1920, d'ex-sillonnistes fondèrent le Secrétariat Central des Initiatives Rurales (SCIR), dont le but était d'animer un réseau actif auprès du Parlement et des pouvoirs publics. A Chichery, influence indirecte du Sillon ou air du temps (la loi sur les coopératives fut adoptée en 1919), on vit se créer, dès 1923, une coopérative de battage réunissant une longue liste d'agriculteurs du village – j'en ai compté 71. La création, en 1929, de divers mouvements catholiques de jeunesse, dont la JAC et les foyers ruraux, le Mouvement des Familles Rurales, MFR, pour les adultes, répondait

1. Par une lettre pontificale du 25 août 1910, le pape rendit hommage en même temps qu'il mit fin aux « beaux temps du Sillon » en déclarant : « Les sillonnistes font illusion lorsqu'ils croient évoluer sur un terrain aux confins duquel expirent les droits du pouvoir doctrinal et directif de l'autorité ecclésiastique. » En effet, Rome jugeait condamnable l'évolution vers le modernisme social, dans laquelle il voyait une évolution égalitariste, voire socialisante de la société, inacceptable à ses yeux. Plus encore que le modernisme politique, Rome supportait mal l'indifférentisme politique et le refus d'affirmation confessionnelle des engagements du Sillon, comme le révèle le second jugement adressé directement à Sangnier. Face à cette condamnation sans appel, que, paraît-il, « il reçut avec beaucoup d'humilité », celui-ci mit fin à l'existence du mouvement. Cf. *Intervention de Jean-Marie Mayeur*, secrétaire de l'Institut Marc-Sangnier, Migennes, 1997, p. 15.

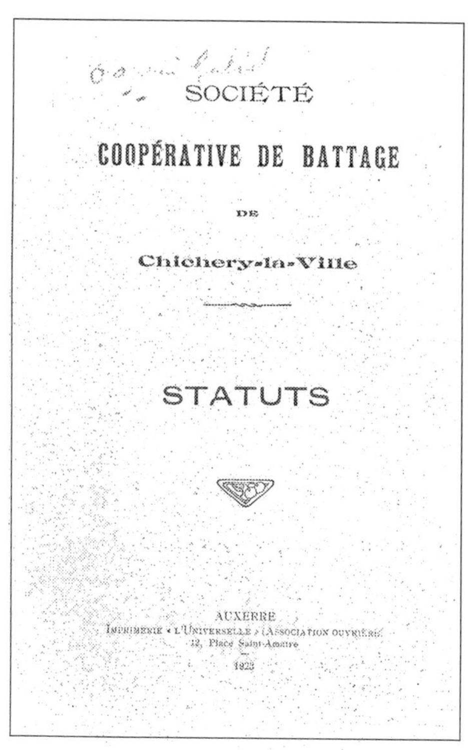

SOCIÉTÉ

COOPÉRATIVE DE BATTAGE

DE

Chichery-la-Ville

STATUTS

AUXERRE

Imprimerie « L'Universelle » (Association ouvrière)

12, Place Saint-Amatre

1923

également à un grand vide de la formation religieuse peut-être, mais surtout sociale et professionnelle d'une jeunesse chrétienne rurale qui ne voulait pas rester à la traîne de ses jeunes voisins des villes. L'influence du Sillon dans l'Yonne se concrétisa, grâce à l'action de René Massot et de ses amis, par un cours de formation dit des « Elites rurales ». Ce fut probablement le premier essai de formation de cadres paysans au plan syndical. Quant à la réalisation d'un mouvement syndical unitaire, l'Union des paysans de l'Yonne, elle permit à Chichery la création, grâce à l'abbé Cordier, alors curé du village, et René Massot, de la première Maison familiale d'apprentissage agricole de l'Yonne. Les cours débutèrent dans la maisonnette jouxtant le presbytère, celle-là même qui nous servit, plus tard, ainsi que je le raconte dans *Le Village retrouvé*, de repaire, les jours de pluie et de vacances. Dans le chapitre intitulé « Le kolkhoze », je relate également l'aventure non pas tant des solidarités paysannes traditionnelles que de la particularité, dans ce département en chantier de la loi d'orientation de 1962, et en particulier de la loi régissant les GAEC : « C'est peut-être grâce à cet esprit qui a fortement marqué les agriculteurs de Chichery, depuis la génération de nos parents ardents sillonnistes, que huit agriculteurs sur de petites et moyennes surfaces se sont associés en GAEC dès 1964-1965, et que, trente-deux ans après, ce GAEC est toujours dynamique, avec toujours huit associés [1]. »

Ecriture de Serge Moscovici.

MOSCOVICI, PENSER POUR DEMAIN

Le savant désapprentissage dont j'allais être l'heureux bénéficiaire commença dans les années 1972 à Jussieu, au cinquième étage de la tour 55 où était niché l'UER d'ethnologie. C'est là que j'ai entendu pour la première fois Serge Moscovici. Il dispensait avec Pierre Bernard le cours d'« Ethnologie du monde moderne ». Je ne savais pas qu'il allait m'échoir quelques années plus tard, un « don » de Mosco, justement... Je me souviens que la salle était trop petite, enfumée, que les cours pouvaient durer des matinées entières, que nous mangions tous ensemble, bref que nous formions une véritable communauté où « faire de

1. Jean Sapin, *A propos du Sillon*, p. 8.

l'ethnologie » nous tenait lieu de viatique. Je regardais ce géant échevelé, j'écoutais cet homme ensauvagé aux accents du Danube, je suivais pas à pas la construction, l'invention de sa pensée qui nous enflait, comme une bise le fait de voilures un peu lourdes, nous poussant à remonter le cours de notre histoire, à retourner à nous. Il insistait, mais nous ne comprenions pas bien encore, pour dire que notre nature est bel et bien historique ; qu'à chaque période de l'histoire nous constituons un état de nature. L'anthropologie « officielle » (nous étions des « pirates ») était en pleine théorisation de la coupure nature/culture. Et voilà que Mosco nous disait que cela avait peu de sens et relevait du même mythe que la recherche obsédante du trait distinctif entre l'homme et l'animal. Il estimait que se cramponner au tabou de l'inceste, c'est chercher à fonder l'histoire des hommes de façon radicalement négative, c'est instaurer notre histoire à partir d'une censure fondamentale, tout comme chercher systématiquement à séparer l'animal de l'homme, que cette position c'était ne pas tenir compte du fait que le monde animal est aussi un monde social, ce qui, par extension comme disait Jaulin, revenait à dire qu'on considérait qu'on n'avait pas à expliquer l'apparition du social... Et je me formais, avec délice, à ces constats savants, persuadé à la fin que le principe de l'histoire humaine de la nature joue et continue de jouer un rôle moteur et qu'on ne peut envisager l'organisation d'une société indépendamment de l'organisation des individus.

Truismes aujourd'hui (pour moi), mais qui ne l'étaient pas à l'époque, structuralistes et marxistes chantant des airs bien différents !

Mosco avait ressenti le mouvement de 1968 comme un moment qui affirmait quelque chose de continu dans la culture et dans la réalité politique occidentale. Il avait pressenti la dimension naturaliste de ce mouvement social profond dont une des raisons principales pour la jeunesse était justement d'essayer de changer les rapports entre la culture et la nature, en d'autres termes de « réensauvager » la vie. Voilà pourquoi Mosco fut important pour ma génération. Nous avions fait de *La Société contre nature* un livre culte, avec *La Société contre l'Etat* de Clastres, *La Paix blanche* de Jaulin et *Do It* de Jerry Rubin.

Lentement, savamment, notre quête se transformait en pensée : nous commencions à comprendre ce qui était intuitif en nous, que l'on n'était pas passé du monde de la nature au monde de la culture ou au social, mais que le social était une donnée fondamentale dans le monde naturel, qu'il ne fallait pas faire de séparation entre nature et culture. Mosco nous tirait du dilemme société ou nature, nature ou culture. La conscience écologique se profilait dans le mouvement même de la jeunesse. Nous ne doutions pas, et les profs de Jussieu nous y encourageaient : il fallait réensauvager la vie. Là où l'université nous servait et où Mosco fut un maître, c'est qu'il nous montrait que l'objectif n'était pas de mettre la nature à la place de la société, ni même de « naturaliser » notre civilisation, mais d'élargir l'horizon de notre vie et de notre monde, de retrouver les deux foyers de l'humanité que sont la société et la nature. Il proposait de libérer la nature comme coupe-feu à cette obsession des Temps modernes qui depuis le XIXe siècle cherche à désenchanter la nature, à l'isoler, à faire comme si nous n'avions pas grand-chose de commun avec elle.

Le « naturalisme subversif » de Serge Moscovici eut une influence considérable sur ma génération d'ethnologues, mais dépassa largement nos bancs : Edgar Morin s'en inspira pour dénoncer la pensée contre nature, Prigogine considéra l'importance de sa proposition de réintroduire la science dans la nature et de prendre en compte cette « nouvelle nature » que les hommes engendrent sans cesse, Habermas, réfléchissant sur l'« après-Marx », trouva lui aussi chez Mosco des objets pour repenser les forces productives qui infléchissent sur l'histoire humaine dans la nature, bref, nous ne connaissions pas l'ampleur du débat à cette époque, mais il était évident que cette nourriture universitaire qui nous fut distribuée si socratiquement devait, au moins à moi, fournir largement de quoi penser demain...

Serge Moscovici, *La Psychanalyse, son image et son public*, PUF, 1976 ; *Essai sur l'histoire humaine de la nature*, Flammarion,

1968/ *La Société contre nature*, UGE 1972, Seuil 1994 ; *Hommes domestiques et hommes sauvages*, UGE 1974, Christian Bourgois 1979 ; *Psychologie des minorités actives*, PUF, 1979 ; *L'Age des foules*, Fayard 1981, Complexe 1991 ; *La Machine à faire des dieux*, Fayard, 1988 ; *De la nature. Pour penser l'écologie*, Métailié 2002 ; *Réenchanter la nature (entretiens avec Pascal Dibie)*, L'Aube, 2002.

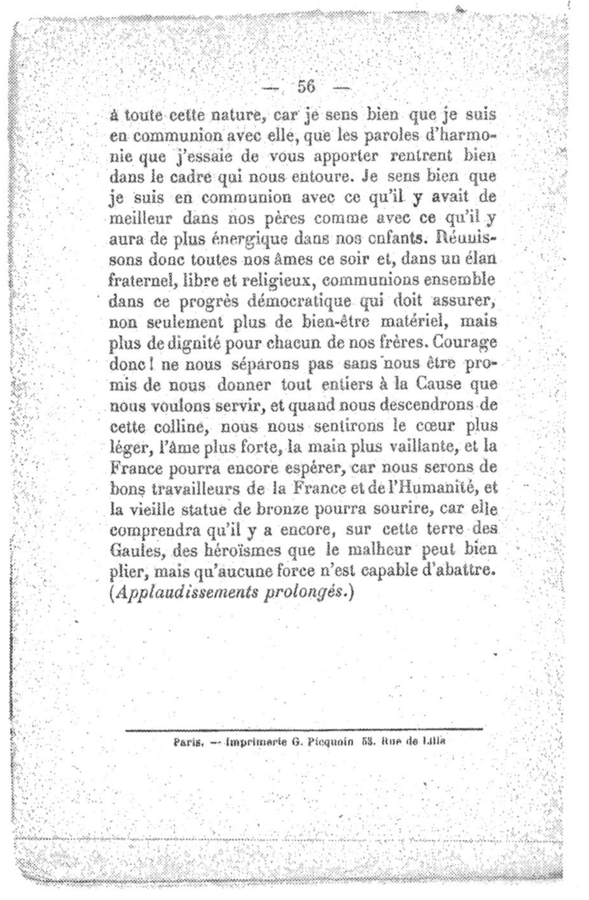

— 56 —

à toute cette nature, car je sens bien que je suis en communion avec elle, que les paroles d'harmonie que j'essaie de vous apporter rentrent bien dans le cadre qui nous entoure. Je sens bien que je suis en communion avec ce qu'il y avait de meilleur dans nos pères comme avec ce qu'il y aura de plus énergique dans nos enfants. Réunissons donc toutes nos âmes ce soir et, dans un élan fraternel, libre et religieux, communions ensemble dans ce progrès démocratique qui doit assurer, non seulement plus de bien-être matériel, mais plus de dignité pour chacun de nos frères. Courage donc ! ne nous séparons pas sans nous être promis de nous donner tout entiers à la Cause que nous voulons servir, et quand nous descendrons de cette colline, nous nous sentirons le cœur plus léger, l'âme plus forte, la main plus vaillante, et la France pourra encore espérer, car nous serons de bons travailleurs de la France et de l'Humanité, et la vieille statue de bronze pourra sourire, car elle comprendra qu'il y a encore, sur cette terre des Gaules, des héroïsmes que le malheur peut bien plier, mais qu'aucune force n'est capable d'abattre. (*Applaudissements prolongés.*)

Paris. — Imprimerie G. Picquoin 53. Rue de Lille

La fin du discours de Marc Sangnier au premier congrès rural du Sillon aux Laumes-Alésia, 30 août 1908 (publié dans *Les Paysans démocrates*).

Depuis cette communication, sept ans se sont écoulés. On a fêté les quarante ans du GAEC en juin 2005. Le groupement est toujours composé de huit associés, même si certains ont changé en cours de route. Cela faisait des mois qu'on préparait cet anniversaire – je dis « on » car j'y suis intimement mêlé, comme ethnologue évidemment, comme écrivain peut-être, mais surtout comme cinéaste. Cela fait en effet plus de trois ans que je « tourne » hommes et travaux du GAEC avec l'idée d'aboutir à une chronique du monde agricole en ce début du XXIe siècle. Certes, il y a eu un peu de remue-ménage. Les fondateurs sont désormais à la retraite et pour ce qui est des associés d'aujourd'hui, deux, Jeannot et Thierry sont directement originaires de Chichery, un, Guy, dont le père était aussi de la fondation, de Branches, village voisin. Pour ce qui est des cinq autres, ils sont par ordre d'arrivée : Gaby, associé comme Guy depuis 1985, Yvon et Babette respectivement de Mayenne et de Bretagne (quoique Babette ait grandi à Toucy), arrivés en 1994, couple qu'ont remplacé en 2005 Vanessa et Mathieu juste arrivés de l'Aisne. Olivier, lui, est arrivé en 1998 de Normandie et Léon, déjà acclimaté à la région depuis ses études au lycée agricole de La Brosse, près d'Auxerre, est originaire de Seine-et-Marne. Il devint associé en 1997.

Yvon et Babette, très actifs dans la structure – Yvon fut moteur dans la construction du nouveau GAEC, Babette à l'initiative des fameux yaourts de « La fermière de Chichery » –, au bout d'une douzaine d'années d'association ne s'y sont plus retrouvés, ou ils se sont fatigués, toujours est-il qu'à l'orée de leur quarantaine, ils ont revendu leurs parts à ce jeune couple trentenaire de l'Aisne, et sont partis cultiver des poires et des raisins dans le Lot-et-Garonne. Le changement est là : on n'est plus obligé de se croire définitivement attaché à un bout de terre parce qu'on le travaille ni agriculteur *ad vitam aeternam*. Cela pour dire que la jeune génération entreprenante et sympathique qui forme le GAEC aujourd'hui n'a, en apparence, plus grand-chose à voir avec la culture des fondateurs : ils prennent des vacances, voyagent, ont des hobbies, n'ont plus ce réflexe dit « paysan » de s'accrocher à des racines ancestrales ou de se refermer sur eux-mêmes au nom de la tradition... Je dis « en apparence » car si, à la voir de l'extérieur, cette grande ferme communautaire de cinq cents hectares ressemble plus à une entreprise comme il y en a tant, il n'en demeure pas moins que, au fond, en son tréfonds, la mentalité, cette « bonne mentalité », ne semble guère s'être complètement écartée du sillon tracé par ses fondateurs. Lors des quarante ans – en dehors des joyeux moments « fermiers » que l'on passa et de la buvette animée, des tours de calèche et des baptêmes de l'air en ULM –, une conférence-débat très révélatrice de notre histoire eut lieu dans un coin de la stabulation du nouveau GAEC, sur le thème de « l'Agriculture de groupe ». Un des intervenants, Hubert Beaudot, président du Mouvement GAEC et Société, rappelait que « ce mouvement ne se perpétue que parce qu'on est capable d'y faire rentrer de nouvelles forces ; que le groupe est quelque chose de vivant, que c'est un formidable bouillonnement d'idées quand on se donne les moyens pour que ça marche ». Il rappelait le slogan lancé récemment à une réunion de Quimper : « Etre plus libre en groupe. » Le groupe, plus qu'un choix et une nécessité économique, devenait un lieu où les agriculteurs pouvaient aussi s'épanouir, un espace humain où pouvaient se développer les valeurs humanistes à l'origine même de l'idée de GAEC, qu'il était « difficile de balayer avec un trait de crayon sur le nez ».

A ce débat participait aussi une représentante du GAEC de Taizé, lieu spirituel important en Saône-et-Loire, et surtout premier groupement agricole, alors organisé en coopérative, dont s'inspirèrent fortement les fondateurs du GAEC de Chichery, comme ne l'ont pas oublié les membres actuels du groupement. Cela pour confirmer qu'il subsiste une forte exigence morale, une éthique même, héritée de ces fondateurs « sillonnistes », qui par je ne sais quelle alchimie a déteint sur la génération actuelle. A discuter avec les uns et les autres, chacun se sent engagé dans une aventure singulière au profit du monde agricole sûrement, mais estime aussi qu'il doit donner le meilleur de lui-même pour trouver sa place dans le collectif sans se renier. Toutefois une crainte s'est fait jour, une peur contradictoire avec l'idée même d'Europe ; crainte qui s'était faite plus que rumeur et que rapporta, et finalement aplanit, une autre participante au débat, Josette Buchou, qui fut directrice de « Gaec et Société » et de ce fait très engagée dans les négociations agricoles à Bruxelles jusque dans les années 1990, où la formule juridique des GAEC fut semble-t-il en grand péril. Prenant le micro, elle explique que « les “Directives de Bruxelles” voulaient supprimer les GAEC, considérés comme une forme bien française d'association, Anglais et Allemands étant organisés en “Sociétés”, et surtout comme des trompe-l'œil administratifs. Bruxelles estimait que la majorité des GAEC n'étaient que familiaux : père-fils, homme-épouse, etc., et n'étaient qu'une façon de détourner les aides de l'Europe. Le Mouvement fit appel : 5 000 motions sont ainsi parvenues au ministère de l'Agriculture, 35 000 à Bruxelles, des députés Verts européen alertés se sont mobilisés et finalement, lors d'une de ces réunions marathons, quoi qu'ils aient laissé traîné la question, un vote intervint *in fine* : les GAEC étaient (pour l'instant) sauvés ! ».

GAEC de CHICHERY 1965-2005

Portes ouvertes le 19 juin 2005

Né en 1965 de la volonté de 8 agriculteurs de s'adapter aux conditions de l'époque, le GAEC de Chichery (GAEC : Groupement Agricole d'Exploitation en Commun) fêtera ses 40 ans le **dimanche 19 juin 2005.**

A cette occasion, les 8 agriculteurs qui constituent le Gaec et leurs familles seront heureux de vous accueillir à l'opération « **Portes ouvertes** » (sur le site de la nouvelle étable, rte de Villemer) de la façon suivante :

toute la journée à partir de 9-10 heures :

-marché gastronomique avec les producteurs de la région(dont les yaourts de la Fermière de Chichery) ;
-visites guidées et commentées par les associés qui s'efforceront de répondre à vos questions ;
- animations diverses ;
- restauration sur place ;

en fin de matinée :

- présentation-témoignage des membres fondateurs du Gaec ;
- projection d'un film réalisé par Pascal Dibie (ethnologue natif de Chichery et résidant régulièrement au village) présentant l'exploitation actuelle dans ses diverses activités ;

en fin d'après- midi :

- possibilité de voir la traite des vaches ;

En espérant vous accueillir nombreux, passez en attendant de bonnes fêtes de fin d'année.

les gérants :

Thierry Léonard et Gabriel Daguin.

J'ai commencé à comprendre comment marchait le GAEC actuel un après-midi d'automne où Gaby, actuel cogérant avec Léon, m'avait donné rendez-vous au « bureau ». Je me suis donc rendu à l'« ancien GAEC », à la sortie du village sur la route de Branches. Le vaste hangar de ce qui fut autrefois la stabulation abrite désormais les machines et divers matériels qu'il contient à peine, tant le parc s'est étendu. Quant à la salle de traite, sous l'impulsion de Babette elle a été transformée en laboratoire pour la production de yaourts fermiers. Les bureaux sont situés au-dessus de cet atelier. Pour y accéder, il faut passer par la cour, faire coulisser une lourde porte de bois, fermée d'un cadenas quand il n'y a personne, puis se lancer sur une large échelle de meunier munie d'une rampe, menant à ce qui ressemble à première vue à un débarras.

Accueilli sur la droite par un vieux tarare, mis à l'abri à l'étage, et placé là peut-être aussi pour rappeler que l'on est dans un univers de céréaliers, on traverse quelques mètres sur un épais plancher en plein vent, où sont distribués les « bureaux » des gérants et la salle de réunion. Je connaissais la grande pièce collective, avec sa table centrale, où les gars disposent leurs papiers, l'ordinateur et des rangements divers ; je m'y étais déjà rendu plusieurs fois, pour y chercher X ou Y, ou pour y déboucher une bouteille ou deux avec tel ou tel après la visite d'un technicien, ou pour nous remettre de travaux pénibles. Mais on ne m'avait jamais encore ouvert la porte du petit bureau, le bureau directorial, si au GAEC ce nom a un sens. Gaby m'invite à entrer dans ce qui semble le centre administratif de la ferme. Ordinateur, photocopieur, dossiers bien rangés, la pièce, relativement exiguë, est encombrée de deux ou trois tables de bureau encastrées les unes dans les autres, formant un plan de travail continu. Affable, comme à son habitude, il me désigne un siège tout en déplaçant une pile de classeurs, afin que je puisse installer mon magnétophone. Il me demande ce qui m'amène. Je l'entreprends sur la philosophie particulière qu'exige une exploitation collective composée de huit membres. Il reconnaît que si ce collectif marche toujours bien, « c'est sûrement parce qu'il s'inscrit encore dans la sensibilité de ses fondateurs. Au niveau du GAEC, ajoute-t-il, c'est certain qu'il faut accepter de servir la communauté, mais aujourd'hui, il faut aussi que chacun puisse y trouver son compte. Ça veut dire que tout le monde doit y mettre du sien. Un collectif, c'est jamais facile à gérer, c'est difficile de dire ses

N° 18 cerfa N° 30-1458 — LAISSEZ-PASSER N° 8120 *ter* — ORIGINAL

POUR LE TRANSPORT DES ALCOOLS désignés dans le cadre ci contre →

et expédiés par M. (1)

à son domicile (2)

Enlèvement de l'atelier public de

à (3) 18 heures minutes.

Moyen de transport (4) : 6201 RA 89

Parcours : Durée du transport :

Fait à le 24.12 19 98

(1) Nom et prénoms de l'expéditeur
(2) Adresse complète
(3) Heure légale de zéro à vingt-quatre heures
(4) S'il s'agit d'un véhicule automobile préciser la marque et le numéro d'immatriculation

Signature de l'expéditeur

RÉCIPIENTS		ALCOOLS	
Nombre	Nature	% vol	Volume effectif
1		50	12
		TOTAL	

Signature et cachet du gestionnaire du bureau de déclarations

Nous sommes la dernière génération à pouvoir encore bouillir et boire une goutte faite de nos propres fruits.

vérités à certains. On doit tous se ménager, les sensibilités ne sont pas les mêmes pour tous... Mais c'est là aussi le passionnant de l'affaire. Quand on a démarré le nouveau bâtiment pour les vaches, que tu vois par la fenêtre, là-bas, sur la route de Villemer, c'était un chantier très important, il fallait que tout le monde soit convaincu. Bon, on a fait des réunions en un lieu tiers, chez les Frères, au Puits d'hiver. On y était tous, on a fait intervenir des extérieurs pour convaincre les céréaliers de notre proposition, on a pesé tous ensemble les pour et les contre. Ça s'est pas fait à la légère, crois-moi, on a sacrément discuté. »

Léon, l'autre cogérant qui parle volontiers, ne m'a pas dit autre chose : « Quand il s'agit d'acheter un tracteur ou une moisse-bat, que t'as un engagement à faire dans les 120 000 euros, c'est le prix de la moissonneuse qu'a maintenant sept ans, bon ben, la personne qui s'en occupe quotidiennement, elle en parle, fait des recherches, des choix techniques, argumente que ci, que ça, que c'est bien nécessaire, tout ça. L'assemblée générale, elle dit alors d'accord ou pas pour l'investissement. A ce moment ça devient le choix de tout le monde. » Comme en écho – ces deux hommes, même s'ils n'ont pas le même caractère, sont en phase –, Gaby souligne : « Il arrive qu'on demande d'approfondir le dossier, mais ce qui faut, c'est qu'il n'y ait pas de blocage. Je ne reprocherai jamais à personne de ne pas être d'accord, mais il faut le savoir. Même si y en a certain pour qui le choix ça leur passe un peu au-dessus de la tête, on discute, on bouge, oui ça avance comme ça. »

Dans un collectif, les affaires humaines sont délicates à mener, aussi est-il compréhensible que les départs soient aussi traumatisants que les arrivées sont risquées... Le départ, l'année dernière, d'Yvon et Babette, très engagés dans le GAEC et la vie du village depuis une dizaine d'années, fut un grand événement, pour ne pas dire un choc pour toute la collectivité. Tout comme le fut l'arrivée miraculeuse de Vanessa et Mathieu. L'arrivée de nouveaux venus dans cet univers méfiant mais profondément xénophile qu'est le monde agricole fut ressentie au sein du groupement plutôt comme une curiosité, un peu comme une découverte riche d'attentes.

Dimanche 2 février 2003 (Chichery)

Hier, tournage à l'Alambic de Régis. Retour à la maison. Travail sur les Yanomami-étrange aller et retour entre l'Amazonie et Chichery = prise de distance sur moi/ nous.

Je me rends compte que les gestes, les situations, les questions posées par ce travail sur les Yanomami influencent beaucoup et mon regard, et mon tournage et mes idées.

Cela me permet de « recomplexiser » mon propos, de nous voir comme un autre : beaucoup d'idées sur le film, l'ethno et l'article que je suis en train de faire sur le livre de Patrick Tierney et l'ethnocide de Napoléon Chagnon, Neel et la clique (Au nom de la civilisation, *Grasset, 2002*).

Je ressors tous mes livres sur les Yanomami : j'en compte une bonne dizaine et je crois que cela se recoupe avec cet ouvrage.

A la sortie de l'alambic, le seau à alcool pur.

Téléphone, discussion avec Jacques Meunier. Il me parle d'« une méthode qui s'inspire de la logique des Indiens » – oui, il faut toujours rentrer dans la logique de l'autre et restituer ses termes dans ses termes mêmes, utiliser sa vision cosmologique du monde, le travail en sera d'autant plus questionnant, d'autant plus parlant, d'autant plus efficace, surtout le cinéma qui n'est jamais qu'un instrument de transport – Godard avait raison de proposer de mettre les instances du cinéma au ministère des Transports !

En attendant, je réintègre le ministère du livre.

Après le stage probatoire d'un an, précaution logique, et adoption faite, « il reste maintenant de rendre leur installation possible, et là c'est pas ce qu'il y a de plus simple, me confie Gaby. Un nouveau qui arrive, il achète des parts sociales. Ces parts du capital social sont représentatives du matériel, des animaux, des immobilisations, de tout ce qu'on a, quoi... Nous, on est agriculteur, on n'est pas salarié, et on veut pas de salariés : on voit pas un gars, comme ça, qui détalerait au bout de ses trente-cinq heures et qu'aurait des exigences de salaire et de temps, d'ailleurs tout ce qu'il y a de logique de nos jours mais difficile à appliquer en agriculture [1]. Non, c'est pas possible, surtout avec des bêtes, ça poserait trop de problèmes à tous. Pour Vanessa et Mathieu, qui sont arrivés pour s'installer avec nous, ils ont fait une demande d'aides à l'installation. C'est passé à la CDOA, la Commission Départementale d'Orientation de l'Agriculture, où siègent un nombre incalculables de personnes pour dire si les personnes peuvent s'installer ou pas. Bon, là on a eu l'accord de la profession, l'accord administratif. Mais avant de passer à la CDOA, il a fallu l'accord du Crédit Agricole pour les financements. Et il faudra repasser devant une autre commission pour savoir pour l'emprunt... C'est d'un compliqué, comme tu vois. Bon, ben au 1er janvier 2005, ils

1. Un groupe de réflexion a récemment vu le jour, au sein de la FNSEA, autour du « droit au confort de vie des agriculteurs ». On constate, en effet, un écart de plus en plus grand entre le monde salarié et le monde agricole, notamment au regard de la loi sur les trente-cinq heures. De fait, pour les éleveurs surtout, les agriculteurs restent soumis à des contraintes incompressibles, et ils sont souvent exclus de certaines activités collectives et de loisirs au niveau local. La nouvelle génération d'agriculteurs demande elle aussi le droit aux loisirs.

devraient être associés tous les deux au GAEC à part entière, et on est bien contents[1]. » Une fois installés, dans la mesure où ils auront le même montant de capital que les autres membres du groupement, ils s'octroieront une rémunération mensuelle comme nous d'environ 1 500 euros, un à-valoir en quelque sorte sur le résultat de notre exploitation en fin de l'année qui dépend de la récolte et des cours du marché. »

Ayant fréquenté quelque peu des adhérents de la Jeunesse agricole, la FDJA, j'ai eu parfois l'impression, au GAEC, de me retrouver parmi des miraculés de la formation, quoiqu'ils reconnaissent eux-mêmes qu'ils n'en sont pas sortis indemnes. Formés pour la majorité dans des lycées ou des écoles d'agriculture, ils ont reçu un type de savoir scientifique, hérité de la recherche agronomique, dont le but est de produire, de progresser. En effet, l'objectif de la formation est de les amener « logiquement » à s'insérer dans le processus d'industrialisation et d'intensification de l'élevage, de la production céréalière et oléagineuse. Les jeunes agriculteurs ne peuvent plus envisager les choses autrement qu'en termes de production, et ce, en fonction des marchés mondiaux ! Le savoir de ces nouveaux non-paysans ne passe plus par le canal d'une structure hiérarchique descendante, qui contribuait largement à la valorisation des savoirs autonomes et locaux hérités de ceux qui « savaient » à force de pratique. Hypermodernes, au contraire, ils reçoivent la mission première de rompre avec ce monde, de ne plus croire en ces techniques, en cette mentalité archaïsante, paysanne. L'agriculteur contemporain, suivi, poursuivi, devrais-je dire, par des techniciens de tout poil, accourus de tous horizons, est, d'une manière déguisée, l'objet d'un contrôle incessant, ainsi que le support inconscient d'objectifs et de procédures définis par l'encadrement du monde agricole qui lui échappe de plus en plus souvent[2].

1. Chaque année, on ne recense que six mille installations de jeunes dans l'agriculture bénéficiant de l'aide de l'Etat, et deux fois plus de départs.

2. A titre d'exemple, les effectifs de l'INRA sont passés de 257 personnes en 1946 à 4 866 en 1966, 6 505 en 1976, 8 312 en 1986 et 8 570 en 1996 – cité *in* Granney, *Cinquante ans d'un organisme de recherche*. A ces effectifs il faut ajouter les milliers de techniciens agricoles des coopératives, des organisations, des groupes privés et des marchands en tout genre qui interviennent quotidiennement, et dont dépendent aujourd'hui les exploitants agricoles.

Même si, comme l'exprimait Guy lors des quarante ans du GAEC, il faut s'ouvrir à autre chose :

« C'est surtout par moi-même, en potassant la presse agricole, que je me documente et que j'apprends », m'ont expliqué l'ensemble des membres du GAEC. Le pouvoir des journalistes de la presse agricole, répandant les progrès technico-économiques de façon massive et insistante, est énorme dans les choix d'orientation et de modes de cultures des exploitations. Les agriculteurs se confortent dans cette fréquentation de techniciens nourris des mêmes journaux, des mêmes supports, crédités par ailleurs d'un savoir pratique garanti et d'autant plus persuasif qu'ils les assistent... « Tu prends les gars de la Française des Embryons par exemple, ou d'autres boîtes qui passent nous voir régulièrement pour ce qui est des vaches, me confiait Guy avec qui j'ai assisté à des transferts, ils nous donnent des conseils, nous orientent, mais surtout ils nous montrent... Disons que c'est beaucoup avec eux que j'apprends. Côté programme génétique du troupeau, mon savoir, ça vient d'eux. Du côté vétérinaire aussi, maintenant il y a beaucoup d'actes qu'on fait nous-mêmes, des gestes simples évidemment, comme une perfusion, des soins, des piqûres, bon, on connaît les produits, on sait les utiliser... »

Guy, avec qui j'évoque les types de formations aujourd'hui, me précise : « Pour la formation sur la culture, c'est organisé par la Chambre d'Agriculture. T'as un groupe d'agriculteurs, ils prennent un thème, les prairies, par exemple. Ils se réunissent, et y vont décortiquer avec les techniciens de la Chambre : questions de coût, d'ensemencement, tout... C'est comme ça qu'on avance, on compare les difficultés, les progrès. On a donc une partie en salle avec des techniciens, chiffres à l'appui, et une partie sur le terrain, pour voir l'application. » Certains, comme Léon, qui se présente plus comme un homme de plein air, m'expliqua qu'il ne goûtait pas trop les réunions. « C'est bien, dit-il, mais c'est un peu du guignol. Ce qu'est important, c'est quand on fait des analyses de terre par parcelles. Là, on sait ce qu'il y a dans la terre et ce qu'il faut lui amener. Les graphiques, les schémas, tout ça, c'est pas trop mon truc, mais bon, faut pas tout bouder, faut se tenir au courant, sinon on suit pas. Faut sacrément veiller à tout, aujourd'hui. De toute façon, on y est obligé, on ne peut qu'avancer dans ce sens-là. »

L'équipement du GAEC s'est effectué de façon progressive, dans une économie plus paysanne qu'industrielle pour le coup, l'enjeu, à ce niveau d'exploitation – cinq cents hectares, cent soixante laitières et des yaourts pour survivre à huit –, consistant à calculer les dépenses au plus juste. « Le parc, me dit Gaby, c'est une dizaine de tracteurs, tous nécessaires : le petit va servir à traîner la tonne à flotte dans les prés, l'été, l'autre, qu'est sur le rabot, pour donner à manger aux vaches, là-bas, bon ben, y a pas besoin de gros tracteur ni des neufs, des petits, ça suffit. Y en a un autre qu'est fixe aussi, qu'est sur la pailleuse avec sa fourche. Les plus gros servent aux gros travaux, le pulvé, la charrue, une grosse remorque, du gros matériel pour le travail du sol ou le semoir à céréales, à maïs, à betteraves. Y a la moissonneuse-batteuse, la machine pour l'ensilage des vaches, le manitou... Le rouleau, le broyeur, c'est en copropriété, et puis on travaille en entreprise aussi pour certaines machines, comme avec Pascal pour le colza, ou bien avec d'autres pour les betteraves ou le maïs. »

Gaby reprend au vol ma question alambiquée sur la façon de décider de choisir telle ou telle culture. « Les choix de cultures céréalières, la surface ? Pour l'assolement, c'est Jeannot et Léon qui sont maîtres d'œuvre. Nous – faut que tu saches que mon temps se répartit 60 % aux vaches, 40 % au bureau à faire surtout de la compta –, on leur dit : il nous faut tant de surface fourragère : en luzerne, en prés, en maïs pour l'ensilage, le reste, y se débrouillent... Nous, on est concerné par les aspects fourrages, mais tout ça, au niveau des revenus du GAEC, c'est fondu. C'est pour ça qu'une comptabilité analytique, pour nous, c'est un paramètre, ça peut indiquer la rentabilité d'un atelier, mais on peut pas aller au-delà d'une certaine analyse. Les tracteurs, ils servent aussi à faire de l'ensilage, à faire le fumier, il y a une telle interpénétration de nos moyens qu'on peut pas séparer les choses. Le seul endroit où on peut dire de façon à peu près certaine notre rentabilité, c'est pour les yaourts, c'est compté. Vanessa, Babette avant, elle ne fait que ça, mille cinq cents yaourts par jour avec le lait de nos vaches, les investissements sont propres à cet atelier. On connaît les rentrées, les sorties, les durées d'investissement, sauf l'électricité et l'eau qui sont communs, des bricoles, mais on cadre à peu près correctement cet atelier. Pour le reste, on arrive à appréhender, mais c'est pas cernable comme ça. »

Une agriculture compensée

Difficile aujourd'hui pour un urbain, ou plus précisément pour un non-agriculteur, de comprendre la gestion d'une exploitation agricole. Je me souviens, il y a vingt-cinq ans, de l'impossibilité dans laquelle je m'étais trouvé de savoir combien rapportait la culture, combien gagnait un agriculteur, quels emprunts il devait faire et quelles subventions il allait recevoir pour faire tourner sa ferme dans une Europe agricole qui se mettait en place au travers du Marché commun. Avant de revenir sur la dernière politique, connue depuis les années 1990 sous le nom de PAC, plus popularisée, négativement, par les banderoles de l'opposition des champs que par les technocrates de Bruxelles – défiance qui n'a pas disparu mais qui a été domestiquée, d'une certaine façon –, à la demande même des membres du GAEC, je vais essayer, à leur lumière, de montrer la part et l'utilisation concrète de ces subventions dans une exploitation de taille moyenne [1].

« Faut voir comment la PAC, ils nivellent tout. Avant, on gagnait mieux notre vie que ça, constate Léon, les subventions, ça rattrape pas la baisse des prix. On les a jamais demandées, d'ailleurs. Maintenant, on nous reproche tout le temps de toucher des compensations, mais les gens y se rendent pas compte que c'est pour compenser la baisse des prix à la production, c'est pour faire marcher la machine et pas pour se les mettre dans les poches. Dans quatre matins y en aura plus, de compensation... » En attendant, cette évolution crédible d'une Europe ultralibérale se profilant à grande vitesse, Gaby m'explique le fonctionnement des aides compensatoires au niveau du GAEC, ajoutant que « c'est pas les médias qui le feront. On dit que le paysan vit des subventions, non, on a des aides qui nous permettent de tenir. Notre niveau de vie, il n'arrête pas de baisser. Le blé, par exemple, qu'était encore à 130, 140 francs le quintal y a pas longtemps, il est descendu aujourd'hui à 10 euros, 60, 70 balles le quintal, ça fait la moitié. Le prix du lait, c'est du pareil au même. C'est pas nous qui fixons les prix,

1. Pour avoir un ordre de grandeur des préoccupations agricoles de l'Europe : le budget consacré aux agriculteurs, qui représentent aujourd'hui entre 3 et 4 % de la population active européenne, atteint tout juste 0,5 % du PIB de l'UE.

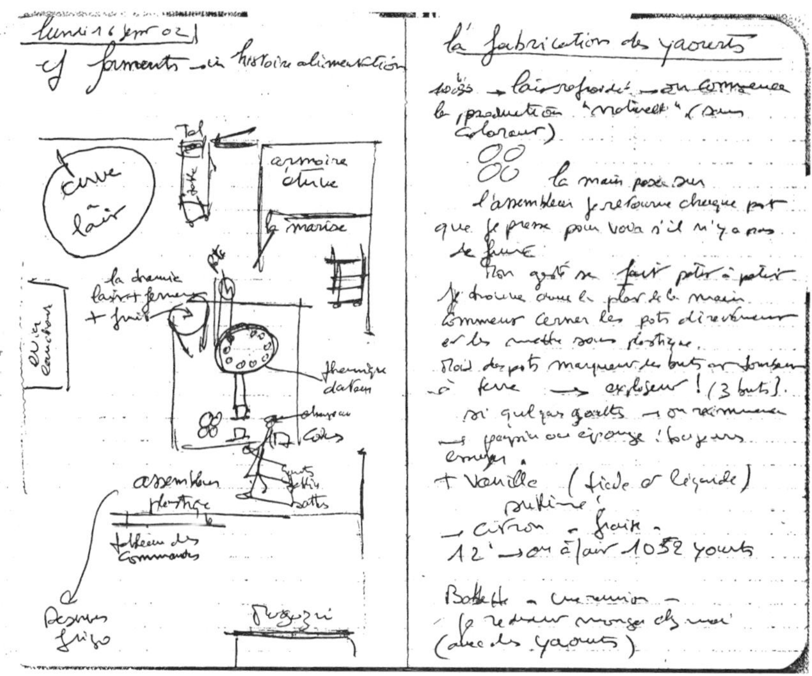

Lundi 16 septembre 02 / cf. ferments : in histoire alimentation
la fabrication des yaourts / 10 h 30 : lait refroidi : on commence / la production « naturelle » (sans / colorant) / la main posée sur / l'assembleur je retourne chaque pot / que je presse pour voir s'il n'y a pas de fuite / Mon geste se fait petit à petit / Je trouve avec le plat de la main / comment cerner les pots directement / et les mettre sous plastique. / Mais des pots marquent des buts et tombent / à / terre : explosent ! (3 buts) / Si quelques gouttes : on recommence / papier ou éponge : toujours / essuyer / + vanille (tiède et liquide) / sublime ! / Citron – fraise / on a fait 1 052 yaourts / Babette une réunion / Je redescends manger chez moi / (avec des yaourts)
14 h 30-redépart avec Babette / pour yaourt / on fait les fruits / 1 Ananas : arôme / mélange : pot / 2 Abricot : (idem) / 3 Fraise (idem) / Framboise / Total 1 460 pots / jour / On prépare les commandes / assemblage à 4 : blanc rouge / Hygiène : bottes / bonnets / le ménage tout laver / plusieurs fois / chaque matin arrive la / petite tonne de lait frais.

c'est le marché, et puis, derrière, t'as le climat. L'année dernière, par exemple, il a gelé juste quand les blés montaient, il a fallu tout recommencer, faire deux fois le travail... Bon, la crise du lait, c'est dû, là aussi, à une baisse du prix au kilo. L'incroyable, c'est que c'est nous qui sommes les coopérateurs, c'est nous qui avons le capital, et nous voilà à manifester devant nos propres coopératives qui, elles, sont ligotées par le pouvoir de la grande distribution qui fait pression sur les prix... Bon ben, la baisse du lait, ça correspond au montant de la prime qu'on va toucher pour l'élevage laitier, chose qui ne se faisait pas jusqu'à cette année. Avant, depuis les quotas laitiers mis en place en 1984, ça marchait bien. Mais voilà, on fout tout ça en l'air. Le sucre, c'est pareil, la betterave, ça va pas bien, c'est pas tant les pays de l'Est que surtout le Brésil, l'Argentine, tous ces pays avec leur surproduction de canne à sucre. La betterave, y avait des quotas jusqu'à maintenant, mais comme pour les vaches y vont changer le système, non ça sent pas bon pour nous. Et puis maintenant, avec notre nouvelle commissaire européenne à l'Agriculture, la Danoise, Madame Fischer-Boel, qu'a l'air d'être une libérale de haute volée, ça va pas s'arranger. » Gaby se lève et va chercher des feuilles dans un dossier qu'il photocopie immédiatement. Il les pose devant moi. « Tiens, c'est pour toi, pour que tu comprennes. C'est nos comptes sur le végétal, on n'a rien à cacher, on aurait plutôt tout à expliquer, ça a une vertu pédagogique. Quand les gens verront, ils comprendront peut-être un peu mieux comment on s'en tire. »

Sur trois feuillets concernant les productions végétales du GAEC : blé, orge d'hiver, orge de printemps, colza, maïs, betteraves, luzerne et tournesol, se succède, en colonnes, le détail chiffré des opérations. Cela va de la vente à la créance, en passant par les récoltes, les stocks, les taxes, les dettes et, bien sûr, les primes strictement associées à cet ensemble. « Comme tu vois, sur 172,53 hectares d'assolement, on touche 366 euros de prime à l'hectare. Ça fait donc 63 000 euros de prime sur une production totale de 158 000 euros. C'est pas la moitié. Bon, au total pour les cultures, les primes, elles se montent à 134 880 euros sur un total produit de 345 437. » Pour les vaches, Gaby m'explique que les primes sont évidemment plus élevées, puisqu'à une prime par animal de 943 euros il faut ajouter, en fonction des décisions européennes, la prime à l'ensilage, à l'abattage. Il insiste : « Une vache, ça coûte autrement cher que la culture, mais maintenant qu'on va sortir des quotas, je ne sais pas comment ça va se passer. Evidemment qu'on va pas crier misère, mais derrière faut que t'imagines les constructions, le matériel, les produits, les assurances et tout le fourbi. Là-dedans, la main-d'œuvre réelle, les heures, si

a vision de Chichery en arrivant par la route d'Appoigny. On y voit ma maison à l'ombre de église. Chichery a encore l'aspect d'un village mais, dans les faits, il n'en est plus un. Il n'a en pparence rien perdu de son charme, ni ses jardins de leur éclat, mais sa vie et ses habitants dont suis ont subi l'implacable et irréversible transformation du monde. J'ai de plus en plus l'impression de vivre dans un immeuble à plat.

Comme un îlot entouré de terre, le village surnage sur les riches coteaux de l'Yonne. Les terres argilo-calcaires y sont reconnues depuis 1787 comme étant de « qualité supérieure ».
La mécanisation a poussé arbres et buissons et arasé le relief primitif. La terre traitée et surnourrie produit ce qu'on lui demande, mais nous ne voyons plus, à perte de vue, que des champs de production.

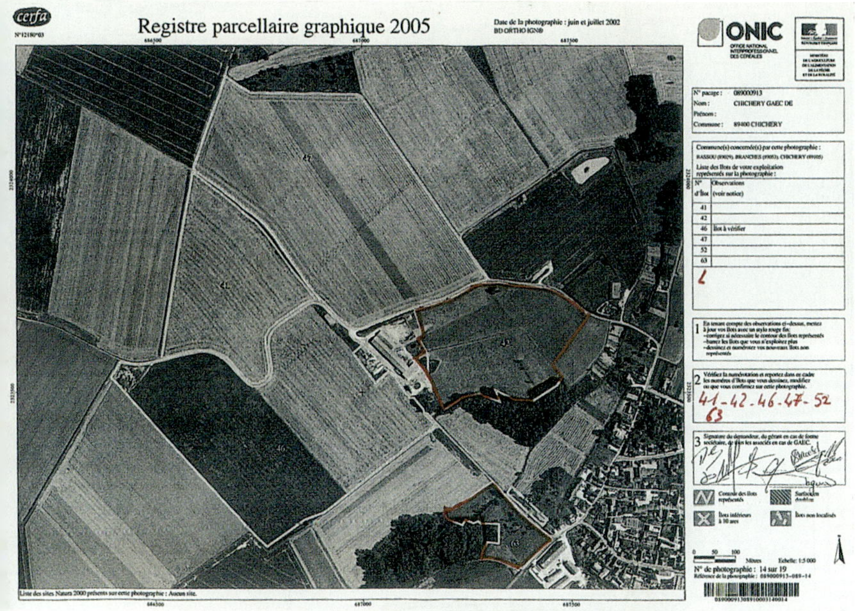

cerfa
N°12180*03

Registre parcellaire graphique 2005

Date de la photographie : juin et juillet 2002
BD ORTHO IGN®

ONIC
OFFICE NATIONAL INTERPROFESSIONNEL DES CÉRÉALES

N° pacage :	089000913
Nom :	CHICHERY GAEC DE
Prénom :	
Commune :	89400 CHICHERY

Commune(s) concernée(s) par cette photographie :
BASSOU (89029), BRANCHES (89053), CHICHERY (89105)
Liste des îlots de votre exploitation représentés sur la photographie :

N° d'îlot	Observations (voir notice)
41	
42	
46	Îlot à vérifier
47	
52	
63	

1 En tenant compte des observations ci-dessus, mettez à jour vos îlots avec un stylo rouge fin :
–corrigez si nécessaire le contour des îlots représentés
–barrez les îlots que vous n'exploitez plus
–dessinez et numérotez vos nouveaux îlots non représentés

2 Vérifiez la numérotation et reportez dans ce cadre les numéros d'îlots que vous dessinez, modifiez ou que vous confirmez sur cette photographie.
41-42-46-47-52
63

3 Signature du demandeur, du gérant en cas de forme sociétaire, de tous les associés en cas de GAEC.

Contour des îlots représentés — Surfaces en doublon — Îlots inférieurs à 10 ares — Îlots non localisés

0 50 100 Mètres Echelle : 1:5 000
N° de photographie : 14 sur 19
Référence de la photographie : 089000913-089-14
089000913089100031400014

Liste des sites Natura 2000 présents sur cette photographie : Aucun site.

Du ciel à la terre, géométrie et satellite refaçonnent notre univers. L'accès technique au ciel a changé notre regard sur le monde. Désormais contrôlés directement par Bruxelles et par l'Office national interprofessionnel des céréales (Onic), *via* les satellites, les surfaces agricoles et le tracé des parcelles sont calculés au millimètre près.

Le paysage que des marcheurs empruntant un GR tentent d'admirer depuis une table d'orientation est devenu « espace rural ». Ce nouvel espace résulte désormais de la « force d'homogénéisation technico-administrative afin de le cantonner à sa fonction productive alimentaire [...] tout en lui reconnaissant une pluralité ». Il exprime aujourd'hui une spécificité visible de la modernité.

N'oublions pas que le paysage disparaît à partir du moment où on ne sait plus le nommer.

Mon intronisation comme « Chevalier du tire-bouchon de Chichery-la-Ville » lors de la Saint Vincent en 1991. Chaque année à la fin janvier, la célébration de la Saint-Vincent remplit l'église Nous sommes en Bourgogne et le vin nous relie encore à quelques traditions ancestrales. C'est travers saint Vincent et son vin, saint Hubert et ses chasseurs, derniers vestiges du folklor populaire, que s'expriment les dernières expressions du christianisme.

LECLERC

La dernière messe de la Saint-Hubert célébrée par le père Gruau dans l'église de Chichery en février 2001.

Les enfants du village fêtent Halloween depuis une dizaine d'années. Ils réclament des bonbons en tambourinant à ma fenêtre.

« Si les hommes utilisent les rites depuis si longtemps, ce n'est pas nécessairement par une étrang faiblesse d'esprit, mais peut-être parce que certaines réalités humaines ne se montrent pa facilement d'une autre manière. Beaucoup acceptent mal que la pratique rituelle soit attachée l'imaginaire plus qu'au conceptuel. Les rites sont pourtant mieux que de la pensée. Ils mettent l désir en geste, tandis que les mythes les mettent en images. » (Maurice Gruau, anthropologue, cur de Chichery de 1980 à 2001).

Tombe fleurie de chrysanthèmes pour la Toussaint.

L'arbre de mai a raccourci, mais les jeunes fêtent encore le réveil de la nature et la fête du Travail.

Chaque dernier dimanche de mai revient le grand rituel du consommateur libéré : le vide-grenier.

© Don Mason/Corbis

La fin de la terre. La France est le troisième consommateur mondial de pesticides et le premie utilisateur en Europe. Alors que l'agriculture absorbe plus de 73 % de la consommation d'ea douce dans le monde, plus des 2/3 des nappes phréatiques sont polluées au point qu'on ne peu plus en boire l'eau. Des lois et des précautions environnementales sont prises depuis quelque années mais il y a des décennies que nous épuisons et empoisonnons la terre et nous avec Combien de temps mettrons-nous à rétablir une harmonie ?

© Paul A. Souders/Corbis

Sauf mention spéciale, les photos sont de l'auteur.

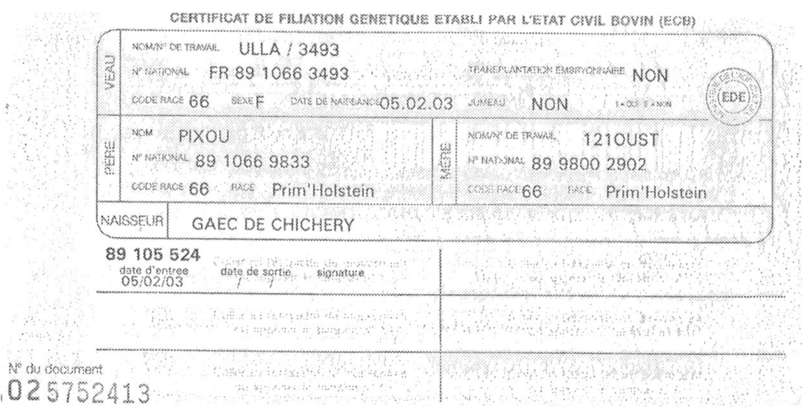

CERTIFICAT DE FILIATION GENETIQUE ETABLI PAR L'ETAT CIVIL BOVIN (ECB)

VEAU	NOM/N° DE TRAVAIL ULLA / 3493 N° NATIONAL FR 89 1066 3493 CODE RACE 66 SEXE F DATE DE NAISSANCE 05.02.03	TRANSPLANTATION EMBRYONNAIRE NON JUMEAU NON
PERE	NOM PIXOU N° NATIONAL 89 1066 9833 CODE RACE 66 RACE Prim'Holstein	MERE NOM/N° DE TRAVAIL 1210UST N° NATIONAL 89 9800 2902 CODE RACE 66 RACE Prim'Holstein
NAISSEUR	GAEC DE CHICHERY	

89 105 524
date d'entree 05/02/03 date de sortie / / signature

N° du document
025752413

PASSEPORT DU BOVIN

N° DE TRAVAIL	CODE PAYS	N° NATIONAL	SEXE	TYPE RACIAL	DATE DE NAISSANCE
3493	FR	89 1066 3493	F	Prim'Holstein	05.02.2003

N° D'EXPLOITATION DE NAISSANCE	N° D'EXPLOITATION D'EDITION	CODES TYPES RACIAUX DES PARENTS	DATE D'EDITION	N° NATIONAL DE LA MERE
FR 89 105 524	FR 89 105 524	66 66	12.02.03	FR 89 9800 2902

Nom bovin : ULLA

ATTESTATION SANITAIRE

Le Directeur Départemental des Services Vétérinaires atteste que le bovin

N° travail	N° identification	Sexe	Race	Date naissance	N° de cheptel	Vétérinaire
3493	FR8910663493	F	66	05.02.03	89105524	89603

Provient d'un cheptel :
OFFICIELLEMENT INDEMNE DE LEUCOSE
OFFICIELLEMENT INDEMNE DE BRUCELLOSE
OFFICIELLEMENT INDEMNE DE TUBERCULOSE
VARRON:ZONE ASSAINIE
CHEPTEL INDEMNE D'I.B.R.

UTILISABLE JUSQU'AU DECES DU BOVIN Lorsque le bovin ne quitte pas son cheptel

VALABLE 30 JOURS A COMPTER DE LA DATE DE DÉPART DU BOVIN

Jour | Mois | Année

Signature de l'éleveur (1)

CETTE ATTESTATION DOIT ÊTRE APPOSÉE SUR LE DOCUMENT D'ACCOMPAGNEMENT DU BOVIN

CETTE ATTESTATION N'EST VALABLE QU'AVEC LA DATE DE DÉPART DU BOVIN ET LA SIGNATURE DE L'ÉLEVEUR

4/4 327

elles étaient comptabilisées comme dans l'industrie, on pourrait fermer boutique demain matin. Je t'ai déjà expliqué pourquoi on pouvait pas se permettre des employés. Là, t'en as une illustration. » J'étais surpris qu'il me parle aussi franchement des comptes de l'exploitation. Je tenais surtout l'illustration parfaite qu'un tabou est bien tombé en France, un tabou doublement tabou dans le monde paysan où l'on fit longtemps grand mystère des chiffres, des gains et des dépenses pour la bonne raison que le patrimoine familial, prés, vaches, femmes, tracteurs et lessiveuses mélangés, n'était pas quantifiable et caché le plus possible aux voisins envieux et aux autorités financières si curieuses. A cela il faut ajouter que les membres de GAEC n'ont pas de lien de parenté directe entre eux, ce qui permet et oblige, ainsi qu'ils me le diront, à une transparence nécessaire et totale.

Puisque nous en étions aux confessions et que je pouvais tout apprendre sur le métier, je lui demandai quand et comment ils touchaient l'argent européen. Comme un militant de l'agriculture qui tient à ce que des gens en dehors du milieu découvrent, sachent comment vivent concrètement les agriculteurs de ce début du XXIe siècle, Gaby retourna fouiller dans ses papiers. Cette fois, c'était le relevé de compte du Crédit Agricole : « C'est aussi simple que c'est dit : t'as qu'à lire. Ça vient d'arriver par virement sur le compte du GAEC à la date du 15 novembre, t'as qu'à voir... » Il se mit à côté de moi, me montra la ligne, me lut le montant total des aides compensatoires à la culture, déjà énoncées plus haut. « Pour ce qu'est des céréales, ça transite par l'ONIC, et les oléagineux par l'ONIOL, c'est eux qui nous versent ça sur le compte. Quand on recevra pour les vaches, ce sera par un organisme spécifique lui aussi : l'OFIVAL[1]. »

Ma leçon de comptabilité s'achevait. Je restai à regarder les comptes, un peu pantois devant tant de chiffres et de précision. Mais je savais maintenant combien coûtait un grain mis en terre et presque combien il rapportait. Ces betteraves, par exemple, que j'avais parcourues à pied à la saison de la chasse, que j'avais vu arrachées au sol par un monstre denté, transportées par des Terragators géants, dressées en montagnes le long des routes, puis enlevées par une noria de camions pour rejoindre la sucrerie et se transformer en morceaux de sucre sur l'heure, je les regardais d'un autre œil maintenant. Je savais que ces 1 600 tonnes à raison d'une quarantaine d'euros la tonne allaient rapporter dans les 6 500 euros, auxquels il faudrait retirer 0,73 de taxe par tonne et les betteraves prélevées pour les bêtes. *Idem* pour l'orge à 12 euros le quintal, le colza à 21 euros et le tournesol dans des moyennes identiques. Oui,

1. L'ONIC, Office Interprofessionnel des Céréales, l'ONIOL, Office National Interprofessionnel des oléagineux, protéagineux et cultures textiles, et l'OFIVAL, Office National Interprofessionnel des viandes, de l'élevage et de l'aviculture, sont tous trois des établissements publics français à caractère industriel et commercial. Placés sous la tutelle du ministère de l'Agriculture et de la Pêche, outre les missions favorisant les développements dans les filières concernées, ce sont des organismes d'intervention et de paiement des aides compensatoires.

j'avais un autre regard sur cette étendue de cultures qui encerclait le village et se dénudait petit à petit pour livrer son suc à l'homme qui allait le moudre, le cristalliser, le transformer en huile, en tourteaux, en diester ou en bioéthanol[1].

Léon, à qui je faisais part de ma nouvelle vision du monde rural, rigola un peu de ma découverte. Il ajouta : « Les comptes encore, ça roule tout seul, tu peux avoir l'impression que l'un dans l'autre ça rapporte quand même. Mais non, faut savoir que nous, derrière, faut qu'on se serre sérieusement. Chaque petit truc, c'est une dépense. On est là à chercher à diminuer les charges par tous les moyens parce qu'on va pas augmenter la surface, de toute façon on peut pas ou très peu. Limiter les charges, ça veut dire moins d'engrais, moins de phyto. On nous dit : mettez moins d'engrais, je t'assure qu'on en met de moins en moins, vu le prix que ça coûte. Y sont là avec leurs graphiques, des machins qui font cinquante pages que tu dois biffer. Celui qui fait ça, il y connaît pas plus que moi, mais y savent pas faire simple. Moi, j'ai toujours écrit dans un cahier ce que je fais, ce que je mets dans telle pièce, combien, les doses, tout ça. On me demande un truc, je le retrouve tout de suite. On peut avoir quinze sortes d'engrais sous le hangar. Je t'assure qu'on fait attention. La mécanisation, c'est pareil, on fait gaffe aussi aux investissements, on peut pas acheter du vraiment neuf, non. On nous demande une production de plus en plus de qualité. Bon, d'accord, on a signé la Charte de l'agriculture raisonnée, et c'est bien comme ça, mais les prix faudrait peut-être qu'y montent au lieu de descendre de plus en plus. Et puis la PAC, ça devient de la folie. C'est un contrôle comme t'as pas idée. Ils ont pas confiance, et on s'appartient de moins en moins... Encore un peu, faut plus que les vaches elles chient... »

1. L'Yonne reste le premier département producteur de colza, avec 70 000 ha. On produit notamment le diester à partir du colza, le bioéthanol à partir de la betterave, du blé ou du maïs, maïs qui produit également les fameux emballages biodégradables qui devraient remplacer les sacs plastique, à terme.

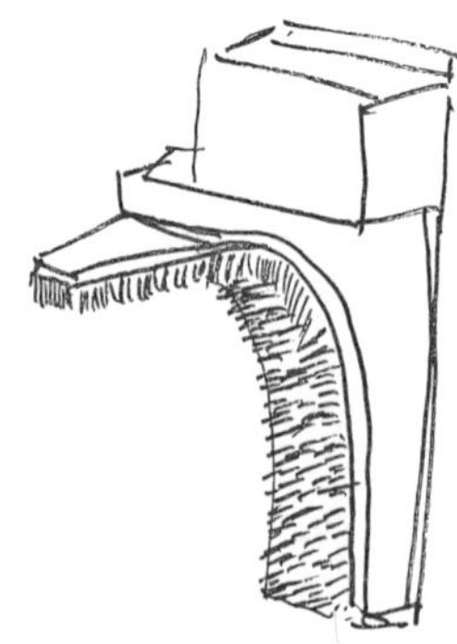

Brosse à vache vibrante, la vache vient se frotter et se faire masser par cette brosse installée solidement à sa hauteur dans la stabulation.

Le réveil des vaches

Se lever dans la nuit, enfiler à tâtons des habits qui ne craignent plus rien... L'idée de retrouver l'odeur âcre et sucrée de la bouse et du lait tiède, l'imaginer m'envahir à nouveau les narines comme si j'étais un territoire ancien que plusieurs séances de lavage et de décrassage n'ont pas réussi à purifier, est sans doute ce qui me semble le plus difficile à supporter dans ces petits matins. Non, le village n'est pas totalement endormi. Voilà que me croisent ou me précèdent une ou deux voitures sur la route du travail. La rouge, je le sais, regagne comme chaque matin la banlieue parisienne, d'où elle rentre le soir, vers 19 heures. A la sortie du village, j'oblique à gauche, vers Villemer, sur la petite route qui serpente jusqu'au sommet de la colline. La camionnette d'Yvon est déjà garée devant le GAEC, le long de la fosse de ciment où vient échouer le racleur à fumier. Je me gare à l'extrémité gauche du bâtiment, sachant que le camion de lait va passer ce matin et qu'il a besoin de beaucoup d'espace pour manœuvrer jusqu'aux tanks réfrigérés.

Je laisse la nuit dehors et pousse le bâti d'aluminium blanc. A peine ai-je franchi la porte que le vestibule s'illumine automatiquement et que la chaleur laiteuse que je redoutais tant me prend aux narines. Il n'y a aucune âcreté, aucun picotement ammoniaqué dans cet effluve, plutôt quelque chose de doux, de sirupeux presque, qui adhère, contamine tout ce que je porte, tout ce que je suis. Pas plus que mon nez, mes oreilles ne sont sauves ; les voici agressées par le bruit aigu, pire, la stridence contenue du système de pompage de la laiterie, un bruit de succion saccadée dont je sais qu'il ne cessera qu'avec la traite, d'ici deux heures. Aucun doute, je viens d'entrer dans le monde de la production. Babette, la femme d'Yvon, arrive, mal réveillée. On se fait la bise. Elle entre dans le petit bureau, à droite, retire ses chaussures et enfile directement sur ses habits une cote verte à fermeture Eclair, « Mes habits pour les vaches, me dit-elle... Ah, l'odeur, tu peux pas t'en défaire comme ça... ». Elle enfile ses bottes, se lève, sort du bureau et me demande de la suivre jusqu'au « vestiaire » situé à la droite de la salle de traite. Elle décroche un vaste tablier de plastique bleu du portemanteau et me tend son jumeau dont je me harnache à sa façon. Comme elle, je passe le jet sur les semelles de mes bottes avant de pénétrer dans la salle de traite proprement dite, matérialisée par un sol recouvert d'une résine verte et immaculée. Me voici protégé de la tête aux pieds, prêt à la fonction. Le temps de me retourner, Babette a déjà mis en place, bien au milieu de la salle et dans l'alignement, deux bidons alimentaires en plastique blanc renversés, en guise de supports pour deux grands seaux où baignent des lingettes blanches. Sur le bord de chacun des deux seaux, deux gobelets sont accrochés : l'un, vert, trempe dans une eau que je découvrirai tiède avec bonheur, l'autre, rouge, est suspendu à l'extérieur du seau.

Mardi 29 avril 2003 (Paris)

Les vaches, les vaches, les vaches. Traite des vaches pendant le week-end après le repas de chasse.

Montage des 3 films sur Chichery : trois fêtes d'hiver, 26' pile pour mes Chronique du XXIe siècle – je suis content du résultat à partir du seul tourné – monté.

Je me sens renforcé dans mon projet depuis ce week-end de traite des vaches. Je sens que je me remets au village.

J'ai parlé de la danse, du corps avec Marcel de Bassou, un grand danseur. J'aurais dû l'interroger sur la retraite des uns et des autres. La projection dans la salle du film sur Chichery m'a permis de me rendre compte de la dimension festive de mes lascars, ai-je envie de dire – c'est un livre sur l'homme que je veux faire, rien d'autre que ça. Or, pas de vaches sans hommes.

C'est alors que Yvon surgit d'un des quais qui jouxtent la salle de traite. Salutations et bienvenue rapides faites, il me demande si je peux l'aider à pousser les vaches de la stabulation vers l'aire d'attente. Empruntant l'espèce d'échelle de bateau, je sors de la fosse où Babette dégriffe et passe des petits coups de jet d'eau tiède sur les manchons caoutchoutés qui vont servir à la traite, pour rejoindre le béton des vaches. Me faufilant entre la forêt de tubes métalliques, je débouche en effet dans la stabulation et, à la demande d'Yvon, traverse une sorte de « no cow's land » d'un béton parfaitement lisse [1]. C'est là que je dois rabattre sur la droite un large portail tubulaire pour laisser passer les vaches qu'Yvon pousse déjà vers moi. L'idée de ce stratagème est d'empêcher que celles qui sont déjà remontées n'aillent se réfugier au fond de cette immense étable. La nouvelle stabulation ou le Nouveau GAEC, comme on dit au village et au GAEC même, fait plus de cent mètres de long. Il est couvert d'un toit de bois harmonieusement bipenté d'une quarantaine de mètres de large et a un certain style. La question reste de savoir si ce bâtiment a été conçu pour le confort des vaches ou le plaisir des hommes. Songeant aux autres exploitations que j'ai visitées dans la région, il y a, à n'en pas douter, un art, ou plutôt un design particulier, qui tient, j'en suis sûr, aux progrès de la technique du « lamellé-collé » et à la puissance commerciale de la filière bois, mais aussi à cette esthétique particulière qui accompagne ce que l'on commence à qualifier d'« art fermier », un art post-moderne qui fleurit dans nos campagnes depuis un moment déjà.

Toute vache le sait, une étable a ses règles, ses normes, le confort restant l'exigence première. Pourtant les hommes que nous sommes ne parlent plus d'« étable », mais de « stabulation ». Nous voici presque retournés au vieux nom latin, *stabulum*. Dans une édition datant d'une vingtaine d'années d'un dictionnaire spécialisé je lis à « Etable » : « lieu où sont enfermés les bovins », précisant immédiatement qu'« avant de construire une étable, il faut avoir à l'esprit que celle-ci doit permettre : – de protéger la santé des animaux ainsi que celle des personnes qui les soignent (...) – de réaliser une

1. Depuis décembre 2005, le béton du sol de la stabulation a été entièrement rainuré pour éviter justement que les bêtes glissent, comme c'était fréquemment et dramatiquement le cas jusque-là.

production de haute qualité ». Je note que dans cette édition de 1981 [1] l'idée de rationalisation du travail n'arrive qu'en troisième position. Vingt ans plus tard, la nouvelle édition du même dictionnaire donne la définition suivante : « Etable, bâtiment d'élevage réservé au logement des bovins de toutes catégories », soit. Le texte se poursuit indiquant, dans l'ordre, que « l'étable doit (d'abord) répondre aux exigences de l'éleveur (coût de production, organisation du travail, mécanisation de l'affouragement, évacuation des déjections, traite, soins divers) ». Viennent ensuite les « besoins de l'animal (...) en lui offrant un environnement favorable à l'extériorisation de son potentiel de production (ventilation, dimensions...) », et enfin cette préoccupation écologique qui n'existait guère à l'époque : « Elle doit également éviter de créer des nuisances (déjections) et respecter de nombreuses normes architecturales [2]. »

Autrcs temps, autres priorités. La transformation de cette définition, comme je vais avoir l'occasion de m'en apercevoir, n'est pas anodine. Je note que si on trouvait déjà la « stabulation libre », le « logement des bovins à l'engrais » et celui des « vaches allaitantes » dans cet ouvrage vieux de vingt ans, il n'indiquait rien à propos du « logement des vaches laitières », celui dans lequel, heureusement botté, j'évolue à cet instant. La traite électrique existait déjà, mais j'ai souvenir que les fermiers se rendaient dans l'étable au pied des vaches attachées, avec leur trépied et leur appareil électrique à la main ; certaines fermes s'équipaient tout juste d'une salle de traite dans un bâtiment ancien transformé et aménagé à cet effet. On y conduisait les vaches, qui en plus des veaux donnaient du lait, mais l'épithète tout empreint de spécialisation de « vache laitière », tel qu'il est devenu la norme aujourd'hui, ne s'est généralisé que dans les quinze dernières années avec la restructuration généralisée et drastique du monde agricole [3].

1. Larousse agricole, 1981.

2. *Ibid.*, 2002.

3. De un million d'exploitations agricoles en 1988, on est passé à 664 000, dont 400 000 réalisent à elles seules l'essentiel de la production, en 2000. Le nombre moyen d'animaux par éleveur laitier s'est accru dans le même temps de 57 %, la holstein étant largement dominante dans ce secteur. Il est intéressant de noter également que le cheptel français s'élève à 21 millions de têtes de bétail, ce qui représente approximativement une vache pour trois citoyens français !

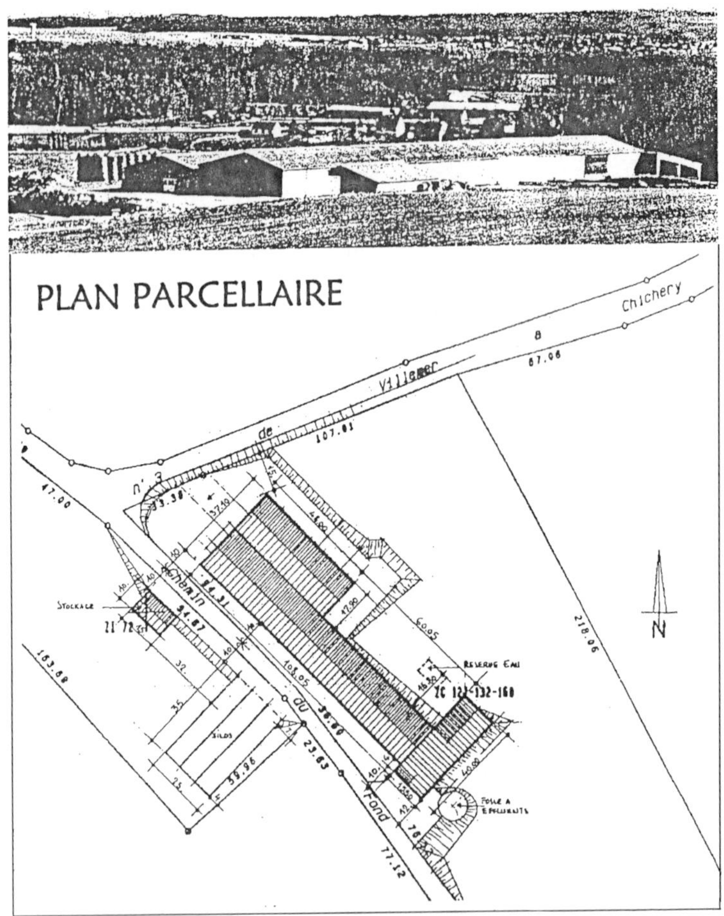

Vue du nouveau GAEC et plan parcellaire de la stabulation.

Obéissant à notre injonction, quelques vaches matinales se dirigent lentement vers l'aire d'attente. Beaucoup tardent à se redresser, tellement elles sont bien dans leur logette, me dit-on – ce qui ne semble pas faux. En attendant, il faut jouer du bâton, non sur la bête, cela ne se fait plus, mais on bat les tubes, on fait du bruit, on pousse des cris. Voix forte, courroucée, invitante, cajolante, impérieuse, comme les vachers l'ont toujours fait pour ramener le troupeau, me voici poussant des « eh, eh, eh, allez ! allez ! debout la belle, debout fainéante... allez ! ». Je reste bien démuni face à ces ruminants inexpressifs, dont la seule ironie tient à leur absence profonde d'ironie. Avec leur cou de taureau, leurs yeux globuleux, définitivement inexpressifs jusqu'à leur fin extrême et mamellement scandaleuses, comme disait Rabelais. Michaux, qui fréquenta la vache en Inde, avait raison de dire qu'« elle ne veut rien savoir. Quant à son indifférence vis-à-vis du monde extérieur, là encore, elle est supérieure à l'hindou. Visiblement, elle ne cherche pas d'explication ni de vérité dans le monde extérieur. Maya, tout cela. Maya, ce monde. Ça ne compte pas. Et si elle mange ne fût-ce qu'une touffe d'herbe, il lui faut sept heures pour méditer ça [1] ».

Ce sera tout pour la psychologie de la vache en ville, je parlerai plus loin de leur inconscient de ruminant industriel, quoique les prim'holstein de concours se comporteraient sûrement comme leurs cousines de Calcutta si on les lâchait dans nos rues. A les observer, on sait qu'elles n'hésiteraient pas, elles non plus, à s'étaler de tout leur long sur un trottoir, à fienter devant un vice-roi, à monter dans un ascenseur et même, si nous étions broutables, à nous brouter... L'étalement, s'étaler, se coucher, c'est, me semble-t-il, ce qu'il y a de plus jouissif pour une vache. En tout cas, c'est ce qu'elles savent le mieux faire. Il m'est même arrivé, au moment où elles se recouchent dans leurs logettes fraîchement repaillées, d'apercevoir chez l'une ou l'autre une expression de plaisir. Je suis là, ce matin, à tenter de les faire bouger, mais c'est qu'une fois couchées, la vache, elle le reste. Il est vrai que pour lever une masse de six cent cinquante kilos dans un espace réduit à un mètre vingt, bordé sur une longueur de barreaux comparables à ceux de nos lits, cela réclame un art de l'équilibre, ou plutôt une connaissance du système pendulaire très particulier. Il faut d'abord reculer sa tête de dessous la barre où elle s'était emmanchée pour se reposer sur la paille, la secouer doucement, de gauche à droite, tirer de ce balancement l'élan nécessaire afin de se hisser sur les genoux, puis, tout en recherchant l'appui stable, soulever un peu les reins, tendre les pattes arrière et, dans un mouvement simultané, poser la patte avant droite sur le sol, pour pousser enfin vers le haut et se retrouver sur les quatre colonnes qui font leur réputation de mammifères quadrupèdes. Les vaches

1. Henri Michaux, *Un barbare en Asie*, Gallimard, Paris, 1994.

n'ont ni la souplesse ni la vélocité de leurs congénères herbivores ; mais elles ont une conscience absolue du lever et du coucher.

Un animal en pleine évolution

Si la vache a tant de mal à se lever, c'est qu'avant tout elle est victime de l'évolution. Dépendante du schème structural exclusif aux vertébrés qu'est le système axial, elle a, à l'avant, cet énorme centre de relation où sont concentrés la mâchoire – quel engin à brouter –, les organes de vision – quels yeux que ceux du bovin –, l'olfaction – elle a de belles narines qu'elle nettoie avec sa langue –, de défense – elle aurait eu des cornes –, bref, telle est la tête de vache, une énorme tête de bœuf, en plus fin ! C'est là paraît-il que se tiennent les commandes centrales du système nerveux. Pourtant de la vache, ou du bœuf, outre la mamelle, ce sont les muscles qui nous intéressent le plus, les parties charnues, le beefsteak pour être précis, et plus particulièrement la partie postérieure. Au regard de l'histoire de l'évolution, ce corps de plus de six cents kilos, organe de locomotion dressé depuis peu sur quatre membres en colonnes, exprimerait ce que les paléontologues appellent la « libération des contraintes de la reptation » – j'use du conditionnel, car, à voir ces vaches aujourd'hui, je douterais presque de cette libération ; ce corps donc est bien là, avalant, recrachant, encombré, encombrant comme une vache. Toujours est-il que cette poussée radicale vers le haut qui marqua un point décisif dans l'histoire des mammifères en devenir confirme que chaque groupe zoologique est un monde à la fois fermé et ouvert, et qu'il n'est pas impossible que de nouvelles « transformations » – pour ne pas parler d'évolution –, aient lieu d'ici à quelques siècles ou millénaires au sein de ces UGB, ces Unités Gros Bétails, comme on les qualifie aujourd'hui. La question est de savoir si la conformation des bœufs à qui on enlève systématiquement les cornes, que l'on rend cubiques (je pense particulièrement à la race blanc-bleu qui n'est rien d'autre qu'une masse de muscles presque tous égaux), sans parler d'autres modifications volontaires, n'aura pas, fatalement, des effets sur nos bovins dans quelques millénaires.

La chose est sérieuse. Tout au long de l'histoire des mammifères

qui commencent à se développer à la fin du secondaire, on assiste à un véritable balancement proportionnel entre le champ technique facial et le champ technique manuel. Une distinction nette se dessinera au cours de l'ère tertiaire, quand les mangeurs de végétaux prendront une autre voie : le bras souple, la main à cinq doigts hérités des amphibiens et des reptiles, au lieu de s'orienter vers la technicité manuelle, s'organiseront pour la locomotion. C'est comme cela que les articulations perdront leurs mouvements latéraux, que la main qui se dessinait quittera progressivement le champ de relation, en abandonnant un à un ces doigts qui de cinq passeront à quatre chez le porc, à trois chez le rhinocéros, à un seul chez le cheval et à deux chez le bœuf, en vue de conduire ces organismes vers une vélocité accrue. C'est ainsi que huit doigts, en tout, permettent à la vache de déplacer son corps à travers le milieu où elle évolue, même si aujourd'hui ce milieu se réduit à la stabulation... En contrepartie, le champ facial s'organisera autrement : les dents deviendront de véritables outils adaptés à la préhension alimentaire propre à chaque groupe, les herbivores seront mieux équipés pour brouter, les lèvres rassembleront les perceptions tactiles et la préhension délicate, comme on le constate chez le cheval et l'éléphant ; la face s'équipera d'appendices techniques et de défenses, comme les cornes, dont on a décidé qu'elles n'étaient plus utiles pour nos vaches, ou plutôt qu'elles comportaient un risque, et que l'on brûle à quelques mois.

On notait la rigidité vertébrale et articulaire des marcheurs herbivores, que l'on opposait à la souplesse des mammifères supérieurs, dont la caractéristique est de pouvoir s'asseoir sur les membres postérieurs. Je constate toujours un manque évident de souplesse chez mes vaches, mais je remarque aussi qu'elles ont appris à s'asseoir sur leurs fesses, comme Ferdinand, le taureau de Walt Disney ; entendez : les vaches de Chichery s'assoient comme un carnivore, sur leur derrière. Cette position inhabituelle, elles la prennent dans l'intimité, là, entre moi et elles, quand je viens repailler leurs logettes. J'ai l'impression qu'elles s'habituent à faire le chien assis, une posture qu'il ne leur était peut-être pas impossible de réaliser quand elles vivaient dans les prés, mais qui, tant qu'elles seront herbivores, ne leur est pas une réelle nécessité. Bref la vache, je l'ai constaté, préfère aujourd'hui s'asseoir. Cela leur paraît sans doute infiniment moins compliqué que le difficile et fatigant exercice de levage décrit plus haut, surtout quand l'objectif est de se recoucher le plus rapidement possible sur une litière fraîche et moelleuse.

Si leur descendance du *Bos primigenius* ne fait aucun doute, la domestication des vaches, qui remonterait à 4000 av. J.-C. environ, ne semble pas achevée, et la société de « buveurs de produits lactés » que nous sommes devenus, à défaut d'être encore une société de pasteurs, n'en a pas encore fini avec son cheptel à mamelles [1].

1. Dans son ouvrage sur l'histoire de la domestication, E. Frederick Zeuner écrit : « Domesticated cattle (in the strict sens of the world) are the descendants of a group of races of Bos primigenius, the urus or aurochs (...). Il is certain that its domestication was undertaken before 4000 B.C., but nothing is known of its actual biginnings » (Zeuner, 1963).

Jean-Pierre Digard rappelle qu'il faut se garder de finaliser précipitamment la domestication : celle-ci reste une action sur l'animal avant d'être une action pour l'homme (p. 185). Il nous met justement en garde sur la réalité de la domestication : « (...) Les motifs, "utilitaires" ou non (rituels, sacrificiels, etc.), qui justifient aujourd'hui le maintien d'animaux en état de domesticité sont souvent fort éloignés de ceux qui présidèrent aux premières domestications » (Digar 2, 1990 p. 184.). Il cite à cet effet François Sigaut, pour qui « il paraît exclu qu'on ait domestiqué les bovidés pour leur lait ou leur travail, par exemple. Car la possibilité d'obtenir lait ou travail était inimaginable quand on ne connaissait ces animaux qu'à l'état sauvage. L'invention de ces produits – car c'est à n'en pas douter d'inventions qu'il s'agit – implique une longue tradition préalable d'élevage. (...) Il est à peu près impensable que les premières domestications aient eu lieu pour des produits que l'animal ne peut fournir que vivant » (Sigaut, 1980).

Sachez que si la vache me parle tant, c'est que nous n'avons pas, en Occident, d'animaux domestiques plus gros ni plus grands que nos bovins. Pourtant, longtemps, à moins qu'il ne me faille dire déjà « de mon temps », leur gabarit ne les empêcha pas d'être à la fois légères, vives, et même parfois, lorsqu'on les ramenait à l'étable le soir, aériennes. Ce gabarit aujourd'hui a pris des proportions industrielles. Les généticiens s'en sont nettement mêlés. J'en veux pour preuve les manuels d'agriculture qui dans les années 1960 présentaient le « type laitier » comme ayant « une ossature légère, une tête mince, des cornes fines, une encolure effilée, une poitrine peu arrondie mais profonde, un bassin éclaté, des hanches écartés, une peau fine, souple [1]... ». Voilà un type qui n'a pas résisté à la « holsteinisation » du cheptel de l'Yonne. Revenue d'Amérique du Nord après y avoir été importée au XIXe siècle des Pays-Bas (Frise) et d'Allemagne (Holstein), la holstein est dans le monde entier le nom donné à la holstein-friesan nord-américaine et à toutes les races bovines qui furent absorbées par cette dernière ; bien que la France, comme d'habitude, fasse exception avec sa prim'holstein, dont elle assure que la pureté n'a d'égal que ses nobles mélanges. On dit que sa forme est belle : sous sa robe pie noir (je les trouve trop efflanquées à mon goût), cette « vache à haute spécialisation laitière » a, paraît-il, l'immense avantage d'être un animal « à muscles plats, à mamelle bien développée et très fonctionnelle [2] ».

Le troupeau, comme bien d'autres dans l'Yonne, n'a pas échappé à la règle. Depuis qu'un taureau holstein est arrivé dans les années 1968 au Centre d'insémination de Charmoy, dont dépend Chichery, et qu'il a « purifié » un peu ces brunes des Alpes, ces normandes et ces frisonnes que nous connaissions si bien. Mais c'est l'achat groupé de cinquante à soixante génisses américaines prêtes à vêler, disséminées dans les élevages des alentours lors des années 1970, de la « magie génétique » à pattes, qui a achevé la « purification » de nos troupeaux. Après cinq à six générations d'habiles et savants croisements, on a fini par habiller quasi toutes les laitières de la région de robes pie noir équipées avec de super-mamelles qui caractérisent les holstein de pure race. « La beauté,

1. *Cours d'agriculture moderne*, La Maison Rustique, Paris, 1968, p. 427.
2. Larousse agricole, 2002.

c'est une chose, me dit Guy, devenu un véritable généticien pour l'occasion, tout en flattant Parme, une belle et grande vache qui a déjà remporté nombre de concours de la "meilleure mamelle de sélection". Y a l'allure de la vache, poursuit-il, mais y a aussi les caractères fonctionnels pour la mamelle, qui vont faire la différence : la ficelle ou le sillon, les quartiers, les trayons, etc., on regarde tout ça. Au niveau des centres d'insémination, ce qu'ils recherchent, c'est une vache fonctionnelle, mais avec des caractères comme la production et les taux beurriques, qu'ils soient bien fixés. Elle peut avoir un index moyen, mais en concours, c'est l'aspect de la bestiole, de la femelle, c'est l'"index inel" qui compte, parce que là, on a des probabilités qu'elle transmette ses caractéristiques à sa descendance. Si sa mère, sa grand-mère, si t'as trois, quatre générations bonnes en morphologie, bonnes en production, en taux beurrique, on a toutes les raisons de penser qu'elle va le transmettre à ses filles, mais aussi à ses fils. Ce qui intéresse les centres d'insémination, c'est le fils ! Faut savoir que si t'as une superbestiole, mais qu'elle sort de rien, derrière, elle peut te ressortir des tocards totaux... Les centres d'insémination, ils prennent pas de risque sur une bestiole, faut le savoir. »

La championne du troupeau, la sublime Parme, qui nous fait du seize mille litres de lait l'an, contre neuf mille cinq cents pour ses congénères en moyenne, atteint 1,70 mètre au garrot et ne tient qu'en travers dans les stalles pour la traite. Pour se coucher, elle a besoin d'une double logette. Le gigantisme qui gagne ces animaux industriels fait que leur poids ne correspond plus à la résistance de leurs articulations. « Y a pas de doute que la pathologie actuelle de ces nouveaux prototypes pose problèmes, remarque Guy. Dans les champs, quand on regarde, y en a plein des animaux couchés en pleine journée, vaches et chevaux. Y sont trop lourds par rapport à leur taille et à la transformation de leur squelette. Y a une moindre résistance des autobloquants au niveau des genoux. Pas chez les vaches, mais c'est bien connu chez les chevaux, c'est ce qui leur permettait de dormir debout. Regarde bien dans les prés, tu verras, les animaux y sont de plus en plus tout le temps couchés... » J'ai regardé et j'ai vu.

Enfin rassemblées dans l'aire d'attente, cent soixante vaches sont pressées par le chien mécanique vers la salle de traite. Immense barrière bleue coulissante, le « chien » est activé par les vachers de service depuis la fosse de traite. Il appuie sur un bouton et voilà que le monstre se met en route en même temps qu'une sonnerie qui ressemble fort à celle qui mettait fin à nos récréations dans la cour du lycée. Cette mécanique a la force d'un bulldozer, il y aurait cent vaches de plus qu'elles ne lui résisteraient pas. Sa fonction n'est pas d'effrayer les bovins, la sonnerie est largement suffisante pour les stresser, et moi avec elles, mais de les obliger à avancer en poussant les bêtes, comme jadis les vrais chiens de vache, à hauteur des jarrets. Pour une grande majorité, le jeu de ces dames consiste à ignorer la destination vers laquelle elles sont conviées deux fois par jour, ou plus exactement à ruser pour ne pas se retrouver sur le quai de droite. C'est comme cela qu'elles jouent les indifférentes, se rendent des politesses, se poussent un peu, se font petites dans ce tassage digne du métro à 6 heures du soir. Elles nous obligent parfois à surgir de notre fosse comme des diables excédés pour aller les encourager vertement à entrer dans les stalles. Heureusement, la seule apparition d'un petit bâton – elles en tâtent rarement – les fait réagir. Les plus butées en connaissent un peu la raideur mais, après tout, la domestication directe n'est pas autre chose que ce rapport de force entre l'homme et l'animal[1].

L'une derrière l'autre, toutes fontaines gonflées, elles empruntent le couloir, se placent, se calent plus exactement, pattes ouvertes, mamelles bien visibles. Certaines laissent échapper du lait à grand jet avant même qu'on ne les traie, le seul bruit de la machine ou la seule vue des stalles déclenchant le réflexe excrétoire[2]. Par habi-

1. A.-G. Haudricourt, « Note sur le statut familial des animaux », pp. 119-120.

2. L'excrétion du lait dépend d'excitations nerveuses (toucher humide et chaud du museau, vue du trayeur, bruit d'un seau, d'un moteur...), qui déclenchent, quelque quarante à cinquante secondes après, la sécrétion d'une hormone (l'ocytocine) par l'hypophyse, excitant les muscles de la mamelle et chassant le lait. On déclenche la production de l'ocytocine par lavage du pis à l'eau tiède et par massage de la glande. Cette hormone cessant d'agir au bout d'une dizaine de minutes, il faut donc traire rapidement, sans interruption, en évitant frayeur et douleur.

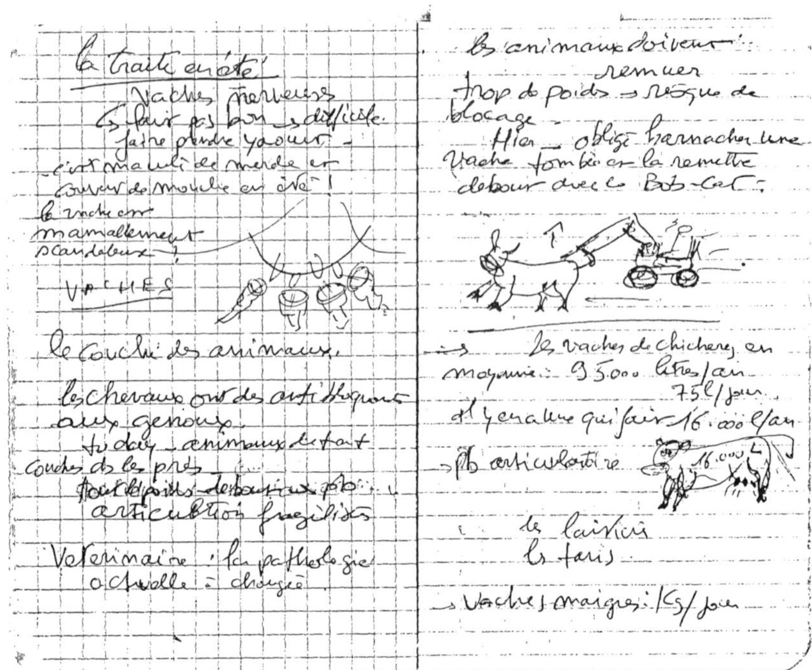

CARNET I
La traite en été / Vaches nerveuses / lait pas bon : difficile / faire prendre yaourt / c'est machine de merde et / couvert de mouches en été ! / la vache est / mamellement / scandaleuse / VACHES / Le couché des animaux / les chevaux ont des antibloquants / aux genoux / to day-animaux de + en + / couchés dans les prés / Tout le poids debout : problème / articulations fragilisées / Vétérinaire : la pathologie actuelle a changé.
les animaux doivent / remuer / trop de poids : risque de / blocage. / Hier : obligé harnacher une / vache tombée et la remettre / debout avec le Bob-cat / Les vaches de Chichery en / moyenne : 9 500 litres / an / 75 l/jour / Il y en a une qui fait 16 000 l/an / Problèmes articulatoires / les laitières / les tares / Vaches maigres : kg/jour

tude, par peur, ou par vice, d'autres pissent et fientent à foison. Mais l'installation est parfaite ! La gouttière retient et détourne l'essentiel, quoiqu'il arrive que quelques gouttes nous atteignent – risque du métier et rappel que, dans cet univers aseptisé, ces soixante centimètres de pattes et de pis que l'on aperçoit de notre poste appartiennent encore à des organismes vivants. La traite d'été, lors de la fameuse canicule d'août 2003, m'apprendra que les gouttières ne sont pas à toute épreuve quand l'estomac des vaches est par trop bousculé...

Sitôt la vache auto bloquée dans le *cornadis*, la première opération consiste à nettoyer tous les quartiers de la mamelle après avoir imprégné chacun des trayons d'une mousse active adoucissante hypoallergique, l'*oxyfoam*, comme l'indique le bidon dont on emplit le gobelet mouilleur en début de traite. Après que la série de douze a été traitée ainsi, vient le lavage. Une lingette par vache est retirée d'un des deux seaux d'eau tiède disposés à chaque bout de la salle de traite. L'autre récipient recevra les carrés de linges souillés en retour. D'un geste sûr, on passe et repasse le petit carré textile sur chacun des trayons.

Il faut s'appliquer à faire disparaître le reste du produit orangé qu'on a déposé à la fin de la dernière traite. Puis, avec le revers du linge, on nettoie chacun des quatre quartiers de la mamelle des impuretés, des morceaux de paille ou de quelques éclats de bouse qui ont toujours pu s'y coller. Ce travail n'est pas à faire à la légère : de lui dépend la propreté du lait que délivrera le lactoduc dans la cuve de ramassage. Malgré les filtres, il arrive qu'on retrouve un peu de cette teinte orangée, ou bien un petit fétu oublié. Il y a toujours le risque de gâter la récolte, plus exactement de ne pas répondre aux critères de pureté exigés par la laiterie.

Suspendues dans l'air, les griffes ronflent, le manchon attend un trayon. Babette tire à elle l'araignée noire et chrome, elle branche la vache avec vélocité. Il faut compter avec les pattes de l'animal, car la succion la réveille ou l'agace, et c'est pourquoi, aujourd'hui, je compte des bleus sur mon avant-bras droit, bleus qui virent au jaune, mais que j'exhibe à mon entourage comme des médailles du travail... Nous entrons dans le champ mécanique de la traite, dans cette zone risquée du rapport direct animal-machine. Ces trayons, qu'on m'a recommandé de frotter énergiquement, qu'il faut pincer avec force et dextérité pour en faire jaillir les premiers jets de lait avant de les brancher, sont d'une extrême fragilité. Comme elle menace toute mère, la mammite menace les laitières. Il faut, tant pour la machine que pour la vache, que l'équilibre vide/air soit parfait pour de ne pas traumatiser les tissus qui composent la chair du trayon, ni abîmer le canal à lait, ni risquer d'éroder l'extrémité, ni congestionner la glande mammaire, ni endommager le matériel... Traire est une science, un doigté, ou plus exactement un savant dosage de force et de douceur, où la paume joue autant que les doigts, car les petits coups sur la mamelle, comme le ferait la succion d'un veau, excitent les glandes mammaires.

Des mains, on sent la voie lactée, les réactions de l'animal et la chaleur de la vie qui passe entre elles. Mais avec l'âge, elles ressentent aussi la fatigue, l'arthrite est l'implacable ennemi du pianiste comme du vacher. Toutefois, à la différence des pianistes, ils vont rarement soigner leurs articulations en stations thermales. Or, à traite impossible, retraite obligatoire pour le paysan ! Je me souviens de vieux paysans, pestant, se traînant vers l'étable, tendons enflammés, doigts enduits d'une épaisse couche de pommade, tel ce pauvre Knuchel, héros du sublime roman innerwaldien, best-seller en Suisse, *La Vache*. Knuchel attendait désespérément l'arrivée d'un nouveau vacher, alors que sa femme et « le fantôme cauchemardesque du représentant en machines à traire », promu par « des prospectus, des récits de paysans enthousiastes et des invitations aimables à venir assister, sans aucun engagement, à des démonstrations », le tentaient... « Mais rien que l'idée du bruit de ces froides machines suceuses lui faisait mal. Il se méfiait de l'éclat chromé des cuves, de la flexibilité de tuyaux de plastique transparent ; il ne pouvait tout bonnement pas se représenter ses vaches au centre d'un réseau de tuyaux, de pompes et de soupapes. Il voulait voir son lait, l'entendre, le sentir, et non pas faire confiance à un système qu'il ne contrôlerait plus, dont il ne savait même pas exactement où il le mènerait, ni comment[1]. »

Babette regarde ses paumes : « A la main ? Non, non, heureusement c'est terminé. Tu te rends compte : cent soixante vaches ! C'est plus possible, je sais traire, mais c'est plus possible aujourd'hui. La machine, c'est pas sorcier, ça fait complètement partie de ma génération, et puis il y a l'hygiène, c'est autre chose. » Elle enfile vite les gobelets sur les pis. L'exercice est difficile, car il ne faut pas que l'air pénètre à l'intérieur du circuit quand on les pose.

A l'imitation du veau tétant sa mère, entre succion et massage, les trayons pulsent à raison d'une soixantaine de pressions par minute ; « pas plus, même si on est content que ça avance vite. Tant pis si on perd un peu d'efficacité, précise Yvon, mais c'est fragile une mamelle de vache, faut faire attention, ça s'enflamme

1. Beat Sterchi, *La Vache*.

vite. Par exemple, si tu vois des animaux qui “bottent” en fin de traite, en essayant de se débarrasser des griffes, c’est qu’il y a un problème de niveau de vide ou d’un des pulsateurs. »

En contrebas, relié par un tuyau au « faisceau trayeur », ces véritables mains artificielles que forment les gobelets, un débit-mètre régule l’arrivée du lait. Il commande aussi le décrochage automatique de la mamelle dès le moment où le niveau d’arrivée de liquide est trop faible. Le rôle de ce régulateur pneumatique est de maintenir une dépression constante dans l’installation et d’envoyer le lait par le lactoduc de la chambre de traite au tank réfrigéré de cinq mille litres situé dans le vestibule où j’ai fait irruption, il y a plus d’une heure maintenant.

« On a fait l’installation au-dessous du quai, en ligne basse, pas tant pour le côté pratique évident de la chose, me dit Yvon en touchant les tuyaux. Placés comme y sont là : on s’est aperçu que ça réduisait considérablement le brassage du lait. Trop de brassage, ça génère des dégradations physiques, ça s’abîme vite les molécules, tu sais. Moins on le pulse, moins on le dégrade, meilleur il est. Mieux y se conserve et mieux aussi on est payé pour la qualité du lait. »

Les propos criés d’Yvon se mêlaient au vacarme suraigu de la pompe à vide, au fracas des « griffes » qui se heurtent en s’échappant des pis, à la sonnerie répétée du chien mécanique, aux entrechoquements incessants des tubes de contention et des portillons qui ouvrent et ferment les stalles. Seuls les meuglements de quelques vaches heureuses d’être soulagées et de veaux en manque nous rappelaient que nous étions bien dans une ferme. La pompe imprimait sa cadence à tout ce bruit. Il s’agit bien en effet de cadence comme on le dit à propos des chaînes d’usines. J’avoue avoir comptabilisé les gestes répétitifs qu’une traite provoque au cul de cent soixante vaches à traire : six cent quarante passages de gobelets mousseurs à raison de quatre trayons par mamelle, puis six cent quarante manipulations des lingettes sur les mêmes trayons, autant de mouvements pour poser les manchons, auxquels s’ajoute le dernier passage des gobelets en fin de traite... au bas mot, deux mille cinq cent soixante à trois mille opérations semblables, nécessaires et obligatoires. J’ajoute qu’il faut multiplier ce chiffre par deux, l’exploitant effectuant deux traites par jour. On m’opposera qu’« avant », la traite manuelle était infiniment plus

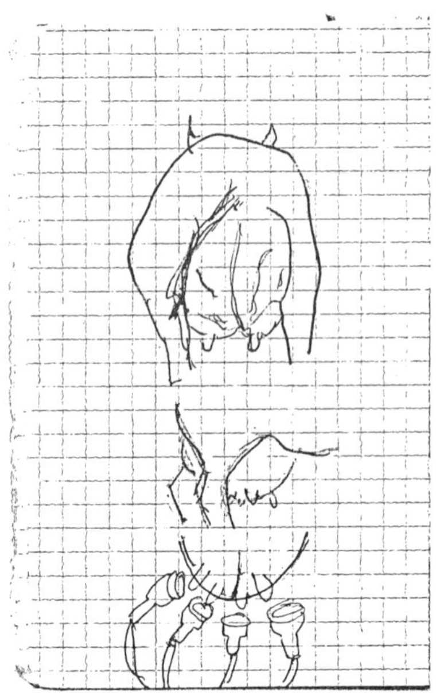

Ah ! les belles mamelles !

pénible, plus longue, certes, mais j'ai encore souvenir que, stress industriel en moins, le réconfortant folklore des sociétés lentes permettait de « digérer » plus aisément la lourdeur de la tâche... Pendant que, gobelet en main et trayons en vue, je me livrais à ce calcul mental et que me revenaient des souvenirs de casse-croûtes matinaux et de siestes mémorables, un ordinateur déclencha une sorte de bip, un avertisseur sonore soutenu par un clignotant rouge. Malgré mes questions, ma voisine de travail ne s'alarma pas. Elle pianota un code sur l'appareil clignotant. Puis palpa attentivement autour des trayons la mamelle suspectée. Ne la trouvant ni trop chaude ni trop dure, elle dit : « C'est déjà pas une mammite... », puis elle regarda le numéro d'identification de la vache et fit : « Ah oui, c'est elle, c'est pas grave, ça peut passer... » Alors, la traite se poursuivit comme elle avait commencé, jusqu'à ce que les manchons aspirants sautent d'eux-mêmes et que le lot de vaches soit enfin libéré.

Le lait n'est pas seulement une base alimentaire. Les généticiens ont mis en évidence qu'il était composé de plus de deux mille constituants, ce qui fait de lui une véritable matière première industrielle que les laboratoires pharmaceutiques et les « raffineurs » de tout poil se garderaient bien de laisser passer. Sels minéraux, sucres, protéines rares ne tarderont pas à entrer dans la composition de produits qui ne seront pas que fromages ou charcuterie industrielle, mais matières plastiques et, bien sûr, médicaments... Peptides et caséine extraits du lait des vaches sont déjà utilisés dans la fabrication de certains tranquillisants, de produits de réanimation et d'immunoglobulines. Produits de faible tonnage encore, mais dont la rentabilité est cent fois supérieure aux dérivés de l'industrie alimentaire en valeur ajoutée [1]. Les chercheurs du génie génétique caressent l'idée qu'un jour on pourra se passer des vaches et de leurs nuisances : ils les ont déjà transformées en laboratoires capables de produire les protéines nécessaires à la mise au point d'antibiotiques, de vaccins ou d'hormones. Après tout, dans la très normale stabulation de ce village de Bourgogne, ne pilote-t-on pas déjà les glandes mammaires comme des machines, le vacher ne bricole-t-il pas déjà les chaînes ADN avec une bien savante maîtrise ?

En attendant, les pis de nos vaches restent une valeur sûre. Le lait maintenu à température constante est à l'abri des microbes, et surtout il est protégé de tout risque de fermentation. Ici, chaque vache est reliée à son ordinateur, ou plutôt à son programme. Les vingt-quatre « appareils » répartis au-dessus des deux quais se faisant face sont activés par le kit d'identification que chacune des vaches porte à son col. Dès qu'elles franchissent le portique électronique de la salle de traite, dès qu'on branche les manchons à la

1. Depuis longtemps, les chercheurs de l'INRA travaillent à la domestication de la production de caséine bêta, qui régule le sommeil, la digestion et l'appétit. Sur vingt litres de lait, 640 grammes de protéines pourraient être fabriqués sur mesure. Il faut noter aussi que le lait entre dans 80 % des manipulations biotechnologiques des industries agro-alimentaires, avec tous les risques d'accidents de fermentation que cela comporte.

mamelle, les ordinateurs se mettent en service. Une pression sur le bouton vert et, en haut, à droite de la console qui mesure environ quarante centimètres sur vingt, le numéro de l'animal s'affiche en rouge. Au-dessous, les chiffres défilent, indiquant la tare de lait que la vache est en train de produire. Dès que les griffes sont déprises, un chiffre indique la variation par rapport aux sept dernières traites effectuées sur l'« unité ». En haut et à gauche du cadran, un code apparaît quand la vache n'a pas suffisamment de lait pour être traite, ou que le lait n'est pas de bonne qualité pour quelque raison, ou encore quand une mammite se profile. A partir de cet ordinateur, on peut bien sûr obtenir de plus amples données à propos de la vache sur la sellette, que l'on peut aller consulter directement sur l'ordinateur central dans le bureau attenant, afin de vérifier à la minute près l'état de rentabilité de l'« unité laitière » : rendement du lait, consommation alimentaire, maternités passées et à venir, état sanitaire, rentabilité de l'animal, date de mise à la retraite... Oui, on sait tout déjà du devenir de cette tête bovine que l'on connaît surtout par ses arrières...

Un régime sous ordinateur

Pour la traite comme pour l'« agriculture raisonnée », l'ordinateur est essentiel. Il permet d'engranger sur-le-champ les résultats lacteux de ces herbivores productifs. Mais pour la vache, tout se joue à partir de la médaille rouge qu'elle porte au col. Ce rectangle de plastique contient un microprocesseur détenant toutes les données concernant le régime alimentaire spécifique de chaque animal. C'est ainsi qu'au milieu de la stabulation, une fois rentrées de la traite, les vaches profitent, du moment où elles sont encore debout pour se restaurer en « compléments » à la mangeoire automatique. Elles se présentent donc, après avoir fait la queue et patienté comme dans n'importe quel self-service, sous le grand entonnoir gris qui alimente quatre places individuelles protégées par de solides tubulures à la base. A hauteur du garrot, les vaches se présentent parfaitement devant le dispositif électronique intégré dans le petit tablier noir disposé sous chaque mangeoire. On entend alors les granulés tomber comme par poignées dans le récipient, et les bovins, curieux, cou tendu, absorber, sans gloutonnerie, sans urgence – ce ne sont pas des chiens ! – leur dû de tourteaux, entendez de protéines et de minéraux.

« D'une certaine façon, me dit Yvon qui m'a vu observer ses bêtes, c'est là que se joue la production de lait. Les concentrés, c'est l'équivalent des bonbons pour les vaches, elles en raffolent. Faut savoir qu'on travaille en deux temps : il y a d'abord ce qu'on distribue quotidiennement à l'auge. Là, mettons, y a une ration d'ensilage de maïs, mais au contrôle, on peut trouver que ce n'est pas assez riche en énergie. Bon, on peut rajouter soit des drêches de brasserie, c'est-à-dire des résidus d'orge dont on a soutiré le moût, soit des drêches de blé, plus riches en protéines. Cette base est calculée par le contrôleur laitier qui passe chaque mois au GAEC, pour qu'une vache produise ses trente litres de lait par jour. Derrière, y a un travail complémentaire, vache par vache. On regarde sur le cadran combien chacune produit, puis on va calculer la quantité de concentré dont les unes et les autres auront besoin. Le concentré, c'est à base oléagineuse, un mélange de tourteaux : tournesol, colza, soja, tout ça. C'est ce qu'il y a dans la cellule, au fond de la stabulation. Chaque kilo de concentré de production équivaut à trois litres de lait supplémentaires. Une vache qu'aura besoin d'être remontée de dix litres aura droit à trois kilos et quelques centaines de grammes de ration en plus. C'est le contrôleur laitier qui calcule, vache par vache : ration équilibrée, niveau énergie, protéines. Les données sont rentrées dans l'ordinateur, et la puce que la vache porte en collier va lui permettre, devant la mangeoire automatique, d'avoir son complément de production... »

Les quelques kilos auxquels chaque vache a droit, en fonction de ses besoins, ne lui sont pas délivrés en une fois. Le programme est fait de telle manière qu'elle puisse se présenter jusqu'à trois fois par jour devant la mangeoire. Cela leur permet de compléter leur régime en plusieurs fois, et de respecter le temps de digestion si important pour les ruminants. Ça les oblige aussi à de petits déplacements dans l'étable, ce qui ne fait pas de mal à ces grandes paresseuses.

C'est ainsi qu'une fois reçue leur part, les gourmandes abandonnent à regret le distributeur électronique en reculant prudemment, à la manière un peu d'un semi-remorque dans une impasse, pour céder leur place à des consœurs en attente, elles aussi, de complément gourmand. Alors, et ceci est systématique,

la vache s'en va boire un coup à « la buvette », comme l'indique la marque gravée sur le devant des abreuvoirs automatiques. Les fontaines sont disséminées en quantité près de distributeurs et sur l'ensemble du bâtiment. Pour obtenir du liquide, il suffit que la vache pousse le clapet de son museau. Certaines, plus conservatrices ou mal habituées, ont le choix de « boire à l'ancienne » : un ou deux abreuvoirs de métal sont à leur disposition à chaque extrémité du hangar. Elles peuvent donc aspirer à leur convenance, laisser flâner à loisir leur mufle d'hippopotame, prendre leurs aises, boire à satiété en aspirant l'eau pure à longs traits. Les habituées de l'eau claire sont peut-être les plus jouisseuses. On n'a pas idée de la quantité d'eau que peut boire une vache. Si les historiens s'y étaient intéressés, ils auraient pu reconstituer une histoire du climat en fonction de la hausse ou de la baisse de consommation d'eau des bovins, comme me le fit remarquer le maire qui, je l'ai déjà signalé, s'intéresse à l'histoire du village, et plus particulièrement à celle de son approvisionnement en eau. Il s'agirait évidemment d'une histoire relativement courte, puisque l'installation des premiers compteurs d'eau ne date que de la fin du XIXe siècle.

« N'empêche, m'avait dit Bernard, malgré le passage des vaches à la mare au retour des prés, on se rend parfaitement compte, selon les années, de la consommation d'eau de la commune. Que l'été soit caniculaire ou non, il y a de telles différences de niveaux de consommation que la seule explication tient aux besoins en eau des vaches. » Effectivement, si le niveau habituel de consommation est d'une soixantaine de litres par jour, lors de la canicule de l'été 2003, les vaches ont bu de cent à cent cinquante litres d'eau par jour. Cela ne suffisait d'ailleurs pas à les rafraîchir. Avec de vieux tuyaux perforés, il a même fallu installer un brumisateur de fortune où les bêtes se rafraîchissaient dix à quinze minutes en quittant la traite ; brumisateur dont nous profitâmes avec elles les jours de températures les plus hautes. Les vaches étaient là, une bonne dizaine, sous cette nuée artificielle, prêtant le flanc, la croupe, le crâne, recherchant un peu de cette humidité bienfaisante. Aucun doute : cet artifice abaissait la température des énormes mammifères tout autant que la chaleur ambiante de la stabulation et le sang des vachers. Il faut dire que l'ambiance était tout autre en salle de traite cette année-là : chaude, électrique, pénible, avec la réverbération de la résine verte contre les gouttières d'aluminium à laquelle s'ajoutait l'éclairage blafard des néons et le bruit surcadencé des pompes.

HAUDRICOURT, UN MAÎTRE PARADOXAL

Lorsqu'en mars 1979, encore étudiant, j'osai me risquer à rencontrer André-Georges Haudricourt (1911-1996) pour un entretien destiné à *La Brochure ethnologique*, une petite revue ronéotée que j'avais créée alors au département d'ethnologie de l'université Paris 7, tour 46 à Jussieu[1], je ne savais pas, ou plutôt je ne pouvais pas imaginer qu'une véritable rencontre avec ce Maître paradoxal aurait lieu quelques années plus tard, à son initiative. De fait, je publiai un article enthousiaste sur « La domestication des plantes » en avril 1980[2], ce qui me valut un mot déposé par Haudricourt, à la Librairie du regard, rue du Cherche-Midi, où, dans une frappe bien à lui, il me remerciait pour « la publicité dans *Le Monde* » et m'enjoignait de lui téléphoner au plus vite. Ce que je fis. Constatant que nous étions voisins, il me demanda si je voulais déjeuner avec lui le jour

1. « Partir du concret », *La Brochure ethnologique*, Paris, UER d'ethnologie de Paris VII, n° 5, mars 1979, pp. I-XIII.
2. « La domestication des plantes », *Le Monde dimanche*, 27 avril 1980.

même. Très ému à l'idée de cette nouvelle rencontre, je me présentai à l'heure dite au 47, rue d'Assas. A peine avait-il ouvert la porte qu'il me lança : « Ah, vous êtes jeune. On va faire un livre ensemble... » Le sort en était jeté ! Très vite, je fus embarqué dans ses traversées fulgurantes des jardins du Luxembourg et du muséum d'Histoire naturelle qui menaient à ses restaurants à géographie et menus variables, sans compter les sorties botaniques en week-end et les vacances à la campagne. Peut-être était-ce pour me tester qu'il m'entraîna dans la réédition d'une édition critique des *Lettres élémentaires sur la botanique* de Jean Jacques Rousseau [1]. Cela nous prit deux bonnes années. Sur la lancée et s'entrelaçant avec la réédition de *L'Homme et les plantes cultivées* [2], sa « prédiction » de faire un livre avec lui se réalisait lentement puisque je m'attachai dès cette époque à la rédaction de son itinéraire intellectuel qui cinq années plus tard, en 1987, allait devenir *Les Pieds sur terre* [3]. Comme beaucoup de ceux qui le fréquentèrent, pris dans les rets de ce compagnonnage peu ordinaire, fait de va-et-vient incessants entre les nouvelles du jour, celles du monde de la recherche, des considérations générales et, bien sûr, les observations géniales servies par sa pensée fulgurante, je sortais littéralement galvanisé et interpellé de chacun de nos entretiens. Je me souviendrai longtemps de son savoir-faire très particulier pour ne jamais répondre directement aux questions, déplacer le sujet et le replacer dans un questionnement beaucoup plus ample. C'est comme ça qu'au cours du temps je me suis éclairé à sa lanterne et me suis imprégné de sa méthode de travail qui consistait, tout comme Mauss le faisait avec ce que d'aucuns appelaient le vulgaire « Divers », à chercher du côté des évidences non éclaircies la façon dont l'homme s'inscrivait anthropologiquement dans le monde. Il m'assurait que

1. Jean-Jacques Rousseau, *Le Botaniste sans maître*, annoté par A. G. Haudricourt, Paris, Métailié, collection Traversées, 1982.

2. A.-G. Haudricourt, Louis Hédin, *L'Homme et les plantes cultivées*, Paris, Métailié, collection Traversées, 1987.

3. A.-G. Haudricourt, Pascal Dibie, *Les Pieds sur terre.*

« travailler » avait toujours consisté pour lui à s'amuser, sans doute voulait-il dire s'intéresser, et c'est comme ça que sans m'en apercevoir et afin de légitimer ma très humaine paresse j'ai finalement écrit l'*Ethnologie de la chambre à coucher*[1]. Travail qu'il m'avait soufflé en me répétant souvent et à juste titre : « N'importe quel objet, si vous l'étudiez correctement toute la société vient avec. »

Une séance de parage

Les ongulés sont devenus particulièrement fragiles depuis qu'ils n'arpentent plus que le béton, que leur marche est réduite à quelque cinq cents mètres de couloir industriel l'hiver et un bout de pré surpiétiné aux beaux jours. Attrait de cette stabulation moderne, nos vaches ont en effet un accès libre au pré, mais, par les chaleurs comme par les grands froids, elles ne s'y rendent guère. Dans les stabulations, elles sont stables, tellement stables qu'elles n'éprouvent plus l'envie de bouger. Belle économie d'énergie pour les éleveurs, certes, mais une catastrophe pour ces superstructures d'UGB dont les pattes et les extrémités se fragilisent. Pourquoi se redresser, pourquoi se presser, cahoter sur le béton glissant, avec les risques croissants de glissades involontaires – ce qui est le comble pour ce ruminant accablé d'un corps trop lourd sur un squelette qui mue trop lentement. Non, la vie d'ongulé artiodactyle n'a guère de sens en stabulation. Les onglons, usés, déformés par le sol si plan, occasionnent de plus en plus de gênes. Dérapages et chutes traumatisants sont fréquents. En clair, les pieds des vaches sont devenus l'un des « points faibles » du cheptel.

Après les mammites et les troubles de reproduction, les boiteries sont la troisième pathologie des vaches laitières[2]. C'est ainsi que, trois à quatre fois l'an, une société de parage opère préventivement auprès du troupeau ; en cas d'urgence, les vachers eux-mêmes

1. *Ethnologie de la chambre à coucher*, Paris, Grasset, 1987, Poche Hachette 1990, Métailié 2000, traduit en quinze langues. J'ai également réalisé avec Jean Arlaud un portrait filmé d'A.-G. Haudricourt, *Le Passe Muraille*, Prix du film scientifique de télévision en 1987.

2. Dans les actuelles conditions d'élevage, l'onglon postéro-externe est prédisposé à subir une surcharge. 95 % des boiteries concernent les membres postérieurs.

Lorsque j'ai eu 13 ans 1/2, j'entrai en seconde D au lycée St Louis de Paris je n'y fus guère brillant car je n'avait aucune notion du travail scolaire et même maintenant je ne connais pas la manière d'apprendre ce qui n'intéresse pas. Bientôt la grand-mère chez qui j'habitait mourut et je fus mis pensionnaire. Ce fut pour moi une secousse morale énorme de me trouver au milieu d'individus si semblables ~~mo~~ physiquement, si differents moralement qui me faisaient toutes les misères possibles — Le régiment m'a paru moins pénible et le bagne ne paraît pas si dur moralement — La violence des sentiments éprouvés me fit versifier malgré mon peu de gout esthetique - Voici un petit morceau qui traduit assez bien mes sentiments d'alors :

— On dû bientôt me retirer du Lycée pour raison de santé. C'est vers 14 ans 1/2 que j'achetais une grammaire russe, séduit par l'alphabet étrange et les bruits contradictoires qui couraient sur ce pays.

Comparant le desordre moral de notre époque à celui de l'empire romain à l'apparition du christianisme, je pensais qu'une grande religion allait apparaître et je cherchais à en établir les bases lorsque vers 16 ans 1/2, je découvris l'existence d'Auguste Comte

Je suis né dans la nature
La nature calme et verte
J'y ai fait des lectures
Et aussi des découvertes
—
J'ai vu que tout était bon
J'aimais tout mêmes les hommes
De l'humble fleur à la pomme
De l'éléphant au gibbon
—
L'experience me détrompa
Quand je vis des citadins
Et aussi des gens mondains
Dès lors cela me frappa
—
Lorsque j'entrai au Lycée
Ce fut la vrai catastrophe
Pour exprimer ma pensée
Je me servis de strophes
—
Imaginez une tribu
De pieds-noirs et d'algonquins
Devinez ce que je fus
Submergé par ces coquins
—
Je mourus ce jour même
M'étant tout à fait tué
En faisant un vieux problème
Je ne serai plus tué.

Manuscrit d'une lettre de A.-G. Haudricourt à Marcel Mauss du 1er août 1933.

n'hésitent pas à intervenir sur une vache qui boite trop visiblement. Savoir reconnaître si une vache souffre de fourchet[1], de fourbure[2], de la maladie de Mortellaro[3], ou d'un panaris est une qualité fondamentale pour la gestion d'un troupeau. Qualité qui n'est pas donnée à tout le monde, d'autant que les diagnostics et les soins ne sont pas si simples à établir et à traiter. Cela explique que des spécialistes se déplacent régulièrement pour « manucurer » le cheptel.

Un matin, les vaches étaient particulièrement nerveuses. Thierry, qui s'occupe d'un peu tout, notamment de nourrir les vaches et de l'épandage du fumier, m'en fournit la raison : la veille, elles avaient subi ce que les vaches détestent le plus au monde, une « séance de parage ». La société de service s'était déplacée pour entretenir les pieds d'une grande partie des laitières... Une soixantaine de vaches du troupeau avaient eu les ongles rognés, limés, soignés, réparés par des pareurs d'onglons experts. Ce métier consiste à soigner les petites infirmités, limage, redressage, consolidation des pattes des laitières, pour qui, j'insiste, la nécessité du déplacement autonome demeure essentielle dans le contexte industriel que nous connaissons. Seul un parage bien fait, suivi, permet le rééquilibrage de l'animal, en maintenant ou en rétablissant son poids sur les deux onglons du pied.

Il faut voir comment « les filles » sont soignées. L'équipe des pareurs professionnels débarque avec un « travail » transportable, une cage de contention tubulaire, équipée de treuils électriques et de sangles. C'est là-dedans qu'ils soulèvent à demi les clientes, une patte postérieure droite, une patte avant gauche par exemple, et qu'ainsi « contraintes » et soulagées ils leur refont sinon une beauté, au moins une santé. Afin de limiter le stress, on pousse très lentement une vache isolée vers l'engin. A peine pénétrée dans le piège, la tête prise dans le cornadis, elle se retrouve vaguement face à un univers connu – rien ne ressemble plus à des tubes que des tubes. Alors, les pareurs s'affairent. Les pattes délicatement

1. Inflammation superficielle contagieuse qui débute sur la peau interdigitée, puis s'étend aux talons.

2. Inflammation non infectieuse du pododerme, le tissu qui participe à la fabrication de la corne.

3. Inflammation de la peau de la couronne, du côté du talon surtout.

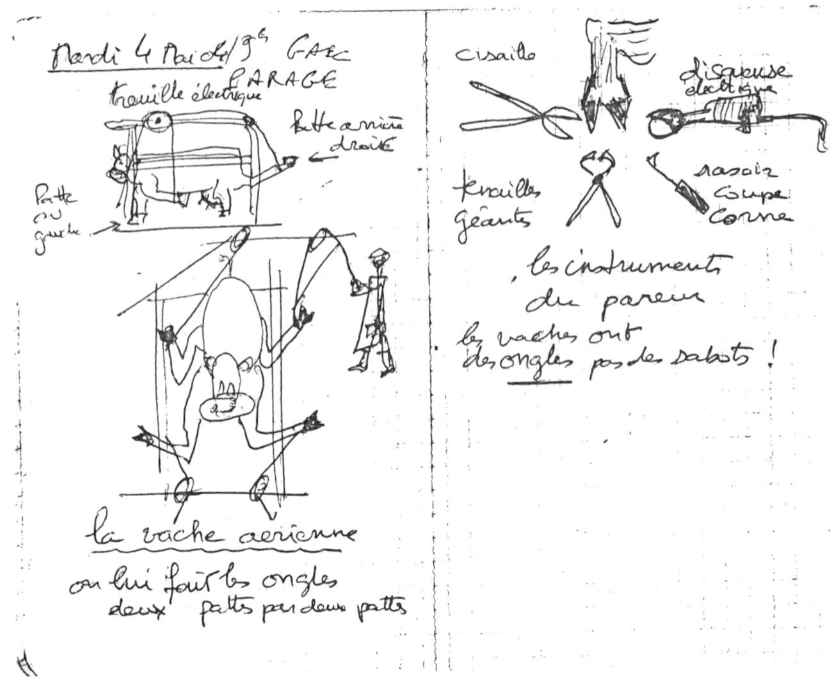

Mardi 4 mai 04-9 h GAEC / Parage / DESSIN / la vache aérienne / On lui fait les ongles / deux pattes par deux pattes
DESSINS / les instruments du pareur / les vaches ont / des ongles pas des sabots !

sanglées l'une après l'autre, un tour de treuil électrique, et la vache, en même temps qu'elle est soulagée en partie de son poids, est totalement immobilisée. La vache, quoiqu'un peu surprise de ne plus toucher terre, reprend ses esprits et se laisse aller, sauf les rétives, entre les mains des manucures. Et voilà les pareurs, leurs instruments à proximité quand ils ne les portent pas sur eux, protégés par de solides tabliers de cuir, qui s'attaquent aux onglons : un coup de cisaille ici pour raccourcir les ongles, un coup de tenaille là pour peaufiner la chose, un nettoyage au couteau pour soigner en profondeur, et, pour finir, dans une gerbe de phanères, la meuleuse électrique ponce, modèle, équilibre, ajuste les ongles des demoiselles inertes. Il arrive même, pour les plus déséquilibrées, qu'ils se livrent à un acte de cordonnerie en clouant une talonnette comme nous en portons sous nos chaussures. Dans ce salon de beauté un peu rustique, quarante-cinq vaches sont ainsi traitées dans la journée. Sauf accident, elles ne rencontreront à nouveau leurs manucures qu'un an plus tard. Mais les cent soixante travailleuses du troupeau y passeront toutes une fois ou deux dans l'année, et sans rechigner. Evidemment, à chaque fournée, une ou deux vaches au tempérament peureux ou rebelle, bien connues des pareurs, ne veulent pas se rendre à la raison des treuils, mais dans l'ensemble, habituées très tôt, les bêtes ne s'en plaignent pas. J'ai même eu l'impression que certaines ressortaient plus dignes, plus fières qu'en entrant dans la cage.

Ces soins pratiqués la veille ont fait qu'aujourd'hui le troupeau est invité à passer par le pédiluve, en sortie de traite. Cela explique le grand désordre dans l'aire d'attente, où les vaches patientent avant la traite. Seul le quai gauche est utilisé. Ce quai est honni des laitières, car il a le désavantage de ne pas les libérer directement vers l'étable, mais de les contraindre à s'engager dans un couloir boueux et glissant, et de rallonger leur parcours jusqu'à leurs chères « logettes ». La clôture du quai droit, qui n'arrive que dans ce cas exceptionnel, est, pour ces vaches qui ont de la mémoire et des habitudes, effectivement l'annonce d'une bien mauvaise séance. Le traumatisme des onglons rénovés est lié à un pataugeage un peu agressif. En effet, à chaque libération des tourniquets, la douzaine des bovins tout juste traits ne peut couper à ces quelques minutes de station prolongée dans un pédiluve empli d'un mélange de sulfate de zinc et de formol. Il s'agit de nettoyer les pattes en profondeur et de durcir les onglons récemment manucurés. J'y rejoins Thierry qui, discrètement, surveille et encourage les productrices juste sorties du travail à mariner quelques minutes dans un pédiluve très spécial. Les vapeurs du formol nous piquent les yeux, hommes comme bêtes, et nous préviennent que le liquide, plus que saumâtre après qu'une centaine d'ongulés sont passés dans ce bouillon, n'est évidemment pas potable. Aucune vache ne s'y risquerait. A voir leur impatience et la manière qu'elles ont de sautiller sur place, on comprend que ce mélange les agace prodigieusement. Après dix minutes de traitement, et avant l'arrivée d'une nouvelle fournée de victimes, Thierry les libère enfin. Elles, qui ont tant rechigné à entrer dans la pataugeoire, ne se font pas prier. Pour une fois, elles trouvent très vite la sortie et regagnent au trot le vrai plancher des vaches qu'est leur aire de béton. Un passage obligé à « la buvette » pour se remettre de leurs émotions, et chacune regagne sa logette pour s'y installer confortablement et entamer une longue et délicieuse station couchée, où, en toute tranquillité, elles rumineront sur leurs ongles refaits.

Des usines à gaz très nocives

Les vaches dorment mal. Occasionnellement, la chaleur n'y est pas pour rien, mais je crois que c'est la propre usine à gaz qu'elles portent en elles qui les empêche de s'endormir vraiment. C'est en tout cas pour cette raison que les gros ruminants de la planète sont aujourd'hui montrés du doigt, dénoncés comme les grands pollueurs devant l'ozone. La rumeur qui circulait dans les milieux écologistes des années 1970 se confirme : les vaches et certaines industries sont responsables de l'« effet de serre », c'est-à-dire du réchauffement de la planète. Le polluant qu'elles émettent n'est rien d'autre que du méthane (CH4). Il est vrai que chaque animal produit dans les trois à quatre cents litres de méthane par jour, voire plus en fonction de l'alimentation qu'il reçoit, selon qu'elle est sèche (farine) ou humide (herbe). A cette production de gaz naturel animal s'ajoute le recyclage de leurs déjections, le fumier que l'on répand comme engrais organique sur les champs. Ces émissions individuelles, multipliées par le nombre de têtes de bétail qui existent ici-bas – la France en compte vingt millions, l'Union européenne en totalise quatre-vingt-deux millions –, concourent, à une échelle plus impressionnante encore que la déforestation des grandes forêts comme celle d'Amazonie, à une diminution de la chlorophylle. Les vaches, à n'en pas douter, posent un véritable problème écologique.

Jusque-là, nous n'en étions qu'à la triviale question du méthane, ou plus précisément des GES – Gaz à Effets de Serre. En d'autres termes, comme le dit un slogan écologiste et prophétique : « Il fait chaud, parce que les vaches pètent ! » Tout récemment, de très sérieux chercheurs américains ont mesuré qu'à cette production de gaz il fallait ajouter celle du méthane émis par la respiration même des herbivores. La respiration des vaches ajoutée aux émanations du fumier des étables contribuerait ainsi à hauteur de 20 % aux rejets de gaz dans l'atmosphère terrestre [1].

Cela explique le développement de nombreux programmes de recherche, dont le but comme on l'a fait pour les moteurs des voitures est d'identifier des additifs alimentaires qui bloqueraient l'activité des enzymes contenus dans le rumen des vaches afin de limiter la production de méthane par les deux voies, et de s'arranger de façon que le « fumier fermier », tant solide que liquide, soit neutralisé [2]. Voilà, peut-être, une explication au fait que les vaches dorment si mal : en même temps qu'elles s'empoisonnent, elles savent désormais qu'elles sont responsables du trou dans l'ozone. L'étymologie même de ce dernier mot se rapporte d'ailleurs au crime désigné, une odeur « ozéneuse » signifiant l'odeur fétide. J'ai des souvenirs très nets de cette odeur, lorsque, enfant, on trocardait les vaches coupables d'avoir trop mangé de luzerne fraîche. Notre mission, une fois le trou fait au trocard dans la panse, consistait à nous relayer à côté de la vache bonbonne pour tourner une paille dans le trou afin éviter qu'il ne se rebouche. L'odeur était si forte que nous prenions notre respiration dehors avant de plonger dans l'obscurité de l'étable. Réellement, le gaz qui s'échappait du flanc percé de la malade empuantissait si fort l'atmosphère que la ferme et ses alentours devenaient irrespirables. Aujourd'hui je m'en rends compte : l'ozone était sur terre !

Ces odeurs me renvoient directement à la campagne et à la culture qui la sous-tend, ou la sous-tendait plutôt, car les choses ont bien changé. Ce matin me reviennent des expressions imagées, odoriférantes, longtemps entretenues par les citadins, et plus particulièrement par les « Parisiens » à l'égard des paysans, ces « bou-

1. Les GES peuvent provenir de certains composants des systèmes de gestion du fumier, quand les conditions anaérobies, partielles ou totales, s'installent par suite d'une raréfaction de l'oxygène ou de la prédominance de microsites anaérobies sur des particules de matières organiques. Les bactéries anaérobies dégradent essentiellement les matières solides du fumier en composés fortement réduits, dont du méthane (CH4), du dioxyde de carbone (CO2), mais également un puissant GES, produit à partir du fumier : l'oxyde nitreux (N20). (*Agriculture et environnement*, Les systèmes de gestion du fumier du bétail.)

2. Comme dans bon nombre d'exploitations importantes, le système de stockage du fumier au GAEC de Chichery est soumis à des conditions anaérobies qui limitent la nitrification, donc la production d'oxyde nitreux (N20), l'un des trois responsables de GES.

seux », ces « culs-terreux » dont on imaginait qu'ils pétaient autant que leurs vaches et que la propreté n'était pas leur fort ! Mise à part la bêtise, ces préjugés se rapportaient plus à un système agraire qu'aux hommes. La bouse de vache, témoin de la civilisation pastorale et agraire, si elle est un excrément, se confond depuis longtemps avec la terre et n'a plus guère de caractère scatologique. Elle est l'expression du choix d'une agriculture basée sur la domestication et l'utilisation de la force des bovins pour travailler, et, par une extension logique, de la fumure des champs. Or, traiter l'excrément comme on l'a longtemps fait et pensé, dans un rapport métaphorique ville-campagne, c'est pénétrer de plain-pied dans le domaine de l'ambiguïté. D'un point de vue anthropologique, l'excrément, la bouse de vache pour ce qui me concerne ici, n'est ni sale, ni impropre, ni même malpropre, mais l'homme considère que tout ce qui quitte quelque corps que ce soit par l'une de ses multiples ouvertures est, par définition, sale, chez nous, ou trop pur, en Inde[1]. Dans un cas comme dans l'autre, on préfère ne pas y toucher. Dès lors, la question se pose : comment réorganiser quelque chose qui sort du système organisé ? On s'est vite aperçu que toute souillure contient un principe actif qui, convenablement utilisé, peut apporter la prospérité. Ce qui explique que les excréments, dans l'histoire humaine et animale, sont indissolublement liés à la fécondité. Pourtant, il est difficile pour l'homme de s'en acclimater totalement, comme le montre le radical indo-européen *smedz*, qui désigne la puanteur et donnera *merda*, en latin. Pour ce qui est des excrétats animaux[2], les Romains, après d'autres, les domestiquèrent à leur façon ; comme ils avaient attribué à Saturne l'invention de la greffe, de la culture des arbres à fruits et de toutes les méthodes d'agriculture, ils finirent par trouver un dieu du fumier, *stercus*, et à lui donner un nom : Sterculius, dieu de la fertilité. Tertullien fit de Sterculius le dieu adoré par Saturne et Jupiter. Il devint, aux côtés de Janus, une divinité agraire, le dieu des semences (*spermatai*), à l'origine même de l'existence humaine. Les excréments, dès lors, se trouvaient indissolublement liés à la fécondité[3]. On

1. Mary Douglas, *De la souillure*.
2. A.-G. Haudricourt, « Note d'ethnozoologie. Le rôle des excrétats dans la domestication ».
3. Gaignebet, « L'homme et l'excretum », pp. 831-893.

comprendra que l'agriculteur tienne à son fumier et aux vaches qui l'alimentent !

Toucher aux excréments, entretenir un tas de fumier comme fumer les champs est un travail pénible et considéré surtout comme une tâche subalterne. Or, cela occupait la majorité du temps des commis de ferme. Le curage des vaches réclamait une fourche et un tombereau spéciaux, et un cheval puissant. Je me souviens des charrettes courtes et ramassées, crottées jusqu'au limon, réservées tout exprès au transport du fumier. Ce mélange de paille et de bouse de vache, essoré en partie de l'urine qui s'échappait de l'étable grâce à un caniveau, et qui s'égouttait ensuite dans la fosse à purin reliée ou située sous le tas de fumier, se trouvait à proximité directe de l'étable et, un peu caché, à l'intérieur des cours de ferme à Chichery. Mais, dans bien des villages de France, notamment dans le Nord, la largeur des rues tenait à ce que l'on entassait le fumier à l'extérieur, devant chez soi, afin que tout le monde puisse voir et constater, à la hauteur du tas, la double richesse en bêtes et en pouvoir fertilisant de son propriétaire.

Usine à lait, à bouses, à pisse et à gaz, les vaches, une vache, que dis-je, les UGB, désormais désignée sous le terme d'« unité » – le troupeau forme une UGB, Unité Gros Bétail –, sont devenues un problème. Dans notre société de plus en plus polluée et policée, la gestion de leurs excrétats, on l'aura compris, n'est pas une mince affaire. Lors de la construction du « nouveau GAEC », en 2001, l'aménagement de la stabulation et de l'évacuation de la litière souillée de cent soixante vaches a été l'une des préoccupations centrales des concepteurs. Les exploitations agricoles ayant plus de soixante-quinze unités animales, et entreposant donc du fumier, sont soumises, depuis le 1er octobre 2001, à respecter le Plan Agro-Environnemental de Fertilisation, le PAEF[1] et le GAEC a bien sûr dû s'y conformer. Une fumière couverte de 620 m[2], desservie par un racleur automatique sur rail repoussant systématiquement les déjections de la stabulation à l'extérieur, fumière doublée d'une

1. Cette exigence résulte de l'introduction, en juin 1997, du Règlement sur la Réduction de la Pollution d'Origine Agricole, RRPOA.

2. Système de stockage dans des conditions anaérobies limitant la nitrification, la pollution de l'air donc.

fosse circulaire de 600 m^3, destinée à récolter le purin, a donc été construite en contrebas du bâtiment. Le PAEF, nouvelle autorité morale et scientifique de nos campagnes, est pourvu de talents divinatoires et d'emprunts de technique directifs que son ancêtre Sterculius ne possédait pas. Par exemple, il oblige les exploitants à tenir compte de l'état de sécheresse du sol au moment de l'épandage. *Via* ses représentants ou internet, il se fait expert pour établir l'incorporation mesurée des déjections animales dans les champs ainsi que les usages des instruments aratoires, ou plutôt non aratoires, car ses recommandations indiquent de ne travailler que superficiellement, à moins de dix centimètres de profondeur et rapidement.

On verra plus loin que la technique du non-labour est un nouveau type de culture. Mais, pour revenir aux odeurs de *smedz* détectées par nos ancêtres indo-européens comme signe fort, irréversible, du monde pastoral, l'agrégation récente et légale du village à une aire dite urbaine doit régler leur sort aux effluves nauséabonds. Par arrêté préfectoral, les nez des villes contraignent les agriculteurs à recouvrir le fumier de nos vaches dans les quarante-huit heures suivant son épandage, au risque de verbalisation, signe ostentatoire que la ville est aux portes des champs et se prépare à absorber l'espace proche [1], avant de canaliser demain les restes sauvages échappés du cul de nos bovins lacteux et viandus que pourtant on s'échine chaque jour à tenir le plus propres possible.

C'est ainsi que vers 9 heures du matin, après qu'on a rincé la salle de traite, que la fatigue accumulée par quatre heures passées au cul des vaches nous pousserait à retirer nos bottes et à rentrer chez soi se dépoisser un peu, il reste à « pailler » les vaches ! Une vache est une vache, et le laitier un laitier. Entendons-nous : l'alliance de l'homme et de la laitière oblige à trouver l'équilibre ou le confort des deux soit respecté. Pour le laitier, une vache propre, paisible est l'idéal ; pour la vache, dont nous ne savons toujours pas quelle idée elle peut avoir du propre, je puis assurer néanmoins qu'elle a une haute idée de son confort. La preuve m'en a été donnée mille fois lors du paillage. Cette dernière opération, qui clôt la matinée de traite, consiste à repailler chacune des cent

1. Alain Corbin, *Le Miasme et la Jonquille, l'odorat et l'imaginaire social.*

soixante logettes où les vaches se reposent dans la stabulation. A partir des rouleaux de paille disposés dans le couloir de paillage (1,70 m de large) qui sépare les logettes se faisant face, on doit renouveler la litière, pour ne pas dire le lit de chacune des vaches, au moins une fois par jour. Généralement, la survenue d'un homme appelant « les filles » à se déplacer suffit à faire se lever et reculer les braves ouvrières. Dans les faits, je l'ai déjà évoqué, il suffit de faire résonner énergiquement les tubulures, voire de taper les croupes du plat de la fourche, en s'y reprenant plusieurs fois afin que ces dames, manifestement écrasées par la pesanteur, trouvent la force de se lever et de reculer dans le couloir de circulation. Il est vrai qu'on est si bien, allongé sur la paille, ruminant, remangeant éternellement ce qu'on a déjà avalé jusqu'à ce que l'alchimie s'opère... qu'il n'y a aucune raison de bouger. Les vaches ont sûrement conscience, depuis le temps, que ces brins de paille à portée de museau se transformeront en lait et en bouse [1] et que leur mission consistant à nourrir les hommes et le sol n'a aucune raison de s'élargir.

Vendredi 8 août 2003 (Chichery)

En train de tenter de décrire le mieux, le plus possible les vaches. Je découvre ou plutôt je mesure mon ignorance.

Je suis monté au GAEC hier soir et en me retrouvant dans la stabulation je me suis rendu compte que je ne pouvais pas expliquer ni comprendre la moitié des choses que je voyais.

Il y avait Guy qui donnait à boire à un veau gris jumeau, juste sorti de sa mère – on l'avait inséminé ou porteuse ? – bref « elle remplissait pas »... Ce sont tous ces termes que je voudrais retenir. Guy a une vision très biologique et très paysanne de ses vaches.

Impossible de dire si on ne connaît pas, c'est une évidence mais elle m'a servi de leçon. Je ne suis pas sorti de l'auberge, il me faut tout réapprendre du monde agricole.

Ce sont les mots des gens qui m'intéressent, leur univers – et c'est de ça que je dois témoigner, pas de mon intelligence à moi.

Humilité, humilité, tel est le maître mot.

---

1. A.-G. Haudricourt, « Notes sur le statut familial des animaux », *op. cit.*

En trayant les vaches, j'ai constaté que certaines d'entre elles portaient des bracelets aux pattes. A ma question, Guy qui ce jour-là était de service, me répondit, une seringue en travers de la bouche, que c'était « les jeunes mères, les malades qu'on marque ainsi. Mais celles-là, elles sont à part. Pour les autres, je leur fais un traitement, je prépare un transfert... » Me voyant dubitatif – je pensais au divan –, il ajouta : « ... un transfert d'embryons. » Depuis l'enfance, j'ai été habitué à voir le vétérinaire, au début, puis le technicien du centre, inséminer les vaches. Le cérémonial de la blouse blanche, des gants de plastique qui montent jusqu'à l'épaule et la vidée des intestins m'impressionnaient. Le plus extraordinaire est qu'on nous conviait, nous les enfants à y mettre la main, que dis-je, le bras. Une leçon de choses qui ne nous impressionnait pas plus que le trocardage, le sacrifice d'un poulet, d'un lapin ou la mise bas des vaches, des chiens et des chats. Mais là, à voir Guy jongler avec les gènes, quelque chose me dépassait.

« Disons qu'avec ce que j'ai dans la seringue, me dit Guy, je prépare les futures donneuses ou les receveuses, si tu préfères. Ce qu'il faut, c'est qu'elles aillent toutes ensemble : celle qui va pondre les ovules, celles qui vont les recevoir. Celles-là, sauf la Noiraude qui est justement la donneuse, elles vont porter, si ça marche... » D'un coup rapide, maîtrisé, il piquait les trois vaches dans une veine repérée et bien repérable. C'est fou ce que le dessous d'une vache est noueux autour des fontaines de lait, là où se distribuent les tuyaux bien enrobés qui convergent tous vers la mamelle. Ce point saillant comme un repère géodésique qui fait que, enfants, nous avions tant de mal à faire la distinction entre le mâle et la femelle chez les jeunes bovins, a pris des proportions de pipeline industriel. La Noiraude, une superbe holstein, si charpentée, si longue qu'elle ne pouvait tenir qu'en travers dans sa stalle, si haute que l'on voyait à peine les trayons sous les gouttières de la salle de traite, est la préférée de Guy, nettement. Récente dans le troupeau, elle est sa bête à concours, sa génitrice. Sélectionnée pour ses qualités génétiques, c'est elle qu'il utilise pour régénérer le troupeau par sa multiple descendance.

A n'en pas douter, elle possède des qualités génétiques hors pair.

N'a-t-elle pas été championne de France, nous l'avons vu, avec seize mille litres de lait sur l'année (contre neuf mille cinq cents litres en moyenne pour ses consœurs) ? Guy alla chercher une autre seringue, remplie d'un autre produit, à l'infirmerie – un bien grand mot pour désigner la table, ou plutôt le plateau de plastique posé sur des tréteaux, au fond de la salle de traite, où se mêlent traitements communs et produits vétérinaires. Cette « infirmerie » a l'avantage de concentrer en un seul lieu tout ce qui a trait aux soins, ce qui permet en clair de s'y retrouver plus facilement, même s'il faut chercher un peu.

En plus des compétences de laitier et de vacher, à entendre comme technicité et non, tel que jadis, comme métier dévalorisant, subalterne, Guy est en quelque sorte le maître de l'activité ovarienne du troupeau : c'est lui qui règle « ses filles ». Il sait tout des temps de traitement hormonal, de la stimulation ovarienne pour déclencher une superovulation chez Noiraude, comme chez les autres ; il synchronise le cycle œstridé des receveuses sur la superpondeuse, calculant pour que l'utérus de ces dernières se trouve à un stade équivalant à l'âge de l'embryon qui devra être transplanté... J'écoute tout cela, ébahi par tant de science et de savoir-faire, et je commence à le regarder non pas comme un apprenti sorcier mais comme un technicien de haut vol. Il manifeste une telle jouissance à « préparer » ses vaches, il possède en tête un tel programme génétique que j'en suis médusé, moi qui ai tant de retard sur les connaissances basiques à l'égard des étables, des étables européennes devrais-je dire. Mon savoir est si loin des leçons sur la fécondation chez l'oursin... et me voilà, ici, à Chichery, derrière des vaches qui non seulement produisent des hectolitres de lait mais en plus portent des embryons par dizaines et des veaux qui ne sont pas les leurs. Non, décidément, les vaches ne sont plus ce qu'elles étaient.

De retour à la maison, je n'ai pas d'autre solution que de rouvrir un manuel de sciences naturelles rescapé du lycée pour me remettre en tête l'histoire des jeunes ovocytes dans leur enveloppe de cellules folliculaires. Je mesure mon ignorance, mes carences, devrais-je dire. Comment ai-je pu ignorer pendant vingt ans que les vaches que j'aperçois dans les prés – enfin, celles qui y pâturent encore – n'ont plus rien de commun avec celles de jadis ? L'usage de « jadis », cet adverbe archaïque, associé invariablement au temps passé, ne m'aurait pas effleuré hier encore ! *Jadis et Naguère*, pour citer le titre d'un recueil de Verlaine (1884), ne veut pas dire autre chose qu'« autrefois », qu'« il y a déjà des jours ». Ainsi ce « jadis » qui n'a jamais fait partie de mon vocabulaire prend non pas sens, mais corps devant moi, sous l'aspect d'une vache. Je m'étais habitué à la disparition des cornes (on les brûle, mieux – ou pis –, on les éradique, on les dissout à l'aide d'une substance toxique), mais ce qui me semble plus compliqué à comprendre c'est que la vache aux oreilles étiquetées porte désormais le nom d'un géniteur qu'elle n'a jamais connu, ce qui n'est pas neuf, mais aussi celui d'une mère qui ne l'a jamais portée, mais qui l'a bien conçue... Aucune référence directe à sa mère porteuse, qui ne fut il est vrai rien d'autre qu'un habitacle passager, nourricier, mais qui l'a aussi menée jusqu'à sa forme définitive de vache et qui l'a mise bas dans la souffrance. Ces veaux que je vois naître ne sont donc pas les enfants des mères qui les portent ! Voilà qui est nouveau. Dans quelque temps, comme cela vient de se produire en Italie pour une pouliche, plus neuf encore sera ce veau cloné, mis bas par une porteuse, mais dont la génitrice sera aussi sa jumelle ! Ne souriez pas, c'est chose faite depuis le 28 mai 2003 [1]. Pour ce qui concerne le transfert d'embryon, la première naissance a eu lieu aux Etats-Unis en 1951, alors que les essais commençaient à peine en France [2]. On sait qu'en matière d'élevage, les réussites de laboratoire se répandent très vite dans les exploitations, avant que l'homme, confiant et conforté par son propre génie appliqué sur ses frères animaux ne s'y livre sur lui-même. Je n'ose évoquer les films de science-fiction que regardent aujourd'hui nos enfants, mais *X Men* ou *Matrix Reloaed* ne sont rien d'autre que de très banales histoires de clonage et d'élevage comme on les voit dans nos étables, l'action en moins...

« Ce que je fais, reprit Guy, alors qu'il fixait les manchons au pis d'une productrice inscrite sous le code 59 dans l'ordinateur, ça revient tout simplement à une insémination artificielle, sauf que je vais récolter les œufs, les embryons, au dixième jour pile après la fécondation. C'est à ce moment-là que je vais les transplanter dans

1. *Le Monde*, vendredi 8 août 2003.
2. Réalisé par Alain Testart, sous la direction de C. Thibault.

l'utérus des receveuses. Et ce sont elles qui vont assurer la gestation, les porter quoi, voilà tout. » Effectivement. Le procédé semble tellement banal, élémentaire, que je ne vois rien à redire, mais en réalité, je ne suis pas certain de saisir ni de comprendre quoi que ce soit !

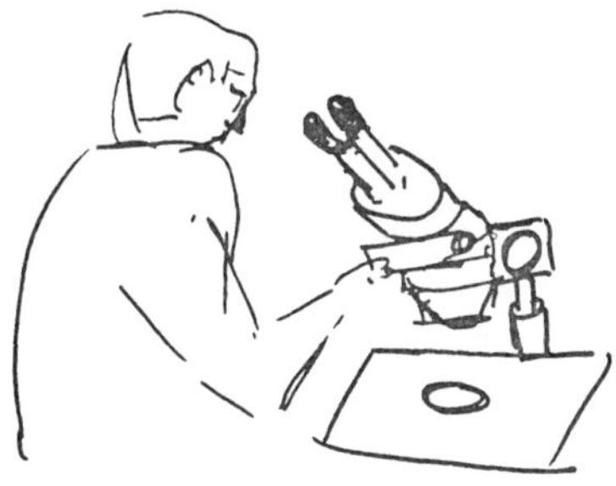

Qu'il s'agisse de la salle de traite, des ordinateurs, de l'organisation de la stabulation, de « l'intérieur » des vaches inséminées qui ne grossiront jamais de tout ce qu'elles vont enfanter, mais qui se multiplieront en d'autres ventres (quoiqu'elles doivent tout de même porter un veau pour la lactation), tout est devenu incroyablement complexe. Heureusement, Gaby, vacher à ses heures, me raconte tout ceci à l'ancienne : « ... Au bout de quelques jours, les vaches donneuses, comme de juste, vont sur-ovuler, se mettre en chaleur. Mais faudra bien qu'elles "demandent le taureau" le jour même où les vaches devront "recevoir". Ça c'est le difficile de l'affaire : faut bien chronométrer donneuses et receveuses, faut que leurs "chaleurs" viennent au même moment. Là, on peut les inséminer. On attend dans les dix jours [1] après le passage de l'inséminateur. Y en a qu'on peut inséminer deux fois dans la même journée, pour être sûr qu'elles gardent. Bon, ben, fatidiquement, on va récupérer les embryons... C'est rien d'autre qu'une espèce de cueillette avec des sondes utérines. Puis y vont garder les œufs, les compter, et hop, les congeler ou pas... On peut les conserver cinq à six heures à température ambiante. C'est comme ça qu'on les transplante dans le troupeau. Pour les garder

1. A ce stade, les blastocystes sont libérés de leur membrane pellucide. Il y a environ 600 à 2 000 cellules, au diamètre d'un demi-millimètre, très visibles au moyen d'une loupe binoculaire grossissante.

vingt-quatre heures, on les met au frigidaire ; au-delà, faut qu'y soient congelés, mais dans ce cas, y a peut-être moins de rendement. »

Ces fausses vraies mères qui mettront bas en même temps que la vraie fausse mère seront donc sœurs en maternité, leurs petits étant les vrais frères et sœurs du veau de l'unique génitrice... « Mais ce qui est bien dans ce système, poursuit le vacher, c'est que si, mettons, on veut "colorer" le troupeau – ce qui n'est pas le cas pour le moment, sauf exception pour les vaches qui "chargent" mal – avec nos holstein, on peut faire tout aussi bien du pur charolais. Suffit de choisir l'embryon d'une charolaise inséminée par un charolais. » La leçon est illustrée immédiatement par cette vache qui, hier soir, a mis bas des jumeaux tout gris, malgré sa jolie robe pie et un pedigree tout droit venu des Pays-Bas par un détour aux Amériques. Tiens, voici justement une vache qui avait du mal à « prendre » ou plutôt à retenir « la charge », « elle était trop grasse, mal conformée me dit Guy. Malgré deux, trois essais avec de la holstein, elle n'a pas pu charger. On s'est donc rabattu sur du charolais. Là, ça avait mieux tenu, pour preuve, y en a deux ». N'empêche, la vache était exténuée.

La cueillette des embryons

Ce jeudi-là, à 9 heures pile, la camionnette blanche « France Embryon » se gare devant le GAEC. Une dizaine parmi les cent soixante vaches qui viennent d'être soulagées de leurs milliers de litres de lait sont prêtes à recevoir la sonde fécondante de Bruno ! Celui-ci descend de son véhicule, chausse des bottes, enfile une blouse de grosse toile marron, puis s'empare d'une mallette de plombier et se dirige d'autorité en direction de la petite aire couverte qui jouxte la stabulation libre. Guy, déjà prêt, l'attend. Il a dressé l'infirmerie, comme il dit, la fameuse planche sur tréteaux de la salle de traite, nettoyée pour l'occasion, où reposent divers instruments et autres fioles. La « donneuse » est en cage, queue attachée, le derrière offert. Bruno lui dit bonjour, la flatte et prépare une seringue. Vite fait bien faite, une épidurale, « pour le confort de la bête, qu'elle pousse pas, quoi... ». Puis il enfile son bras gauche dans un long gant vétérinaire, l'enduit de gel, et se penche sur l'orifice. Il en vide tranquillement le contenu pendant qu'il bavarde, donne des nouvelles de sa famille à Guy. Ce dernier a déjà passé autour de son cou une drôle de boîte de contreplaqué, avec, en son centre, une minuscule boîte ronde de plastique transparent et une énorme seringue reliée à un tuyau. Caresses, douceur sur la croupe de la vache, de la main droite, des mots flatteurs pour l'animal. Bruno la « prépare », sort une sorte de tringle à rideaux orange, la sonde, puis un mandrin qui va permettre de raidir la sonde pour l'enfiler dans la vulve, en franchissant le col de l'utérus. Il nous montre – mon fils est en ma compagnie pour cette leçon de choses –, « là, au bout, c'est une bille ronde, pour ne pas blesser quand on progresse dans la trompe. Juste sous la bille, regardez ce petit trou : c'est par là que vont entrer les embryons. Plus bas, il y a ce ballonnet qu'on va gonfler pour boucher la lumière utérine. Alors, on va injecter un liquide synthétique qui reconstitue les eaux fœtales d'une bête, et, par influx et reflux, on va choper les embryons vers la petite boîte que porte Guy. » Nouveau gant d'inséminateur, toujours au bras gauche. Nouvelle plongée profonde dans le rectum, en silence, la tête penchée, l'oreille aux aguets. En fait, c'est sa main qu'il « écoute », puisqu'elle tâte les cornes de l'utérus : il doit « sentir » laquelle des deux est la plus ferme, ce sera celle où il doit collecter les embryons. Il l'a ! Guy écarte la vulve de la donneuse de la main droite, Bruno enfile lentement la sonde emballée dans un film plastique, raidi grâce à son fin mandrin. Arrivé à la corne utérine, il retire la fine tige de métal gainé de plastique orange, puis pousse encore la sonde, afin qu'elle descende. Son thorax est appliqué contre le cul de la vache, tandis qu'il pousse lentement la seringue à air pour gonfler le ballonnet... A l'extérieur, un ballonnet de contrôle se gonfle, alors il lance un ordre à Guy qui doit doucement envoyer le liquide de lavage. Guy appuie sur le piston de sa seringue jusqu'à la marque 6. Un liquide, légèrement jaunâtre, revient et s'écoule dans la petite boîte de plastique. « Ça doit y être, c'est bon, là », dit Bruno. Sortie des orifices. La donneuse a donné... Dernière replongée pour l'injection de pénicilline dans l'utérus, afin d'éviter tout risque d'infection. L'opération terminée, Bruno se lave les mains, tandis que Guy confie à mon fils la boîte aux embryons, lui rappelant qu'elle vaut le prix de l'or !

Pendant ce temps, Bruno est allé chercher son camion-laboratoire, qu'il gare juste devant la vacherie, à un endroit où le sol est parfaitement plan. L'arrière du véhicule est aménagé en laboratoire. Un habitacle blanc dans lequel, devant un fauteuil, est rivée une loupe binoculaire éclairée par en dessous. Il y a là un frigidaire, quelques pipettes, un bain et un de ces gros bidons de cryogénisation. Bruno a branché le radiateur, « pour réchauffer le milieu ambiant ». Très vite, nous montons avec mon fils le porteur d'embryons, dans le labo et refermons la porte derrière nous. Bruno saisit la boîte à embryons pour en faire la lecture : il s'assied sur son siège de travail et glisse le boîtier sous le binoculaire. L'exploration commence. « Y peut y avoir des embryons qui soient collés sur le tamis avec du mucus. Je vais donc le rincer avec une seringue qui contient de l'eau totalement pure. Hier, une donneuse m'en a donné dix-huit d'un coup... Aujourd'hui, ça a pas l'air d'être le cas. Non, y a rien... Elle a fait du follicule, mais n'a pas libéré les ovules. Je savais qu'y aurait pas grand-chose, c'est une jeune génisse qu'est tout juste cyclée, elle a que treize mois. On l'a démarrée parce qu'y faut bien démarrer la vache, et puis on l'a faite parce qu'y avait la circonstance, on faisait aussi la mère. C'est pas grave, on va lui faire un traitement, un peu en amont, en précollecte, mais on va la refaire. Les génisses, les bonnes génétiquement, on les collecte jusqu'à trois fois avant qu'elles fassent un veau. »

Alors qu'il continue d'observer à la loupe le liquide délayé obtenu, yeux rivés au microscope, il reconnaît que « rien qu'à la réponse à la main, j'avais beaucoup de présomptions qu'y aurait rien. L'ovaire, c'était pas ça. Il était pas ferme, la follicule, c'est mou. C'est bon quand c'est comparable à une poche d'eau, comme quand vous vous brûlez, comme une ampoule quand vous avez du liquide dedans. Vous le sentez, c'est dur, c'est ferme. C'est l'expérience qui fait. » Déçu tout de même de sa mauvaise pêche, il éteint son plan de travail, puis verse le contenu du tamis dans un flacon, et, dans un soupir, il fait : « ... Tant pis, on va décongeler. » Il ouvre alors le drôle de bidon renflé, qui se met à fumer : « Fait – 180° là-dedans. » Et il extrait, à l'aide d'une pincette, quelques paillettes d'embryons aux doux noms de Marguerite, Magnot, Moquette ou Myosotis, chacun suivi d'un code indiquant le cueilleur – en l'occurrence lui-même –, ainsi que l'année et le numéro d'ordre dans l'année. Il prépare alors quatre bains à températures différentes, où chacune des paillettes séjournera quatre à cinq minutes. Durant ce temps, il remplit les fiches de sortie des embryons, indique le nom du taureau, celui de la donneuse, de la receveuse, la date de la collecte et le protocole de décongélation. Vingt minutes plus tard, rallumant la table, se rivant à nouveau au binoculaire, il récupère les embryons décongelés dans une minuscule boîte de verre, et commence à les piqueter à l'aide d'un genre de pistolet aspirant.

Une fois qu'il a préparé sept paillettes dans une gaine contenant « une bulle d'air, le milieu, une bulle d'air, le milieu, une bulle d'air », opération qu'il effectuera à sept reprises, chacune correspondant aux sept génisses en ovulation qui attendent leur transfert avant midi, il fait « perler » ses paillettes et les introduit dans des sondes. Il se prépare alors à sortir, coinçant chacune des sondes chargées dans son dos, sous sa blouse, « C'est pour qu'elles restent au chaud jusqu'à la livraison », précise-t-il. Nous nous dirigeons vers les « jeunes filles », retenues pour l'occasion dans des cornadis. Chaque vachette a déjà été auscultée et bombée sur l'arrière-train à la peinture rouge fluo. « Le corps jaune qui sécrétera la progestérone alimentera l'embryon repéré », nous explique Bruno, il ne restera qu'à opérer les transferts. Ses deux bras emmanchés de plastique s'enfoncent dans une génisse, vulve ouverte et queue maintenue par Guy qui s'est fait assistant. Bruno a repris sa fonction vétérinaire et nous explique : « Vous voyez, je m'introduis dans la corne gauche, je l'allonge, et je vais déposer ça dans la courbure, du côté où y a le corps jaune. Après, elle prend ou ne prend pas, mais chez nous, on a un bon taux de réussite. On fait tout de même 6,3 embryons en moyenne, toutes races confondues, ce qui nous place en position de leader au niveau technique. » Il recommence l'opération six fois et termine, midi sonnant au clocher. Le temps de déboucher un petit vin aligoté que j'avais laissé dans la voiture pour fêter l'événement, la matinée est écoulée et les vaches transférées. Mon fils avait faim, une envie d'omelette, on rentre à la maison.

Jeudi 7 août 03 / Ce soir à la TV / reportage sur milliers / d'animaux qui sont / morts de chaleur / canicule : animaux. / La mort d'une vache (7 août 2003) / La vache qui est morte / après ses couches d'hier / (voir les jumeaux gris) / Elle était trop / grosse, grasse comme / un chanoine : pas / étonnant qu'elle a / claqué avec cette / chaleur en + péritonite / malgré antibiotiques hier / Elle a été amenée dans / la salle de traite souffrante / brûlante – je lui ai nettoyé les pis / repartie avant-dernière. / Mais avant le pédiluve elle s'est / effondrée, a glissé dans le couloir

Guy est aller chercher le / Bob 4 pour la relever / je l'ai caressée, rassurée / finalement elle s'est relevée / seule et s'est rendue au / ring des accouchées / Là, très fatiguée, elle a bu et / s'est couchée – Guy lui a / préparé transfusion calcium / et un « cocktail vital » dans une bouteille / Il lui a attaché la tête à un / barreau de la tubulure. Perfusion / elle est d'abord ressortie de / la veine : deuxième branchement / et finalement son cou / s'est allongé : sa tête s'est / penchée : elle était morte. / Il a tiré la langue, touché l'œil / la paupière : Morte. / Qu'est-ce qui / est mort ? des chiffres ? / l'extraordinaire est l'indifférence / des autres vaches – est-ce ainsi / pour tous les animaux ?

Guy a tout de suite repéré qu'elle faisait une infection, une « péritonite », me dit-il. Il lui avait déjà fait une piqûre d'antibiotique. Je l'avais remarquée, moi aussi, elle allait lentement, bavait, comme beaucoup de ses consœurs sous de telles chaleurs. Elle m'avait paru au bout du rouleau. On l'avait quand même conduite à la traite, où elle était arrivée, lentement, très lentement. Enfin, comme pour toutes les jeunes mères, son lait récolté dans un pot spécial à cause du colostrum que l'on redonne à boire aux veaux en crèche, elle était repartie, cahin-caha, par le quai gauche, pour regagner l'enclos des parturientes. Avant-dernière des douze vaches en colonne, elle s'était effondrée comme ça, sans rien dire, au beau milieu du couloir, entre les tubulures. Imposante, inatteignable, impossible à bouger, un bouchon bovin qu'on aura du mal à faire sauter ! La vache qui la suivait ne pouvait pas reculer, et elle attendait, comme une vache sait attendre, sans aucune impatience, sans crainte et sans panique, indifférente. Rêvait-elle que tout allait s'arrêter enfin ? Drame pour les humains et leur travail, elle bloquait le couloir d'évacuation sur une bonne moitié de la salle de traite, et notre moyenne de traite allait chuter de moitié. Guy partit chercher le Bob-cat pour qu'on tente de la lever. J'avais encore le souvenir très précis de la scène dantesque à laquelle j'avais assisté, l'hiver dernier, où une vache avait dramatiquement glissé sur l'aire d'attente et ne voulait plus se relever. Par bonheur, la brave fille se releva seule, regagna son enclos, se désaltéra un peu à la « buvette » pour se remettre de ses émotions, et alla se vautrer dans la paille. Je la pensais remise, car pour moi une vache est inusable. On avait prévenu Guy du miracle en l'appelant sur son portable, mais il a l'œil, et connaît bien ses bêtes. A son retour, l'apercevant de loin, il avait compris à sa façon d'être couchée, la tête si en avant du corps, qu'il fallait intervenir rapidement. Il fit très vite un mélange de trois produits dans une bouteille de bourgogne. Cela devait la faire « redémarrer ». Mais, auparavant, il jugea utile de lui injecter une perfusion de calcium. Alors, il pénétra dans l'enclos, passa un licol à la vache qu'il fixa solidement à l'une des barres de la mangeoire pour lui maintenir la tête. Après avoir vidé l'air du tuyau en plastique, il enfonça l'aiguille dans la jugulaire, tout en maintenant, à bout de bras, au-dessus de lui, comme un soldat blessé dans une bataille, le flacon d'un litre de calcium pur. L'aiguille de la perfusion sauta... Il dut s'y reprendre à nouveau, et chercha à replanter l'aiguille autour des grosses veines de la poitrine. La vache sembla réagir, tachycardisée par ce coup de fouet intraveineux, mais, sans doute trop épuisée, elle se relâcha. Accident fatal. Sa tête chavira et s'affala sur la joue droite. Guy avait compris. Il lui tira la langue à pleine main, palpa du bout d'un doigt le pourtour de l'œil ; mis à part quelques clignements, la réaction était pratiquement nulle. Alors, il toucha l'œil directement. Aucune réaction. La vache était morte.

Pour toute épitaphe, qui ne sera inscrite nulle part et qu'il faut prendre peut-être pour de la pudeur, ou l'aveu du dépit, elle reçut ces quelques mots : « ... Elle était grasse comme un chanoine, pas étonnant qu'elle ait claqué avec cette chaleur. » Le silence qui suivit, les regards que nous évitâmes – nous étions trois ou quatre à proximité – furent plus éloquents que tout. Quatre en quelques jours... Pour moi, j'assistais à ma troisième mort de vache.

Ce jour-là, de retour chez moi, j'écrivis dans mon carnet : « On n'est pas tristes. Qu'est-ce qui est mort ? Je ne sais : une chose ou une vache ? L'extraordinaire, c'est l'indifférence totale des autres vaches et la nôtre. Est-ce ainsi chez tous les animaux ? Personne n'a évoqué la perte économique. Je trouve cela respectueux. C'est impossible de perdre une vache, mais c'est normal, ça va dans le sens des vaches : elles vont, toute la vie, et depuis si longtemps vers l'abattoir. Désormais réduites à l'Unité de Gros Bétail, elles vivent à leurs risques et périls l'aventure industrielle à laquelle elles se sont rendues (bien malgré elles). »

L'expression « bien-être animal » circule depuis une dizaine d'années dans le milieu scientifique, surtout à propos des animaux d'élevages industriels. A n'en pas douter, il y a là un regard nouveau dans le champ du progrès et de la science qui n'a cessé d'animer le monde de la recherche agronomique depuis le début. « C'est nouveau, me dit d'un air contrit l'un des nombreux "techniciens" qui tournent autour du GAEC, mais il y a une nouvelle sensibilité et surtout une demande sociale qui pousse derrière et, c'est sûr, faut que les éleveurs s'y mettent vite au respect du bien-être des animaux d'élevage, sinon l'Europe va pas les louper ! Nous on est là pour prévenir, pour anticiper, pour amener à réfléchir sur la question, pour inciter, quoi... puis en aval y a les taux de production, une bête qu'est bien, elle produit plus. »

Le « desserrement » conséquent des contraintes imposées aux animaux d'élevage, cette idée influencée par les zoophiles et les activistes antispécistes anglo-saxons, a bien fait son chemin[1]. En France, pays européen réputé pour « marquer son hostilité systématique aux progrès dans ce domaine[2] », une association intitulée « Protection mondiale des animaux de ferme » a été créée en 1994. Protocole dont l'impact était presque nul jusqu'à ce que l'Union européenne et surtout l'INRA prennent le relais quant aux réglementations en matière d'élevage industriel, de « bien-être animal », et tentent de mettre au point des méthodes de « mesure objective du bien-être animal » [3].

Dimanche 22 août 2003 (Chichery)

Nous voilà dans un coup de chaleur qui il est vrai provoque des pertes de mammifères (hommes et bêtes) mais qui n'est pas le premier événement climatique de notre histoire. L'Afrique se met en place, nos plaines se préparent à redonner place au désert, bientôt les dunes vont gagner les rives de nos rivières asséchées et nous nous brancherons sur des pipelines d'eau douce venue du fond des mers jusqu'à ce que, là aussi, nous les vidions et voilà, nous mourrons d'un coma provoqué par nous-même.

---

1. « Ethnologie de l'antispécisme, mouvement de libération des animaux et lutte globale contre toutes les formes de domination », Catherine Dubreuil, université Paris VII-Denis Diderot (sous ma direction), 2001.

2. Jean-Paul Bourdon, 2003.

3. La Direction Générale de l'Alimentation (DGAL), au sein du ministère de l'Agriculture, est chargée de « l'élaboration, de la mise en œuvre et de l'évaluation de l'application des réglementations relatives à la protection animale (...), en concertation avec les associations de protection des animaux, les professionnels et les scientifiques, et l'adapte constamment en fonction de l'évolution des connaissances scientifiques et de l'expérience acquise sur le bien-être animal » (cf. Purgat, 2001, pp. 109-111). Le DGAL a donc fait pression sur les instances dirigeantes de la recherche afin que soient créées des unités de recherche sur le bien-être animal. C'est ainsi que le Centre National d'Etudes Vétérinaires et Alimentaires (CNEVA) a créé une unité de « protection animale » à Ploufragan en 1995, et que l'INRA lança une action incitative programmée sur le « bien-être des animaux » dès avril 1996. Jean-Paul Bourdon, dans son article « Recherche agronomique et bien-être des animaux d'élevage, Histoire d'une demande sociale » (2003), met en perspective la forte résistance du monde agro-scientifique français grâce à la « demande sociale » croissante.

Guy a déshabillé la pudique morte de son collier. En d'autres termes, il a débranché le microprocesseur qui assurait son identité et sa pitance adaptée. Puis il est allé le suspendre avec les autres engins, là-bas, au fond, près de la crèche, attendant qu'on le réactive au cou d'une nouvelle laitière... On a parlé de l'équarisseur, débordé en ces temps caniculaires. Des centaines de têtes de bétail, des milliers de volailles crèvent. On dit même que la préfecture s'apprête à lever l'interdit d'enfouissage sur place pour répondre à l'hécatombe climatique [1]. « Ça risque de sentir bon ce week-end », a dit quelqu'un. Tel fut le cas...

Cette mort donne tout son sens aux travaux d'une chercheuse de l'INRA, dont le constat s'impose comme une évidence [2]. A raison, elle écrit : « Si nous ne pouvons plus collectivement bénéficier de la présence des animaux d'élevage, si les éleveurs ne peuvent pas faire partager leur travail et si celui-ci ne contribue pas à la santé, mais à la maladie potentielle, à quoi sert l'élevage ? » Dans le vide culturel, la vie n'est pas une vie, et l'espoir que des besoins d'ordre économique rempliront automatiquement ce vide – à l'image des animaux qui passent l'essentiel de leur temps à se nourrir – fera que « la vie paraisse viable dans n'importe quelles conditions ». C'est-à-dire que l'énergie dépensée pour survivre, pour s'adapter à de nouvelles contraintes, faisant oublier que la vie pourrait être différente, est insupportable pour des organismes vivants [3].

On ne peut tenter de comprendre ce qui se passe dans une exploitation de ce type aujourd'hui sans réfléchir au problème même de la sélection des animaux, sans prendre en compte le fait que ces critères ont radicalement changé depuis l'époque paysanne que nous avons quittée. Bien que les scientifiques n'aient jamais réclamé l'enfer sur la terre pour les animaux, en France, l'inconcevable collusion entre les experts et l'Etat en matière de « progrès agricole », depuis les années 1960, consiste à mettre les applications de laboratoire à l'usage des exploitations agricoles à une vitesse accélérée. A cet égard, on note une véritable hantise nationale du « retard ». En tout cas, ce sont bien des études scientifiques

1. Cf. *L'Yonne républicaine* et chiffres chez les animaux et les humains...

2. Jocelyne Porcher, *La mort n'est pas notre métier.*

3. Karl Polanyl, *La Grande Transformation. Aux origines politiques et économiques de notre temps.*

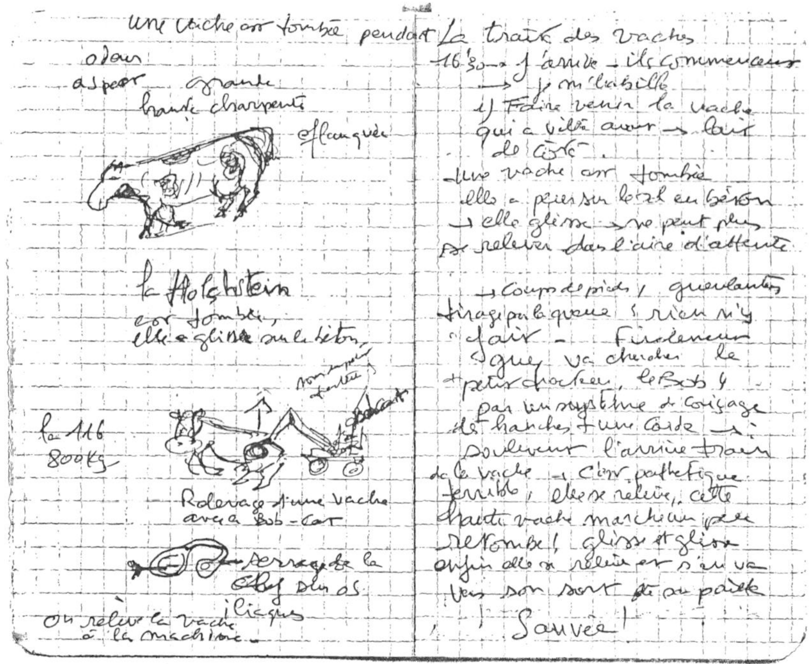

Une vache est tombée pendant la traite des vaches Odeur / aspect grande / haute charpente / efflanquée / la holstein / est tombée / elle a glissé sur le béton / La 116/800 kg / relevage d'une vache / avec le Bob-cat / serrage de la / clef sur les / iliaques / On relève la vache / à la machine
16 h 30 : j'arrive : ils commencent / Je m'habille / 1) Faire venir la vache / qui a vêlé avant : lait / de côté. / Une vache est tombée / elle a peur sur le sol en béton / elle glisse : ne peut plus / se relever dans l'aire d'attente. / Coups de pied / gueulantes / tirage par la queue : rien n'y / fait – Finalement / Guy va chercher le / petit tracteur, le Bob 4 / par un système de coinçage / des hanches + une corde : / soulèvent l'arrière-train / de la vache : c'est pathétique / terrible, elle se relève, cette / haute vache marche un peu / retombe ! glisse et glisse / enfin elle se relève et s'en va / vers son sort et sa paille / Sauvée !

qui ont permis de traiter les animaux comme les plantes sous serre, de cerner au plus près la manière de ne satisfaire que leurs besoins primordiaux, toujours à moindres coûts, réduisant leur vie à une survie, les condamnant à la claustration, à la promiscuité, voire à l'immobilité, et surtout à l'ennui[1].

L'idée qu'une bête est belle ne dépend plus de son apparence

1. Jean-Paul Bourdon, 1996.

esthétique, elle n'a plus guère de rapport avec la relation affective que nous pouvons entretenir avec l'animal à cause d'une histoire commune, symbiotique souvent. Une belle bête, une « belle vache », comme on disait alors, on n'en a que faire [1] ; ce que l'on veut désormais, c'est avant tout une « bonne bête », entendez une bête qui génère du profit. « Quel intérêt pouvait avoir la beauté des animaux, hormis celui d'inciter à la contemplation, à la paresse ? note Jocelyne Porcher, évoquant l'univers actuel des exploitants agricoles. Quel bénéfice pouvait apporter l'attachement des paysans à leurs animaux ou à leur terre, sinon de leur procurer des émotions et de les maintenir dans une sensiblerie dommageable à la nécessaire rationalité de leur travail ? »

Ce regret de ne plus être capable de la regretter qui s'exprime dans l'indifférence à la mort de la vache, ou plutôt, ces jours derniers, de ces vaches, est sûrement de cet ordre. Mais c'est aussi l'espace même de la stabulation qui génère cet état d'esprit. Ni sensiblerie ni nostalgie n'ont de sens en ces lieux. Qui, quoi, en effet, pourrait rappeler le bon vieux temps ? Il ne s'agit là que d'un lieu de production, un lieu de production de lait, et non de viande, comme le souligne une telle organisation de l'espace ; il ne s'agit que de se faire respecter en tant que producteur sérieux et de « tenir » sur le marché face à la demande industrielle et à la compétition.

Nous ne sommes plus chez des paysans qui faisaient tout et rien à la fois, le lieu est pensé, organisé pour réduire les temps improductifs de l'homme, évacuer « tout ce qui, dans le travail, ne concourait pas à une production visible et démontrable ». Inscrit dans une filière bovine, poursuivant bravement des objectifs définis et générés par le système, maillon infime d'une chaîne qui ne laisse guère d'autre liberté que de réussir, de soutenir la compétition internationale dont on dit et redit sans cesse aux éleveurs qu'ils en sont les acteurs ; ceux-là, par la force des choses, sont devenus des éleveurs de machines animales, « la mort n'existe pas, puisque les animaux ne sont pas vivants. Il faut être vivant pour mourir. Cette absence de vie des animaux a bien sûr un effet sur la propre vie des éleveurs, sur le sens qu'ils peuvent donner à leur travail et sur le plaisir qu'ils peuvent y prendre. »

1. Jean-Luc Mayau, 1997.

Notre alliance avec l'animal est devenue invisible. Retirée du monde, elle s'est soustraite à notre regard, pour la bonne raison que nous n'avons plus besoin d'une telle alliance. La mise des bovins sous le joug était encore l'expression d'un rapport direct, d'une utilité polyfonctionnelle : traite, lait, viande, fumage formaient un tout.

Libres en apparence aujourd'hui, les animaux n'ont jamais été aussi contraints, aussi destinés.

Une moisson contemporaine

Si je n'ai guère ressenti de véritable nostalgie à la revisitation du monde vacher, les moissons, le temps des moissons, en revanche – qui signifiait battoirs, mais surtout « battages » et « batteurs » tournant sur la dizaine de grosses fermes en activité dans le village quand j'étais enfant – m'inspire des souvenirs autrement forts, à la fois festifs, poussiéreux, odorants, et surtout incroyablement humains. Pour les très jeunes que nous étions, l'accès au monde des adultes passait par là, par la paille, le son et la sueur. Associés à ces hommes au travail nous touchions du doigt l'incompréhensible. Imaginez un monde en mouvement, en force, torse nu, puissant, empoussiéré, hurlant ; un monde qui trouvait son ordre à coups de sifflet, avec ses pauses, ses reprises et ses incidents. Un monde de responsabilités, où les femmes nous associaient, nous autres les enfants, à leurs travaux préparatoires, où nous étions officiellement conviés à remplir la tâche essentielle de servir à boire à ces héros recouverts de poussière qu'on refroidissait comme des moteurs à coups de gobelets de piquette. C'était notre premier travail sérieux à la ferme, notre première mission de confiance, avant d'être promu Porteur de ballots, puis, si la nature nous avait bâtis pour ça, Porteur de sacs, c'est-à-dire costauds reconnus. Mais la « moissebatte » est arrivée trop tôt pour que je puisse me mesurer aux quintaux...

Dans les années 1960, la moissonneuse-batteuse-lieuse vint effacer le temps du battoir et balayer tout son monde empoussiéré. Je suis de la génération des machines mécaniques autotractées, celles qui s'annonçaient depuis longtemps déjà dans ces systèmes ingénieux de rouages et de cordes, où ressorts, taquets et clapets déclenchés à distance pouvaient activer chaque petit système D. Aussi n'ai-je été ni surpris ni même affecté par cet univers où l'homme ne participe plus à l'effort que comme déclencheur ou réparateur des moteurs désormais mécanisés de l'agriculture. Pourtant quand Léon a sorti la moissonneuse ce matin du 29 juin 2004 exactement, c'était un mercredi, j'étais là, un peu perdu devant un univers dont je ne connaissais plus la grammaire. La machine aux reflets verts brillait dans l'atelier, entourée du bruit strident du gonfleur. La révision de la John Deer ne dura pas plus d'une heure, les réglages tout aussi peu. Alors que Léon graissait les rouages, donnant quelques tours de clé çà et là, je pus admirer la reine des machines sous son carénage, en apprécier la complexité. A bien l'observer, mise à part la micronisation des rouages, sa mécanique ressemblait en apparence encore à celle du vieux battoir, à cette différence près que celle-ci, autotractée, était ramassée sur huit mètres. Cette machine industrielle mobile se préparait à couper, secouer, égrainer, trier, et, comme le prescrit le grand livre des pasteurs-céréaliers qu'est la Bible, à appliquer mécaniquement la parabole fatale du Christ, à savoir : séparer le bon grain de l'ivraie. « Ça, c'est le plus important, c'est ce qu'il faut surtout régler, parce que selon que le blé est plus ou moins propre, ce que tu sépares, c'est ce qui va faire que la récolte va être bien faite ou pas ; et c'est ce qu'ils vont juger en premier au moulin », releva Léon tout en continuant de régler sa machine au petit poil. Essai moteur : le monstre s'ébroue, le manchon à grains se plie, se déplie, comme un long tentacule. Un petit tour à la pompe et, cinq cents litres de fuel plus tard, pendant lesquels Léon a astiqué les vitres de la cabine de verre climatisée, redémarrage. Direction la barre de coupe préparée la veille. On attelle les six mètres de mâchoire d'acier à la moissonneuse autotractée et le convoi qui doit largement faire ses douze mètres est prêt à prendre les champs. Midi sonne au clocher, chacun rentre manger chez soi. Rendez-vous est pris pour 2 heures de l'après-midi.

Lui devant, moi derrière, les warning de ma voiture clignotant, nous prenons la route ou plutôt les chemins des champs. Ce drôle de train vert aux allures de sauterelle géante serpente ainsi un bon quart d'heure jusqu'à un champ d'orge, là-haut, sur Drivaux. Le champ, légèrement en pente et pour cette raison très bien exposé, est vaste comme la place de la Concorde ; onze hectares dont la moissonneuse fera une bouchée ou presque. Avec une dextérité incroyable, Léon accouple l'immense machine à sa barre de coupe. Quelques branchements manuels : prise de force, système hydraulique, et le monstre est fin prêt. Léon grimpe alors dans sa cabine insonorisée, et m'invite à le rejoindre. J'ai droit à un strapontin plutôt confortable. Tandis qu'on prend la direction de la lisière du champ, j'observe le tableau de bord, ou plutôt les instruments de bord, sous-titrés par une signalétique qui m'est parfaitement étrangère. Reste à voir comment se gouverne cet espace ramassé, cette usine condensée, et quelle est la réalité pratique de ce véritable centre stratégique, ce siège d'où on peut tout voir, tout contrôler, tout commander. Nous cahotons un peu mais sans bruit, ou très peu, sans poussière et dans la fraîcheur. Léon manie l'engin sans grand effort. Il tourne le volant à l'aide d'une poignée pivotante fixée pour démultiplier la direction déjà largement assistée de la géante. Baisse électriquement la barre de coupe, entendez appuie sur un bouton pour produire l'effet... L'animal vorace avale l'orge trop dense, « la paille est encore un peu verte, c'est pour ça que ça bourre un peu, t'entends que ça grogne. Pourtant, le grain est bien, il est à maturité ». Nous ne ferons qu'un essai.

Bientôt, Jeannot se pointe à notre rencontre à bord d'une camionnette blanche. Léon immobilise la moissonneuse, coupe le moteur. « Faut qu'on fasse l'analyse du grain avant de continuer », me précise-t-il avant de s'engager sur la passerelle. Il ramasse une poignée de grains dans la trémie accessible, l'observe, hoche la tête. A moitié satisfait, il descend l'échelle et la confie à Jeannot qui l'attendait en bas avec un petit seau. Aucune parole n'est échangée. Jeannot remonte dans sa camionnette et s'en va aussi sec en direction du GAEC. En attendant le verdict des analyses,

Léon en profite pour effectuer quelques réglages et pour m'expliquer le travail.

JACQUES MEUNIER, LE DERNIER FLÂNEUR

Ce n'est pas moi qui suis allé à la rencontre de Jacques Meunier (1932-2004), c'est lui qui est venu à la mienne. Il avait repéré sur les quais *La Brochure ethnologique* que je fabriquais dans les années 1976. Un coup de téléphone, un premier rendez-vous rue des Ecoles, une longue promenade dans le quartier Latin, la discussion a commencé. Elle ne s'est interrompue qu'avec sa disparition en 2004. De lui je connaissais *Le Chant du Silbaco*, une chronique sublime et désastreuse de l'Amazonie qu'il connaissait comme sa poche. Il y dénonçait avec vigueur l'ethnocide perpétré contre les Indiens. Cousin de Pierre Clastres en ses analyses libertaires, après des années passées chez les Chacobo, les Cashinahua, les Yanomami et les Guayaki, il développa un goût vrai pour l'ethnologie de terrain et une aversion pour celle que l'on pratique en bibliothèque. Je crois qu'il aimait autant les voyages lointains que les voyages sur place. Lui et moi avons flâné presque trente ans des matinées entières dans les rues du quartier Latin. On s'amusait, rien ne lui échappait. Il nous regardait, selon sa belle formule, comme « une nouvelle manière d'être d'anciens sauvages » : supermarchés, embouteillages, feux rouges, files d'attente, garçon de café, rites du pourboire, petits sacrifices crématoires des fumeurs, tout et tous méritaient intérêt et lui posaient question. Son but n'était pas d'obtenir une réponse, mais d'élargir son regard, de professer l'horizon et surtout de s'inventer des voyages et par la même sa pensée. Pensée qui presque toujours rejoignait la poésie, sa vraie manière d'être en vérité. Comme il avait un sens inné du mythe, il savait raconter des histoires comme pas deux. Elles nous faisaient rire autant qu'elles le faisaient vivre. Avec toute la gravité que cachait son humour il assurait, et il assumait, qu'il fallait prendre le non-sérieux pour centre de gravité si l'on voulait comprendre un peu de l'homme. C'est ainsi qu'il se débrouillait toujours pour que la méthode ne cache pas la démarche, n'empêche qu'il n'hésitait pas à dire que personne n'échappe à l'ethnologie et que notre prétendue rationalité n'est qu'une rationalisation du monde parmi d'autres. A part ça, c'était un écrivain. Jacques aimait subvertir les genres, mentir en le montrant, et se servir de l'ailleurs comme un apprentissage, habité de la certitude que l'on bâtit son œuvre avec du dérisoire que le talent rend définitif. C'est lui qui m'a incité à écrire *Le Village retrouvé* dans la collection « Histoire de vie » qu'il dirigeait chez Grasset.

Le Chant du Silbaco, avec Anne-Marie Savarin, Payot, 1991 ; *Les Gamins de Bogota*, Payot, 2001 ; *Manifeste pour un minimum de poésie*, Lachenal et Ritter, 1986 ; *Le Monocle de Joseph Conrad*, Payot, 1993 ; *Voyages sans alibi*, Flammarion, 1994 ; *On dirait des îles*, Flammarion, 1999.

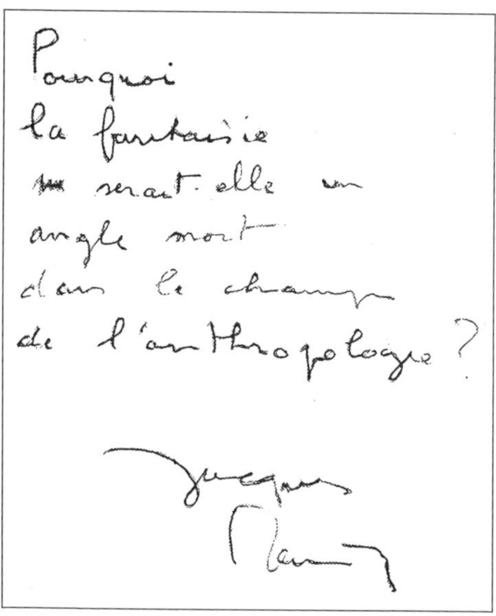

Pourquoi
la fantaisie
serait-elle un
angle mort
dans le champ
de l'anthropologie ?

Jacques
Meunier

Ecriture de Jacques Meunier.

Il m'invite à pénétrer dans le corps même de la moissonneuse, au cœur d'un vacarme métallique produit par les frottements des grilles, là où le grain est battu, où le blé est nettoyé. « C'est l'ancien tarare en quelque sorte : en arrière, ou par-devant si tu préfères, la paille coupée qu'arrive, elle est battue, repasse en haut et sort derrière nous. Là, c'est au choix : soit elle est hachée par le broyeur qu'on met en position, soit elle tombe en andin : on la récoltera pour faire des ballots. Après, le grain passe à travers le contre-batteur. Il est brassé par les secoueurs qui re-séparent la paille du grain de ce qui reste. Sur les grilles que tu vois, une soufflerie fait passer tout ce qui est balle – c'est ça que je peux mettre plus ou moins fort depuis la cabine, ça dépend du calibre du grain et de l'humidité. Mais j'ai intérêt à bien régler, sinon t'en perds pas mal par terre... Bon, le grain qu'est plus lourd, il tombe sur les grilles. Il est battu à nouveau, propre, et rejoint la trémie où je l'engrange jusqu'à ce que ce soit plein. Alors, je le transfère dans une remorque qui va l'emporter tout de suite au moulin de Bonnard. Là, c'est pesé, analysé, payé. »

Nous sommes fin juin, ce jour-là c'est de l'orge que nous moissonnons, elle mûrit avant le blé – jusqu'alors je n'avais jamais participé à une moisson avant le 14 juillet. « Avec l'orge, on a de sacrées normes à respecter, me précise Léon. Si t'es au-dessus de la norme, ça fait des réfractions sur le prix. Faut s'arranger pour couper sec. Si ton orge est humide, même si c'est le bon calibre, au moulin ils te la déclassent en fourragères... C'est pour te décourager de la couper humide, parce qu'après, faudrait qu'ils la sèchent là-bas... et c'est cher ! Bon, là, je pense que ça va, mais c'est juste. » Jeannot est de retour. Peu loquace, comme à son habitude. Il fait durer le suspense, avant de lâcher finalement : « 13,6 d'humidité, 12,2 de protéines. C'est un peu faible, mais vous pouvez y aller, les gars. » Léon, soulagé, se hisse à nouveau jusque dans la cabine. Je le rejoins. La moisson peut commencer pour de bon.

Montée, descente, montée, descente, nous avalons l'orge à bonne vitesse. Léon me dit que j'assiste presque à une moisson à l'ancienne. Parce que bientôt, m'explique-t-il, « y aura pratiquement plus besoin de monter dans la machine, l'ordinateur de bord sera capable à lui seul de calculer l'ensemble des opérations – il le fait déjà un peu, du reste : mesure du débit, qualité du grain à chaque point du champ, rentabilité au nombre d'hectares fauchés, etc. » J'ai appris, depuis, qu'une fois branché sur le GPS la moissonneuse ou n'importe quel engin agricole pourra cultiver seul et avec une extrême précision n'importe quelle pièce cultivée, n'importe où à

LE REMEMBREMENT A CHICHERY

❐ DEFINITION

Un remembrement est un aménagement foncier réalisé généralement sur le territoire d'une commune, qui a pour but de substituer au morcellement excessif des terres, des parcelles moins nombreuses, plus grandes et pourvues d'accès faciles.
(source : dictionnaire encyclopédique Larousse)

❐ HISTORIQUE

Le dernier remembrement du territoire de la commune de Chichery a été réalisé dans les années 1954-1956, avec le concours de Monsieur Etcheverrigaray, géomètre.

❐ RAPPEL

A cette époque, le travail de la terre était effectué principalement à l'aide de chevaux ou de petits tracteurs et il n'apparaissait pas nécessaire d'exploiter de grandes parcelles (rayages trop longs, problèmes d'épandage de débardage, etc.).
Néanmoins, à l'occasion de ce remembrement, un certain nombre de chemins avait été réalisé ou amélioré, grâce à un prélèvement d'environ 5% des terres appartenant aux propriétaires.
La gestion de ces chemins avait été confiée à une association foncière.
Pendant la période 1960-1970, la mécanisation ainsi que l'évolution rapide de l'agriculture ont nécessité rapidement le besoin d'agrandir les parcelles donc de procéder à des échanges entre exploitants afin d'utiliser et de rentabiliser du matériel de plus en plus performant.
Paradoxalement, la mise en place progressive de la nouvelle politique agricole rendait ces échanges de plus en plus ingérables. Aussi, les agriculteurs de la commune ont souhaité que soit engagée la procédure d'un second remembrement.
En 1988, l'association foncière ayant été dissoute, la commune redevenait propriétaire des chemins ruraux.
Début 1990, le réseau des fossés (bois et terres) a été recalibré pour un coût d'environ 350.000 F subventions le solde étant à la charge des agriculteurs.

❐ LES FAITS

Le 20 mars 1996, le Préfet de l'Yonne, par arrêté, institue la création d'une commission communale d'aménagement foncier. Cette commission est composée des membres suivants :

- 3 membres titulaires et 2 membres suppléants représentant les propriétaires foncier non bâti.
- 2 membres titulaires et 2 membres suppléants représentant la D.D.A.F
- 1 membre titulaire et 1 membre suppléant représentant les services fiscaux.
- 1 représentant du Conseil Général.
- 3 représentants qualifiés pour les problèmes de protection de la nature.
- 3 membres titulaires et 2 membres suppléants représentant les exploitants agricoles.
- 1 représentant du conseil municipal
- 1 représentant du Tribunal d'Instance de Joigny
- le maire de la commune siégeant de droit dans cette commission.

La D.D.A.F confie à un bureau d'études une étude d'impact sur l'environnement du remembrement de Chichery (cette étude peut être consultée en mairie).
Le périmètre de remembrement englobe environ 600 Ha répartis selon :

- 486 ha sur le territoire de Chichery
- 70 ha en extension sur Appoigny
- 34 ha en extension sur Branches
- 9 ha en extension sur Villemer

soit 1710 parcelles cadastrales.

Histoire du remembrement à Chichery. Extrait du *Bulletin municipal*, 1996.

Chichery ou dans le reste du monde. Le Global Positioning System, reliée au système mondial de localisation hérité des militaires américains, déjà présent dans nos voitures pour nous orienter, ne va pas tarder à entrer dans l'ère de l'agriculture de précision qui s'ajoutera très vite à l'agriculture raisonnée que l'on pratique au GAEC. Déjà Léon, s'il le voulait, pourrait utiliser le dispositif de « guidage à bande lumineuse ».

« C'est assez simple, m'explique Léon : t'as un instrument dans la cabine, une petite barre qu'est équipée d'une rangée de voyants lumineux. Bon : t'es branché sur le GPS qui te donne la configuration du champ que tu cultives, ton voyant du centre, il est allumé, ça veut dire que tu vas tout droit. Si c'est ceux de gauche qui s'allument, t'as une déviation à gauche, pareil pour ceux de droite. Ça permet quoi ? Ça permet un travail d'une extrême précision, de jour comme de nuit. Je parle pas tant de la moisson, on voit encore ce qu'on fait. Mais tu prends les traitements, tu dois pulvériser. Bon, toi, à vue, tu te recales à peu près. Mais là, non : ça te règle au centimètre près ton arrosage. Alors dix, vingt centimètres à gauche et à droite sur des centaines d'hectares, ça te fait des centaines de litres économisés. Ça te divise ton champ en parcelles et ça peut te régler le débit en fonction de la nature du sol ou des besoins de la culture que tu vas faire. Les informations satellites, elles peuvent carrément aller plus loin : taux de fertilisation, rendement, analyse du sol, précipitations, apparition de maladies, d'insectes, même les coûts. Y a tout, et on y est, suffit plus que de se brancher ! »

Les agriculteurs français résistent encore au guidage GPS, mais je sais très bien que le désir de la nouveauté, moteur premier du monde agricole, ne tardera pas à les inciter à se brancher à leur tour, tout comme leurs homologues américains qui, de 25 % en 2000, sont déjà passés à 42 % en 2004. Je suis sûr que ma prochaine moisson à Chichery. – dans vingt ans ? – s'effectuera du bord du champ, ou bien même depuis un bureau...

En attendant, je change de machine. Jeannot, qui a déjà fait deux rotations de remorque jusqu'au moulin de Bonnard, me propose de l'accompagner pour ce voyage. Descendu de la moissonneuse, j'attends un tour de champ, le temps que Léon ait fini de remplir de grain la remorque que conduit Jeannot. Remontant le champ, avançant à couple, enrobés dans une épaisse poussière, les deux engins, dans un bruit de tôle et de crissements, arrivent jusqu'à

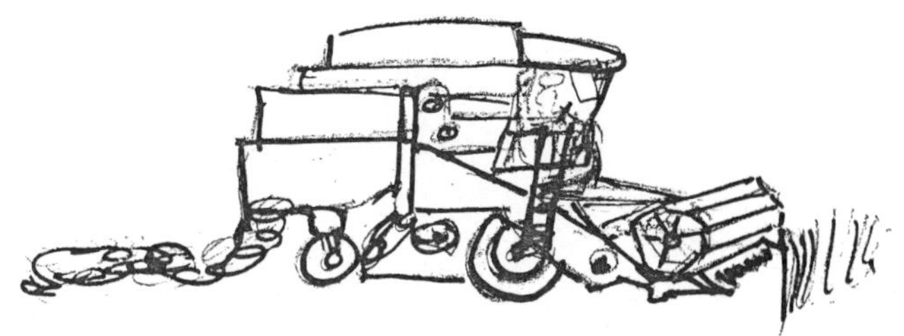

moi et s'immobilisent. Jeannot ouvre la portière du John Deer et m'invite à son tour à grimper dans la cabine avec lui. Ma position est moins confortable que dans la moissonneuse, je me cale sur l'aile, un pied sous les fesses, un pied contre le bord de la cabine pour résister aux chaos. La remorque chargée, on s'engage d'abord sur un chemin, puis très vite on rejoint la route. Emporté par la descente vers l'Yonne, notre petit convoi file à presque 40 à l'heure. Le carénage du tracteur, tout comme le tableau de bord et la carotte orange, changement de vitesse électronique qui par simple pression démultiplie ou ralentit l'allure, me font croire un instant que je suis monté dans une Formule I – « Ben oui, d'une certaine façon on a hérité des trucs des voitures de course au niveau conduite, truc électronique, tout ça », me confirme Jeannot, dont la conduite rapide est bien connue dans le village. Intarissable sur le sujet, lui qui par ailleurs est peu loquace, reprend en criant un peu pour couvrir le moteur : « Les constructeurs, ils font des moteurs de plus en plus gros et de plus en plus cher. Tu trouves plus de tracteur normal. Mais le problème c'est que le marché il a pris 20 %. Tu rachètes une machine ? Tu vires le chauffeur. Bon t'as les vitesses qui passent toute seules avec un bouton-poussoir qui te permet de changer les rapports avec le pouce, t'as douze vitesses avant, autant en arrière, d'accord, des cabines ultrasilencieuses, des filtres à air, tout le machin, d'accord. Mais t'as plus le contrôle mécanique sur la machine. Tout est fait électroniquement. C'est le top ! mais ça se bricole pas et ça coûte très cher. Alors t'en fais toujours plus, mais ça te rapporte quoi à la fin ? Là où y t'ont c'est avec les trucs fiscaux, t'as des moyens pour éviter de redonner aux impôts en changeant le matériel, t'as aussi des systèmes de primes à l'équipement, tout le bazar, mais on n'est pas des chasseurs de primes nous, on est des paysans. »

Le temps de cette conversation, entrecoupée il est vrai de digressions nombreuses et drolatiques, et nous voilà au moulin. On passe sur la bascule. Pendant qu'une étrange potence articulée se met en marche au-dessus de la remorque, la sonde plonge par deux fois dans l'épais tas de blé – « C'est pour les analyses, me dit Jeannot, ça va directement au bureau. En r'sortant on aura la fiche, l'état du grain et le prix de la cargaison. Comme ça pas de surprise au retour... » On avance alors sous un portique à l'ombre des silos. La prise de force déclenche les vérins hydrauliques de l'énorme remorque qui se dresse vers le ciel en déversant dans un nuage de poussière son chargement d'orge. La remorque se vide, on repasse sur la bascule un instant pour faire le décompte et on va se garer près du bureau. On serre des mains, trois commentaires, aujourd'hui il y a foule, les livraisons se suivent et personne ne s'attarde trop, entendez pas de « petit coup à boire ». A peine obtenu le papier, on rejoint la cabine où Jeannot à qui je lis tout haut les rubriques et les chiffres m'expliquera en roulant de quoi il s'agit. Le produit est bon pour les brasseurs. Un quart d'heure plus tard, on s'accote à nouveau à la moissonneuse. Le manchon vide la trémie, au bord du débordement. Encore un tour de champ et la noria reprend jusqu'à la nuit.

La PAC au village

Derrière Léon et ses camarades du GAEC, comme derrière tout le monde agricole, pousse la PAC, la Politique Agricole Commune. La réforme de juin 2004, une nouveauté mal comprise mais inéluctable, propose de découpler les aides des quantités produites qui faisaient alors l'objet essentiel des subventions, afin de les axer sur l'agriculture et ses prestations au service de la collectivité. Cette politique préconisée par Franz Fischler[1] voudrait accroître considérablement les crédits en faveur de l'environnement, la sécurité alimentaire, la protection animale, la production de qualité, l'agriculture biologique et l'entretien de l'espace rural. De fait, elle

1. L'Autrichien Franz Fischler a été commissaire européen à l'Agriculture de 1995 à octobre 2004, cf. « Plaidoyer pour la politique agricole commune », *Le Monde*, 14 octobre 2004.

cherche à pousser les agriculteurs à orienter leur activité et leur « modernisation » en fonction des impératifs du marché et de la qualité de la vie. Léon me confie son inquiétude et son incompréhension devant les changements proposés, fausse résistance en vérité, sa lucidité, son intelligence devinant que l'agriculture et le statut même des agriculteurs ne pourront pas continuer tels qu'ils sont actuellement.

« En attendant, l'Europe, je sais pas trop ce qu'ils trafiquent là-bas, mais bon, déjà la déclaration graphique par satellite, j'en comprends pas trop l'intérêt, me dit-il. Je t'explique : on a reçu des photos aériennes du finage de Chichery et on doit refaire les tours des parcelles qui sont à nous. Tu traces les trucs, mais les bordures, aux dix millièmes, c'est complètement aléatoire : Un trait de crayon, ça te fait dix mètres de large facilement ! Alors aujourd'hui, ils te renvoient les photos : t'as marqué 10 hectares sur les photos, eux ils te disent que t'en as que 9,95 : Vous avez une erreur de 5 ares, replacez le trait comme il faut ! Et voilà, on va passer notre hiver à corriger des conneries comme ça. Je comprends pas, on avait toutes les bases en mairie, là, dans le cadastre, toutes les parcelles sont marquées, calculées, exactement délimitées. Non, ils vont nous pousser les traits jusqu'à ce que ce soit à la bonne place. Toi, tu payes des gens pour faire ça... En plus, sur quatre-vingt-dix îlots, y en a soixante-cinq qui sont faux ! Les photos, elles datent de 2002. On les reçoit, on est en 2004 ! Entre-temps, on a fait des échanges de parcelles avec les uns ou les autres, ils te disent : Retracez les traits ! Et ça recommence. Si c'est pas toi qui le fais, l'autre après comment y se débrouille. Voilà, ils t'imposent et en définitive ils contrôlent tout. Faut que tu le fasses parce que, de toute façon, ils sauront ce que t'as fait. Derrière, y a un contrôle au GPS, et puis ils contrôlent en faisant le tour des parcelles avec un topofil. Voilà, ils te demandent de faire les trucs et en même temps ils te font pas confiance ; c'est quoi, ça ? »

Difficile de nier que la PAC, *via* la Direction départementale à l'Agriculture, la DDA, cherche à « voir », à visualiser, à explorer la réalité du terrain local et européen, afin de choisir de développer ou non des pôles agricoles en fonction de la réalité physique et topographique des terres exploitées ou exploitables. Léon, comme l'ensemble de ses confrères, l'a bien compris, « dans quelques années, en France, y aura des milliers d'hectares de friches, ils garderont plus que les bonnes régions, nous on pourra aller à la pêche – si y veulent nous payer pour aller à la pêche, moi ça ne me gêne pas du tout. Comme ça, on dépendra bien des autres... C'est que le début pour nous, t'as qu'à voir les fruits et légumes comment ça se passe. Nous, ce sera pareil au niveau de la concurrence. De toute façon, ça va être : ou tu te transformes ou tu crèves ! on va pas y échapper[1]... »

Léon pressent, à juste titre, que la vie ici, à Chichery ou ailleurs, va changer très vite. Ils en ont déjà discuté au GAEC, et c'est même peut-être le véritable atout des Groupements sur les autres structures : pouvoir se diversifier. Ils se préparent à ouvrir la ferme à des occupations autres que purement agricoles et savent très bien que demain matin ils vont être obligés de développer des secteurs pour lesquels ils seront largement subventionnés, en même temps qu'ils devront lâcher certains types de cultures qui, elles, seront totalement privatisées. « Oui, on se prépare à signer plus de chartes, à se plier à des choix et à des lois qui ne concerneront plus le seul secteur agricole, me dit Gaby, faudra bien qu'on y passe. » Comme ses sept camarades du GAEC, il se fait à l'idée que de nouvelles responsabilités vont leur échoir, que si l'agriculteur meurt ce sera peut-être pour renaître sous les traits d'un nouveau paysan à qui incomberont les tâches de refaçonner, plus que nos paysages physiques, des paysages culturels.

JEAN MALAURIE, INSPIRATEUR ET GRAND ARCHITECTE DE TERRE HUMAINE

Imaginez un professeur qui vous parle et vous décrit les Inuit en marchant sur les tables comme s'il escaladait des hummocks pour vous persuader que vous êtes avec lui sur la banquise. C'est Jean Malaurie tel qu'il m'est apparu lorsque j'étais étudiant à Jussieu. Je me souviens très précisément de l'homme, de sa stature, de son allure athlétique, de sa voix rauque et de son énonciation lapidaire. Sa collection Terre

1. Chaque année depuis une décennie, entre 150 000 et 200 000 exploitations disparaissent dans les quinze Etats membres. A terme, il ne restera que 200 000 exploitations de taille industrielle en France et moins de deux millions en Europe.

Humaine était largement adulte et, déjà, jeunes ethnologues « seventies » que nous étions, nous en étions captifs. J'étais fasciné par son travail, ses terrains et son inlassable quête de la connaissance et de sa diffusion.

Les Derniers Rois de Thulé nous était une bible – à cette époque nous n'en manquions pas. Je garde en tête, comme illustration magistrale du malentendu, sa démonstration de l'Esquimau embauché pour balayer sur la base américaine de Thulé qui en savait infiniment plus sur les prévisions météorologiques pour la région que les appareils sophistiqués des grossiers occupants et sur le monde en général que nous tous réunis. Plus tard ce fut *Ultima Thulé*, un livre encyclopédique incroyablement illustré qui n'a pas son équivalent. Un immense album enrichi de photos, de portraits et de cartes faisant la synthèse plus encore de ce que les Inuit savent sur nous que de ce que nous savons sur eux, un livre « malaurien » par excellence. Puis vinrent les deux volumes de *Hummocks*, impressionnant « journal d'exploration » où Jean Malaurie revient sur ses pas et sur son œuvre scientifique en explicitant l'anthropogéographie qu'il pratique depuis son entrée dans la recherche, à la fois comme géographe, comme éboulologue et, quoi qu'il en dise, comme ethnologue. Interrogeant sans cesse le regard de l'autre pour se questionner plus profondément ainsi que la culture autre qu'il partage, celle des Inuit en l'occurrence, Malaurie marche autant à l'intuition qu'à la science, et il le revendique. Naturaliste de formation, il reste animé par son cheminement intérieur, ne niant pas plus son désir d'objectivité que la nécessaire puissance de l'objectivité qui permet d'y arriver, pensant comme Leiris que l'élément subjectif étant toujours présent, « il vaut mieux qu'il le soit d'une façon manifeste que d'une façon cachée ». C'est ainsi que partant de son grand angle géographique il n'a pu que s'arrêter en Terre Humaine d'où il tire la substance subtile de ses ouvrages.

« L'honneur d'un homme est de ne jamais laminer ses doutes et de porter tous ses bagages », dit-il, assurant qu'il a « la science comme vecteur, la morale comme conduite et l'ethnologie comme métier ». On se saurait mieux dire.

Malaurie entre science, préscience et obstination ne cesse de chercher et de nous rechercher. Dans le mouvement du peintre, il pastellise le monde, le nôtre comme le sien, utilisant une méthode oscillatoire au spectre généreux pour rejoindre à l'orée de l'allée des baleines les Hyperboréaux, ces habitants de l'extrême que nous sommes tous un peu et lui beaucoup.

Le Hoggar, Journal d'une exploration dans le massif de l'Ahaggar et avec les Touareg, Éditions Fernand Nathan, 88 p., 62 ill., Paris, 1954 ; *Thèmes de recherche géomorphologique dans le nord-ouest du Groenland*, Éditions du CNRS : Mémoires et documents, numéro hors série, 497 p., 79 photos, 161 fig., 2 cartes couleur 94×53 cm, Paris, 1968 ; *Les Derniers Rois de Thulé. Avec les Esquimaux Polaires face à leur destin*, Librairie Plon, collection Terre Humaine, 1re édition : 325 p., 58 ill. in texte, 51 ill. hors texte, 6 cartes, Paris, 1955. Cinquième édition définitive : 854 p., 190 ill. hors texte, 25 cartes, Paris, 1989 ; *Ultima Thulé. De la découverte à l'invasion*, 2e éd. revue et corrigée. Éditions du Chêne, format 29.5×34 cm, 400 p., 700 ill. dont 150 en couleurs, Paris, 2000 ; *Hummocks 1. Nord-Groenland, Arctique central canadien*, 560 p., 148 ill. in texte, 41 cartes, 79 ill. hors texte. Paris, Plon, collection Terre Humaine, 1999 ; *Hummocks 2. Alaska Tchoukotka sibérienne*, 704 p., 160 ill. in texte, 26 cartes, 98 ill. hors texte. Plon, collection Terre Humaine, Paris, 1999 ; *L'Appel du Nord. Une ethnophotographie des Inuit du Groenland à la Sibérie : 1950-2000*, Éditions de La Martinière, format 27×34 cm, 352 p., 300 photographies en couleurs, Paris, 2001 ; *De la vérité en ethnologie...*, séminaire de Jean Malaurie (2000-2001) E.H.E.S.S., Economica, collection Polaires, Paris, 2002, 417 p.

En février 2000, la DATAR a publié cinq scénarios possibles de l'évolution de l'agriculture et des territoires en France à l'horizon 2015. Je me propose de rapporter ici comment, chacun à leur façon, ils collent à la réalité en marche, comment ils confirment les craintes justifiées des agriculteurs. Ces scénarios montrent comment ils verront leur métier élagué, transformé jusqu'à n'avoir plus qu'une vague ressemblance avec ce pour quoi ils ont été formés, ce à quoi on les avait associés et à quoi ils travaillent depuis la grande révolution verte des années 1960.

Ecriture de Jean Malaurie.

Le premier scénario, déjà dépassé, imaginait une conservation du protectionnisme agricole européen par contingentement des productions. Outre l'éminent problème qu'allait poser l'intégration des pays de l'Est dans le système agricole européen, il préconisait – c'est devenu une réalité – une attention de plus en plus grande à la sécurité alimentaire et à la pression environnementaliste sur l'agriculture. Le deuxième scénario imagine, dans une Europe ultralibérale, le leadership des producteurs industriels, les industries de transformation et les grands distributeurs. L'agriculture se replierait alors sur des bassins de productions spécialisés et, nécessité de production faisant loi, les innovations scientifiques et techniques telles que les OGM se banaliseraient. L'ascension d'une nouvelle élite agricole privilégierait le marché plutôt que le projet collectif et entraînerait à terme un démantèlement de la PAC afin d'ouvrir les marchés agricoles aux grands pays producteurs, Etats-Unis, Australie, Mercosur, ainsi que l'abandon par l'Union européenne de toute action résolue dans le domaine de la régulation économique et de la cohésion sociale. La réalisation de ce scénario, la grande crainte actuelle de mes amis, se traduirait par l'alignement du secteur agricole sur les autres secteurs économiques. Les cent cinquante mille exploitants professionnels qui résisteraient à cette transformation ne seraient plus alors que des fournisseurs de lots de matières premières, ajustés à la demande de variétés des grandes firmes agro-alimentaires de transformation et de distribution. Pour les autres, c'est-à-dire une exploitation sur cinq, ils ne fourniraient que des services en zone péri-urbaine ou touristique.

Le troisième scénario, moins catastrophique mais qui n'exclut pas le deuxième, apparaît presque comme un lot de consolation pour les survivants. Il prévoit la qualification des produits et des terroirs comme expression du développement. Il repose sur la notion de qualité des produits dès l'amont de la filière, au niveau de la production et de la transformation agricoles, la qualité étant considérée comme processus de création et de renouvellement. Il s'agirait alors d'une économie territorialisée, dans laquelle les consommateurs joueraient un rôle direct majeur... Et ce scénario, comme prévu, se réalise aujourd'hui sous nos yeux.

Le scénario quatre annonce « la renaissance rurale ». Cela se passerait ainsi : construction d'une ruralité post-moderne résultant des espaces productifs et résidentiels, des ressources naturelles et patrimoniales et des biens de services divers. Suite aux crises de dysfonctionnements urbains, à l'abandon des zones à faible densité de population par les pouvoirs publics, à l'allongement et à la recomposition du temps libre, un nombre de plus en plus grand de ménages se porterait candidats à l'installation à la campagne. Dans leur sillage, il faudrait ajouter, à moins que ce ne soit l'inverse, 30 % des dix millions de retraités. Cela signifie une revalorisation de l'espace rural comme « lieu pour vivre et entreprendre », d'autant qu'il faudra compter avec les nouvelles technologies de communications. Dans ces conditions, même s'ils fournissent des produits de terroir de proximité plus sûrs, plus goûteux, les agriculteurs ne seront plus les seuls acteurs du monde rural, ils deviendront surtout prestataires de services, ainsi que les gardiens de la forêt, du paysage et de l'air pur.

Plus catastrophique encore est le scénario cinq. Il imagine l'abandon par les pouvoirs publics de toutes les règles spécifiques au secteur, la montée des inégalités, la remise en cause du modèle urbain. Bref, un sauve-qui-peut individualiste poussant en masse des urbains à s'installer à la campagne. L'objectif, pour les plus aisés et les mieux formés, étant de pratiquer une agriculture de loisir et, pour les plus pauvres, dans une campagne désertée par ses agriculteurs, le développement d'un « droit au sol » analogue à celui du « droit au logement » en milieu urbain...

Je frémis encore de la lecture de ce rapport. Pourtant, je lis partout autour de moi les signes de la rurbanité, cet étrange mariage de la campagne et de la mentalité urbaine, ainsi que je l'ai montré en ouverture de ce travail. Ce malentendu incommensurable entre le local et le global qui est bien loin d'être levé et réglé, mais qui porte sûrement en lui les germes d'une société nouvelle dont nous ne connaissons pas encore les codes, ni les effets.

Mercredi 13 juillet 2005 (Paris-Dieppe-Paris)

C'est la première fois que je mange une raie sur des moules... Que Dieppe est exotique ! Ville de brume, j'ai fait mon débarquement. Pays charmant, plein de surprises, une ville qui se méfie de la mer dont elle est séparée par une immense pelouse. En philosophes, nous avons discuté sous la falaise, dans un bar, tout au bout de la promenade, non sans avoir salué les tigres et touché la bosse aux chameaux. Michaux m'a habitué à ces bords de mer surréalistes ; lui aussi a vu des chameaux au Havre. Il dit que ça puait. Ça devait être des dromadaires, Nos chameaux venaient d'Asie et ils étaient bien élevés, couchés repus sur le green de Dieppe, comme sur la plage. Malaurie m'a dit que la brume augmente l'étendue et qu'elle lui fait rejoindre la banquise. Il fait des pastels. Ici, couleurs imprenables, tout aussi imprenables que le blanc déchiré des hummocks.

Je lui déplie mon livre au café sous la falaise. Oui, j'ai le moral, je suis fatigué mais heureux, j'ai le sentiment d'avoir vraiment « trouvé » le livre. Le magicien le savait. A notre dernière entrevue chez lui, à Paris, il a subodoré que j'avais sûrement des para-textes, que je devrais y regarder... et je les ai trouvés. Du coup, tout a changé. La dynamique est là, ça remonte le livre comme on tourne l'élastique des avions en balsa. Avec ce « journal de la recherche », il décolle tout seul. Il le savait – je ne m'en souvenais plus.

Le train oscille fort au retour de Dieppe. La prochaine fois, j'essaierai les moules sur la raie...

Les 117 matières actives interdite

Substance active	Catégorie
2-Benzyl-4-chlorophenol	Fongicide
2-Methyl-1-naphtylacétamide (4)	Régulateur de croissance
2,4,5-T sels et esters (2)	Herbicide
Acide 2-methyl-1-naphtylacétique (4)	Régulateur de croissance
Acide chloro-4-phenoxyacétique (4-CPA) (3)	Régulateur de croissance
Acifluorfen	Herbicide
Ametryne	Herbicide
Ampropylofos	Fongicide
Anilazine	Fongicide
Azaconazole	Insecticide, fongicide
Azamethiphos	Insecticide
Bendiocarbe	Insecticide
Benomyl	Fongicide
Bensultap	Insecticide
Benzoximate	Acaricide
Bioresmethrine	Insecticide
Brofenprox	Acaricide
Bromacile (*)	Herbicide
Bromopropylate	Acaricide
Butam	Herbicide
Chinomethionate	Acaricide, fongicide
Chloretazate	Régulateur de croissance
Chlorfenvinphos (*)	Insecticide
Chlormephos	Insecticide
Chloroxuron	Herbicide
Chlorure de Chlorphonium	Régulateur de croissance
Chlorthiamide	Herbicide
Cyanazine	Herbicide
Cycloate	Herbicide
Dalapon	Herbicide
Delta-endotoxine du Bacillus thuringiensis	Insecticide
Dialifos	Insecticide, acaricide
Dichlofenthion	Insecticide
Dichlofluanide	Fongicide
Dichlorprop	Herbicide
Diclobutrazole	Fongicide
Dienochlore	Acaricide
Diethion (*)	Insecticide, acaricide
Difenamide	Herbicide
Difenzoquat	Herbicide
Dikegulac	Régulateur de croissance
Dimefuron	Herbicide
Disulfoton	Insecticide
EPTC	Herbicide
Ethidimuron (aka Sulfodiazol)	Herbicide
Ethiofencarbe	Insecticide
Ethirimol	Fongicide
Fenfurame	Fongicide
Fenoxaprop	Herbicide
Fenpiclonil	Fongicide
Fenpropathrine	Insecticide, acaricide
Flamprop	Herbicide
Fluazifop	Herbicide
Fluoroglycofene	Herbicide
Flupoxam	Herbicide
Fluridone	Herbicide
Fomesafen (*)	Herbicide
Fonofos	Insecticide
Formothion	Insecticide, acaricide

(1) Les usages désinfectants ne sont pas concernés par cette mesure. (2) Ajouté par l'avis au Journal Officiel du 24 septembre 2002. (3) Ajouté par l'avis au Journal Officie du 1er novembre 2002. (4) Ajouté par l'avis au Journal Officiel du 28 mars 2003.

depuis le 31 décembre 2003

Substance active	Catégorie
Fosamine	Herbicide
Furalaxyl	Fongicide
Furathiocarbe	Insecticide
Haloxyfop	Herbicide
Heptenophos	Insecticide
Hexazinone (*)	Herbicide
Huile anthracénique	Insecticide, acaricide, herbicide, rodentic
Hydramethylnon	Insecticide
Imazapyr	Herbicide
Isazofos	Insecticide
Isofenphos	Insecticide
Mancopper	Fongicide
Mepronil	Fongicide
Methoprene	Insecticide
Metobromuron	Herbicide
Metolachlore	Herbicide
Metoxuron (*)	Herbicide
Mevinphos	Insecticide, acaricide
Monalide	Herbicide
Naptalame (*)	Herbicide
Nitraline	Herbicide
Norflurazon	Herbicide
Ofurace	Fongicide
Omethoate	Insecticide, acaricide
Oxadixyl	Fongicide
Oxine de cuivre (oxine copper)	Fongicide
Oxycarboxine	Fongicide
Oxyquinoleate de cuivre (2)	Fongicide
Para tertiaire amyl phénate de sodium	Fongicide, bactéricide
Paraformaldehyde (1)	Insecticide
Phorate (2)	Insecticide
Phosametine	Herbicide
Phosphamidon	Insecticide, acaricide
Pirimiphos-ethyl	Insecticide
Profenofos	Insecticide
Prometryne (*)	Herbicide
Pyridafenthion	Insecticide, acaricide
Pyrifenox	Fongicide
Quinalphos	Insecticide
Quizalofop	Herbicide
Sethoxydime	Herbicide
Siduron	Herbicide
Sulfotep	Insecticide, acaricide
Terbacile (*)	Herbicide
Terbufos	Insecticide
Terbutryne	Herbicide
Tetradifon (2)	Acaricide
Thiazafluron	Herbicide
Thiocyanate de sodium	Herbicide
Thiofanox	Insecticide
Thiometon	Insecticide, acaricide
Thiophanate-ethyl	Fongicide
Thiosulphate de sodium et d'argent	Herbicide, conservateur (2)
Tralomethrine	Insecticide
Triapenthenol	Régulateur de croissance
Triforine	Fongicide, acaricide
Vamidothion	Insecticide, acaricide
Vernolate	Herbicide

(*) Certaines préparations à base de ces substances actives bénéficient, pour certains usages agricoles identifiés, d'un maitien de l'autorisation de mise sur le marché pour une période transitoire, qui arrivera à échéance le 31 décembre 2007. La liste des usages agricoles faisant l'objet de cette extension de validité est indiquée au tableau

Pourra-t-on encore parler d'agriculture et de paysannerie, *a fortiori* d'agriculture durable, s'il n'y a plus de paysans dans les campagnes, si la technologie a entièrement accaparé les techniques agricoles, si la ruralité n'est plus que le seul souci des citadins « encampagnés » et si la majorité de la production alimentaire, mis à part des greniers de végétaux, se fait directement en ville ?

Nous sommes à l'orée de transformations radicales quant à la vision de la campagne comme seul et unique lieu de production alimentaire. Ce scénario, ou plutôt ce projet dont je n'arrive pas à savoir s'il s'inscrit en contrepoint des scénarios de la DATAR ou dans leur prolongement logique, risque de se réaliser plus tôt qu'on ne le croit. Ce n'est nullement une utopie ; on s'est déjà presque fait à l'idée que campagne, agriculture et agriculteurs se rejoignent dans le paysage jusqu'à s'y dissoudre, et l'on accepte dorénavant que tout soit géré pour et à partir du seul univers urbain. On a depuis longtemps pris l'habitude d'aller s'y ravitailler dès que l'on désire plus d'un œuf ou d'un litre de lait ; oui, tout court vers la ville. Partant de cette évidence, deux chercheurs reconnus de l'Institut de recherche agronomique néerlandais ont imaginé et réalisé les plans et la maquette d'un concept qui vient clore définitivement l'idée que nous pourrions encore nous faire d'une campagne cultivée à vocation nourricière. Ce projet n'envisage rien de moins que de rapatrier et de construire dans les villes de véritables fermes-usines alimentaires de proximité.

Conçu pour Rotterdam en suivant, disent ses auteurs, « le pur bon sens de l'écologie industrielle », ce scénario très avancé pourrait bien faire très rapidement des émules.

Il faut imaginer un immense bâtiment d'un kilomètre de long sur quatre cents mètres de large, haut de six étages, qui viendrait remplacer les ceintures de maraîchers, les élevages divers, et court-circuiter les intermédiaires de tout poil ainsi que les circuits de livraison à longue distance, projet qui s'inscrit dans un plan hyper-rationnel d'approvisionnement de la ville. Ce bâtiment contiendrait une batterie de deux cent cinquante mille poules pondeuses, un million de poulets de chair, trois cent mille porcs et quelques dizaine de milliers de saumons élevés au sous-sol en piscine ; ainsi que des caves à champignons et à endives. La préoccupation du bien-être des animaux serait évidemment prise en compte dans l'organisation même des poulaillers et des porcheries : lumière, espace, vie en famille et promenades journalières sur des terrasses allant dans ce sens[1]. Dans une gigantesque serre aménagée sur les toits pousseraient des laitues, des tomates et des poivrons. Dans les étages intermédiaires prendraient place les unités d'abattage, de fabrication, de conditionnement et de conservation pour les aliments préparés en barquettes et sous blisters afin d'être distribués « frais » dans les hypermarchés de la ville. L'énergie pour faire marcher ce complexe serait directement fournie par la fermentation des excréments animaux sous forme de biogaz en complément duquel s'ajouteraient des éoliennes installées à demeure. Les déjections serviraient aussi à faire du compost pour la production des légumes. Le lisier de porc retraité, riche en azote, en phosphate et en potassium, fournissant des fertilisants naturels ainsi qu'une grande partie de l'eau potable de l'exploitation. L'air chaud des porcheries et des poulaillers, ventilé dans les serres, servirait de chauffage d'appoint et fournirait aux plantes l'apport en gaz carbonique nécessaire pour accélérer leur croissance...

Chaque chose est ainsi calculée, utilisée, réutilisée, jusqu'à des élevages d'asticots, de grillons et autres insectes élevés en chambre dans les recoins chauds et humides du bâtiment comme protéines vivantes pour les poules et comme garantie pour la qualité « biologique » des œufs destinés aux consommateurs voisins. On pourrait en rester au projet, mais ce matin, en ouvrant le journal, la réalité a rattrapé cette demi-fiction. J'ai eu comme une confirmation de ce futur déjà en route : dans le centre des affaires de Tokyo, dans ce qui fut autrefois une salle des coffres a commencé la culture hydroponique en sous-sol de tomates et de salades[2]. Si l'expérience

1. Il s'agit du projet Deltapark des ingénieurs agricoles néerlandais Jan de Wilt et Henk Van Osten, celui d'une ferme-usine alimentaire autonome et non polluante qui devrait être capable de nourrir un million de personnes. Ils ont imaginé la réalisation à Rotterdam avec la double idée qu'il était temps de réintégrer l'agriculture rationnelle au cœur de la ville et que cela pourrait résoudre les problèmes des pays pauvres en hectares comme Hongkong, Singapour, ou des îles populeuses.

2. Les végétaux sont cultivés dans l'eau et sous jets réguliers de CO2. Aucun engrais n'est utilisé. *Le Monde*, jeudi 13 janvier 2005.

est concluante, des rizières en terrasses seront installées dès 2006 dans les entrailles du building. Même si l'idée ici n'est pas tant la production agricole que le recyclage de salariés dans des activités d'agriculture moderne en immeuble et en pleine ville, le mouvement est bien lancé de produire au cœur même de l'espace urbain la nourriture de ses habitants. L'espace plus naturel accueillant alors des bassins de production à grande échelle, bassins dont la vocation ne sera plus forcément alimentaire, la demande de production de carburant vert par exemple se faisant de plus en plus pressante pour pallier la montée du coût du pétrole [1], ainsi que nous en parlions l'autre soir, en cette mi-août 2005, à la petite fête de fin de moisson que Léon organisa au GAEC.

Bien sûr que j'extrapole un peu, que Chichery n'est pas encore complètement englobé dans la ville, qu'il n'y a ni port, ni banque, que tous les champs ne sont pas encore destinés à remplir les réservoirs de nos voitures ni à produire du plastique, du moins pas encore, mais tout est à attendre et nous ne savons pas encore à quel bassin de production sera dévolu notre territoire, ni même s'il subsistera quelque ambition agricole. Après tout, le village voisin de Saint-Georges a vu pousser en plein champ, il y a une vingtaine d'années déjà, le siège social de la Banque Populaire de Bourgogne, ma banque, aussi, je ne me fais aucune illusion sur l'avenir de mes amis agriculteurs ni sur la campagne, ma campagne, qui a commencé il y a longtemps déjà à se travestir et à jouer le jeu unique de la demande urbaine et de ses constructeurs...

Léon, à qui je raconte tout ça, rit jaune ce soir. Il trouve que j'y vais un peu fort mais qu'après tout les surprises viennent vite et que « c'est jamais ce qu'est attendu qu'arrive... Tu crois que t'es calé dans une histoire, puis, toc, ça se passe autrement, oui carrément autrement... » Face à la crise de confiance, à la morosité économique, à la mondialisation qui balaie les certitudes, brouille l'horizon, secoue le confort et détruit les remparts, à laquelle s'ajoute une crise démographique, les agriculteurs, tous les agri-

1. Le Livre vert de la Commission européenne souligne l'importance de promouvoir une croissance progressive des ressources énergétiques, elle fixe d'ici à 2020 le remplacement de plus de 20 % des carburants classiques par des carburants alternatifs.

culteurs du monde, ont depuis longtemps ouvert les yeux et savent très bien qu'en ce premier tiers du XXIe siècle sera définitivement signé l'acte tant annoncé sinon de leur mort au moins de leur transformation et, à travers eux, d'une agriculture somme toute traditionnelle où nous avions encore quelques repères et qui, d'une certaine façon, nous maintenait encore les pieds sur la terre.

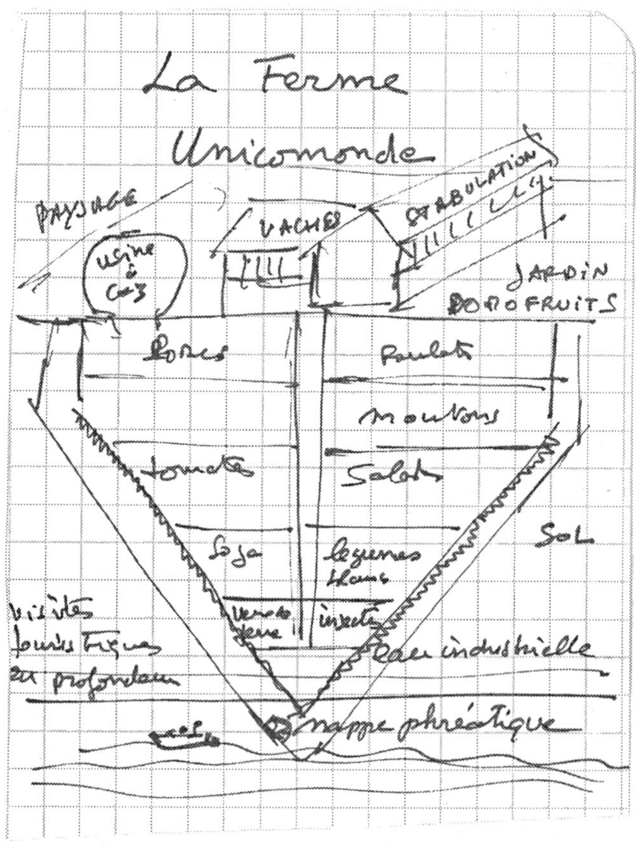

2084

Une vie de quartier

C'était une journée d'avril froide et claire. Il y a longtemps qu'on avait interdit les coqs et coupé les cordes vocales aux ugébés de la ferme désormais englobée au cœur du quartier. L'église ne sonnait plus qu'une fois par jour, un coup à une heure pour ne pas réveiller les enfants trop tôt. Le quartier était un quartier dit « retrato », zone de calme et de repos réservée à l'élevage des tout jeunes, aux retraités, aux hypervieux et aux stressés du travail. Les survols de supersoniques individuels et les poids lourds étaient interdits, quant à l'autoroute elle était souterraine ou suffisamment enfouie pour qu'on n'entende plus le trafic les jours de pluie. La N6 avait été neutralisée entre les quartiers Appoigny et Epineau, et le trafic détourné sur une rive flottante aménagée sur les bords de l'Yonne qu'on avait élargie et suffisamment draguée pour l'intégrer à l'Eurocanal et que puissent y glisser les porte-conteneurs à bas tirant d'Unicmonde qui reliaient Rotterdam à Ismir.

Les voitures n'étaient plus autorisées dans les ZC, les zones calmes qui correspondaient au dessin de l'ancien village où avait été conservée en hologramme et grandeur nature la vieille église Saint-Laurent. Les abords avaient été dégagés pour faire place à des habitats enfouis où on pénétrait par l'entretoit. L'ensemble était coloré et semblait inspiré d'un tableau de Kandinsky. Les anciens jardins formaient une couronne verte vitaminée où les fruitiers avec leurs fruits étaient accessibles à volonté à tout habitant du quartier. Les animaux de compagnie avaient rejoint ceux de l'élevage dans le bâtiment du GAEC et obtenu le statut UPA, Unités Petits Animaux. On les prêtait comme *pets* aux jeunes enfants, mais tous finissaient « traités » à l'âge adulte comme nourriture, médicaments et vêtements qu'on expédiait vers la néo-Asie. On n'avait plus besoin de tuer aucun animal, leur régime étant étudié pour qu'ils s'éteignent sans douleur à l'âge de deux ans maximum pour les UPA, sept ans pour les ugébés, anciennement UGB, Unités Gros Bétail, un quota mondial du cheptel avait été établi en correspondance avec le respect de la couche d'ozone entourant la planète qui avait été mise à mal à la fin du XXe siècle.

Chaque habitat était équipé de nourridistributeurs contrôlés par le fameux MDU, Meals and Drinks Unicmonde, MDU qui surveillait également l'état de santé de chacun de ses abonnés par des prélèvements microsanguins bisannuels. Sa bête noire était double : boulimie et anorexie, deux états d'inquiétude extrêmes qui embarrassaient les autorités depuis le début de ce siècle de mondioconsommation et avaient obligé les fabricants de meubles et les marchands d'espaces à tout retailler en fonction des TGTG, les Très Gros Très Grands, dits aussi « Personnes encombrantes », défavorisant du même coup les filiformes ou « Personnes disparaissantes » qui, elles, se perdaient dans le nouveau gigantisme d'intérieur. Ces maladies extrêmes touchaient les deux genres sans distinction de caste d'âge. Pour les autres maladies, une automédication par Latoile suffisait à la majorité. Les cas difficiles et particuliers relevaient des HSS, Hostelleries de Soins Spécialisés sous contrôle d'Unicmonde, dont chaque région sanitaire était équipée. On en comptait autant que d'organes du vieux corps humain.

Il y a longtemps que se nourrir était une affaire strictement personnelle et individuelle et qu'on ne faisait plus de repas, excepté pour le repas annuel de De Fructu où on se réunissait par bloc dans les domovergers voisins. Quelques-uns possédaient encore quelques antiques lits-tables qu'on transportait dehors pour l'occasion. Pour dormir, on avait opté depuis longtemps pour des couchettes encastrées ou des hamacs qu'on repoussait ou repliait après utilisation. Dans la journée, on vivait soit debout, soit par terre sur des sols flottants transformables, au demeurant très confortables avec des espaces tendus ou moelleux selon nos désirs du moment. Grignophager se faisait n'importe quand et, bien qu'il y ait ici et là des petites bandes marginales de gastrolâtres organisés, le MDU s'était arrangé pour qu'on ne dépasse pas la quantité autorisée et révisée chaque mois par des autocontrôles d'organes dont on devait rentrer les données dans les nourridistributeurs domestiques. Question goût, on était arrivé à des goûts moyens différenciés qu'on pouvait plus ou moins accentuer selon son désir et ses souvenirs culturels, mais bon ou mauvais n'existait plus comme appréciation puisque manger était devenu purement organique, la majorité des aliments livrés étant des alicaments. On n'avait gardé de naturel que les fruits hybrides vitaminés en accès libre toute l'année dans les domovergers. Pour l'eau, dont l'ensemble des nappes phréatiques étaient devenues non potables depuis les années 2025, on était alimenté depuis la calotte glaciaire qu'on avait réussi à conserver à peu près intacte grâce à des filtres solaires dépliés dans l'espace pour pallier les dangereux trous d'ozone sur cette région du globe. C'était le vieux et inusable Cryosat installé dans les années 2005 à 717 kilomètres d'altitude qui commandait les pompes et, d'une certaine façon, fournissait une eau glacée suffisamment ancienne pour être bue sans risque par des nourrissons.

La Société s'était scindée en deux : il y avait ceux du jour et ceux de la nuit. Pour la ferme cela n'avait plus d'importance depuis longtemps, les vaches en immeuble s'autotrayant, s'autonourrisant et s'autobrossant depuis une bonne cinquantaine d'années, et les alternances de jour et de nuit modifiées synchroniquement avec les laits d'hiver et ceux d'été étaient réglées par le département du temps d'Unicmonde. Quant aux soins annexes, les sociétés de service tournaient jour et nuit et n'oubliaient jamais personne. La région s'était spécialisée en production de biocarburant et la petite centrale qui alimentait Auxerre et ses 1 500 000 habitants dont on faisait partie n'avait jamais connu de défaillance, il faut dire que les zones de « retrato » étaient privilégiées. Chaque quartier avait son propre chauffage, Chichery avait le sien : on s'était débranché du gaz naturel installé au tout début du siècle pour se brancher il y a plus de quarante ans maintenant sur le méthane GV, Gaz de Vache, produit par les ugébés du GAEC. Notre abonnement participait à maintenir en activité les huit « entreteneurs » environnementaux qui s'y succédaient depuis maintenant cent dix-neuf ans. Leur temps se répartissait entre leur occupation de méthanier chauffagiste, la production de lait bio, la culture en salle de légumes, l'approvisionnement des nourridistributeurs, les soins au paysage, l'entretien des espaces verts et les tâches pédagogiques, toutes activités éminemment robotisées. Devenus sous-fonctionnaire terriens, ils dépendaient pour un tiers du ministère régional à l'Education, un tiers du ministère des Aliments et de la Santé et un tiers du secrétariat aux Transport et aux Economies, tous ministères régionaux sous la tutelle implacable des contrôleurs internationaux d'Unicmonde, le dernier tiers de leurs revenus étant assuré directement par les locaux-jouisseurs, c'est-à-dire le quartier, afin de maintenir un contact et un contrôle de la clientèle directe.

Le GAEC était donc inscrit dans le quartier Chichery d'Auxerre, au 30, rue de Villemer. Ses bâtiments à étages atteignaient plusieurs milliers de mètres carrés de culture et d'élevage HSIS, Hors-Sol Inclus en Sols. On avait opté, sous la pression du ministère de l'Esthétique et de la Conservation des Antiquités, pour un développement en creux. Toujours à la pointe de la modernité, le GAEC était un des premiers ensembles de production alimentaire gratte-terre dont la pointe trempait directement dans les eaux classées industrielles des nappes phréatiques de la zone sud-est du continent européen. Les visites en barque de la nappe souterraine et la réputation de ses yaourts fermiers attiraient chaque week-end des flots d'amateurs, surtout les Anglais d'Unicmonde, des fonctionnaires respectables et respectés qui n'étaient pas plus anglais que moi. Ils venaient jour et nuit des faubourgs nobles d'Auxerre dans des limousines chinoises de Hong-Kong, et tous les gens du quartier les admiraient pour leur luxe et leur politesse. Au GAEC, Gloria avait la charge de l'expédition par tube élevé du lacté dans les trente-trois centres de distribution du frais de la zone urbaine, secondée par Weather, son parèdre, qui avait l'art et la manière d'accueillir les intermondiaux en tenue de paysan de terre à sabots à roulette. Driver, lui, se relayait avec Atschool et des gars du quartier pour servir le vin de Préhy dont une publicité assurait que le roi Williams d'Angleterre était friand. En réalité, c'était les polyalcools qui les intéressaient le plus, surtout le fameux alcoolat de menthe dont certains faisaient des cures prolongées. Tous les week-ends n'étaient pas roses pour les « entreteneurs » : chacun à son tour était de service à la pompe et au gaz, ce qui en exploitation HSIS n'est pas sans risque. En semaine, Olivier et Cowlove avaient conservé des prérogatives d'extérieur, ils assuraient ce qui touche à la culture du carburant, à la production du méthane de chauffe et au bon état des ugébés – les UPA dépendant directement d'une structure privée spécialisée dans les carnivores de bouche. Pierre quant à lui alimentait et contrôlait le débit méthanier local. Angel gérait la baraque en faisant la chasse aux subventions mondiales et en récoltant les subsides superrégionaux et locaux. Quand dans le pays on nous demandait d'où on était, nous répondions avec fierté qu'on était *Conurbauxerrois*, en précisant « quartier Chichery », ce qui déclenchait chez l'interlocuteur une admiration muette mais servait surtout à nous démarquer des Eponiens avec qui les jeunes continuaient de s'insulter par mail interposé. Chichery s'était tourné vers Migennes depuis la moitié du XIXe. Le quartier n'avait jamais remis en question sa préférence, d'autant qu'on dépendait de la gare où les pneumatrains nous permettaient de rejoindre Istanbul, Paris, Bruxelles ou Londres quotidiennement.

Dans chaque pièce de la maison comme dans les ateliers ou les *digestrooms*, Latoile était allumée en permanence. Chacun s'offrait ses images, ses musiques ou cherchait les informations qu'il écoutait ou pas, bref, puisqu'elle était là on l'interrogeait pour un oui ou pour un non. Les questions allaient de comment ôter une tache sur sa chemise, au fonctionnement du wifi pendant les vendanges et à des curiosités sexuelles. Comme elle obéissait à une commande vocale, lorsqu'on passait à côté des maisons aux fenêtres ouvertes on entendait souvent crier des noms de personne, des termes de services, des demandes de sexe ou des appels étranges auxquels Latoile répondait immanquablement. Jamais, au grand jamais, on n'aurait osé intervenir dans ces autoconversations. Quand on s'en allait, on laissait généralement des consignes aux écrans soit pour des *domo-*

sordres style mise en route du lavage ou de l'aspirateur, soit pour indiquer aux enfants où on se trouvait ou, pour le premier qui rentrerait, ce qu'il y avait à faire ou encore qu'on le désirait... Une rumeur un peu alarmante courait depuis quelque temps qu'une loi sécurité et intégrité des biens et des personnes allait passer et nous obliger à vivre en permanence sous le contrôle des webcams. Elles étaient installées depuis longtemps mais on ne s'en servait que pour des chats, des remises à niveau professionnelles interactives, des cours post-universitaires, pour discuter avec l'administration, essayer virtuellement des recettes de cuisine de fête, demander un diagnostic, s'automédicamenter ou faire l'amour à distance. L'œil policier était mal venu, même si on savait que depuis quelque temps des mondiopirates opéraient dans les riches « retrato » du secteur européen sud-sud-est.

La navette scolaire commençait sa rotation à partir de 16 heures et chaque heure et demie elle emmenait et déposait à la station « Chichery » son lot d'élèves. Chacun avait un badge équipé, comme les vaches autrefois, d'un microprocesseur, et déclenchait en s'asseyant dans le bus un programme adapté de remise à niveau en *schoolangue* sur l'écran qui lui faisait face. La loi du 13 avril 2010 avait mis fin à l'utilisation des livres dans le primaire, seule restait une initiation à la manipulation du livre en éducation physique et sociale lors de la dernière classe du secondaire ; enseignement aussi rare que les langues mortes et noté à égalité avec l'enseignement protocolaire inscrit dans le plan de patrimonalisation décennale, « politesse de l'espace et tenue à table ». On y avait affecté des vieux professeurs de grec et de latin désœuvrés, assistés par d'anciens domestiques des vingtiémistes de la caste du 4e âge. La « blogosphère jeunesse » par laquelle échangeaient les jeunes du quartier et des alentours passait par un centralisateur de la Communauté de communes du Migennois où chaque blog était contrôlé par un programme du ministère régional de la Santé mentale avant d'être archivé au rayon connaissances générales du 1er âge et ouvert à tous. Les enfants s'étaient déplacés dans le cycle des nycthémères, la nuit leur avait été accordée comme leur temps propre. Le jour était resté aux adultes adaptés et à quelques adolescents déviants. Le ministère du Temps avait suivi et fait pression sur les responsables de l'Education pour que les collèges et les lycées ouvrent le soir, moment où les adolescents étaient frais et disponibles à la vie. On engagea des milliers de jeunes cyberenseignants qui n'aimaient pas le jour.

L'amour, aimer était réservé aux adolescents et considéré comme une simple et éphémère initiation aux sentiments, relevant strictement de la bonne éducation. Ce programme avait été confié à des professeurs de philosophie sportive et acrobatique qu'on recrutait en Asie et dans le sous-continent indien. La vieille devise « aimer son prochain comme soi-même » avait causé tant de méprises qu'on l'avait remplacée depuis les années 2015 par une approche plus simple et cartésienne de l'autre : « Le plaisir est un droit pour la femme et un devoir pour l'homme. » Heureusement, comme l'affect et l'intuition, les sentiments, ces « maux sensibles », étaient en passe d'éradication. En cas de crise sentimentale, on déployait un cordon psychosanitaire et on mettait en place un encadrement spécial pour la population qui risquait d'avoir été contaminée par ces dangereux « retours d'humanité ».

Notre civilisation s'arc-boutait sur une donne nouvelle : l'initiation sexuelle pour tous. C'était un programme qui concernait l'enfance. Cette initiation obligatoire se faisait sans la présence d'aucun adulte, lors de stages dans des dortoirs mixtes où les grandes filles initiaient les plus jeunes et les jeunes garçons au plaisir. Une éducation vidéo et pratique avait été élaborée qu'on pouvait consulter à l'envi, seul ou par classe d'âge, sur Latoile. Tout le monde s'en portait à merveille. Les rapports sadomasos étaient reconnus mais ne pouvaient être vus et pratiqués que dans des thérapclubs relevant du secteur psychiatrique et du sous-secrétatiat de l'Aide au mal-être. Toutes les positions et toutes les pratiques étaient recommandées pour que personne n'ignore de quoi il s'agissait. Les adolescents ne devaient pas rester trop longtemps isolés dans leur coin en petit couple et avaient obligation de se connaître les uns les autres. Pour qu'il n'y ait pas d'intrus d'autres quartiers, chacun et chacune entre cinq et dix-sept ans devait être inscrit au *juvénodrom* du quartier et, muni de son contrôle sanitaire, y passer un minimum de trois nuits par semaine. C'était souvent le week-end, les enfants pouvaient ainsi prolonger leurs nuits par des afters et surtout laisser leurs parents copuler à leur guise. Depuis 2050, dimanche avait été rebaptisé le « Pleasure Day » pour le monde entier. Tous les fantasmes étaient avouables et praticables tant qu'il existait un accord préalable des pratiquants et qu'il n'y avait pas atteinte aux personnes. La sexualité qui avait été déclarée par Unicmonde grand chantier mondial n'avait plus rien à voir avec la morale, elle était une expression du corps aussi nécessaire à son équilibre que les vitamines et acceptée comme telle, au même titre que manger ou marcher. La loi retenait et condamnait comme pornographiques les films de guerre, d'horreur, et tout ce qui touchait à la violence physique entre humains, contre les bêtes et contre la terre.

Les mariages, pour lesquels il n'existait plus de cérémonies, quoique la coutume se mît en place de passer des contrats synchroniques par quartier à l'époque de De Fructu, correspondant à l'ancienne période de Noël. C'étaient des contrats de respect mutuel et de fondation de CP, Cellule Protectrice, basés sur une série de tests évaluant la facilité pour deux personnes des castes des 2e et 3e âges à vivre ensemble. L'homosexualité ou l'hétérosexualité n'étaient plus désignées nulle part comme normalité ou anormalité, pas plus que les taureaux du centre d'insémination n'avaient besoin d'un mâle, d'une femelle ou d'un leurre pour leur saillie, on partait du simple constat que les humains avaient chacun leur attirance propre pour le sexe de leur choix. Quoi qu'il en soit, les hétérocontrats restaient nettement majoritaires, bien que la cybersexualité, c'est-à-dire l'onanisme performant, devançât de très loin les rapports dits naturels. Le sexe n'étant plus coupable de rien, on ne lui imputait plus la responsabilité ni de la fatigue ni de la surdité. Ce qui comptait dans les relations entre humains était avant tout la CDR, la Comptabilité Des Rythmes. Une fois atteinte la caste du 2e âge, on était soit de la nuit, soit du jour, et on ne pouvait faire contrat qu'avec un parèdre compatible dans la séparation des temps. Le contrat était assez simple : après avoir subi les psycontrôles obligés, on s'engageait, si on le souhaitait, à élever un ou deux enfants adoptés ou que la mère pouvait au choix concevoir ou porter et dont le père, s'il le souhaitait et le pouvait, pouvait être le géniteur. Quelques très riches célibataires s'offraient une parthénogenèse, mais le procédé était long et coûteux. Le contrat était reconductible autant de fois qu'on le voulait et devait durer, sauf accident, jusqu'à l'entrée dans la caste du 4e âge.

Les contrôleurs parentaux insistaient, puisque la sexualité était à la base des unions, pour que les EDAR, Equilibres Désir-Assouvissements Réciproques, soient maintenus au plus près des normes. Des correctifs individuels ou des stages de plaisir pouvaient pallier certaines périodes de défaillance de la CDR, mais l'essentiel était que les CP soient le plus harmonieuses possible. Les multirelations étaient évidemment autorisées dans la mesure où elles étaient discutées et acceptées par le couple. Pour les femmes ou les hommes spécialement génitophiles, il était prévu dans le contrat, dès la fondation de la CP, qu'ils pouvaient aller *suruquer* ailleurs si nécessité. Il arrivait que des coming out se fassent lors de stages de fuckage, on rediscutait alors le contrat devant des sexologues, l'important une fois de plus étant de conserver l'harmonie au sein des CP, surtout en zone de « retrato ». Plus compliquées à régler avaient été les tendances à la possession de l'autre. La zélocasite, ou « mal du jaloux », avait été classée maladie longue. Cette maladie, dite du Sud, connaissait périodiquement des résurgences et rentrait dans la catégorie dite des « drames humains ». Comme tout ce qui risquait d'entraîner des troubles graves, les malades étaient isolés, soignés et contrôlés par des groupes des deux rythmes sous la gouverne de spécialistes de l'impérialisme sentimental.

Pour ce qui est de la protection de l'enfance, des puces étaient installées sous l'omoplate gauche des bébés afin de pouvoir contrôler l'historique de leur traitement physique, sanitaire et diététique depuis leur entrée dans la CP et ce jusqu'au 2e âge, c'est-à-dire dix-huit ans. Ces puces étaient ensuite désactivées, stockées et analysées au Grand Central Children pour élaborer les statistiques mondiales de la santé des jeunes Terriens. Elles n'étaient réactivées, sauf décès, qu'à soixante-dix-sept ans, lors de l'entrée dans le 4e âge.

Le 4e âge était une caste fragilisée, mais dont le bon état était absolument nécessaire pour le fonctionnement de la planète. Les Très Grands Vieillards, dits TGV, étaient utilisés comme témoins sensibles dans l'environnement, on suivait leurs réactions à l'air en fonction des symptômes physiques qu'ils développaient, aussi, pour opérer des comparaisons et surveiller les courants d'air, les avait-on répartis également dans des zones à risque et dans les zones hypersaines partout sur la Terre.

La vieillesse était traitée comme une enfance contrariée ; on y avait décelé des processus d'évolution exactement inverses de ceux de la jeunesse, et surtout on se méfiait des presbycrises, ces crises d'hyperconscience où les facultés critiques prenaient le dessus sur tout ce qui avait été établi. Le symptôme était net : ils trouvaient le monde laid, la nourriture mauvaise, les gestionnaires décadents, se remémoraient des restes de monoreligions aux interdits absurdes et entraient parfois dans des délires extrêmement dangereux, assurant qu'à leur âge ils n'avaient plus rien à perdre sur Terre qu'eux-mêmes... Cela au risque de semer un très mauvais esprit social, notamment dans les « retrato » où les gens étaient assez peu occupés. Malgré des cures répétées d'affadissement, leur mémoire était parfois plus résistante que celle des ordonnateurs et surtout, et le vrai problème était là, indéfiniment critique. Bref, le risque de retour à une pensée aprotocolaire, surtout chez les vieux, obligeait Unicmonde à les contrôler de très près.

On arrivait à en sauver certains en les réinsérant dans des CP avec des jeunes filles volontaires formées à la gérontosexualité, ou inversement des jeunes hommes. On pouvait ainsi les maintenir en état de désir jusqu'à 100, voire 104 ans. On avait quelques cas de 120-130 ans en Asie et dans le sud-ouest de l'ancienne France, atteints souvent de grabadésiromania mais qu'on mettait en avant comme modèles à suivre.

L'hypervieillissement de la mondopopulation commençait à poser un nouveau problème aux gestionnaires d'Unicmonde. On ne savait plus comment les occuper. On n'hésitait pas à confier au 4e âge des enfants portés qui avaient été maltraités dans leur première insertion familiale. C'est une caste où la libido n'était pas limitée pas plus que les verres d'eau chez les 2e et 3e âges. Les femmes mûres et très mûres étaient même recherchées par des jeunes hommes férus de mythologie psychanalytique classique. Les TGV, surtout les riches anciens fonctionnaires intermondiaux, intéressaient des jeunes filles adeptes du mou et du confort et les garçons un peu veules. Une fois de plus, rien n'était considéré comme alliance contraire, du moment que les nicthémères étaient en place.

La question de l'évacuation des déchets n'était toujours pas résolue, surtout celle des industdéchets. La satellisation avait duré un demi-siècle mais avait dû être stoppée, un train composite encombrant la stratosphère au risque de boucher l'accès des navettes sidérales aux stations orbitales et, pire, de créer des zones de refroidissement, notamment sur les balnéozones terriennes si importantes pour conserver en bon état mental et physique les 2e et 3e castes d'âge. La Lune, mis à part les *distradromes* d'où on s'émerveillait toujours de voir le bleu et la rondeur de notre planète, n'attirait plus aucun investisseur. Unicmonde s'était décidé à y développer des détricentres et des funérothèques pour y ranger, comme dans un grenier prétendait-il, nos surplus contaminant en tout genre, dont les morts communs faisaient partie. L'exclusion des morts qui avait commencé au tout début du siècle par la généralisation de la crémation posait maintenant problème d'autant que la mort, avec la violence, avait été classée expression pornographique. Des milliards de familles étant dans l'incapacité matérielle de pouvoir offrir une astrosidération à leurs défunts, on se débrouillait donc pour soustraire les futurs disparus, s'ils n'étaient pas déjà dans les HSS : quelques heures avant leur départ et on les expédiait directement à « l'orée de la Lune », expression consacrée pour désigner le centre de funérosnavettes où les représentants de région des CP récupéraient les microprocesseurs Vital et les renvoyaient comme preuve de fin de vie aux CP concernées. C'est comme ça qu'il arrivait parfois qu'on fasse défiler sur Latoile les images et les connaissances accumulées tout au long de la vie d'un parent, mais la préoccupation principale consistait à fouiller leur ADN pour savoir de quel patrimoine génétique on avait hérité et se faire sa propre courbe statistique d'espérance de durée et de risques d'accidents de santé.

La vie passait ainsi en ce quartier « retrato » sans qu'on manque de rien, sans heurt, parfaitement dépassionnée, au sein d'une harmonie si bien entretenue que nous ne désirions pas autre chose que ce que nous vivions tous ensemble séparément.

En guise de postface

De la disparition de l'ethnologie et des risques à venir

En faisant de mon propre village un terrain d'ethnologie, je n'avais pas mesuré l'ampleur que ce travail allait prendre. Mon pari avait été et est toujours de jouer de profondeur, d'immersion, d'explorer les limites du trop savoir plutôt que d'aller quérir de nouvelles connaissances, sachant qu'on ne découvre jamais que ce que l'on sait. Or, énoncer des évidences qui sont nôtres n'est pas chose aisée. En clair, ma démarche était et est toujours de camper aux franges de moi-même et de tenter de faire de tout ce qui me fait un objet d'étude. Cela n'empêche pas les voyages, ni les terrains éloignés, bien au contraire, cela nécessite de fréquents passages par l'autre. Je dois dire que ma tentative d'ethnologie classique en Arizona chez les Hopi, qui ouvrait *Le Village retrouvé* il y a plus de vingt-cinq ans, n'est nullement un échec, ne serait-ce que parce que cela a donné cet ouvrage, mais surtout une posture dont j'ai fait une méthode. Mes séjours en Amérique du Nord chez les Sioux, en Amazonie colombienne chez les Yukuna, tout comme mon passage chez les Lapons à la poursuite des rennes ou plus récemment chez les mythiques Caduveo, Bororo et Nambikwara du Mato Grosso au Brésil, sans oublier nos voisins italiens, allemands et russes qui me retiennent souvent, n'ont pas entamé mon choix éthique de n'écrire jamais que sur nous-mêmes. Bien au contraire, la fréquentation de ces sociétés, ces passages fréquents et nécessaires par ces autres, cette prise de distance et de recul à l'égard de ma propre société, tous ces désapprentissages périodiques participent pleinement à l'idée et à la définition de l'ethnologie et de ses méthodes.

Si ces voyages non exploités dont l'ethnologie reste l'alibi officiel ne sont pour l'instant que des voyages littéraires sur lesquels j'écrirai peut-être un jour, la chose se complique dès lors que mon regard s'introvertit. Le retour de terrain, syndrome bien connu des ethnologues, n'est jamais chose facile ; affecté d'une claudication culturelle passagère qui peut varier en fonction de la durée de l'immersion dans l'autre culture et, bien entendu, de la sensibilité de chaque individu, la reprise de contact avec notre culture demande chaque fois un temps de réadaptation plus ou moins long. C'est cet état très particulier de n'être pas encore tout à fait là – auquel s'ajoute l'état d'extrême vigilance, cette tension particulière du regard dans laquelle il nous a fallu vivre pendant des mois pour bien faire notre métier : regarder –, que je mets à profit pour nous redécouvrir tels que nous sommes. Car c'est bien de cela dont il s'agit : voir, mais voir depuis un regard affûté, retourné, en d'autres termes devenir l'explorateur de notre propre société.

Dans ce moment charnière du retour, les conventions acceptées comme telles par l'ensemble de mes concitoyens apparaissent tout à coup comme des attitudes étranges : dormir, se déplacer, respecter le code de la route, faire ses courses, recevoir, préparer les repas, manger, les partager, se présenter, travailler, croire, aimer, toutes ces choses de la vie « normale », ces truismes dans lesquels on a été élevé et avec lesquels ont vit ordinairement ne sont repérables, visibles, que par un regard neuf. Si, pour *Le Village retrouvé*, questionner à partir de mes souvenirs et de la vision que j'avais des choses passées s'est imposé comme étant la meilleure façon de remettre en route la mémoire collective, la chose cette fois-ci ne pouvait plus se dérouler de la même façon. Mon propos fut autre. Non pas tant que je l'aie voulu autre ; il s'est imposé autre tellement nous avons changé. On dirait que les souvenirs ne sont plus attachés au village ; qu'y habiter ne veut plus dire que toute sa vie est là. Pourtant c'est bien là que nous mangeons, que nous dormons, que nous parlons, mais c'est que ce « là » n'est plus un entre-soi, il est vécu comme une sorte de parenthèse en attendant d'être ailleurs. Certains le sentent et cherchent tous azimuts ce qui pourrait réancrer le village dans son passé : cartes postales, peintures, témoignages, désir de retrouvailles impossibles, rêve de fusion évanouie.

J'ai appris que voir, c'est construire un rapport critique au monde, c'est reconnaître pour autre ce que l'on perçoit et accepter de nous le représenter comme tel. Voir, là est pour l'ethnologue la question centrale. C'est le regard, notre regard, qui fait le lien entre le dehors et le dedans, entre l'observé, le distingué, l'inventorié, et qui est donc l'exact contraire d'une globalisation. Regarder, faire advenir le regard, c'est donc s'obliger à un déssillement de l'esprit. C'est chaque fois s'inventer des yeux neufs qui seront capables de rendre compte et de l'image qu'ils prennent et de l'image qu'ils donnent. C'est essayer de transformer l'inadmissible en compréhensible et faire, par exemple, que les images qui défilent devant nos yeux représentent en définitive plus du regard que de la réalité. C'est ainsi, nos yeux inventent car ils sont en partie construits par ce qu'une culture a mis dedans. L'idée à laquelle nous croyons aujourd'hui, que le regard est une mise en boîte qui fait de nous l'un des côtés du monde, est une idée tout à fait contemporaine. Pour en arriver là, pour être capable d'accepter cette étrange idée qui est de se regarder de très près, il a fallu longtemps côtoyer le lointain, flirter avec l'intemporel et surtout désapprendre ou plus exactement réviser, re-visionner ce que nos yeux avaient coutume de voir. Oui, il a fallu de l'incompréhensible, de l'inadmissible, de l'autre, beaucoup d'autres. Il arrive que la chose vue n'ait pas été bien regardée ou qu'elle entre dans une vision des choses, comme on dit, qui n'a rien à voir avec la réalité, bizarrement cela s'appelle alors un malentendu. Voir c'est donc aussi entendre. Heureusement qu'il y a le regard pour lire ce qui vient d'être dit et pour apprendre un peu plus de l'autre.

Partager, « apprendre, comprendre et partager », pour reprendre André Leroi-Gourhan, qui insistait sur le fait que « tout ce qui n'est pas partagé est perdu », me paraît essentiel dans l'acte de faire de l'ethnologie. Partager au sens ethnologique, cela veut dire tout autant restituer aux « ethnologisés » ce que l'on a perçu d'eux, faire connaître à sa propre communauté ce que l'on imagine que nous sommes et, dans un double retournement, offrir en dialogue, et non en cherchant à les imposer, les connaissances que nous avons du monde et de sa conception tout en acceptant d'entendre le rapport à l'univers que ces autres si différents articulent. Cela implique que nous revenions à ce que Serge Moscovi appelle « une conception poreuse du monde, à un système ouvert », moins conceptuel, de l'ethnologie, où le chercheur accepte de reconnaître que rien n'est jamais définitivement constitué, ni entièrement déterminable.

Une recherche reste vivante même et surtout si elle revient modifiée, enrichie, après qu'elle a été diffusée et discutée dans les sociétés concernées. J'ai souvenir dans *Le Village retrouvé* d'avoir parlé d'« ethnologie d'intervention ». Avec le recul et tout ce qui s'est dit ces dernières années sur le droit d'ingérence, je trouve mon propos un peu violent. Une ethnologie partagée ou « partageuse » serait plus juste, surtout aujourd'hui où l'individualisme et la rétention qui va avec se sont imposés comme le référent radical à la base de toute réussite, réussite universitaire comprise. Partager cela signifie donc dans mon esprit mettre à bas la séparation, devenue muraille dans nos sociétés et dans nos têtes, entre ce qui est à nous et ce qui est aux autres. Disons que c'est une tentative de penser autrement que par concept.

On peut regretter, avec Yves Bonnefoy, que non seulement la réflexion des théoriciens n'accorde guère d'importance à la poésie mais qu'à très peu d'exceptions près ceux-ci entraînent tout le groupe social à rester indifférent à ce qui s'y joue. « Il faut la poésie, dit Bonnefoy, pour que le rapport de l'être parlant à ses proches échappe, par exemple, aux dégradations que lui fait subir la production d'idéologie. Sans poésie pas de démocratie (...) La poésie est le ferment naturel de l'esprit démocratique dont la seule définition radicale est la reconnaissance par chacun de la pleine dignité des autres êtres. (...) La poésie sait que ni le sujet, ni autrui ne sont des choses, et que l'être en nous n'est pas de bénéficier d'une durée d'existence, au sens biologique du terme, mais naît de la décision de rendre au rapport à soi sa qualité de présence. » Le statut du chercheur comportant la liberté et la faculté de faire valoir et de prendre en compte ses engagements, on devrait pouvoir aisément accepter l'idée, surtout en ethnologie, qu'à la pensée conceptuelle, on puisse ajouter une pensée poétique. On devrait pouvoir reconnaître que le terrain ne peut être réduit à la seule vérification d'hypothèses émises à partir de chez soi à l'encontre et en dehors de l'autre, mais que « l'intuition de présence » est à la base de notre écoute et du partage avec cet autre qui n'est définitivement pas nous, tout en n'étant plus un étranger total. On met trop souvent hors de champ l'expérience de l'immédiat et on écarte la pensée poétique à quoi il est reproché de venir troubler la pensée scientifique et rationnelle. Pourtant la question de l'autre, j'insiste, ne peut se poser qu'en termes de dialogue, c'est-à-dire de partage de la parole où autrui apparaît comme une vraie présence là où le concept ne le considère qu'en lui substituant des formules.

Je ne puis nier que mon choix de faire une ethnologie sensible tient pour beaucoup à ma formation, à ces « années Jaulin » que je partage avec Barbara Glowczewski qui me précède dans cette collection où notre génération vient rejoindre nos illustres anciens. C'est bien dans le sillage de Robert Jaulin, de Pierre Clastres, de Georges Condominas, de Jean Malaurie, de Serge Moscovici, de Michel de Certeau, de Jacques Meunier, d'André-Georges Haudricourt et de bien d'autres qui se produisirent dans ce département d'ethnologie « pirate » à ses débuts – avant de devenir une Unité de formation et de recherche reconnue au sein de l'université Paris 7-Jussieu – sur la lancée de la critique de la vie quotidienne, de la société de consommation, du productivisme, du scientisme et de bien d'autres « ismes », que nous découvrions la nécessité de penser et de faire un monde capable de recycler autant ses ressources que son histoire et ses savoirs. Déjà nous nous proposions de décloisonner le regard et avec lui les sciences humaines toutes chaudes d'un positivisme totalitaire ainsi que du carcan structuralo-marxiste dont nous devinons encore quelques pointes çà et là dans la production « scientifique » et réservée des sciences humaines. De cette décennie 1970-1980, outre les joyeuses années libres, communautaires et critiques qui firent le sel de ma génération débridée, parce que affranchie de la pesanteur coloniale qui pesa tant sur les épaules de nos aînés, je retiendrai le terreau sur lequel j'ai poussé. C'est à ce moment charnière où l'ethnologie posait la question de son existence en termes éthiques, où l'Occident se mettait en question, revenait sur son histoire, ses manières d'être à l'autre, l'ethnocide, et où nous repensions l'anthropologie à partir du monde moderne et de son avenir, que je suis « tombé » dans l'ethnologie. Entre autres utopies, nous militions jour et nuit pour un « réenchantement du monde » avec et à partir de l'écologie que nous inventions et qui, il faut bien l'avouer, fut et reste la seule innovation qui ait irrigué notre récente forme de vie et notre culture politique actuelle. Oui, c'est bien à l'avènement d'un phénomène culturel inévitable que l'on participa à travers l'élaboration de ce que, vu l'état dans lequel se trouve notre planète aujourd'hui, on est en droit d'appeler une « conscience écologique ». Une conscience nécessaire mais dont je n'aimerais pas que des tenants de la « pureté » et de l'ordre s'emparent à nos dépens, le remède risquant alors d'être infiniment plus grave que la maladie pour les humains que nous sommes encore un peu...

Une autre question que nous avons contribué à placer au centre de la réflexion philosophique contemporaine et qui va de pair avec celle du futur de la Terre était celle de l'importance nouvelle de l'autre non plus en tant qu'être à coloniser mais en tant qu'être doué de culture, dont on ne peut plus désormais ignorer l'existence ni bafouer le rapport au monde.

L'« ethnologie de proximité » que nous avons développée dès les années 1970 à Jussieu n'a pas été vaine. Dans ces années de refondation, nous recentrions nos travaux sur notre société même ; nous partions du postulat que plus les choses sont proches et se présentent comme des banalités apparentes, plus elles sont complexes. Au regard horizontal, tiré de l'anthropologie classique, porté sur l'autre exotique, nous ajoutions le regard vertical, un regard transversal enrichi de l'ensemble des ethnosciences et des connaissances en sciences humaines alors en pleine éclosion. C'est ainsi, pour être plus concret, que des dizaines de mémoires et des doctorats d'ethnologie furent soutenus sur le monde des immigrés, du pouvoir, de l'hôpital, des policiers, de l'entreprise, de l'éducation, des homosexuels, des curés, des bourgeois, des chanteurs du métro, des piétons, des villes nouvelles, des néo-ruraux, des chasseurs, des écologistes, etc., ce qui n'excluait d'ailleurs nullement les études des systèmes traditionnels des sociétés amérindiennes ou des sociétés castiques en Inde, dont nous nous nourrissions pour parfaire notre réflexion théorique sur le monde moderne.

Nous le sentions, nous l'annoncions, mais depuis nous sommes bel et bien entrés dans une des très grandes mutations de notre histoire où chacun, hautement technicien et déculturé, s'affirme comme il peut dans ce qu'il lui reste d'univers personnel. C'est donc dans ce contexte neuf mais assis sur le même fauteuil, au même endroit, dans le même village en apparence, que je me suis retrouvé à nouveau au pied du mur. Sûrement ai-je perdu quelque peu de ma fraîcheur d'esprit depuis *Le Village retrouvé* et abandonné quelques utopies – l'âge aura corrigé quelques opinions, atténué quelques naïvetés et motivé quelque scepticisme – mais je ne crois pas avoir rendu les armes, entendez mes principes ethnologiques. Faire de l'ethnologie tel que je le comprends n'est jamais qu'accepter le regard d'une personne donnée, dans un temps donné, dans un lieu donné avec des gens donnés. J'insiste : l'ethnologie est aussi à faire là où l'on vit, là où l'on sait, là où l'on partage avec et comme les autres les choses de la vie. Or voici que sur ce dernier point je me trouve dans une impasse. Tout comme mes voisins, je ne sais plus très bien ce qu'est véritablement ce « nous » ; comme eux, je ne connais plus grand-chose ni grand monde de et dans mon village ; comme si dans un relâchement insensible le temps nous avait distanciés les uns des autres en même temps qu'il nous avait distancés dans l'espace...

C'est pour cela que je me désespère de voir disparaître l'ethnologie de nos universités, de voir que l'on fait si peu de cas de l'homme présent, que l'on quitte toute critique pour rejoindre le mythe d'un consensus national, européen, mondial. Que l'on fonde notre conception de l'être à partir d'une conception globale du vivant, mais d'un vivant dont la seule liberté passerait par un nivellement généralisé de notre humanité actuelle. Ce que je dis vaut pour n'importe quelle institution y compris pour l'Université, et qui plus est pour l'enseignement de l'ethnologie lui-même qui, et nous en sommes largement responsables, est en train de disparaître. Que va-t-il advenir des étudiants s'ils ne trouvent plus de lieux où venir réfléchir sur le monde, sur cette science qui fut sortie de l'ornière en grande partie il est vrai par Claude Lévi-Strauss et sa génération, en ce qu'ils la désenclavèrent de sa gangue coloniale dans laquelle elle avait fleuri ainsi que de ses dérives « racialistes », s'il n'y a plus personne pour décrire le monde, pour témoigner des sociétés proches ou lointaines, si nous n'avons plus que des analyses partielles, quantitatives, des notions générales et donc généralisantes de ce que nous sommes ? Nous ne connaîtrons bien vite plus grand-chose de nous-mêmes. Mais comment faire pour restaurer l'attention à l'autre, accepter qu'il y ait des lieux « vigie » d'où l'on observe, discute et pense, des lieux où l'on témoigne du monde, plus exactement des mondes, et où l'on acquière une façon critique d'exprimer nos dissemblances afin d'aider à imaginer des lendemains qui inexorablement nous tirent à eux sans que nous ne sachions plus ce qu'il risque d'en être ? « Nous avons besoin des ethnographes, écrivait Octave Manoni, pour comprendre (et quelquefois nous le comprenons à leurs dépens) et pour modifier notre attitude occidentale, après avoir mesuré tout ce qui la sépare d'autres attitudes possibles. Ils sont les spécialistes des différences, de toutes les différences au fond, parce que les différences culturelles les plus marquées ne sont que comme l'agrandissement explicatif des autres. Ils sont chargés de raconter des histoires vraies qui prouvent qu'on pourrait changer la vie. »

A entendre les « experts », on pourrait croire à l'extérieur du monde clos de l'Université et de la recherche que les sciences humaines se réforment en même temps que les sujets et les objets qu'elles traitent. Il n'en est rien. On assiste au contraire à une rigidification générale, pis même, au nom de la mise en place d'une Université de masse, en même temps qu'une reprise en main par les politiques *via* l'administration, prétendument au nom de l'Europe, c'est à une véritable dévaluation que l'on assiste : celle des diplômes, en allongeant la durée pour les plus bas et en la raccourcissant pour les plus élevés (cinq ans pour un master, trois ans pour une thèse de doctorat) — le « flux » étudiant doit circuler, nous explique-t-on, ça coûte cher, etc., toutes explications et visions à court terme qui portent irrémédiablement en elles le tarissement de la pépinière de jeunes chercheurs, surtout en lettres. Les étudiants sont désormais inscrits plus dans la course au temps que dans celle à la connaissance. Dans cette « course perpétuelle » c'est à coup sûr la mort d'une certaine recherche où l'humain se dissout dans l'obligation de faire vite. Ce nouveau système nous mène à un véritable « fordisme scientifique » où la productivité et les lieux de production prennent le pas sur la qualité et l'originalité de la recherche. Etrangement, alors qu'on a le sentiment que le savoir est totalement détabouisé, que toutes les questions et n'importe quel problème sont abordables, jamais nous n'avons été aussi limités, contrôlés, conduits, soumis au régime de la pensée unique. J'insiste, les diktats du recrutement et de la restructuration guidés par le mythe actuel de la « rentabilité » de la recherche et de l'enseignement viennent brouiller le discernement de bien des commissions. Je vois se développer une peur, pour ne pas dire une terreur, parmi les candidats aux carrières universitaires, qui provoque une frilosité dans l'expression de la pensée, pis même, un autocontrôle dévastateur chez les quelques esprits originaux qu'on a pu détecter au début de leurs études [1].

Pour revenir à l'ethnologie proprement dite, je constate qu'en ce début du XXIe siècle, un monde brassé, pluriculturel comme jamais il n'a été, les experts du ministère de l'Education profitent du prétexte fallacieux de la mise en place des nouveaux diplômes européens, le fameux LMD, pour réduire l'ethnologie à une science secondaire et la mettre à l'écart des programmes universitaires, la réservant à la seule recherche. Je considère que c'est une catastrophe majeure au regard de l'aspect et de l'état de notre société actuelle et que l'ethnologie devrait avoir toute sa place non seulement dans l'enseignement supérieur mais aussi dans le secondaire, bien autrement que sous la forme de quelques heures égrenées par un professeur de philosophie. Comment allons-nous pouvoir décrypter, dans cette confusion provoquée par la globalisation, la mondialisation, l'égalitarisme, la pensée de masse et son inverse le pluriculturalisme, le localisme, l'individuation, un peu de notre monde si nous n'en fournissons plus les outils ? Comment et en quels lieux abordables, ouverts à tous, allons-nous pouvoir dispenser un savoir et une pensée critique nécessaire élaborée dans et à cause des tourmentes qui traversèrent ce XXe siècle juste finissant ? Comment, s'il n'y a plus d'enseignement de l'ethnologie, former des regards sur ces hommes et ces femmes du XXIe siècle commençant, sur ce que nous sommes en train de devenir ?

Je connais l'engagement physique et moral des ethnologues sur le terrain, le long et difficile travail que chacun, à sa mesure, fournit pour faire connaître des sociétés et des univers parfois difficiles à pénétrer et à comprendre. Mais je pense qu'il faudrait que cette communauté scientifique réduite et particulière, connue et respectée pour son courage – le premier réseau de résistance lors de la dernière guerre émana du musée de l'Homme –, ne renonce jamais à dénoncer et à lutter contre tous les racismes et ce qu'ils engendrent. Un racisme qui dans notre société complexe est devenu plu-

1. Pascal Dibie, *De la crise dans les universités et dans le recrutement*, 2002.

riel et que je sens aujourd'hui resurgir sous des formes nouvelles et tout aussi dangereuses. A l'exemple de Lévi-Strauss, d'Alfred Métraux et de quelques-uns de mes collègues, nous n'avons pas le droit de ne pas nous préoccuper de la question du racisme. Je faillirais moi-même si je ne revenais en quelques lignes ici sur cette question qui, si on s'en était préoccupé davantage, devrait être du point de vue scientifique réglée depuis longtemps.

La leçon sera brève, aussi brève qu'elle est évidente : commençons par le terme même de « race », dangereusement réifié dans nos banlieues et chez les jeunes avec « ta race », « de ta race », etc., par les journalistes et plus grave par les politiques qui l'emploient à diverses sauces et dans des contextes très différents, mais qui reste bien présent dans notre vocabulaire, donc dans notre vision de l'autre... « Race » sort tout droit de la folie classificatoire du XIXe siècle. Ce siècle fatal pour l'homme moderne où, à l'exemple de la classification linnéenne des espèces botaniques, par agrégation autour de spécimens appelés « types », on a tiré et finalement réservé le concept de « race » pour l'homme. Ce que je voudrais redire rapidement, mais fermement, est que les progrès de la génétique ont montré que la conception de « types raciaux » arbitrairement définis n'a aucun fondement scientifique. Paradoxalement, si la mode est au « métissage » cela tient sans doute au fait, scientifiquement avéré, que le polymorphisme est une des lois fondamentales de la vie. Mais je sais que, quoi que nous puissions dire, la paresse psychologique inhérente à l'homme – nous avons horreur de nous déprendre et de réapprendre des vérités ! – étant entretenue par des délires politico-scientifico-idéologiques d'un autre âge, le « racisme » n'a pas désarmé. Certains essaient encore (et réussissent) de faire croire que l'on pourrait « purger » une race, ce qui du point de vue idéologique est bien entendu inacceptable et du point de vue biologique évidemment irréalisable. Pourtant, par un nouveau glissement sémantique, la formulation et son application viennent d'en être faites, qui plus est par des contemporains européens ! L'expression a pris sa place, et c'est comme ça que nous assistons aujourd'hui, impuissants, partout sur notre planète, Europe, Afrique, Asie, Amérique, plus qu'à des déclarations, à des actions de « purifications ethniques » qui se terminent par d'effroyables génocides, là, devant nos yeux... La chose est effectivement nouvelle dans son expression et connote un racisme culturel qui s'amplifie en même temps que la mondialisation se développe, l'un marchant avec l'autre, mais elle prouve surtout que nous sommes tous en danger de finir comme ces étrangers proches, nos voisins européens, victimes de quelque aberrante boucherie que nous n'aurons pas su prévenir.

La seule réponse à l'intolérance, au « racisme » et aux « racistes », ces malades porteurs de cette maladie contagieuse qui se répand à la vitesse de la poudre qui s'enflamme, c'est de les mettre à distance. Je pense à la « distance génétique » : les biologistes ont montré que si l'on étudie la « distance génétique », c'est-à-dire la différence biologique entre deux populations prises au sein d'une ethnie ou d'un groupe humain n'importe où en France ou dans le monde, on obtient invariablement un résultat inférieur à 15 % de ressemblance génétique entre les individus étudiés ! Après cela tout devrait être dit, nous devrions tous être convaincus que les propositions de classifications raciales sont arbitraires, inopérantes, et qu'il y a inapplicabilité du concept de race à l'espèce humaine. Mais non, je le sais, rien n'est entendu, notre surdité ne fait au contraire qu'empirer et les pires malentendus, les pires conflits sont à venir. Voilà pourquoi on ne peut envisager que l'ethnologie disparaisse de nos universités, j'y vois comme une expression de plus de l'irresponsabilité de nos politiques (il y a nécessairement une politique de l'enseignement comme il y en a une reconnue pour la recherche) qui confirment par le manque de vision qui les caractérise tous aujourd'hui qu'ils ne sont plus que des gestionnaires à la mentalité d'apothicaire rendus à ce nouvel ordre totalitaire économique qui, au nom de l'efficacité et de la rentabilité, soumet tout à ses diktats et développe dans son sillage des violences dont ils n'imaginent pas les conséquences.

Oui, je sais, la charge est un peu violente et le discours peut paraître un peu convenu, mais je crois que ce dont je veux témoigner ici, ce dont j'ai voulu témoigner avec cette photographie de notre vie moyenne, pseudo-rurale, en ce tout début du XIXe siècle, c'est la façon insidieuse mais irréversible dont nous nous transformons et du comment nous cherchons à nous insérer dans cette mondialisation en route qui nous touche jusque dans nos moindres recoins. La question reste entière, comment étudier la pensée des autres sans commencer par étudier la nôtre ? Comment s'occuper de visions du monde, de rapport à l'univers, sans se pré-occuper du nôtre ? Cela tient-il à notre impuissance à « assumer notre être-divisé-au-monde », comme le suggère Jean Monod ? « Impuissance » qui remonterait au jour où l'humanité a découvert sa propre diversité et où elle a « commencé à être travaillée par le sentiment que son existence même sur la face du monde était une sorte d'inconvenance » ? Notre anthropologie (notre engagement) se veut totale à l'exemple de l'« homme total » de Michel Leiris et du « fait social total » de Marcel Mauss, s'il nous faut citer des ancêtres, ce qui signifie aussi qu'elle ne sera jamais achevée mais que son projet même ne sera non plus jamais clos. Ce qui n'empêche pas que nous avons un rôle éminent à jouer dans la lutte contre les indifférences.

Ce que j'ai dit, ce que j'ai pu dire tout au fait de mon époque mérite évidemment d'être revisité demain, dans l'espoir et la certitude que cela sera tout autrement que ce que j'imagine. Pourtant, ce qui a radicalement changé c'est la nature du terrain ethnologique, de l'ethnologie et plus sûrement encore de l'ethnologue.

BIBLIOGRAPHIE

ABÉLÈS (Marc), *Jours tranquilles en 89. Ethnologie politique d'un département français,* Paris, Odile Jacob, 1989, 365 p.

AHRWEILFER (Hélène), AYMARD (Maurice), *Les Européens*, Paris, Hermann, 2000, 603 p.

ALLAUZEN (Marie), *La Paysanne française aujourd'hui*, Paris, Gonthier, 1967, 207 p.

AUSTIN (Jean-Louis), *Quand dire c'est faire*, Paris, Seuil, Collection Points n° 235, 1991.

ARIÈS (Philippe), *Histoire des populations françaises et de leurs attitudes devant la vie depuis le* XVIIIe, Paris, 1948, Seuil, Points Histoire, 1971.

—, *L'Homme devant la mort*, Paris, 1977, Seuil, Points histoire, 2 vol., 1985.

—, *L'Enfant et la vie familiale sous l'Ancien Régime*, Paris, Le Seuil, 1960.

—, *Essai sur l'histoire de la mort en Occident du Moyen Age à nos jours*, Paris, 1975, Seuil, Points histoire, 1983.

A travers notre folklore et nos dialectes (Bourgogne), 4 tomes, Dijon, Commission linguistique et de folklore de Bourgogne, 1966-1972.

BACHELARD (Gaston), *La Poétique de l'espace*, Paris, 1957, Quadrige, PUF, 2001, 215 p.

—, *L'Air et les songes, essai sur l'imagination du mouvement*, José Corti, 1994, 306 p.

BARBICHON (Guy), DELBOS (Geneviève), « L'entrée dans la ville : migrants d'origine rurale, migrants d'origine citadine dans deux situations de croissance urbaine », *Centre d'ethnologie française*, n° 58, Paris, 1974, 258 p.

BARTHES (Roland), *Les Mythologies*, Paris, Seuil, 1976.

BAUDRILLARD (Jean), *Le Système des objets*, Paris, 1968.

—, *La Société de consommation*, Paris, 1970.

BAUER (Gérard), *La Rurbanisation ou la ville éparpillée*, Paris, Seuil, 1976.

Belmont (Nicole), *Rites de passage, passage matériel : les rituels de la naissance*, Colloque EHESS, Paris, 1986.

—, « L'anthropologie et les âges de la vie », in *Vieillir aujourd'hui*, Colloque annuel de la Société d'ethnologie française, Paris, ministère de la Recherche, 11-13 janvier 1990, 197 p.

Berger (John), Mohr (Jean), *Une autre façon de raconter*, Paris, Maspero, 1981, 301 p.

Berger (Peter), *La Religion dans la conscience moderne*, Paris, Centurion, 1971.

Berlan-Darque (Martine), Kalaora (Bernard), « Du pittoresque au "tout paysage" », *Etudes rurales*, janv.-déc. 1991, 121-124, pp. 185-195.

Bernard (Yvonne) et Jambu (Michel), « Espace habité et modèles culturels », *Ethnologie française*, tome 8, n° 1, Paris, Berger-Levrault, 1978, pp. 7-20.

Body-Gendrot (Sophie), « Une vie privée française sur le modèle américain », in *Histoire de la vie privée*, tome V, Paris, Seuil, 1987, 635 p.

Boulin (Jean-Yves), Mückenberger (Ulrich), *La Ville à mille temps*, La Tour-d'Aigues, Aube/DATAR, 2002, 222 p.

Bourdais (Jean-Claude), *L'Arbre à souvenir*, Nouméa, L'Herbier de feu, 2000.

Bourdon (Jean-Paul), « Recherche agronomique et bien-être des animaux d'élevage, histoire d'une demande sociale », *Histoire et Sociétés rurales*, n° 19, 1er semestre 2003, pp. 221-239.

—, 1996.

Bozon (Michel), « La nouvelle place de la sexualité dans la constitution du couple », *Revue des sciences sociales et santé*, vol. 17, n° 4, décembre 1991, pp. 66-88.

Breton (Philippe), *La Tribu informatique*, Paris, Métailié, 1990.

Bromberger (Christian) « De quoi parlent les sports », in *Des sports, Terrain*, n° 25, Carnets du patrimoine ethnologique, septembre 1995.

Buchet (Bernadette), *Descendants de Chouans, Histoire et culture populaire dans la Vendée contemporaine*, Paris, éditions de la MSH, 1995, 338 p.

Burgat (Florence) et Dantzer (Robert), *L'Animal et le Mangeur*, Paris, Autrement, juin 1997.

Burgat (Florence (dir.), *Les animaux ont-ils droit au bien-être ?*, Paris, INRA, 2001.

Castoriadis (Cornélius), *La Montée de l'insignifiance*, Paris, Seuil, 1996.

Cauquelin (Anne), *Petit Traité du jardin ordinaire*, Paris, Payot, 2003, 171 p.

Certeau de (Michel), *La Culture au pluriel*, Paris, Seuil, coll. Points, 1993.

—, *La Faiblesse de croire*, Paris, Seuil, 1997, 325 p.
—, *L'Écriture de l'histoire*, Paris, Gallimard, 1975.
—, *L'Invention au quotidien*, Paris, UGE, 1980.
CHARLES (François), *La Génération défroquée*, postface de Danielle Hervien-Léger Paris, Cerf, 1986.
CHASSAGNE (Marie-Elisabeth), *Les Mamelles de la France, agriculture et territoire*, Paris, Galilée, 1979, 252 p.
CHESNEAUX (Jean), « Temps et déchets », in *Déchets, l'art d'accommoder les restes*, Paris, Centre Georges-Pompidou/CCI, 1984, 144 p.
CHIOT (René), *Une terre du chapitre d'Auxerre, Chichery, notes d'histoire*, éd. de l'auteur, 1939, 192 p.
—, *Nous avons mangé la forêt*, Paris, Flammarion 1957, coll. Champs, 1974.
—, *L'exotique est quotidien*, Paris, Plon, Terre Humaine, 1977.
—, *L'Espace social, à propos de l'Asie du Sud-Est*, Paris, Flammarion, 1980, 539 p..
CORBEAU (Jean-Pierre), « Le mangeur pluriel », in *Le Mangeur du XXI*[e] *siècle*, Dijon, ANCR/Educagri, 2003, 345 p.
CORBIN (Alain), *Le Miasme et la Jonquille, l'Odorat et l'Imaginaire social, 18*[e]*-19*[e] *siècle*, Paris, Aubier, collection historique, 1982, 334 p.
COUTENET (Jean), « Quel avenir pour l'espace rural français ? », in *Etudes rurales*, avr.-déc. 1988, 110-11-112, « La terre : succession et héritage », pp. 103-106.
DALLA BARDINA (Sergio), *L'Utopie de nature, chasseurs, écologistes et touristes*, Paris, Imago, 1996.
DEBRAY (Régis), *Dieu, un itinéraire*, Paris, Odile Jacob, 2001, 397 p.
DELANOY (Pascal), VIARD (Jean), *Contre la barbarie routière*, L'Aube, 2002.
DELBES (Christiane) et GAYMU (Joëlle), « Croissance du nombre des isolés en France : vers de nouveaux comportements », *in* revue *Population*, n° 3, 1990, 501-530, Ined, Paris, 1990.
DESCOLA (Philippe), *Par-delà nature et culture*, Paris, Gallimard, 2005, 623 p.
DESFONDS (Odette), *Rivales de Dieu*, Paris, Albin Michel, 1993, 267 p.
DIBIE (Pascal), *Traditions de Bourgogne*, Bruxelles, Marabout, 1978, 191 p.
—, *Le Village rerouvé, essai d'ethnologie de l'intérieur*, Paris, Grasset 1979 / Aube-Poche, 1990 / Aube-Essai 2005, 252 p.
—, *Ethnologie de la chambre à coucher*, Paris, Grasset 1987 /Suites-Sciences Humaines, Métailié, 2000, 306 p.
—, *Les Découpeurs de mondes*, Paris, Grasset, 1985, 192 p.

—, *La Tribu sacrée, ethnologie des prêtres*, Paris, Grasset, 1993, coll. Suites-Sciences Humaines, Paris, Métailié, 2004, 332 p.
—, *La Passion du regard, essai contre les sciences froides*, Paris, Métailié, collection Traversées, 1998, 187 p.
Dibie (Pascal) et Haudricourt (André-Georges), *Les Pieds sur terre*, Paris, Métailié, collection Traversées, 1987, 196 p.
Dibie (Pascal) et Haudricourt (André-Georges), « Que savons-nous des animaux domestiques ? », in *L'Homme* 108, oct.-déc. 1988, XXVIII(4), pp. 72-83.
Dibie (Pascal) et Wulf (Christophe), *Ethnosociologie des échanges interculturels*, Paris, Anthropos, coll. Exploration interculturelle et science sociale, 1998, 173 p.
Dibie (Pascal), « De la crise dans les universités et dans le recrutement », in *De la vérité en ethnologie...* (Séminaire de Jean Malaurie 2000-2001), Paris, Economica, coll. Polaires, 2002, pp. 279-286.
Dibie (Pascal), Le Bris (Michel), *Rêves d'Amazonie*, Paris, Hoëbcke-Abbaye de Daoulas, 2005, 192 p.
Dodin (Vincent), Testart (Marie-Lyse), *Comprendre l'anorexie*, Paris, Seuil, 2004.
Digard (Jean-Pierre), *La domestication animale*, Paris, Fayard, 1990.
Dosse (François), *Michel de Certeau, Le marcheur blessé*, Paris, La Découverte, 2002.
Douglas (Mary), *De la souillure, Essais sur les notions de pollution et de tabou*, Paris, Maspero, 1971, 195 p.
Dubost (Françoise), Lizet (Bernadette), « Pour une ethnologie du paysage », *in* collection *Ethnologie française*, cahier 9, *Paysage au pluriel, pour une approche ethnologique des paysages*, Paris, MSH, 1995, 241 p., pp. 225-240.
Dubreuil (Catherine), *Ethnologie de l'antispecisme, mouvement de libération des animaux et lutte globale contre toutes les formes de domination*, thèse d'ethnologie, direction P. Dibie, Université Paris 7-Denis-Diderot, décembre 2001.
Dumazedier (Joffre), « Les loisirs », in *Histoire des mœurs*, Paris, Gallimard, encyclopédie de la Pléiade, 1990.
Dutertre (Jean-François), Krümm (Philippe), *Les Nouvelles Musiques traditionnelles*, Paris, AFAA, 1997, 162 p.
Ehrenberg (Alain), *Le Culte de la performance*, Paris, Calmann-Lévy, 1991, 351 p.
—, *L'Individu incertain*, Paris, Calmann-Lévy, 1995, 351 p.
En marche en église, éd. Le Sénevé, Collection Parcours Telle est notre foi, 2003, 18, rue de Condé, Paris 6e.

EPAGNEUL (Michel-Dominique), *Semailles en terre de France, 1943-1944*, La Houssaye-en-Brie, F.M.C., 1976, 238 p.

FISHLER (Claude), *L'Omnivore*, Paris, Odile Jacob, 1990.

FOURNIER (Marcel), *Marcel Mauss*, Paris, Fayard, 1994.

GAIGNEBET (Claude), « L'homme et l'excretum », in *Histoire des mœurs*, Paris, NRF, Encyclopédie de la Pléiade, 1990, pp. 831-893.

—, *Le Carnaval*, Paris, Payot, 1974, 175 p.

GIBSON (Michael Francis), *Ces lois inconnues. Pour une anthropologie du sens de la vie*, Paris, Métailié, Collection Traversées, 2002, 228 p.

GOODY (Jack), *La Culture des fleurs*, Paris, Seuil, 1994, 635 p.

GOSSIAU (Jean-François) et BARJONET (Pierre-Emmanuel), *Automobilisme et société locale : les jeunes et l'auto dans la vallée de la Meuse. Une approche anthropologique*, Paris, Rapport INRETS n° 113, — Laboratoire d'Anthropologie Sociale, février 1990.

GOSSIAU (Jean-François), « Pourquoi les jeunes automobilistes sortent-ils de la route ? », Paris, revue *Recherche Transport Sécurité* n° 34, juin 1992, pp. 57-62.

GOTMAN (Anne), *Le Sens de l'hospitalité. Essai sur les fondements sociaux de l'acueil de l'autre*, Paris, PUF, coll. Le lien social, 2001, 507 p.

GRANNEY (Jean), *Cinquante Ans d'un organisme de recherche*, Paris, INRA, 1996, 527 p.

GRUAU (Maurice), *L'Homme rituel, anthropologie du rituel catholique français*, Paris, Métailié, Collection Traversées, 1999, 230 p.

—, *Résurrection, homélies et prières pour la célébration des enterrements*, Paris, Dimanche en Paroisse, Cerf, 1992.

GUILLAUME (Marc), *La Politique du patrimoine*, Paris, Galilée, 1980, 196 p.

HAUDRICOURT (André-Georges), « Domestication des animaux, culture des plantes et traitement d'autrui », *L'Homme*, Paris, t. II, janvier-avril 1962, pp. 40-50.

—, « Notes d'ethnozoologie. Le rôle des excrétats dans la domestication », *L'Homme*, avr.-sept. 1977, XVII (2-3), pp. 125-126.

—, « Note sur le statut familial des animaux », *L'Homme*, n° 99, juil.-sept., 1986, XXVA (3), pp. 119-120.

HAUDRICOURT (André-Georges) et DIBIE (Pascal), *Les Pieds sur terre*, Paris, Métailié, collection Traversées, 1987, 196 p.

HAUDRICOURT (André-Georges) et DIBIE (Pascal), « Que savons-nous des animaux domestiques ? », *L'Homme*, n° 108, oct.-déc. 1988, XXVIII(4), pp. 72-83.

HAUDRICOURT (André-Georges), BRUHNES DELAMARRE (Mariel), *L'Homme et la charrue à travers le monde*, Paris, NRF 1955/La Manufacture, 1986, 410 p.

HELL (Bertrand), *Entre chien et loup. Faits et dits de chasse dans la France de l'Est*, Paris, MSH, Collection Ethnologie de la France, 1985, 230 p.

HERVIEU (Bertrand), VIARD (Jean), *Au bonheur des campagnes*, La Tour-d'Aigues, Aube, 2000, 157 p.

HERVIEU (Bertrand), VIARD (Jean), *L'Archipel paysan, la fin de la république agricole*, La Tour-d'Aigues, Aube, 2001, 124 p.

—, *La Religion pour mémoire*, Paris, Cerf, 1993.

—, *Catholicisme français : la fin d'un monde*, Paris, Bayard, 2003.

HERVIEU-LÉGER (Danielle), CHAMPION (F.), *Vers un nouveau christianisme ?*, Paris, Cerf, 1986.

HOGGART (Richard), *La Culture du pauvre*, Paris, Minuit, 422 p.

HUBERT (Annie), « Entre plaisir et santé », in *Le Mangeur du XXI*[e] *siècle*, Dijon, ANCR/Educagri, 2003, 345 p.

ISAMBERT (François André), « Le sociologue, le prêtre et le fidèle », in *La Sagesse et le Désordre*, Paris, Gallimard, 1980.

JAULIN (Robert), *La Mort Sara. L'ordre de la vie ou la pensée de la mort au Tchad*, Paris, Plon, Terre Humaine, 1967/1977.

—, *Gens du soi, gens de l'autre*, Paris, UGE 10/18, 1973, 439 p.

—, *De l'ethnocide*, Paris, Seuil, 1970, 424 p.

—, *L'Année chauve*, Paris, Métailié, coll. Traversées, 1993, 283 p.

JOLAS (Tina), PINGAUD (Marie-Claude), VERDIER (Yvonne), ZONABEND (Françoise), *Une campagne voisine*, Paris, Editions de la Maison des sciences de l'homme, 1990, 450 p.

KAUFMANN (Jean-Claude), *Le Cœur à l'ouvrage, théorie de l'action ménagère*, Paris, Nathan, 1997, 238 p.

—, *La Chaleur du foyer*, *analyse du repli domestique*, Paris, Méridiens Klincksieck, 1988, 192 p.

KAYSER (Bernard), *Les Nouvelles Fonctions de l'espace rural*, Paris, Peuple et Culture, PEC, 1973, 96 p.

—, « Agriculture et ruralité », in *Etudes Rurales*, juillet-décembre 1994, 135-136, pp. 175-183.

LAFERTE (Gilles), RENAHY (Nicolas), « Campagnes de tous nos désirs... d'ethnologues », *L'Homme* n° 166, 2003, pp. 225-234.

LAFERTE (Gilles), RENAHY (Nicolas), « L'ethnologue face aux usages sociaux de l'ethnologie », *L'homme* 166/2003, pp. 239-240.

LAMBERT (Yves), *Dieu change en Bretagne*, Paris, Cerf, 1985, 451 p.

LAROUSSE AGRICOLE, sous la direction de Jean-Michel Clément, Paris, Librairie Larousse, 1981, 1208 p.

LAROUSSE AGRICOLE, sous la direction de Marcel Mazoyer, Paris, Librairie Larousse, 2002, 768 p.

LARRÈRE Catherine et LARRERE Raphaël, « L'animal, machine à produire : la rupture du contrat domestique », *in* BURGAT Florence (dir.), *Les animaux ont-ils droit au bien-être ?*, Paris, INRA, 2001, p. 9-24.

LA SOUDIÈRE (Martin de), *Au bonheur des saisons. Voyage au pays de la météo*, Paris, Grasset, 1999, 379 p.

LEBEL (Paul), « La cheminée Burgonde », in *A travers notre folklore et nos dialectes* (Bourgogne), t. II, Dijon, Association bourguignonne des sociétés savantes, 1966, 182 p., p. 95.

LE BRETON (David), *La Peau et la Trace. Sur les blessures de soi*, Paris, Métailié, coll. Traversées, 2003, 143 p.

—, *Signes d'identité, tatouages, piercings et autres marques corporelles*, Paris, Métailié, coll. Traversées, 2002, 150 p.

LEFEBVRE (Henri), *Du rural à l'urbain*, Paris, Anthropos, 1949, 3e édition, Présentation de Remi Hess, 2001, 299 p.

—, « Introduction à la psycho-sociologie de la vie quotidienne », *Encyclopédie de la psychologie*, Paris, Fernand Nathan, 1960, pp. 102-107.

Le Mangeur du XXIe siècle (dir. Daniel Meiller), Actes du colloque de Dijon, Educagri/ANCR, 2003, 345 p.

LENCLUD (Gérard), « L'ethnologie et le paysage, questions sans réponses », in collection Ethnologie française, cahier 9, *Paysage au pluriel, pour une approche ethnologique des paysages*, Paris, MSH, 1995, 241 p., pp. 3-17.

LEROI-GOURHAN (André), *Le Geste et la Parole*, Paris, Albin Michel, 1984.

—, *Les Chasseurs de la Préhistoire*, Paris, Métailié, coll. Traversées, 1983, 155 p.

LEVI-STRAUSS (Claude), *Tristes tropiques*, Paris, Plon, Terre Humaine, 1955, 462 p.

—, *Les Structures élémentaires de la parenté*, Paris, PUF, 1962.

—, *Le Regard éloigné*, Paris, Plon, 1983.

LEVI-STRAUSS (Claude), ERIBON (Daniel), *De près et de loin*, Paris, Odile Jacob, Points, 1990.

LUGINBÜHL (Yves), « Le paysage rural », in *Etudes rurales*, janvier-décembre 1991, 121-124 : 27-44.

MAGRIS (Claudio), « Déplacement », *La Quinzaine littéraire* - Louis Vuitton, Paris, 2002.

MALAURIE (Jean), *Le Hoggar : Journal d'une exploration dans le massif de l'Ahaggar et avec les Touareg*, Paris, Fernand Nathan, 88 p., 62 ill., 1954.

—, *Thèmes de recherche géomorphologique dans le nord-ouest du Groenland*. Éditions du CNRS : Mémoires et documents, numéro hors-série, 497 p., 79 photos, 161 fig., 2 cartes couleur 94 x 53 cm, Paris, 1968.

—, *Les Derniers Rois de Thulé. Avec les Esquimaux Polaires face à leur*

destin. Librairie Plon, collection Terre Humaine, 1re édition : 325 p., 58 ill. in texte, 51 ill. hors texte, 6 cartes, Paris, 1955. Cinquième édition définitive : 854 p., 190 ill. in texte, 65 ill. hors texte, 25 cartes, Paris, 1989.
—, *Ultima Thulé. De la découverte à l'invasion*. 2e éd. revue et augmentée. Éditions du Chêne, format 29,5 x 34 cm, 400 p., 700 ill. dont 150 en couleurs, Paris, 2000.
—, *Hummocks 1. Nord-Groenland. Arctique central canadien*. 560 p., 148 ill. in texte, 41 cartes, 79 ill. hors texte. Paris, Plon, collection Terre Humaine, 1999.
—, *Hummocks 2. Alaska. Tchoukotka sibérienne*. 704 p., 160 ill. in texte, 26 cartes, 98 ill. hors texte, Paris, Plon, collection Terre Humaine, 1999.
—, *L'Appel du Nord. Une ethnophotographie des Inuit du Groenland à la Sibérie : 1950-2000*. Paris, éd. la Martinière, format 27 x 34 cm, 352 p., 300 photographies en couleurs, 2001.
—, *De la vérité en ethnologie*. Séminaire de Jean Malaurie (2000-2001), E.H.E.S.S., Paris, Economica, coll. Polaires, 2002, 417 p.
Mathieu (Nicole), *Du rural à l'environnement*, Paris, L'Harmattan, 1989.
Mauss (Marcel), *Œuvres*, 3 volumes, Paris, éd. de Minuit, 1968-1969.
—, *Sociologie et anthropologie*, précédé d'une introduction à l'œuvre de Marcel Mauss par Claude Lévi-Strauss, Paris, PUF, 1960, 389 p.
—, *Manuel d'ethnographie*, préface de Denise Paulme, Paris, Petite Bibliothèque Payot, 1989, 264 p.
Mayaud (Jean-Luc), « La “belle vache” dans la France des concours agricoles du xixe siècle. », *Cahiers d'histoire*, 1997, nos 3-4, pp. 521-541.
Mercator (P.), *La Fin des paroisses ? Recomposition des communautés, aménagement des espaces*, Paris, Desclée de Brouwer, 1997.
Meulders-Klein (Marie-Thérèse), Thery (Irène) (dir.), *Les Recompositions familiales aujourd'hui*, Paris, Nathan, 1993, 350 p.
Meunier (Jacques), *Les Gamins de Bogota*, Paris, Payot Voyageurs, 2001.
—, *Voyage sans alibi*, Paris, Flammarion, 1994.
—, *Le Monocle de Joseph Conrad*, Paris, Payot, 1993.
Meunier (Jacques), Savarin (Anne-Marie), *Le Chant du Silbaco*, Paris, Petite Bibliothèque Payot, 1991.
Michaux (Henri), *Un barbare en Asie*, Paris, Gallimard, L'imaginaire, 1998.
Michelet (Jules), *Histoire de la Révolution française*, Paris, Lacroix et Compagnie, 1877.
Micoud (André), Bérard (Laurence), Marcenay (Philippe), Rautenberg (Michel), « Et si nous prenions nos désirs en compte ? », *L'Homme*, n° 166, 2003, pp. 235-238.
Micoud (André), « Des patrimoines aux territoires durables », *Ethnologie française*, XXXIV, 2004, 1, pp. 13-22.

MILLER (Daniel), *A theory of shopping*, Cambridge, Polity Press, 1998, 180 p.
MINOIS (Georges), *Histoire de la vieillesse de l'Antiquité à la Renaissance*, Paris, Fayard, 1987, 442 p.
MONOD (Jean), *Riche cannibal*, Paris, UGE, 1968.
MORLET (Joël) « Ancienne et nouvelle pratique religieuse des ruraux », in *Archives de sciences sociale des religions*, 1990, 72 (octobre-décembre), pp. 167-185.
MOSCOVICI (Serge), *Essai sur l'histoire humaine de la nature*, Paris, Flammarion, 1968, 595 p.
—, *La Société contre nature*, Paris, Seuil, Point Le Seuil, 1994, 414 p.
—, *Homme domestique et homme sauvage*, Paris, UGE, 1974, 310 p.
—, *De la nature. Pour penser l'écologie*, préface de Pascal Dibie, Paris, Métailié, collection Traversées, 2000, 275 p.
MOSCOVICI (Serge), DIBIE (Pascal), *Réenchanter le monde, Entretiens*, La Tour-d'Aigues, France Culture / Aube, 2002, 70 p.
NOËL (Bernard), *Le Journal du regard*, Paris, POL, 1988, 125 p.
PELRAS (Christian), *Goulien, commune bretonne du cap Sizun entre XIXe siècle et IIIe millénaire*, Rennes, PUR, 2001, 486 p.
PEZEU-MASSABUAU (Jacques), *La Maison, espace social*, Paris, PUF, 1983, 252 p.
PIATIER (André) (dir.), *Radioscopie des communes de France, Ruralité et relations villes-campagnes, une recherche pour l'action*, Paris, Economica, 1979, 550 p.
PIETTE (Albert), *La Religion de près. L'activité religieuse en train de se faire*, Paris, Métailié, 1999, 268 p.
—, *Ethnographie de l'activité religieuse. Réflexions sur les « déplacements » du prêtre*, Groupe de sociologie politique et morale, CNRS-EHESS, 2003.
PINGAUD (Marie-Claude), *Paysans en Bourgogne, les gens de Minot*, Paris, Flammarion, 1978, 300 p.
PIRRARD (Pierre), PASQUIER (Bernard-Louis), MORLET (Joël), *Les Frères missionnaires des campagnes, 1943-1993. L'Evangile en monde rural*, Paris, Desclée de Brouwer, 1993, 194 p.
PISANI (Edgard), HERVIEU (Bertrand) (dir.), *Groupe de Bruges : agriculture un tournant nécessaire*, La Tour-d'Aigues, Aube, 1996, 92 p.
POIRIER (Jean), « L'homme, l'objet et la chose », in *Histoires des mœurs*, Paris, Gallimard, Encyclopédie de la Pléiade, 1990, pp. 901-960.
—, « La machine à civiliser », in *Histoire des mœurs* III, vol. 2, Paris, Gallimard/Folio, 1991, pp. 1551-1619.
POLANYL (Karl), *La Grande Transformation. Aux origines politiques et économiques de notre temps*, Paris, Gallimard, 1994.

PORCHER (Jocelyne), *La mort n'est pas notre métier*, La Tour-d'Aigues, Aube, 2003, 169 p.

POULAT (Emile), « Catholicisme urbain et pratique religieuse », in *Archives de sociologie des religions*, 29, janvier-juin 1970, p. 115.

Prières et chants du peuple de Dieu, manuel des paroisses, Paris, éditions Tardy-C.M.R., 1998.

PROUST (Marcel), *La Prisonnière*, 1933.

RALLU (Jean-Louis), « Conduite automobile et accidents de la route », Paris, INED, revue *Population*, n°1, 1990, pp. 27-62.

RAMBAUD (Placide) *Société rurale et urbanisation*, Paris, Seuil, 1969, 317 p.

REMY (Jean), *Sociologie urbaine et rurale : l'espace et l'agir*, Paris, L'Harmattan, 1998, 399 p.

—, « Le rural et l'urbain : entre la coupure et la différence ; la métamorphose des relations villes/campagnes », Paris, *Espaces et Sociétés*, 1993, n° 72, pp. 31-46.

RIFKIN (Jeremy), « L'accès comme style de vie », *Urbanisme et Sécurité. Les cahiers de la sécurité intérieure*, n° 43, IHESI, revue de Sciences Sociales, 1er trimestre 2001, pp. 139-150.

Rituel des fidèles, Paris, 1953.

ROSSELIN (Céline), « Ethnologie, authencité et idéologie du patrimoine », in *Authentifier la marchandise*, Paris, L'Harmattan, 1996, pp. 235-259.

ROUPNEL (Gaston), *Histoire de la campagne française*, Paris, Grasset, 1932, 347 p., Plon, Terre Humaine, 1989.

SAPIN (Jean), *A propos du Sillon*, édition Centre Marc Sangnier, 1997.

SAHLINS (Marshall), *Au cœur des sociétés*, Paris, Gallimard, 1980, 303 p.

SIGAUT (François), « Un tableau des produits animaux et deux hypothèses qui en découlent », in *Production pastorale et société*, n° 7, 1980, pp. 20-36.

—, « Critique de la notion de domestication », *L'Homme*, n° 108, vol. XXVIII, n° 4, 1988, pp. 59-70.

SILGUY (Catherine de), *La Saga des ordures du Moyen Age à nos jours*, postface de Raoul Vaneigem, Paris, L'Instant, 1989, 193 p.

SINGLY (François de), *Libres ensemble. L'individualisme dans la vie commune*, Paris, Nathan, 2000, 253 p.

SIRAN (Jean-Louis), *Les Nouveaux Villages : étude comparée des modes de vie et de sociabilité dans les nouveaux villages et du mode de vie des travailleurs urbains ayant choisi un logement en milieu rural,* Paris, CSTB, 1978.

SPERBER (Dan), *Le Structuraliseme en anthropologie*, préface de François Wahl, Paris, Le Seuil, 1973, 122p.

STERCHI (Beat), *La Vache*, traduit de l'allemand par Michel Musy, La Tour-d'Aigues, 1989, Aube, 357 p.

STIEGLER (Bernard), *Mécréance et Discrédit, la décadence des démocraties industrielles*, Paris, Galilée, 2004, 215 p.

STRINDBERG (August), *Parmi les paysans français*, Arles, Actes Sud, 306 p.

TANIZAKI (Junichiro), *Eloge de l'ombre*, Paris, Publications Orientalistes de France, collection Unesco, 1986, 115 p.

TIERNEY (Patrick), *Au nom des civilisations*, Paris, Grasset, 2002.

URBAIN (Jean-Didier), *L'Archipel des morts*, Payot, 1998, 358 p.

—, *Paradis verts, désir de campagne et passions résidentielles*, Paris, Payot, 392 p.

VADANA SHIVA, *Ethique et agro-industrie, main basse sur la vie*, Paris, L'Harmattan, 1996.

VAN GENNEP (Arnold), *Le Folklore français*, vol. 1, Paris, Robert Laffont, coll. Bouquins, 1998, 1181 p.

VENNE (Jean-François), *Le Lien social dans le modèle de l'individualisme privé. De chair et d'os*, Paris, L'Harmattan, 2002, 186 p.

VIARD (Jean), *La Société d'archipel ou les territoires du village global*, La Tour-d'Aigues, Aube, 1994.

—, *Le Sacre du temps libre, la société des 35 heures*, La Tour-d'Aigues, Aube, 2002, 214 p.

VIARD (Jean), POTIER (Françoise), URBAIN (Jean-Didier), *La France des temps libres et des vacances*, La Tour-d'Aigues, Aube, 2002, 228 p.

VINCENT (Thierry), *L'Anorexie*, Paris, Odile Jacob, 2000.

VIRILIO (Paul), *Vitesse et Politique*, Paris, Galilée, 1977, 151 p.

VOISENAT (Claudine), « A propos de paysages : compte rendu d'une réflexion collective », Paris, *Terrain*, n° 18, 1992.

WARNIER (Jean-Pierre), ROSSELIN (Céline), *Authentifier la marchandise. Anthropologie critique de la quête d'authenticité*, Paris, L'Harmattan, 1996, 262 p.

WILLAIME (Jean-Paul), « Le croire, l'acteur et le chercheur », in *Archives de science sociale des religions*, 1993, 81 (janvier-mars), pp. 7-16.

WILLENER (Alfred), *A la lumière de la vitesse, essai sur l'accélération du quotidien*, Lausanne, Payot, 1990, 172 p.

WYLIE (Laurence), *Un village du Vaucluse*, Paris, Gallimard, 1968.

—, *Chanzeaux, village d'Anjou*, Paris, Gallimard, 1970.

ZEUNER (E. Frederick), *A history of domesticated animals*, Harper & Row, New York and Evanston, 1963, 560 p.

ZIMMERMAN (Margitta), « L'épreuve photographique du biologique : ethnographie d'un lieu de production des images médicales », revue *Sciences sociales et santé*, n° 3, septembre 1992, pp. 107-118.

ZONABEND (Françoise), « Les morts et les vivants. Le cimetière de Minot-en-Châtillonnais », in *Etudes rurales*, 52, 1973.

Index des thèmes

Index des noms de personnes

Index des lieux

Table des cartes et illustrations in-texte

(sauf mention contraire, les illustrations sont de l'auteur)

Table

Terre Humaine a créé dans les sciences sociales et la littérature, depuis cinquante ans, un courant novateur dont on n'a pas fini de mesurer la fécondité. Traquant la vie, cette collection de regards croisés a, d'abord, renouvelé la littérature ethnologique et de voyage et construit, livre après livre, une anthropologie à part entière, toute interprétation ne s'élaborant que sur une expérience vécue et même un engagement. Elle se traduit par une anthropologie réflexive, narrative, et, à ce titre, devient littéraire. Un témoignage est d'abord un récit. « Se regarder et regarder, objectiver la subjectivité », comme le dit excellemment Pierre Bourdieu. Une œuvre anthropologique ne peut se concevoir sans l'autobiographie au cours de l'enquête qui la soutient et l'inspire. C'est une obligation scientifique élémentaire : tout dire de son itinéraire de pensée et de recherche. L'art de la narration devant permettre de répondre à cet idéal pour tout écrivain : penser, c'est faire penser.

L'exploration de l'univers n'a pas de fin. Le spectacle de la vie reste une découverte, et les théories concernant les sociétés humaines s'avèrent, les unes après les autres, toutes aussi fragiles. L'homme est un inconnu pour lui-même.

Les auteurs les plus célèbres (Agee, Balandier, Duvignaud, Hélias, Huxley, Lacarrière, Lévi-Strauss, Lucas, Malaurie, Ramuz, Ribeiro, Ripellino, Segalen, Thesiger, Zola) rejoignent, avec un air de famille, ouvriers, paysans, marins les plus anonymes – certains parfois même illettrés (témoignages en direct d'autochtones) – pour faire prendre conscience au lecteur, non seulement de la complexité des civilisations et des sociétés, mais de sa propre intelligence des problèmes. Elle est stimulée par une totale indépendance des auteurs.

Dans une vivante interdisciplinarité contrapuntique, dans un brassage de milieux et de classes, à un niveau international, Terre Humaine propose, ses lecteurs disposent.

Toujours d'avant-garde avec ses 86 ouvrages parus dont 57 édités dans Terre Humaine/Poche, cette collection pionnière saluée par toute la presse et l'opinion – et qui comporte de nombreux best-sellers traduits dans le monde entier – se veut, dans un combat résolu en faveur des minorités et de respect et d'écoute des différences, un appel à la liberté de pensée.

OUVRAGES PARUS DANS LA COLLECTION ***TERRE HUMAINE***

(1955 → 2006)

* Ouvrages augmentés d'un dossier de Débats et Critiques

□ Ouvrages parus également en Terre Humaine/Poche (Pocket : n°s 3000 et suivants)

Jean Malaurie. * □ – Les Derniers Rois de Thulé. *Avec les Esquimaux Polaires, face à leur destin.* 1955. Cinquième édition 1989.

Claude Lévi-Strauss. □ — Tristes Tropiques. 1955. Deuxième édition 1993.

Victor Segalen. * □ — Les Immémoriaux. 1956. Troisième édition 1993.

Georges Balandier. * □ — Afrique ambiguë. 1957. Deuxième édition 1989.

Don C. Talayesva. * □ — Soleil Hopi. *L'autobiographie d'un Indien Hopi.* Préface : C. Lévi-Strauss. 1959. Deuxième édition 1983.

Francis Huxley. * □ — Aimables Sauvages. *Chronique des Indiens Urubu de la forêt amazonienne.* 1960. Troisième édition 1993.

René Dumont. — Terres vivantes. *Voyages d'un agronome autour du monde.* 1961. Deuxième édition 1982.

Margaret Mead. □ — Mœurs et sexualité en Océanie. I) *Trois sociétés primitives de Nouvelle-Guinée.* II) *Adolescence à Samoa.* 1963.

Mahmout Makal. * □ — Un village anatolien. *Récit d'un instituteur paysan (Turquie).* 1963. Troisième édition 1985.

Georges Condominas. □ — L'Exotique est quotidien. *Sar Luk, Vietnam central.* 1966. Deuxième édition 1977.

Robert Jaulin. □ — La Mort Sara. *L'ordre de la vie ou la pensée de la mort au Tchad.* 1967. Deuxième édition 1982.

Jacques Soustelle. * □ — Les Quatre Soleils. *Souvenirs et réflexions d'un ethnologue au Mexique.* 1967. Troisième édition 1991.

Theodora Kroeber. * □ — Ishi. *Testament du dernier Indien sauvage de l'Amérique du Nord.* 1968. Deuxième édition 1987.

Ettore Biocca. □ — Yanoama. *Récit d'une jeune femme brésilienne enlevée par les Indiens.* 1968. Troisième édition 1993.

Mary F. Smith et Baba Giwa. * — Baba de Karo. *L'autobiographie d'une musulmane haoussa du Nigeria.* 1969. Deuxième édition 1983.

Richard Lancaster. □ — Piegan. *Chronique de la mort lente. La réserve indienne des Pieds-Noirs.* 1970. Deuxième édition 1993.

William H. Hinton. □ — Fanshen. *La Révolution communiste dans un village chinois.* 1971. Deuxième édition 1981.

Ronald Blythe. — Mémoires d'un village anglais. *Akenfield (Suffolk).* 1972. Deuxième édition 1993.

James Agee et Walker Evans. □ — Louons maintenant les grands hommes. *Trois familles de métayers en 1936 en Alabama.* 1972. Troisième édition 2002.

Pierre Clastres. * □ — Chronique des Indiens Guayaki. *Ce que savent les Aché, chasseurs nomades du Paraguay.* 1972. Deuxième édition 1985.

Selim Abou. * — Liban déraciné. *Fils et filles d'émigrés (Argentine).* 1972. Troisième édition 1987.

Francis A. J. Ianni. — Des affaires de famille. *La Mafia à New York. Liens de parenté et contrôle social dans le crime organisé.* 1973. Deuxième édition 1981.

Gaston Roupnel. □ — Histoire de la campagne française. Postfaces : G. Bachelard, E. Le Roy Ladurie, P. Chaunu, P. Adam, J. Malaurie. 1974. Troisième édition 1989.

Tewfik El Hakim. * □ — Un substitut de campagne en Égypte. *Journal d'un substitut de procureur égyptien.* 1974. Troisième édition 1983.

Bruce Jackson. * — Leurs prisons. *Autobiographies de prisonniers et d'ex-détenus américains.* Préface : M. Foucault, 1975. Deuxième édition 1990.

Pierre Jakez Hélias. * □ — Le Cheval d'orgueil. *Mémoires d'un Breton du pays bigouden.* 1975. Troisième édition 1985.

Per Jakez Hélias. — Marh al lorh. *Envorennou eur Bigouter.* 1986. (Édition en langue bretonne.)

Jacques Lacarrière. * □ — L'Été grec. *Une Grèce quotidienne de quatre mille ans.* 1976. Deuxième édition 1993.

Adélaïde Blasquez. □ — Gaston Lucas, serrurier. *Chronique de l'anti-héros.* 1976.

Tahca Ushte et Richard Erdoes. * □ — De mémoire indienne. *La vie d'un Sioux, voyant et guérisseur.* 1977. Troisième édition 1991.

Luis González. * — Les Barrières de la solitude. *Histoire universelle de San José de Gracia, village mexicain.* 1977. Deuxième édition 1982.

Jean Recher. * □ — Le Grand Métier. *Journal d'un capitaine de pêche de Fécamp.* 1977. Troisième édition 1991.

Wilfred Thesiger. * □ — Le Désert des Déserts. *Avec les Bédouins, derniers nomades de l'Arabie du Sud.* 1978. Deuxième édition 1993.

Josef Erlich. □ — La Flamme du Shabbath. *Le Shabbath, moment d'éternité, dans une famille juive polonaise.* 1978.

C.F. Ramuz. * □ — La pensée remonte les fleuves. *Essais et réflexions.* Préface de Jean Malaurie. 1979. Troisième édition 1993.

Antoine Sylvère. □ — Toinou. *Le cri d'un enfant auvergnat. Pays d'Ambert.* Préface : P.J. Hélias. 1980. Deuxième édition 1993.

Eduardo Galeano □ — Les Veines ouvertes de l'Amérique latine. *Une contre-histoire.* 1981. Deuxième édition 1998.

Éric de Rosny. * □ — Les Yeux de ma chèvre. *Sur les pas des maîtres de la nuit en pays Douala (Cameroun).* 1981. Deuxième édition 1996.

Amicale d'Oranienburg-Sachsenhausen. * □ — Sachso. *Au cœur du système concentrationnaire nazi.* 1982. Deuxième édition 1990.

Pierre Gourou. — Terres de bonne espérance. *Le monde tropical.* 1982.

Wilfred Thesiger. * □ — Les Arabes des marais. *Tigre et Euphrate.* 1983. Deuxième édition 1991.

Margit Gari. * □ — Le Vinaigre et le Fiel. *La vie d'une paysanne hongroise.* 1983. Troisième édition 1993.

Alexander Alland Jr. — La Danse de l'araignée. *Un ethnologue américain chez les Abrons (Côte-d'Ivoire).* 1984.

Bruce Jackson et Diane Christian. □ — Le Quartier de la Mort. *Expier au Texas.* 1986. Deuxième édition 1993.

René Dumont. * □ — Pour l'Afrique, j'accuse. *Le journal d'un agronome au Sahel en voie de destruction.* Postfaces : M. Rocard, J. Malaurie. 1986. Deuxième édition 1993.

Émile Zola. □ — Carnets d'enquêtes. *Une ethnographie inédite de la France.* Introduction : J. Malaurie. Avant-propos : H. Mitterand. 1986. Deuxième édition 1993.

Colin Turnbull. □ — Les Iks. *Survivre par la cruauté. Nord-Ouganda,* Postfaces : J. Towles, C. Turnbull, J. Malaurie. 1987.

Bernard Alexandre. □ — Le Horsain. *Vivre et survivre en pays de Caux.* 1988. Deuxième édition 1989.

Andreas Labba. □ — Anta. *Mémoires d'un Lapon.* 1989.

Michel Ragon. — L'Accent de ma mère. *Une mémoire vendéenne.* 1989.

François Leprieur. — Quand Rome condamne. *Dominicains et prêtres-ouvriers.* 1989.

Robert F. Murphy. □ — Vivre à corps perdu. *Le témoignage et le combat d'un anthropologue paralysé.* Postfaces de Michel Gillibert et André-Dominique Nenna. 1990.

Pierre Jakez Hélias. □ — Le Quêteur de mémoire. *Quarante ans de recherche sur les mythes et la civilisation bretonne.* 1990.

Jean Duvignaud. — Chebika *suivi de* Retour à Chebika. *Changements dans un village du Sud tunisien.* 1991.

Laurence Caillet. □ — La Maison Yamazaki. *La vie exemplaire d'une paysanne japonaise devenue chef d'entreprise de haute coiffure.* 1991.

Augustin Viseux. □ — Mineur de fond. *Fosses de Lens. Soixante ans de combat et de solidarité.* Postface de Jean Malaurie. 1991.

Mark Zborowski et Elizabeth Herzog. * — Olam. *Dans le shtetl d'Europe centrale, avant la Shoah.* Préface d'Abraham J. Heschel. 1992.

Ivan Stoliaroff. □ — Un village russe. *Récit d'un paysan de la région de Voronej. 1880-1906.* Préface de Basile Kerblay. Postface de Jean Malaurie. 1992.

Angelo Maria Ripellino. □ — Praga magica. *Voyage initiatique à Prague.* 1993.

Philippe Descola. □ — Les Lances du crépuscule. *Relations jivaros. Haute-Amazonie.* 1994.

Jean et Huguette Bézian. — Les Grandes Heures des moulins occitans. *Paroles de meuniers.* 1994.

Viramma, Jean-Luc et Josiane Racine. □ — Une vie paria. *Le rire des asservis. Pays tamoul, Inde du Sud.* 1995.

Dominique Fernandez. □ Photographies de Ferrante Ferranti. — La Perle et le Croissant. *L'Europe baroque de Naples à Saint-Pétersbourg.* 1995.

Claude Lucas. □ — Suerte. *L'exclusion volontaire (roman).* Préface du Père Arnaud. Postface de Jean Malaurie. 1996. Deuxième édition 2002.

Kenn Harper. □ — Minik, l'Esquimau déraciné. *« Rendez-moi le corps de mon père. »* Préface de Jean Malaurie. 1997.

Hillel Seidman. □ — Du fond de l'abîme. *Journal du ghetto de Varsovie.* Commenté et annoté par Nathan Weinstock et Georges Bensoussan. 1998.

Jean Malaurie. □ — Hummocks 1. *Nord-Groenland, Arctique central canadien.* Hummocks 2. *Alaska, Tchoukotka sibérienne.* 1999.

Roger Bastide. □ — Le Candomblé de Bahia – *Rites Nagô (Brésil).* Préface de Jean Duvignaud. Adresse de Jean Malaurie. 2000.

Jean Cuisenier. — Mémoire des Carpathes. *La Roumanie millénaire : un regard intérieur.* 2000.

Pierre Miquel. □ — Les Poilus. *La France sacrifiée.* 2000.

Anne-Marie Marchetti. — Perpétuités. *Le temps infini des longues peines.* 2001.

Patrick Declerck. □ — Les Naufragés. *Avec les clochards de Paris.* Lettre de Jean Malaurie à l'auteur suivie de la réponse. 2001.

Armand Pelletier, Yves Delaporte. □ — « Moi, Armand, né sourd et muet... ». *Au nom de la science, la langue des signes sacrifiée.* 2002.

Darcy Ribeiro. — Carnets indiens. *Avec les Indiens Urubus-Kaapor, Brésil.* Adresse de Jean Malaurie. Préface de José Pasta. Préface de l'auteur. 2002.

Dominique Sewane. — Le Souffle du mort. *La tragédie de la mort chez les Batãmmariba du Togo, Bénin.* 2003.

Barbara Tedlock. — Rituels et pouvoirs. *Aves les Indiens zuñis* (Nouveau-Mexique). 2004.

Barbara Glowczewski. — Rêves en colère. *Alliances aborigènes dans le Nord-Ouest australien.* 2004.

Jacques Lacarrière. — Chemins d'écriture. Postface de Jean Malaurie. 1988. Deuxième édition 1991. Troisième édition 2005.

Pascal Dibie. — Le Village métamorphosé. *Révolution dans la France profonde.* 2006.

TERRE HUMAINE — *COURANTS DE PENSÉE*

N° 1 : **Henri Mitterand.** — Images d'enquêtes d'Émile Zola. *De la Goutte-d'Or à l'Affaire Dreyfus.* Préface de Jean Malaurie. 1987. Deuxième édition 1997.

N° 2 : **Jacques Lacarrière.** — Chemins d'écriture. Postface de Jean Malaurie. 1988. Deuxième édition 1991.

N° 3 : **René Dumont.** — Mes combats. 1989.

N° 4 : **Michel Ragon.** — La Voie libertaire. Postface de Jean Malaurie. 1991.

N° 5 : **Jean Duvignaud.** — Le pandémonium du présent. *Idées sages, idées folles.* 1998.

N° 6 : **Jacques Brosse.** — Retour à l'origine. *Itinéraire d'un naturaliste zen.* 2002.

ALBUMS TERRE HUMAINE

N° 1 : **Wilfred Thesiger.** — Visions d'un nomade. 1987.

N° 2 : **Jean Malaurie.** □ — Ultima Thulé. *De la découverte à l'invasion.* Plon/Bordas. Paris 1990. 2e édition (revue et augmentée). Paris. Le Chêne. 2000.

Composé par Nord Compo
à Villeneuve-d'Ascq

Imprimé sur presse Cameron
par **Bussière**
à Saint-Amand-Montrond (Cher)
pour le compte des Éditions Plon
76, rue Bonaparte
Paris 6e
Achevé d'imprimer en mars 2006.

N° d'édition : 14002. — N° d'impression : 060879/4.
Dépôt légal : février 2006.

Imprimé en France